경계와 이행의 서사 공간

—공간으로 읽는 한국 서사문학

서강학술총서
026

경계와 이행의 서사 공간

공간으로 읽는 한국 서사문학

장일구 지음

서강대학교출판부

서강학술총서 026

경계와 이행의 서사 공간

— 공간으로 읽는 한국 서사문학

초판발행 | 2011년 4월 1일
지 은 이 | 장일구
발 행 인 | 이종욱
편 집 인 | 우찬제
발 행 처 | 서강대학교 출판부
등록번호 | 1978년 9월 28일 제313-2002-170호

주 소 | 서울특별시 마포구 신수동 1번지
전 화 | (02) 705-8212
팩 스 | (02) 705-8612

ISBN 978-89-7273-180-1 94810
ISBN 978-89-7273-139-9(세트)

값 20,000원

* '서강학술총서'는 SK SUPEX 기금의 후원으로 제작됩니다.

가족에게

머리말

그대 서강의 자랑이듯이

서강 그대의 자랑이어라

서강은 내게 공간이다.

고등학교를 졸업할 때까지 남도의 고향 언저리를 맴돌던 시골뜨기에게 서강 언덕은 한없이 넓은 공간이었다. 예나 지금이나 서강의 캠퍼스는 좁기로 유명하여 고교 수준이라는 비아냥에 대거리하기 힘든 것이 사실이다. 그렇지만 내게는 그 좁은 장소가 드넓은 공간이었고 여전히 그렇다.

그 공간에서 현실에 눈을 떴고 사회의 모순을 고민했으며, 사람들과 나에 대해 의식하고 사유했고 사랑을 깨쳤다. 무엇보다 한강과 여의도가 내려다보이는 언덕에 터를 잡은 도서관에서 학문의 길을 트고 삶에 대한 열정을 채웠다. 당시로서는 국내에서 유일하게 개가식으로 운영된 '로욜라 도서관'은 과연 열린 공간이었다.

책을 한 권 찾으러 갈 양이면 주위에 꽂혀 있던 관련 서적을 뽑아 볼 수 있었으니, 뜻밖에도 주옥같은 책을 얻을 수 있는 여지가 늘 열려 있었다. 당시에는 쉬이 접하기 힘들었던 인류학 분야의 원서와 에이치아르에이에프(HRAF; Human Relations Area Files)를 섭렵하고 탐독할 수 있었으며, 철학과 문학 이론의 고전과 신작들은 물론 최신의 저널을 얻어 볼 수 있었다. 질 높은 장서로 잘 알려진 서고의 좁다란 통로에 광활한 학문 세계로 이어진 길이 있었던 것이다.

도서목록함이 놓여 있던 자리를 모두들 '광장'이라고 불렀는데, 거기 배치된 넓은 열람 책상에 자리 잡고서는 십수 권이 넘는 책을 쌓아두어도 좋았으니 상투적 표현이지만 짐짓 지식의 향연에 초대된 기분을 만끽하곤 했다. 그 광장에서, '서사 공간' 주제로 박사학위를 받을 때까지 여러 선생님들과 선후배 동학들을 만나 배우고 교유했다. 그러니 내 대학생활은 드넓고 분방한 공간 체험을 구심으로 펼쳐졌던 셈이다.

이제 '서강학술총서'의 영예로운 목록에 『경계와 이행의 서사 공간』을 상재하며, 서강 언덕에 첫발을 내딛던 때의 긴장감과 기대감에 가슴 떨린다.

재작년에 『서사 공간과 소설의 역학』을 내면서 다음 책, 곧 이 책을 낼 때 즈음이면 '서사 공간'에 대한 생각을 어느 정도 자신감 있게 정리할 수 있을 것이라고 말했건만, 아직 그러한 정도로 장담할 처지가 아닌 터라 마음 한 편이 묵직하다. 역량에 비해 과욕을 부려 떠맡은 여러 일을 핑계로 하자면 더욱 겸연쩍은 일이겠지만 실이 그러하다고 적지 않을 수 없다. 다만 그리 둘러대는 폼새를 스스로 보자니 앞으로 여러모로 내공을 길러야겠다고 반성하게 된다.

그래도 학과 교수님들의 마음 깊은 배려와 격려에 힘입어 어쭙잖으나 학문적 결실을 하나 더 맺게 되었다. 그분들께 평소 표하지 못한 감사의 마음을 이 자리를 빌려 전해 올린다. 저술을 마무리하던 즈음 '한국현대소설연구' 시간을 통해 진지하고 진솔한 의견을 나누어준 대학원생들에게도 고마움을 전한다.

서강의 여러 스승님들, 선후배 동학들과 함께했던 서강 공간에서의 기억이 추억의 대상만은 아니다. 여러분께 마음 깊은 데서 우러난 감사를 대신 전할 매개물이 생겨서 다행이다. 서사의 열린 공간으로 길을 이끌어 주신 이재선 선생님께서, 함량 미달인 지난번 책을 보시고 보내주신 격려의 서신 덕에 힘을 더 낼 수 있었다. 큰 은혜에 온전히 보답하지 못하여 늘 송구스러운 마음을 조금이나마 덜 수 있을지 모르겠다. '서강학술총서'로서 이 책을 내기까지 성원하고 지지하신 '서강학술총서 간행위원회'와 서강대출판부의 여러분께, 특히 편집 · 교정 과정에서 공을 다해주신 조경희 님께 감사드린다. 특별히 모교 선배 우찬제 교수님의 후의와 격려 덕이 컸음을 잊지 못할 것이다. 과연, 서강 내 자랑이어라.

공간이 드넓고 열려 있으니, 공간에 대한 탐색에 끝이 없을 것이다. 경계를 넘어서고 틀을 해체하여 공간을 창출하는 탈존(脫存)의 기획에 쉼이 있어서는 곤란하리라. 역량 부족에서 비롯된 실존적 한계가 관건이겠지만……

시간의 흐름이 무연한 어느 날

장일구 삼가

차례

제1장

서사 공간의 문화적 의미망

1. 인간과 공간

인간의 문명과 문화의 전제 조건은 일정한 삶의 터를 구획하여 안정된 주거 환경을 짓는 것이다. 정주(定住)와 경작을 통해 문명의 비약에 요구되는 기반이 조성되었으며, 삶의 총체에 상응하는 문화 축적의 계기 또한 마련되었다. 유목민들의 경우라도 떠도는 도정 자체보다는 일정 기간이나마 한곳에 머무름으로써 안정된 삶을 도모할 수 있을 때에 비로소 특유의 유목 문화가 조성될 여지가 열렸을 것이다. 삶을 편리하고 풍요하게 하는 방편으로서 문명을 발달시키거나, 삶의 시행착오를 줄이고 나은 삶의 기틀을 마련하려는 지혜를 내어 문화를 축적하는 인간 고유의 수행 자체가, 삶의 안정을 도모하는 인간 본연의 원망에서 비롯되었음은 주지의 사실이다. 삶의 안정된 기반을 보장하는 기제로서 마련된 장소가 인간 실존의 저변을 구성하고 있음은 당연한 일이다. 그러므로 장소를 구획하여 삶의 터전을 마련하고 문명과 문화를 구축할 장을 창출하는 수행이야말로 인간 삶의 전제 조건이자 인간이 역사와 문화의 주역으로서 역할하게 하는 동력이라고 해도 과언이 아니다.

그런데 물리적으로 주어진 '장소'만으로 삶의 장에 관여된 개념항을 모두 포괄할 수 있는 것은 아니다. 인간은 한정된 장소 내에서 보호받으며 안정을 도모하는가 싶으면서도 한편으로는 장소적 제약과 한계를 벗어나 자유롭고 분방한 삶을 구가하는 실존적 부조리에 직면하기 십상이다. 더욱이 문명의 진보나 문화의 혁신과 확장은 구획을 벗어나 좀 더 새롭고 드넓은 신세계를 지향하는 성원'들'의 공간적 기획과 맞물려 있다. 개인적 삶의 층위에서라면 모를까, 인간 삶의 총체적 국면에 상응하는 문화 층위에서 관건은, 구체적이지만 지엽적이고 실체적이지만 의미가 한정적인 '장소' 개념에가 아니라, 상대적으로 추상적이고 관념적이지만 보편적인 문화적 수행의 의미망을 향해 열려 있는 '공간' 개념에 있는 것이다. 특히 인간의 삶을 위해 구획된 장소가 안정과 보호라는 본연의 자질을 상실하여 변질될 경우를 염려하지 않을 수 없을 터인데, 이럴 경우에는 실존 층위에서도 장소적 제약을 벗어나 드넓은 공간을 지향하는 여망을 실로 구현하고자 하는 수행이 다각으로 진행될 가능성이 크다.

이렇듯 실존 층위나 문화 층위에서 엿보이는 인간의 근원적 공간 원망(願望)은, 세계에 편재한 창세(創世) 신화의 모두(冒頭)에 공간 창조에 관한 이야기가 펼쳐지는 데서 단서를 찾을 수 있다. 집단 무의식의 원형적 서사에 해당하는 이야기 편린을 통해 분출되는 공간 원망의 일단을 읽을 수 있는 것이다. 신화가 신들에 관한 이야기가 아니라, 신격(神格)에 상응한 존재를 염원하는 인간적 열망을 투사한 서사라는 점에 주목하고 보면, 저러한 단서에 기대어, 공간 창생이야말로 인간 존재의 저변에 관한 문화적 표지라고 해도 좋을 법하다. 삶을 장악한 장소적 제약에서 벗어나 무한에 가까운 열망이나 상상과 사유(思惟)를 분방하게 펼치는 데서 원동력을 얻어 외연이 넓어지고 기제가 혁신되는 문명과 문화의 자질을 이즈음 떠올려도 좋을 텐데, 공간 창생에 관한 이야기에서 그러한 경우가 단적으로 표상되는 데 주목하게 된다.

요컨대 영장(靈長)의 지위를 부여받은 인간이 신을 거스르는 죄를 범하여 본디 보장되었던 신격에 근사한 정체성(identity)에 흠이 생긴 채 그 자격을 비호하던 이상향에서 쫓겨나 결핍의 징후 가득한 '인간 세계'에 터를 잡게 된다. 창세 신화의 시나리오는 인간 스스로의 무한한 열망으로 자초된 고역(苦役)을 전제로 한 문명과 인간 세계의 태생에 관한 이야기로 이행되는데, 이런 양상이 문명과 문화의 저변을 공간 표지로써 구성할 수밖에 없다는 사유를 추동한다. 천혜의 행복한 삶이 보장되던 낙원에서 쫓겨나 손수 땅을 개간하여 먹을 것을 얻고 터를 일구어 안식할 집을 지음으로써 세계를 얻는 고행(苦行)이 신의 창조 수행에 상응하는 일면이 있는 것도 사실이지만, 이미 주어진 세계를 변주하여 제게 유용하고 의미심장한 터전으로 돌리는 도정은 문화적 수행에 준할 따름이다. 이는 곧 존재의 기반을 잃은 인간이 스스로의 의지와 수행을 통해 위기를 극복하고 신세계를 열어젖힌다는 문명 신화의 시나리오에 상응하는데, 실낙원(paradise lost)에 대응하여 인간 고유의 문명세계 · 문화세계를 창출한다는 공간 기획의 의미망이 파생되는 구심이다. 신격이 간예하는 낙원을 대체하여, 위기에 내몰리고 고통을 겪는 가운데도 그 혼돈의 경계 지경을 넘어서고자 도모하는 인간 의지와 수행의 표상이 공간 기획의 표상에 사상(寫像)되는 것이다. 삶의 안정적 저변으로서 인간의 '원형적 열망'을 채우는 장소의 본색이 퇴색될 때에 인간은 그 장소를 대체할 공간을 기획하여 '실존적 열망'을 관철하려 도모한다는 '공간 원망'에 관한 테제의 원형적 표상이 창세와 문명 신화를 통해서 구성되는 셈이다. 그 요체는 '경계와 이행'의 공간이다.

이상향인 낙원에서 현실의 땅으로 이행하여 인간이 일구고 진보시킨 문명은 삶의 편의가 증진되었다는 직시적 표지이자, 만물의 영장으로서 인간의 지위가 회복되고 있음을 알리는 제일 표지이다. 특히 과학기술의 비약적인 발달에 힘입은 근대 문명의 '광채'는, 신이 지은 자연을 제 뜻과 용도에 걸맞은 자재(資材)로 취하여 쓰고 바꾸어 써서 전혀 새로운 것을 빚는 인간 능력에 비추어져, 신이 창조한 '태양'에 견주어질 찬연한 자태를 자랑했다. '해 아래 새것이 없다'는 전근대적인 언명은 도구적 '이성의 빛'에 비추어볼 때 도그마 수준에 불과했을 것이다. 인간의 능력은 신도 짓지 못한 숱한 피조물을 지어 '신세계'를 열어젖혔을 뿐만 아니라, 신비의 장막에 가려진 창조의 질서를 들추어 해독하는 데까지 이르면서 신격을 위협하기에 이른다. 인간이 만물 위에 군림하고 제 영역을 무한 확장하여 신격을 상회하는 능력을 갖추는 데 과학기술의 위력이 발휘된다.

그런데 인간이 지은 위대한 신세계는 안타깝게도 존재의 안정을 보장하는 자질과 거리가 멀다. '한계'를 넘어서는 것이 본색인 문명의 진보는 한정된 장소의 제약을 넘어서 무한한 공간으로 나아가려는 인간의 탐심을 극대화시키는 꼴로 진행된다. 미지의 세계에 대한 호기심을 넘어서 그 세계를 '탐사'하고 '개척'하려는 수행의 양태들이 실로 드러난 터이다. 지구 밖의 세계에 대한 탐사의 도정에서 '달'과 '별'의 실체가 일부 드러났으며, '생명체'의 흔적을 찾기 위한 우주 공간 탐사가 진행되고 있다. 아직은 허황한 기획처럼 보이는 우주 공간에 대한 관심이 아니라도, 가령 교통과 통신의 발달에 힘입어, 전에는 신비의 세계요 미지의 세계로 여겨졌던 지구 저편의 세계 또한 여실한 실상이 밝혀지는 식으로 지역적 경계가 무색한 상황이 도래한 만큼, 세계는 한정된 장소적 구역이 아니라 열린 공간 구도로 이해되고 있는 것이다. 이동에 소요되는 시간을 단축함으로써 거두는 효과도 공간 구도의 지표에 상응한다. 경계를 초월하여 나는 항공기가 그러하며, 거리의 제약에 아랑곳하지 않고 동시 접속을 통한 소통의 장을 열어 주는 정보통신(IT) 매체가 세계의 공간 구도를 재편하는 원심력으로 작용하고 있다.

심지어 인간의 탐심은 극히 미시적인 세계의 실체를 눈앞에 드러내려는 의지를 실로 관철하는 '데' 다다른다. 시간의 흐름을 수천, 수만 분의 일 초 단위로 '분절'하여 '측정'할 수 있는 기계를 만드는가 하면, 미립자의 세계를 눈앞에 펼쳐놓는 방법과 수단을 개발하고 발전시키는 식이다. 따라서 시간은 더 이상 추상적인 시간 개념을 통해서가 아니라 공간 개념에 관여된 분석과 유비(analogy)를 통해 이해될 수밖에 없다. 공간 범주 또한 단순히 지각 가능한 범위 내에서 포착되는 대상이 놓인 자리(location)나 다른 대상의 자리와 구분 짓는 경계에 구애됨 없이 설정되는데, 도구의 개선과 기술의 진척 여하에 따라서는 거의 무한히 확장될 수 있는 형국이다.

삶의 세계에 처한 인간이 직면한 시간적 한계 상황이 '공간적으로' 극복될 수 있는 여지조차 열린다. '생명 연장'이 꿈이 아닌 현실로 나타나는 상황에서 인간의 실존적 조건을 시간으로 환산하는 것은 부당하다. 불로장생이라는 터무니없는 공상에까지 근사하지는 못하더라도, 인간이 생로병사의 굴레에서 어느 정도 비켜설 수 있는 길이 열려 수명이 실로 길어진 것이 엄연한 사실이다. 자연의 순리를 파악하고 이용하였으나 종내 자연의 섭리를 거스르는 과학의 진보는 시간의 한계에 처한 인간 실존에게 그 한계를 극복할 수 있는 '여지'를 제공하면서 찬연한 '미래'를 예시(豫示)한다. 인류는 꿈이 일부 실현된 정황에 기대어 여러 가능성이 열린 미래 세계를 새로이 꿈꾸며 '지금' 펼쳐지는 현실에서 '잠시' 벗어나 스스로 위무(慰撫)할 줄 안다.

이즈음 인간은, 시간에 묶인 존재가 아니라 공간에서 꿈을 펼치고 때로 실현하면서 삶의 영역을 드넓히는 공간적 존재로서 변신하여, 상실한 낙원을 지상에 재건하려 도모한다. 낙원에서 쫓겨나 황량한 땅에 내던져진 채 스스로 개간하고 개척하여 마련한 삶의 터전에 안주하는 데 급급하던 인류의 조상[1]이 낙원으로 돌아갈 '날'을 꿈꾸었다면, 현생 인류는 기약 없는 '그날'에 아랑곳하지 않고, '지금 · 여기'에 낙원과 근사한 세계를 지어가고 있는 것이다. 과연 인간의 과학적 능력은 신의 창조 능력이나 진배없다. 적어도 지구 위에서만큼은 말이다.

허나 기술의 진보에 힘입어 '지구 밖' 우주로 눈을 돌리고 보면, 그 광활한 우주(스페이스) 공간에서 인간 세계의 차원은 무차원에 가까운 점(點)에 불과한 것으로 판명된다. 불모의 땅에 쫓겨났지만 이 땅 위에 찬연한 문명의 표석을 세우고 온갖 피조물 위에 군림하며 제게 주어진 영역 이상의 공간을 당당히 창출하고서 '보기에 좋더라'면서 위의(威儀) 있는 풍모를 뽐내던 인간이, 더 광대한 공간의 일점에 불과한 세계를 점하고 있을 뿐이라는 사실을 과학적으로 증명하지 않을 수 없는 당착에 내몰린 것이다. 인간이 신격에 근사하기는커녕 우주 저편의 어디에선가 공간을 점하고 있을 또 다른 생명체들에 견주어 결코 나을 바 없다는 생각 또한 과학적 추론을 통해 명증된 바 있으니, 인간의 한계에 관한 논항이 이제는 공간적 한계에서 파생되는 항으로 이관되는 편에 이른 것이다. 밤하늘에 빛나는 별빛 하나만도 수십만, 수백만 년 전의 것이 눈앞에 펼쳐진 현상이라는 사실이 입증된 마당에, 시간에 관한 숱한 생각과 담론이 공간에 관한 항으로 이관될 수밖에 없기도 하다.

공간은 이즈음 양면적 의미를 파생시킨다. 장소적 제약을 넘어서려는 공간 기획이 인간의 자리를 드넓히기도 하지만 또 다른 한계에 봉착하였음을 알리는 계기로 돌변하는 사태가 벌어지는 식이다. 우주 내에서 인간이 점할 자리가 어느 정도인지 궁금해 하면서도 실체가 밝혀질 때의 공황(恐慌)도 염려해야 하는 딜레마를, 인간 역량의 정화(精華)인 과학기술이 짊어지고 있는 것이다. 가지면 더한 것을 가지고 싶고 알면 알수록 더 알고 싶어 하는 인간의 호기심과 탐심이, 어떠한 공간에도 안착하지 못하고 지평을 확장하고자 애쓰는 실존의 부조리를 무한지경으로 치닫게 하는지도 모른다. 마찬가지 맥락에서, 인간이 공간적 경계에 처하였으면서도 경계를 넘어 다른 공간으로 이행함으로써 공간의 지평을 드넓혀 존재감을 확인하는 거점을 확보하려 도모한다고 고쳐 생각해도 좋다. 경계와 이행은 인간 실존의 거점 자질인 공간 기획의 핵심 테마인 것이다.

'공간'은 경계와 이행에 관여된 실존적 지평 확장을 이해하는 최대 관건이다. 따라서 공간은 단순히 물리적 지표를 통해 측량 가능한 장소적 자질에 국한되지 않는 표상적 의미망에 연루된 논항이라는 점이 재삼 강조되어야 한다. 이는 실증 가능한 사실의 영역에 포괄되지 않고, 의미의 네트워크를 통해 형용이 구성되는 해석의 영역에 걸쳐 있다. 공간은 인간 삶의 조건에 직접 수렴될 때 본색을 가늠할 수 있는 여지가 열리며, 그 자체로서 실증이나 분석의 대상으로 자명하게 주어지는 실체로 전제될 수 없는 것이다. 관찰자가 처한 상황과 지각 방향이나 이에 기본적으로 작용하는 운동 상황에 따라 공간의 측량치가 달라질 수밖에 없다는 '상대성 이론'의 주지에 비추어보면, 그런 생각을 입증할 과학적 근거는 공고한 편이다. 공간적 정위(orientation)에 따라 물리적 시간과 공간의 연장이 달라질 수밖에 없다는 점에서, 공간이 인지와 해석을 통한 구성 양태에 연루되어 있다는 생각도 인간 삶에 관여된[인문적] 공간에 대한 입론의 적확한 전거로 삼을 수 있을 것이다.

실제로 진보에 상응하는 정보통신 기술의 비약적 발전에 수렴되는 과학 문명의 전개 양상에 비추어, 과학기술이 문명화와 산업화로만 수렴되던 '근대'(모던, modern)의 관심과, 정보화로 수렴되는 '탈근대'(포스트모던, postmodern)의 관심 정향은 상이할 수 있다. 물론 단적인 시기 구분 자체는 무모하겠지만 두드러진 자질의 변별(distictive features)을 통해 얘기한다면, 모던 시대 관심사가 '시간'이었다면 포스트모던 시대의 관심은 '공간'에 정향된다고 할 수 있다. 근대적인 관심사인 거대 서사(grand narrative)가 시간을 전제한 공식적 역사에 기대인 서사라면, 탈근대적 관심사인 미시 서사들(micro narratives)은 공간을 전제한 문화적 장에 관한 담론에 상응한다.[2] 교통의 발달과 정보 네트워크의 발달은 '시간을 단축'하려는 인간의 열망을 실로 구현한 표상으로 환치될 수 있으며, 이러한 시간 단축이 곧 공간 표상으로 환언될 수 있는 여지가 열리는 것이다.[3] 이러한 탈산업 · 정보사회의 포스트모던한 환경에서 공간에 대한 관심이 깊어질 수밖에 없으며, 삶의 정경 또한, 시간에 얽매이기보다는 시간을 벌어 얻은 여유와 여가를 활용할 문화적 장에 관여된 관심사로 수렴되는 정황이 여실해질 것이다. 이때 사람들은 삶의 실제 장과 문화적 표상으로 환언된 공간 사이의 경계에 처하여 그 '사이'를 넘나들곤 하는 상황에 곧잘 직면하게 된다. 삶의 장을 구성하는 고유의 자질과 외래 자질이 뒤섞인 상황에서 그 사이를 조율하여 취하고 활용하는 문화적 예지가 요구되기도 한다. 교통수단과 매체의 발달에 힘입어 "시간과 공간에서의 모든 간격이 축소되고 있다"[4]고는 하나, "성급하게 모든 거리를 제거한다 해서 가까움이 생겨나는 것은 아니"[5]기 때문이다.

이런 맥락에서 경계와 이행의 공간에 관한 관심이 촉발된다. 경계와 이행의 공간 자질을 수렴한 술어에 상응하는 '과도 공간'(Zwischenraum)[6]은 근대의 중심적 세계와 가치 체계에 대한 해체를 구심으로 하는 '포스트 이론'에서 전략적 개념항에 해당하는 것이어서 공간 논항의 핵심 술어로서 관심이 집중될 수밖에 없다. 가령 식민지 담론의 중핵인 근대 담론을 해체하고 혼종된 문화적 상황을 타당하게 해석할 수 있는 여러 구심을 마련하는 것이 관건인 탈식민 담론을 기획할 요량이라면 과도 공간에 대해

심화된 사유와 해석을 수행해야 할 것이다.[7]

이러한 과도 공간은 네트워크와 디지털 매체를 통해 조성되는 사이버 공간에 대한 이해를 심화하고 타당한 입론을 세우는 도정에서도 유효한 개념적 단서를 제공하는 술어로 잘 활용할 만하다. 물리적 장소와 직시적 지시 관계가 없이 오로지 정보통신 네트워크와 디지털 매체의 조작을 통해 구성된 사이버 공간은, 그 자체로서는 실체가 없거나 이를 가늠하기 어려운 가상 세계에 조성된 양태지만, 명징한 문화적 '장'을 형성하고 있다. 그 장에서 유저(user; 사용자 혹은 접속자)들은 현실 세계에서와 다르지만 그렇다고 전혀 허황하지만은 않은 방식으로 문화적 수행을 진행한다. 그 수행의 네트워크 자체가 문화를 구성하는 식으로, 사이버 공간은 '가상이지만 실상'이 되는 아이러니한 상황이 연출되는 것이다. 여기에서 또한 과도 공간의 자질이 농후하게 배어난다.

이처럼 사이버 공간이나 다종의 디지털 매체를 통해 지어지는 가상 공간이라는 새로운 영역의 자질이나 형상 등과 관련하여 심리 공간(Psycho-Räumen)이 오늘날 공간 관심의 관건으로 부각된다.[8] 그러기에 더욱 공간은 물리적 지표를 통해서 연장(extension)을 실증하거나 분석하여 실체를 밝히는 식으로 접근할 '대상'이 아니라, 해석에 관여되는 여러 환경과 조건에서 파생되는 변인을 추론하고 이를 전제로 다기(多岐)하고 다면적인 의미망을 타진할 '상대'인 것이다. 해석자의 수행마저도 변인으로 작용할 수 있다는 점을 염두에 두는 것은 물론이다. 공간이 사상(事狀)과 운동에 깃든 상대성 자질의 표본인 까닭이다.

공간은 자명하게 주어진 선험적 실체가 아니라, 지각과 해석, 그리고 대상의 위상 구도에 따라 구성되는 역동적 구성체이다. 따라서 공간에 대한 입론은 객관적 대상을 두고서 실험적 조건을 전제로 실증하는 데 거점이 있는 것이 아니라, 상호주관적(intersubjective) 지각과 소통을 전제로 의미망을 해석하는 데 거점이 있다. 선험이나 경험의 영역 어느 한 편에 고립된 논항이 아니라 둘 사이에 편재한 어떠한 현상이라고 해도 좋은 만큼, 공간은 체험과 이해, 해석과 표현, 표현과 체험의 순환 과정에서 구성되는 의미의 네트워크를 통해 형과 태가 밝혀질 수 있는 것이다.

그러므로 공간 논항의 구심은 상호주관적 성원들의 소통을 통해 구성되는 '문화 공간'이다. 현존재인 인간이 실존적 한계를 넘어서 삶의 지평을 확장하고자 하는 세계 기획(Entwurf von Welt)의 도정에서 탈존(Ek-sistenz)의 공간을 창출한다는 생각이 그 단서인데, 존재자로 전락하지 않기 위해 세계를 이해하고자 도모하는 탈존의 기획을 통해 도달하는 세계가 곧 자아와 타아의 지평이 융해된 세계라는 면에서 세계는 곧 문화적 장에 상응하는 것이다. 이런 맥락에서 인간과 문화의 관여성을 묻는 인문학적 수행의 구심적 위상에 공간의 문화적 의미망을 묻는 일이 자리 잡고 있다고 해도 좋을 것이다.[9]

2. 현존재의 공간 기획

인간이 삶을 영위하는 세계는 시간과 공간의 조건에 얽혀 있다. 인간을 형이상학적 존재로서 규정하기 위해 개념적으로 조작하지 않는 한, 인간 현존재(Dasein)의 존재적 기반이 시공에 조건 지어진 세계임은 말할 나위 없다. '지금 · 여기에' 거하여 삶을 영위하는 존재적 자질이야말로 인간의 실상에 가장 근사하다. 특히 세계-내-존재(In-der-Welt-Sein)인 현존재의 거점을 인정한다면 실존적 조건의 구심인 공간에 관심함으로써 인간 자질의 본색을 이해하는 해석 동력을 찾을 수 있을 것이다. 삶의 세계를 이해하는 단서로서 실존의 공간적 정위에 관심할 필요가 제기되는 것이

다.[10]

기실 인간은 일상적이고 안정된 틀에 상응하는 장소에서 편안함을 느끼게 마련이다. 틀에 박힌 일상적 행위와 규준에 따르는 관습적인 수행에는 별다른 불편함이 따르지 않는다.[11] 시간의 흐름에 내맡겨진 경과에 동참하면 그만인 것이다. 그렇지만 삶을 돌이켜 경과를 성찰하고 나아가 삶의 구도에 변화를 꾀하여 새 삶을 기획하고자 심산한 터라면 국면이 달라진다. 사태를 온전히 파악하기 위해서는 당장 지난 과정을 거슬러 살피면서 수행의 거점에 걸맞게 사태의 본말을 재구성해야 한다. 생각하고 계획할 수 있는 능력은 이를테면 모종의 공간 감각을 일깨워 사상(事象)을 장악할 수 있는 공간 능력에 상응하는 셈이다.[12] 물리적 · 사회적 환경을 변형하는 데 요구되는 '앎'[13]은 시간적으로 진행되는 무의미한 현상을 공간 차원들로써 재구성하여 분석하고 계획할 수 있는 현상으로 변환하는 데서 그 효력이 적중되는 법이다. 의미심장한 발견과 해석을 위해서라면 지각과 인식 면에서 공간 차원의 수행이 요구되는 것이다.

이때 공간은 단순히 물리적 장소나 실체로서 주어진 대상에 관여된 것이 아니라 지각과 인식의 차원에 관여된 존재의 기획 · 투사(Entwurf)에 직결된다는 점을 재삼 상기하여야 한다. 주어진 자연 환경은 물론 인문적 환경으로서 주어지는 공간 그 자체로서 자명한 논항에 이관되는 것이 아니라, 공간을 삶에 관여시키려는 '존재 사건의 장'에서 공간의 인문학적 논항이 파생되는 것이다. 따라서 '공간'은 삶의 장과 현존재의 관여항인 세계의 구성에 관한 입론의 구심이다. 곧, 인간 삶의 장에 대해 주어진 조건과 대상적 경계가 분명한 객관적 현상(장소)으로서 이해하기보다는, 실존의 한계를 넘어 드넓은 세계를 기획할 수 있도록 존재를 돕는 열린 공간으로서 이해하는 자세가 요구된다고 해도 좋을 것이다.

하이데거에 따르면, '존재'는 보편 개념이자 자명한 실체로서 전제되는 한 무의미한 논항에 불과하여 "그 물음 자체가 어둡고 갈피를 못 찾"은 형국이 조성되고 만다.[14] 따라서 존재에 대한 물음을 다시 제기하고 이를 파헤쳐 밝히고 규정하는 존재 탐구[15]의 도정에서 직면한 '현존재'[16]가 '세계-내-존재'라는 존재구성틀에 근거하여 고찰되고 이해되어야 한다.[17] 이런 저런 관계망 속에서 드러나는 현존재의 모습이 곧 실존[18]의 양태인데, 세계-내-존재야말로 그러한 현존재의 실존적 자질이 수렴되는 항으로서 손색없을 것이다.

여기서 '내-존재'(In-Sein)는 '세계-내의 내-존재'이자 '무엇인가 안의 존재'로서, 공간 내 연장(extension)들의 관계에 의해 의미를 획득하는 존재로 이해된다.[19] '존재'를 객관적 대상으로서나 보편적이고 자명한 개념으로 전제하는 존재론(ontology)과, 세계 안에서 실존적 관계망에 내던져진 현존재에 관여된 구성과 이해의 문제를 다루는 실존주의(existentialism)는 그 관점과 문제의식은 물론 해법 면에서 차원을 달리할 정도로 상이하다. 존재를 어떠한 존재자들과도 무연(無緣)한 독립된 실체로서 상정하였을 경우와, 존재가 자명하게 주어진 실체가 아니라 세계 내적 관계망을 통해 현상으로서 드러난다고 전제했을 때의 문제 양상이나 접근법이 사뭇 다를 수밖에 없다. 실체를 확인하기 위한 '무엇'에 관한 논항과, 구성의 양태와 과정을 묻는 '어떻게'에 관한 논항은 거점 자체가 다른 것이다. 누구라도 자신만의 고유한 영역을 확보하여 독존하는 존재로서 주어진 바 없으며, 세계에 내던져진 채 사물적 존재자(seiende)로 전락하지 않기 위해 세계에 관여된 실존적 조건과 한계를 성찰하고 '탈존'을 모색하는 존재사건에 참여함으로써만 존재의 자질이 구성된다는 사유의 길이 '공간'에 관한 반존재론적 관심을 불러일으키는 것은 수순이다. 이를테면 존재의 연관에 주목하여 세계-내-존재로서의 현존재에 관심할 경우, 내-존재 논항에 직결되는 공간에 관한 논의가 존재 문제를 푸는 관건으로 부상하게 된다. 이때 공간에 관해서도 공간 자체의 보편적이고 객관적인 실체나 본체적 형상에 대해 묻는 것이 아니라, 현존재의 행위에 수반될 '공간-부여'(Raum-geben)나 '공간-창출'(Ein-räumen)과 같이 실존적 체험과 수행에 관해 묻는 데로 문제의 향방과 양상이 바뀐다. 이를 통해 공간이 존재의 문제와 동떨어진 객관적 실체나 대상이 아니라 존재의 자질을 구성하는 데서 기저 역할을 한다는 점을 의미심장하게 논급할 여지가 열린다.[20]

여기서 내-존재에 관여된 공간이 이상적이고 객관적인 공간을 지칭하는 것은 아니라는 데[21] 주목해야 한다. 현존재는 각기 고유한 '공간-내-존재'의 자질을 지니는데 이는 세계-내-존재에 근거를 둘 때라야 가능한 일이다.[22] 현존재의 본질구조로서의 세계-내-존재에 대한 이해가 비로소 현존재의 실존론적 공간성에 대한 통찰을 가능케 하는 것이다.[23] 이때 세계 내의 내-존재는 일종의 정신적인 자질이고, 인간의 '공간성'은 육체성(Leiblichkeit) 자질에 상응한다.[24] 말하자면 내-존재의 자질은 공간에 관여된 표지를 통해서라야 실존적 조건으로 드러날 수 있는 것이다. 그래서 인지 내-존재로서의 현존재가 실로 다른 이들과 어우러져 바로 곁의(zuhanden; 손안의) 존재 본질에 공간(Raum)을 내줌으로써(여지[Raum]를 마련함으로써)만 세계-내-존재로서 드러나는데,[25] 이러한 공간-부여와 공간-창출은 손안의 것(Zuhandenen)을 공간성을 향해 자유롭게 하는 데서 이루어진다. 공간-창출을 통해 장소의 총체적 국면이 사태 국면으로 변주되어 전면에 드러남으로써 공간 정위(Orientierung)가 실로 가능해지는 것[26]은 수순이다. 공간-창출이 세계-내-존재에 귀속되는 까닭에 현존재는 세계를 둘러보고 '배려'하면서 공간을 구획할 수도, 제거할 수도, 그리고 창출할 수도 있는 것이다.[27] 자기만의 고유한 독존 영역을 주체적으로 확보함으로써가 아니라, 다른 존재는 물론 존재자들과 교유하는 세계적 장에 참여하여 실존적 한계를 넘어섬으로써(탈존[Ek-sistenz]함으로써) 상호

주체적인 공간을 마련하고서야 인간 현존재의 존재적 자질이 구성될 수 있는 것이다.

이런 맥락에서 '환경'에 상응하는 에움세계(Umwelt)의 공간적 의미에 주목함직하다. 기하학적 공간처럼 객관적이고 이상적인 차원에 상응하는 척도로 보자면 에움세계는 공간 지표로써 측량할 길 없다.[28] 그가 존재에 연루된 터라서 더욱 그러하다. "현존재의 성격을 띤 존재자는 존재 물음 자체와 하나의 연관을 맺고 있"[29]는 만큼, 현존재에게 관건인 공간이 오롯이 독립된 실체로서 다루어질 수 없다. 상대성 이론에서 논급되는 바, 공간의 관찰자가 공간 현상에 관여된 채 그 측량에 영향을 미칠 수밖에 없다는 가설과 실험 사례를 이 맥락에서 떠올림직하다. 공간은 현존재와 연관을 맺고서 실존적 행위와 실존 사건에 따라 구성되는 양과 태로서 이해되어야 타당한 것이다. 따라서 에움세계에 준하는 환경이나 공간 구성적 조건과 기제 등이 공간 입론의 관건일 수밖에 없다.

공간은 과연 현존재와 존재자들의 연관에 의해서 구성되는 구성체이자 의미체이다. 가령, "도구는 그것의 도구성에 상응하게 언제나 다른 도구에의 귀속성에서부터 존재한다"[30]는 언명을 떠올림직하다. 예컨대 "필기도구, 펜, 잉크, 종이, 책받침, 책상, 등불, 가구, 창문, 문, 방 등"과 같은 "사물들은 결코 우선 스스로에게 자신을 내보이고 나서 그 다음 실제적인 것의 합으로서 방 하나를 채우고 있는 것이 아니다."[31] 현존재인 지각자가 우선 마주대하는 방[32]은 건축 구조를 이룬 "네 개의 벽돌 사이"[33]에 주어진 기하학적 공간 구도로서 관찰되는 것이 아니며, 어디까지나 주거 도구(Wohnzeug)로서 그 의미가 구성된다. 도구는 제작 동기나 사용 목적에 의해서만 지시적으로 규정되는 것이 아니라, 그 안에 사용자에 대한 지시 관계가 같이 구성되어 있다.[34] 현존재를 에워싼 환경인 세계가 저러한 구성적 지시[35]를 통해 현존재에게 가까워지며(손안에 있게 되며), 현존재는 세계 내에서 만나는 존재자를 배려하며 그들과 친숙하게 왕래하면서 짐짓 세계 '안에' 존재하게 된다.[36] 이렇듯 내-존재인 현존재는 '소거'(Entfernen; 거리 없앰)와 '정위'(Ausrichtung; 방향잡음)를 구심 자질로 하여 이루어진 공간을 얻는다.[37]

따라서 현존재가 공간을 창출하려는 수행은 방위를 잡아 정위하는 길을 발견하는 일에 단서가 있다. 현존재가 자신을 에운 세계를 둘러보면서 존재자를 배려하여 그와의 거리를 없애고 소통하면서 세계-내-존재로서 서는 것은 곧 '방향 잡혀진 동시에 방향을 잡으면서 존재'한다는 것을 의미한다.[38] 공간 창출은 방향을 잡을 것으로 예견되는 손안의 것과 눈앞의 것을 가까이 두어 거리를 없애는 수행이기도 하다.[39] 소거와 정위가 동시에 진행되거나, 적어도 수순으로서가 아닌 전체 맥락에서 진행될 때 비로소 현존재의 공간 창출이 성과로서 드러날 수 있을 것이다.

이렇듯 주위 세계를 둘러보며[배려] 그와의 거리를 없애는 한편 그 세계 안에서 방향과 자리를 잡는 일은 통일된 시간성에 해당하는 현재화에 근거한다.[40] 곧 현존재는 시간성에 기대인 존재의 속성에 비추어볼 때 '탈자-지평적'(ekstatisch-horizontal)이므로 실로 정립된 '공간을 공유'할 수 있다.[41] 이렇듯 탈자적으로 공유된 공간을 염두에 두고 보면, 그때그때의 실제 위치나 상황에 관여된 '여기'는 단순히 고정된 장소(Raumstelle)가 아니고, 정위와 소거 수행을 통해 열리는 수행공간(Spielraum)이다. 바로 이 공간에서 밀착되어 배려된 도구 전체가 포괄되는데[42] 말하자면 그 수행공간을 곧 '문화 공간'에 상응하는 술어로 삼아도 좋을 것이다. 현존재가 창출한 공간 표지로서, 그리고 세계-내-존재로서 현존재의 실존성을 부여하는 표지로서 '문화 공간'을 상정해도 좋으리라는 점이 이로써 시사된다.

3. 탈존적 공간 기획의 문화적 지평

세계-내-존재에 의해서 구성되고 있는 존재자는 그 자체가 때마다 각기 자신의 '거기'(Da)로서 존재[43]하며, 거리를 없애면서 방향을 잡아 세계를 향하는 배려를 통해 현존재에게 '자리'(Ort)를 정해주는 실존론적 공간성은 세계-내-존재에 근거하고 있다.[44] "내가 '여기' 있다"는 직면한 '저기'에 대한 거리를 없애고 내게로 방향을 잡도록 배려되어야 성립하며, 따라서 실존은 '여기'(Hier)와 '저기'(Dort)를 아우르는 '거기'[45]의 존재로서 거듭나야 하는 것이다. 현존재는 거기에 열린 태(Erschlossenheit)로 존재[46]하는 만큼, 실존은 자신의 위치를 벗어나 남과 세계를 향해 밝히고 열려야만 정위될 수 있다. 과연 실존(Existenz)은 탈존(Ek-sistenz)[47]이며, 공간을 열어 기획하는 존재이다.

세계-내-존재로서 현존재의 탈존적 자질의 구심인 '거기'는 존재 가능의 여지를 열어 밝히는 기획(Entwurf)의 거점이다. 요컨대 현존재는 세계 내에 기획된 존재 양식으로 내던져져 있다.[48] 현존재가 실존하면서 '거기' 존재한다는 얘기에는 우선 세계가 '거기' 있다는 생각이 전제되는데,[49] 세계의 거기-있음이 곧 안에-있음[50]이다. 내-존재 또한 '거기'에 현존재가 존재하는 목적의지(Worumwillen)로서 존재하는 식이다.[51] 실존하는 세계-내-존재는 무엇인가를 위한 목적의지 내에서 그 자체로서 밝히 열려져 있다.[52]

이렇듯 열려 밝혀진 태(Erschlossenheit)가 '이해'(Verstehen)에 귀결된다. 목적의지의 이해 속에 그 근거인 의미망이 함께 열리며, 이해를 통해 열려 밝혀진 바는 목적의지와 의미망이 열려 밝혀진 바와 같이 세계-내-존재에 관여된다.[53] 이때 열린 의미망을 통해 세계 자체가 열려 밝혀질 지평이 구성된다.[54] 의미는 세계의 이해를 통해 산출되지만 세계 또한 의미와 이해를 통해 지평이 열리는 해석학적 순환에 편입되는 셈이다. 따라서 세계-내-존재로서 현존재의 존재 구심에 '이해'가 자리 잡고 있다고 해도 좋은 것이며, 기획투사야말로 현존재가 관여된 세계의 존재 사건의 본말에 작용한다고 해도 좋을 것이다. 이해를 통한 기획투사와 세계의 열린 지평이 곧 현존재의 공간 창출 수행에 직결된 해석을 통해 가능해지는 것도 마찬가지 맥락의 논리적 귀결이다. '거기' 있던 존재자가 곧 '지금 · 여기'의 현존재로 이어지는 것은 탈자적 현존재의 '이해'에 관한 생각에 단서를 두고 있음 직하다. 이러한 탈자-지평에서만 현존재가 공간에 편입될 수[55] 있는 여지가 열리기 때문이다.

공간은 세계 내에서만 드러난다.[56] 세계-내-존재로서 현존재가 공간에 관여되어 있음[57]은 수순이다. '지금 · 여기 존재'하는 현존재의 자기해석(Selbstauslegung) 자체가 '공간 표상'으로 이루어지며, 현존재가 세계를 이해하는 수단인 언어의 의미 기반에도 공간 표상이 광범위하게 작용하고 있다.[58] 이렇듯 공간 표상이 유력하게 부상되는 정황은 공간 자체의 위력에서 비롯된다기보다는, 사상(事象)과 관념의 현재화를 전제한 '이해를 통한 현재화'로 인해 시간성이 희석되는 데서 드러날 현존재의 탈자적 존재 양식에 근거한다.[59] 과거의 것을 기억하거나 망각하는 일, 미래의 것을 예견하거나 기대하는 일은 실존에 관여된 시간 자질에 상응하지만, 이해는 그러한 두 국면을 현재의 것으로 수렴시킴으로써만 가능하기에 공간 자질이 본색이다. 세계에 대해 기획하는 현존재는 탈자적 지평에서 통일된 이해를 수행할 수 있으며, 이로써 '지금 · 여기'라는 존재 양식이 의미심장해지는 것이다.

이렇듯 『존재와 시간』에서 논항의 시점(始點)이나 종점으로 상정된 현존재와 시간성에 관한 담론은 탈주적 사유(exilic thought)로 수렴되는데, 이가 곧 현존재의 공간 자질에 관한 담론을 구심으로 전개된 터다.[60] 그 주요 논항을 반드시 공간 문제에 귀결시킬 것까지야 없지만, '실존은 탈존'이라는 선언적 언명에 비추어볼 때, '탈주'와 '변주'(alterity)의 자질[61]을 구심으로 파생되는 '존재와 공간'에 관한 입론에 주목할 여지는 크다. 요컨대, 시간의 제약과 죽음을 향해 이어진 실존적 시간 회로에서 일탈하여 현존재의 구성틀인 세계의 지평을 열고자 하는 기획이 탈주와 변주의 공간 자질을 통해 성취되는 것이다. 시간은 추상적인 자질을 띠는 인식 대상이지만, 공간은 존재의 추상이나 순수한 개념을 지칭하지 않고 구체적이며 사회적이고 정치적인 문제들에 관한 생각을 불러일으키게 마련[62]이라서 더욱 그러하다. '삶, 몸, 공동체, 사물, 말, 숫자, 생각, 느낌, 마음 상태, 상상' 등과 같은 실존적 사건들이 시간적으로뿐만 아니라 공간적으로 발생한다[63]는 데 주목함으로써 인간 삶의 실존적 조건과 현존재의 기획투사에서 파생되는 문화적 수행의 여러 양태를 해석할 수 있는 공간의 의미망과 지평이 열린다.

그러고 보면, 공간은 단지 연장(延長)으로서나 이념적 유비로서 이해되어서도 곤란하지만, 계량과 측량이 가능한 현전 대상으로 환원되어서도 곤란하다. 실용품이나 공산품은 물론 감성 제품과 첨단 기술에서 파생된 이미지 상품 등에 공간 자질을 고착시켜 생각해서도 물론 곤란하다. 공간 자질은 언제라도 입수하여 쓸 수 있도록 도처에 편재해 '손안에' 주어져 있는 식이지만, 실체가 없으며 유동적인 형상을 띠기 때문이다.[64] 그래서 더욱 공간은 현존재의 실존적 구성틀인 세계-내-존재의 구심을 이루는 기제로 여겨지며, 시간의 제약과 존재자 층위에 한정되고 구획된 장소를 초월한[65] 현존재의 기획투사의 장이자 그 소산으로 이해된다. 시간의 한계에 고정된 현실 세계의 조건에서 일탈하여 세계의 지평을 열어젖히고자 하는 실존적 열망과 의지가 곧 경계를 넘어서 세계의 새 지평으로 이행하는 공간의 의미망을 직조하는 씨줄날줄인 것이다.

물론, 이러한 공간 기획의 양상이 초월적 지평의 창출에만 이어져 있는 것은 아니다. 현실에 구획된 장소적 실체가 실존의 저변을 위협하는 한, 현존재는 탈존의 지평에서 탈주의 공간을 기획투사하여 표상하면서도, 한편으로는 내-존재로서 존재자들과의 연관을 도모할 수 있도록 돕는 구체적 장의 장소적 자질을 회복하고자 하는 모색도 게을리 하지 않을 것이다. 요컨대, "존재를 생각하기 위해서 엄숙하고 진지하게 접근하거나 불가해한 것에 대한 박식함이 있는 체할 필요는 없다. 뿐만 아니라, 불가사의한 환희와 몽상과 황홀경에 빠진 드문 상황을 펼칠 이유가 없다. 다만 주제넘지 않는 임의의 존재 '가까이' 깨어 있으면서 문득 존재가 '있다'는 사실을 알아차리기만 하면 그만"이라는 생각에 비추어보면, '~가까이'(in proximity)라는 말 자체가 특정하게 지칭되지 않은 장소에 관한 의미를 안고 있다는 데 주목하게 된다.[66] 이런 맥락에서 하이데거가 존재의 체험의 '일상성', 곧 편재성에 대해 강조하는 논의항에 '장소'를 대입할 여지가 생긴다. 물론 그 장소는 물리적으로 구획된 연장을 지닌 장소가 아니라, 구체적 삶의 장에 해당하는 체험된 공간(erlebter Raum)에 상응하는 양(樣)일 것이며, 체험을 통해 상기되고 부여되는 의미를 통해 그 자질이 구성된 태(態)일 것이다.

과연 "장소는 공간에 대한 한 규정"[67]으로서 의미가 파생된다. 구획된 삶의 터로서 존재를 보호하는 장소 기제로서 가장 돋보이는 '집'만 하더라도 그 물리적인 실체로서의 의미는 미약하거나 아예 없을 수 있다. 집은 존재의 보호라는 공간 자질로 환언된 다음이라야 본연의 의미를 획득하게 되는 법이다.

> 우리는 건축함을 통해 비로소 거주함에 이르는 것처럼 보인다. 전자, 즉 건축함은 후자, 즉 거주함을 목표로 삼는다. 그럼에도 불구하고 모든 건축물이 거주

물[주택 · 가옥]은 아니다. 다리, 비행장, 경기장, 발전소는 건축물이긴 하나 거주물은 아니다. 기차역, 고속도로, 둑, 시장 등도 건축물이긴 하나 결코 거주물은 아니다. 그럼에도 불구하고 [앞에] 언급한 건축물들은 우리의 거주 영역 안에 서 있다. 이 영역은 이러한 건축물들을 넘어서 펼쳐나가며, 다시금 주거에 한정되어 있지도 않다.[68]

건축과 거주는 범주가 사뭇 다른 행위이다. 건축은 물리적 대상을 지어 실로 드러나게 하는 행위이지만 거주는 대상을 의미화하는 행위이다. 건축물은 대상이자 고정된 실체이지만 거주물은 의미가 부여된 의미체이자 상대적 구성체이다. 따라서 거주물의 범주 자체가 고정된 범위로서 구획된 채이거나 규정적 개념항일 수 없다. 거주물의 자질은 울타리로 둘러쌀 때 얻어지는 '보살핌'[69]을 근본 특성으로 하는 거주 행위를 통해서라야 비로소 성립된다. 존재는 거주를 통해 해악과 위협으로부터 보호되고 삶의 안정된 저변을 갖출 수 있는 것이다. 이런 정황에서 집과 같은 거주물이 아닌 주변의 건축물들도 주거의 영역을 구성하는 데 관여된다.

이렇듯 거주는 장소적 기제에 해당하는 건축물이나 사물들의 연관적 구성을 통해 이루어지는 공간을 구심으로 진행되는 사회 · 문화적 수행이다. 그렇게 보면 공간은 완성되어 자명하게 주어진 구조체가 아니라 관계망에서 빚어지는 "어떤 것이 자신의 본질을 펼쳐나가기 시작하는"[70] '경계'[71]이자 거점항에 상응한다고 할 수 있다. 공간은 어떠한 의미를 향해 '비워진 자리'이거나 '마련된 곳'으로서 자유롭게 주어진 곳[72]인 것이다. 따라서 공간은 구체적인 장소 표지를 통해 구성되지, '텅 빈 공간'으로서 주어지지 않는다.[73] 텅 빈 공간이라 한다손치더라도, 가령 그릇의 사물적 차원이 그 재료나 물리적 형태에서 비롯되지 않고 그 형이 담은 '텅 빔'에서 기인[74]하는 원리에 비추어보면, 빈 상태 자체로서 마련된 공간의 구성성이 가득 차 있는 셈이다. 무엇보다 그 마련된 자리에 인간이 이미 관여된 채이다.

따라서 공간은 외적인 대상도 아니며 내적인 체험에만 국한되지도 않는다. 건축물과 같은 양식을 지닌 사물들[75]에 근거하여, 말하자면 장소들에 의해 마련되고 구성되는 공간 자질에 비추어, 인간과 공간의 관계를 대상적 관계로 전제할 수 없음을 깨닫게 된다. 또한 인간은 거주 행위를 통해서 공간과 관계를 맺는데,[76] 장소를 존재 영역 내에 구체화하여 의미망을 빚는다는 점에 주목하게 된다. 인간은 장소적 기제나 공간적 표상을 통해 세계를 이해하고 세계의 일원으로서 실존하는 세계-내-존재로서 세계를 구성하는 존재 사건에 참여하는 것이다.

그러한 공간 구성 수행의 단서인 '거주'가 비단 건물에 입주한다는 뜻이 아님을 재삼 의식해야 한다. '거주'는 인간이 존재를 에워싼 환경(움벨트, Umwelt)과 관계를 형성하면서 건축물과 같은 인공적 주거 조건이든 자연 환경적 조건이든 간에 이를 삶에 맞게 조율하여 공간을 창출하는 수행의 대유에 상응한다. 그만큼 현존재와 공간의 관여 양상에 관한 논항은 인문 현상 전반에 걸친 포괄적 거점에 해당한다고 할 수 있다.[77] 이를테면 "인간은 자연 속의 지리적 반복 유형들을 인식할 뿐만 아니라 마음속에 추상적인 공간들을 창출하는데, 감각 가능한 물체들에 담긴 느낌이나 이미지와 생각을 구체화하려고 도모하여, 그 결과 조각이나 건축 공간, 나아가 대규모의 계획 도시가 창출된다"[78]는 생각을 논급하는 식으로, 구체적 현상의 해석을 통해 사변적 입론을 입증할 여지가 생길 것이다. 장소와 공간은 인간의 삶의 조건으로서만 실존적 의의가 생길 수 있는 까닭에 인문 현상에 대한 해석을 통해서 그 외연과 함의가 더해질 수 있다.

다만 주의할 점은 투안에 의해 제창되고 렐프(Edward Relph) 등에 의해 논의가 확장된 인문지리학적 공간 입론에서 '장소'와 '공간'의 논항이 처음 전제와 달리 변별 자질이 착종되어 핵심 개념의 혼란을 초래한 것으로 보인다는 것이다. 특히 렐프의 논의를 통해서는 인간의 삶에 직결되어 경험적이고 문화적인 의미 층위에 '장소' 자질을 대응시키는 반면 인간 삶과 무연하게 선험적으로 주어진 피상적 개념 양태를 '공간'에 대응시켜 자명한 전제처럼 삼는 면이 있다. 이러한 전제는 실존을 더 이상 '보호'하지 못하여 본연의 장소성을 상실한 도시의 '무장소성'(placelessness)을 논급하는 데 비교적 타당하게 적용할 수 있지만, 물리적 실체나 객관적 대상 층위에 있는 '장소'를 의미체나 구성체인 '공간'에 대립시켜 이해한 데서 논리적 난항이 빚어진 것은 사실이다. 그 난항과 개념 착종은 인간의 삶에 관여되어 의미심장한 태로 이관되었을 때에는 공히 '공간' 논항에 부쳐진다는 점을 분명히 의식하지 못한 결과이다.

'장소(성)'는 그 자질이나 속성이 논급되어 '의미'에 관한 논점으로 회부되는 한 '공간'의 하위 개념으로 이해되어야 옳다. 이는 '무장소(성)/장소상실(성)'의 상대 개념이지 '공간'의 상대 개념이 아니다. '텅 빈 공간'으로 전제되어 인간 삶의 조건과 무연한 개념으로 환언될 경우에야 '과학적 공간'에 대비된 '인문적 공간' 논항을 상정하기 위해 인간 삶에 환원된 '장소'를 상대 개념항으로 상정할 수 있겠지만, 이미 저처럼 실존적 해석학의 거점항으로서 '공간'이 상정된 터라면 이에 '장소'를 대비시키는 것은 범주의 오류에 해당하는 것이다. 이런 맥락에서 인문지리학에서 '장소'에 관한 개념으로 설명하는 것은 도리어 '공간' 개념에 상응하며, '공간' 개념으로 설명하는 것은 '무장소'에 상응하는 것으로 이해된다. 이 책 전반에 걸쳐 투안이나 렐프 식의 '장소/무장소' 논의를 비중 있게 인용하고 논의의 중요한 거점으로 삼는 바 있지만, 개념의 착종 여지까지 인정할 이유는 없을 터이다. 원체 인간에게 관여되지 않은 '진공 상태의 공간'이란 없기 때문이다.[79]

공간은 삶의 장에서 실존에게 밀착된 기제로 드러난다. 가령 사람들이 도구를 취하여 쓰는 일이 상례인데, 그 일에는 대상의 연장을 측량하거나 거리를 재고 방향을 잡는 행위가 대부분을 이룬다. 이러한 공간 구성과 공간 기제에 관여된 척도가 사람의 몸에 빗대어지는가 하면 인간을 중심으로 지어진 표상인 경우가 다반사다.[80] 가령 거리나 길이를 잴 때 '숨, 뼘, 치, 팔, 발'과 같이 몸의 일부나 그 기능을 척도로 쓰는 예가 문화권마다 제법 편재해 있다. '줌, 아름'처럼 부피를 재는 척도도 그러하다. 위치나 위상을 표현할 때 '머리, 허리, 발꿈치' 등을 사용하는 예도 빼놓을 수 없다. 이처럼 인간은 제 몸을 통해 세계를 지각하고 인식하는데, 이는 대개 공간 자질로 환언된 표상을 관건으로 한다.

게다가 그러한 척도의 기준이 자기중심적이라는 공통점이 있는데, 그만큼 인간은 공간에 정위된 존재이며 공간을 지각하고 이해하는 데서 존재와 세계의 접점을 찾는다는 사변이 실로 예증될 여지가 생긴다. 자아와 대상을 분별하는 동시에 공분모를 발견하려는 이중적 지각 기제가 이 과정에서 작동하여, 상호주관적인 세계 인식에 바탕을 둔 공간 자질 또한 입증된다. 나(노에시스, Noesis)에게 대상(노에마, Noema)인 타인(노에시스)에게 나는 또 다른 대상이 되는 데서 생기는 난항은 상호주관성(Intersubjektivität)을 인정함으로써만 해소될 수 있는데, 나와 상대가 어우러지는 장에 대한 요구가 요컨대 공간에 관여된 지각 기제를 요하는 셈이다.

곧 공간은 '여지'(Raum, room)에 상응한다.[81] 구획되고 규정된 실체로서나 물리적 대상으로서가 아니라, 가치와 의미의 가능성이 열린 태로서나 '드넓은'(räumlich, spacious) 세계의 여지로서 실존에게 수용되는 구성적 공간이라야 타당하고 의미심장하다. 그만큼 공간은 자유에 대한 감각과 의미에 직결된다.[82] 공간에 대한 관심이 실존적 조건을 넘어설 여지를 드넓게 조성하고 이를 통해 실존적 자유에 관여된 의미망을 창출하는 데 수렴될 수 있는 것이다.

공간이 현존재의 탈존적 기획투사에 연관될 때라야 구성될 수 있기에, 자명하게 주어진 대상이 아니라 실존의 체험을 통해 창출되는 공간만이 관건임을 의식하는 태도가 재삼 요구된다. 그러므로 공간이 피상적 실체성에 관련된 형이상학적 주제로서 다루어져서는 곤란하며, 대신에, 현존재가 세계와 맺는 공간적 연관의 구체적 표지와 공간 감각 등을 해석의 구심으로 삼아 공간 구성 양상과 공간 구도를 살피는 식이어야 방법론 면에서 타당함이 인정된다. 요컨대 드넓은 공간의 창출에 관여된 탈존의 기획에 상응하는 '탈주의 공간'에 관해서라면, 삶의 장에서 펼쳐졌을 장소 표지에 대한 해석과 관여적인 국면을 제시할 때 온당한 의미망을 구성할 수 있을 것이다. 문화에 관여된 의미의 국면을 해석해야 하는 과제가 생기는 셈이다.

실로 인간이 공간 능력과 공간 지식, 공간 기술(skill)을 통해 무한한 공간에 무수한 장소를 창출할 수 있다[83]는 생각에 주목하게 되는 것은 이 맥락에서다. 가령, 미로 찾기의 예에서 확인되는 바,[84] 열린 공간에 상응하는 미로를 헤매면서 확증된 길을 찾아 미로를 빠져나갈 지도를 인지하고 도시할 수 있게 되었다면 미로는 더 이상 미로가 아니며, 그 길을 찾는 과정에서 설정한 경계표지(landmark)를 통해 구획된 장소로 변주된 터다. 요컨대 무의미하였거나 의미의 가능성이 열린 채이던 공간이 인간적 활동에 이관되어 경계로 환원되면서 구체화된 장소의 의미가 획득되는 것이다. 과연 공간 감각이 익숙해질 때 이는 장소로 환언된다[85]는 투안의 언명에 수긍이 간다. 그렇다면 일견 공간이 장소 기제를 통해 삶에 직결되는 듯하며, 장소가 시각적 표지를 지니기 때문에 그런 생각이 자명한 것처럼 여겨지는 것도 사실이다.

그렇다고 해서 구체적 표지를 지녔다는 점만으로 이러한 의미의 국면들을 장소 개념에 대응시킬 수만은 없다. 그러한 생각에는 '공간은 추상적이며 관념적인 개념이자 진공의 상태'라는 존재론적 사유가 부지불식간에 깔려 있기 때문이다. '무한한 공간'이든 '무수한 장소'든 간에 이를 잠정태로서 상정하는 전제만으로도 범주의 오류는 예견된 바다. 일종의 '경계표지'를 통해 장소가 구획된다고 하였지만, '표상'에 상응하는 랜드마크로써 확정된 장소가 자명하게 주어진 구체만을 띤다고 볼 수는 없다. 무엇보다 인간의 삶에 걸맞게 조율되어 의미가 부여된 장소라면 공간 층위에 논항이 걸쳐있는 셈이어서 더욱 그러하다.

게다가 장소가 시각적 표지만으로 드러나는 것도 아니다. 짐짓 주목을 끄는 장소들은 다른 장소들과 겯고트는 가운데 그 걸출한 면모가 드러남으로써, 그리고 예술이나 건축 또는 의식이나 의례 등과 같은 문화적 기제의 환기 작용에 힘입어 가시화된다.[86] 인간 삶에서 빚어지는 열망과 욕구의 극적인 구현을 통해서 장소의 명징한 실상이 드러나는 것이다.[87] 따라서 경계표지로 드러난 장소 자체로서만은 어떠한 의미는 물론 어떠한 형과 태도 비쳐지지 않으며, 삶에 관여된 행위들과의 연관 속에서 작용하는 기제에 상응할 때라야 비로소 현상으로서의 형태가 드러나는 것이다. 그러니 이 경우에 얘기되는 장소는 실은 공간에 상응하는 것으로 여겨진다.

장소는 의미가 조직화된 세계의 일종으로서, 필시 정태적인 개념이다. 만약 세계를 끊임없이 변화하는 과정으로 본다면 장소에 관한 어떠한 의미나 감각도 유지하거나 진전시킬 수 없다[88]는 투안의 단언을 유심히 살펴 이해하노라면, 장소는 공간 표상을 통해서라야 의미망이 짜일 수 있다는 추론에 이를 수 있다. 가령 유목민(nomad)들이 지녔을 장소에 대한 감각이 흥미로운데, 그들이 겪게 마련인 삶의 주기적인 위급함에서 비롯되는 주둔지(camp)와 경계(territory)라는 두 가지 장소 감각[89]은 공간 범주에 포괄되면서 의미의 진폭이 커진다.

특히 이러한 유목민(노마드)적 속성이 현대인의 삶의 장에서 어렵지 않게 발견되기에 이에 대한 이해가 각별히 요구되는데, 현대인이 직면한 장소상실 상황이 유목 문화에서 발견되는 '경계와 이행'의 공간 표상에 맞닿아 있어 관심을 촉발한다. 예컨대 현대인들은 대체로 삼십이나 사십대에 이르기까지 사회 내에서 제법 안정된 자리를 얻어, 가정과 일터에서 또는 휴양지에서 틀에 박힌 일상에 안주하는데, 안정된 삶을 보장하는 '자리, 가정, 일터' 등은 명징한 장소이다.[90] 각 장소들은 해를 거듭한다고 해도 의미가 변치는 않을 것이며, 가시적인 경계가 다소 모호하더라도 각각은 분별된 장소로서 이해될 것이다. 그런데 중역을 맡아 일에 분주한 이들에게 가정과 사무실의 경계는 모호하다. 가정에서도 일을 할 수밖에 없는 상황이 연출되기 일쑤며 사무실이 곧잘 집 역할을 하기도 한다. 시골 별장은 가족을 위해 마련된 '안락한 장소' 역할을 하겠지만 단지 휴가철에만 그러할 뿐 일 년 내내 장소로서 기능하는 것은 아니다. 해외 여행지에서조차도 휴양과 사업이 병행되기 십상이다.[91] 이러한 경우에 삶의 안정된 주둔지로서 작용해야 할 장소의 경계는 불분명해지고 또한 그 감각이 희박해진다. 이처럼 장소적 경계 감각이 불분명해진 현대인의 조건을 두고 보면 더 이상 장소 기제에 기대어 공간을 논급하기 곤란해지는 면이 두드러진다. 현대인의 노마드적 자질은 공간에 대한 감각을 장소 감각에 앞세울 수밖에 없는 공간 논의의 수렴항이자 그 논지의 구심이라고 할 수 있다.

공간이 인간 삶의 장에 연관되어 이해될 때 '체험 공간'(erlebter Raum)에 관한 논항이 빚어지며, 이가 곧 공간을 규정하는 장소에 대한 논항에 수렴되는 것은 사실이다.[92] 삶을 영위하는 데 요구되는 구체적인 장소는 일단 실존의 공간적 조건의 제일 항으로서 인정되기 때문이다. 특히 실존적 삶의 주요 동인인 친밀감이나 안정감에 직결되는 요소들이 장소 표상들을 구성한다. 장소에 뿌리를 내려 정주하고자 하는 열망이 장소 감각을 얻고 키우는 데서 비롯되는 경험에 비견되는데,[93] 과거를 돌이키거나 기억을 떠올리려는 노력이 장소 감각을 일깨우려는 노력과 조응하는 맥이 이에 맞닿는다. 이를테면 '집'이나 '고향'에 집착하는 보편적 인간 감성의 국면이 장소 자질에 대한 해명을 요하는 식이다.

그렇지만 그리 자질로 환언된 '집'이나 '고향'이 실은 장소보다는 공간에 가까운 개념으로 전환된 터라고 하는 편이 타당하기에, 장소에서 공간으로 논의 거점이 다시금 이관될 여지가 생긴다는 점을 간과할 수 없다. 실제로 집이나 고향이 장소의 속성을 상실하여 무장소성을 띠는 터라서 더욱 그러하다. 고향에 대한 애착이 인간 공통의 감성[94]이지만, 그 강도는 문화와 역사적 시기마다 다른 양태로 변주된다. 상대적으로 장소성이 약화된 문화적 조건 속에서 그와 같은 장소 감각이나 장소애(topophilia)는 느슨해질 가능성이 짙으며, 그러한 양상이 실로 나타난다. 현대 사회에서 노마드적 삶을 사는 이들일 경우, 하나의 뿌리에 고착되지 않고 이를테면 여러 구근(리좀, rhizome)에 삶의 거점을 두고 옮겨 다니는 양상에 비추어, 무장소성이 더해지는 국면이 전개되는 식이다. 고향이나 집과 같은 장소는 더 이상 본연의 역을 감당할 수 없는 형국이며, 실존은 그런 상황을 초극할 수 있는 거점을 확보하기 위해 드넓은 공간으로의 기획투사를 도모하게 마련이다. 이처럼 장소 문제는 공간 논항으로 이관되어 하위 논항이 되며, 그 구심을 '경계와 이행'의 공간 자질에서 궁리할 여지가 생긴다.

이런 맥락에서, 하이데거가 횔덜린의 비가(悲歌) 「귀향」에 관한 강의에서 존재의 근접성(가까이 있음)에 대해 논급하여 현존재의 거기(Da)를 '고향'에 대응시킨 데 주목하게 된다.[95] 그 '고향'이 특정 지역을 특칭한 지명이나 실제 어떤 곳을 지시한 표지가 아님은 물론이다. '고향'은 존재의 안정된 저변을 획득하려는 현존재의 의지의 수렴점이어서, 존재를 에워 보호할 장소를 회복하고자 하는 열망이 요컨대 본향으로 돌아가려는 원망(願望)에 상응함을 말하려는 거점에 해당하는 개념항이다. 따라서 '귀향'은 존재의 근접성으로 회귀[96]하는 실존적 기획에 상응한다. 장소로 돌아가는 일은 사상(事象)의 근접성에 회귀하는 일인데, 이는 단지 땅 위의 안정되고 고정된 지점으로 돌아가는 데 국한되지 않으며, 존재와 존재, 사상과 장소, 자아와 타아에 대해 본질적으로 문제를 던질 여지를 열어두는 일에 상응한다.[97] 이는 세계에 물음을 던지고 세계에 대한 이해를 도모하는 현존재의 해석 행위를 통해 열리는 공간 기획의 원리와 흡사하다. 이러한 장소와 공간의 관계, 공간과 인간의 관계에 대한 성찰을 통해, 문화적 차원에서 공간 문제를 이해하고 해석하여, 실존의 지평을 넓힐 공간 전략에 대해 궁리할 수 있을 텐데, 장소가 장소로서의 자질을 상실한 상황에 직면한 현대인들에게 '공간'은 문화적 수행과 전략 차원에서 모색되어야 할 실천적 주제에 상응한다고 해도 좋을 것이다.

삶의 장을 전제하지 않고서 공간은 무의미한 '진공' 상태에 불과하다. 그렇지만 삶의 장이 그 논항에 병렬된 다음이라면 공간은 의미로 가득 찬 가능태이거나 구성태로 전제된다. 공간은 견고한 형체에 갇혔거나 완고한 틀에 규정된 실체가 아닌 만큼, 결속이 느슨하여 경계 짓기 애매하고 형태가 불확정적이다. 따라서 이는 구조의 분석을 통해 고정된 형을 재구하여 드러낼 수 있는 대상이 아니며, 구조의 해체와 의미의 재구성에 작용하는 역동적 기제의 해석을 통해 의미망을 추론할 수 있는 현상이다. 이는 들뢰즈(Gilles Deleuze) 식의 탈영토화(경계 해체)와 재영토화(공간 구성)에 빗대어질, 문화 공간의 '경계와 이행' 자질을 통해 명증된다. 중심을 해체함으로써 경계는 자연스레 해체된 형국을 띨 터인데, 삶의 장에 관여된 문화 공간의 양과 태가 일면이나 정형으로 환원되지 않고 다면에서 다각으로 파생된다는 점을 고려하고 보면, 현상의 해체적 국면에 근사한 해체적 사유의 여지가 문화 공간에 대한 이해를 통해 타당한 논거를 얻을 수 있음이 시사된다.

그리고 문화 공간에 대한 이해는 그 자체로서 다양한 문화적 국면에 작용하는 텍스트를 통해 표현될 수밖에 없음을 감안할 때, 특히 삶의 체험을 곡진하게 재현하고 기술하기에 적당한 '서사'에 주목하게 된다. 요컨대 문화 공간에서 벌어지는 다양한 이해와 표현의 변주 양태의 구심에서 '서사 공간'이 구성된다. 삶의 장에 부쳐진 공간 입론에 근접해가기 위해서는 서사 공간에 관심하는 자세가 요구되는 것이 수순이라고 할 것이다. 현존재가 기획하는 탈주의 공간, 곧 경계와 이행의 공간에 관여되는 의미망의 구성에서 가장 돋보이기로는 서사를 통해 창출된 공간을 따를 항이 없을 터, 서사 공간의 외연과 함의를 묻는 일로 논의 방향을 돌려 진행해도 좋을 것이다.

4. 과도 공간의 서사적 표지

공간 논항의 범주들은 대체로 현존재의 구성성과 세계 기획에 관한 입론을 구심으로 파생되는데, 예컨대 현존재의 세계 해석과 존재 기획에 관여되는 담론적 정위에 관한 논점, 지각과 체험을 통한 공간 표상의 문제, 경계와 이행의 공간 기획에 관여된 논항들이 이에 조응된다. 과도 공간(Zwischenraum), 심리 공간(Psychoraum), 사이버 공간(cyber space) 등과 같이, 물리적인 표지가 없이 구성되는 공간에 관한 논의 또한 관건이다. 탈중심화된 세계의 다기적 구심에서 파생되는 포스트모던 문화의 조건들에 부응하는 실존의 공간적 정향이나, 산업사회 이후 정보사회를 거치기까지 부각되는 무장소성과 공간 기획의 국면들도 근사한 논점이다. 세계-내-존재인 현존재의 탈존적 세계 기획의 동인이자 추동력인 '세계 해석'에 관여된 논항들이 '공간'에 수렴될 때 공간의 문학적 외연과 함의를 추론하여 정리할 수 있는 '여지가 열린다.'

현실적 조건에 얽매인 인간이 현실 원리를 벗어난 장의 구현을 통해 신세계를 염원하는 실존적 열망을 적중시키는 데 주효한 '서사 공간'에 관한 테제가 특히 부상한다. 삶의 장소적 제약을 벗어난 가상의 영역으로 확장되는 서사 공간에 관한 입론이야말로 실존적 해석학을 통해 제시된 공간의 인문적 의미망에 망라되는 공간의 문학적 외연은 물론 그 함의를 가늠하는 척도로서 유효할 것이다. 경계와 이행의 공간 표상에 가장 잘 부합하는 의미항들이 이에 연관되는데, 가령 인간의 집단적 열망의 투사체에 상응하는 신화를 통해 표상된 원형적 공간 창생의 도정에서 '과도(過渡) 공간'(*liminal* space; Zwischenraum)의 자질을 읽을 수 있다. 물리적으로 구획된 장소에서 '경계'는 나누고 분별하며 심지어 사이를 장벽으로 가로막는 기제이겠지만, 공간의 경계는 사이를 넘어 이행할 수 있는 여지에 상응하는 기제이다. 따라서 공간의 경계는 높고 완고한 장벽이 아니라 '문턱'(*limen*)에 견줄 수 있다. 한데 머물러 정체되고 구조화되도록 작동하는 것이 아니라 '경계와 이행'의 회로가 순조로이 작동하는 '과도 공간'이 이 맥락에서 논급할 공간 논점의 구심인 것이다. 이러한 과도 공간의 신화적 원형 표상을 변주하여 펼쳐지는 서사 공간의 표지들을 추론하여 정리함으로써 공간의 문학적 의미망을 짤 베틀을 얻을 수 있을 것이다.

존재의 표지를 상정할 수 없는 태초의 혼돈에서 하늘과 땅의 분별이 생기고 이에 따라 세계가 생겨났다는 신화적 표상은 제법 보편적이다. 완전한 무의 상태에서 우주가 창조되었다고 이야기하든, 비정형에서 존재 양태가 정형되고 무질서 상태에서 질서 있고 조화로운 세계가 창생되었다고 이야기하든, 신화는 공간 창생에 관한 이야기가 근간을 이룬다. 시간의 시작에 관여될 천지 창조 혹은 세계 생성에 관한 신화는 인간 삶에 관여될 공간을 창생하는 이야기로 수렴되게 마련이다.

공간 표상의 원형에 해당하는 우주(cosmos)는 혼돈의 표지에서 질서의 표지로 이행하는 과정에서 다면적인 의미와 가치를 획득한다. 무와 유의 경계, 새로운 질서를 예비하는 혼돈(chaos)의 경계 상황은 그 너머의 새로운 상태로 이행할 것을 전제로 한 과도의 자질을 안고 있게 마련이다. 공간은 분명한 구획에 의해 실로 주어지는 실체가 아니라 저러한 카오스에서 코스모스로 이행하는 도정에서 표상되고 의미를 획득하는 구성체인 것이다. 그래서 더욱, 공간은 신화적 서사 공간을 원형적 구심으로 하여 그 의미망이 파생되는 '현상'으로 전제되어야 타당한 논의 거점이 확보된다. 공간이란 혼돈의 카오스 상태에서 질서 있고 조화로운 세계(우주)로 재편된 표상이며, 세계(우주, space)는 곧 공간이다.

그러므로 신화는 우주 창생에 관한 이야기로 모두(冒頭)가 열리며, 종내 인간이 문명 세계를 여는 이야기로 대단원된다. 물론 이로써 완결되는 것은 아니며 신화적 표상의 서사적 변주를 통해 파생된 다채로운 이야기가 인간의 문화적 저변을 구성하면서 오늘날에까지 이어진다. 신화는 실존적 한계에 부딪친 인간의 열망을 투사하여 지은 공간 기획의 서사인 만큼, 한계와 위기 상황에 직면할 수밖에 없는 나약한 인간의 문화사가 이어지는 한 서사 공간의 기획은 그치지 않을 것이다. 현실적 시간의 흐름에 맡겨 유영(遊泳)하면서 숨죽여 잠재된 욕망을 표출할 장(場)인 가상 공간을 지음으로써, 인간 현존재는 탈존을 감행할 수 있는 실존적 영역의 지평을 드넓힌다. 신화적 공간을 일상의 문화 공간에서 재생하려는 요구가 수용되는 의례적 연행(ritual performance)의 장을 구성하여 잠재된 열망을 투사하는 것은 그 단면이다.

의례의 장은 그 자체로서 일상 세계와 신성 세계의 경계에 위치한 과도 공간이다. 의례를 통해 성원들은 일상사에서 겪은 신산(辛酸)한 삶과 뒤틀린 열망을 돌이켜 성화(聖化)된 세계의 재생을 도모하는 계기를 얻는다. 특히 과도 공간의 자질이 명징하게 연행되곤 하는 통과의례(rites of passage)의 장에서 경계와 이행에 직결된 재생의 표상적 수행이 극적으로 구현되어 과도 공간의 문화적 의미망을 폭넓히고 심장하게 한다. 문턱을 넘어서는 데 비견되는 경계와 이행의 공간 표지는 혼돈 지경에서 조화로운 세계가 열리는 우주 창생의 원리를 재구성하여 표상한 결과로서 드러난 것이다. 특히 의례 연행의 역동적 수행을 통해 극화되는 만큼, 삶의 장에서의 실존적 존재 기획에 직결되는 공간 구성의 양태가 명징한 과정을 통해 구체화되는 국면이 감지된다. 열망을 투사하여 공간을 기획하는 신화적 서사 공간의 생성 원리가 이로써 변주의 실마리를 얻는다.

경계와 이행의 공간 자질이 여러 문화적 표지들로 수렴될 때, 실체 아닌 구성체인 공간의 과정적 속성을 해석할 계기가 포착된다. 삶의 도정에서 실존이 직간접적으로 경험하는 경계적 혼돈과 이행의 역동에 관여된 현상과 표상들을 찾을 수 있는 여지가 넓어진다. 안정된 삶의 저변을 이루는 장소적 실체보다, 혼란과 고통을 감내하고 극복하려는 실존적 기획의 표지들을 구현하는 서사 공간에 주목함직한 것은 이런 맥락에서다. 가령 입사와 죽음에 직면한 실존적 한계 상황에서는 공간의 역동적 자질들을 구심으로 의미가 응집되어 승화된 양태를 추론할 수 있을 것이다. 그 결과, 우주 창생의 도정이 수렴되는 공간 구성의 시나리오를 원형 삼아 변주되는 문화적 수행의 다면과 심층에 관여된 의미의 외연과 함축의 양태를 적극적으로 해석할 수 있는 지평이 열린다.

세계에 내던져져 시간과 장소의 제약과 한계에 부딪치고, 안정된 일상의 저변을 뚫고 틈입하는 혼돈으로 삶의 저변이 흐트러져 야기되는 불안에 직면한 현존재는, 제약을 넘어서고자 도모하는 공간 감각을 상대적으로 일깨운다. 고립된 자기 한계를 넘어서서 '탈존'을 도모하는 실존들이 서로 어우러지면서 형성되는 문화적 장은, 과도 상황의 경계를 넘어서 새로운 세계로 이행하려는 모색에서 창출되는 문화 공간에 비견된다. 성장의 문턱이든 죽음의 문턱이든 실존적 불안을 유발하는 구조적 인식의 틀을 해체하려는 의지와 수행이 이런 맥락에서 특히 주효한 전략으로 구사된다. 현실 세계에 대항하여 허구 세계를 구축하고 그 너머로 열망을 투사하여 자아를 탈피하고자 감행하는 수행을 통해 서사 공간이 창출되는 것은 수순이다. 현실이나 자연의 섭리로써 풀 수 없는 과도 상황의 위기감과 구속감을 해소하기 위해 가상의 공간을 창출하여 대항하려는 실존적 기획은 제법 유력한 탈존 전략이다.[98]

그런 면에서 과도 공간은 반구조(anti-sturucture)의 공간 형상들에 다기하게 연결되어 있다. 인류학자 빅터 터너(Victor Turner)가 통과의례의 역동적 국면을 해석한 결과 그 구심 자질로서 추론하여 주목한 소통공동체, 곧 코뮤니타스(communitas)는 의례 상황에서 표상되는 경계와 이행의 과도 공간 자질에 상응하는 '문턱-자질'(liminality)이 원형질이다. 통과의례의 이러한 과도적 자질에 주목하여 기성 사회의 안정된 구조에 반하는 신생세대(neophytes, 신참자들)의 대항문화를 해석할 여지가 열린다. 그들은 미성년에서 성년으로 넘어가는 문턱에 처하여 이전의 상태를 온전히 탈피하지 못한 채 편입되어야 할 어른들의 세계에도 온전히 들어서지 못하여 카오스와도 같은 혼돈에 직면한 터이다. 혼돈의 상황(카오스)에서 벗어나서 될 수 있는 한 급속히 기성 사회의 질서 있는 세계(코스모스)에 안착하여야 통과의례의 온당한 결과가 날 것이지만, 녹록치 않은 현실적 여건이 얽히고설킨 장애 요소들이 그들의 연착륙을 방해할 뿐이다.

신참자들이라고 해서 고분고분하게 기성의 질서에 편입되려 들지 않는다는 데서 문제의 파장이 더욱 커진다. 특히 문화적 관심과 향유 매체의 현격한 차이에서 유발된 기성 사회에 대한 불평불만을 공유한 이들 상호 간에 유대감이 돈워지는데, 이로써 빚어지는 소통공동체의 역동적 구성 맥락에서 과도 공간의 기제가 작동된다. 중심에 다가서지 못하거나 다가서기를 거부하며 중심의 안정된 질서의 저변을 위협하는 급진적 저의를 품은 신생세대의 역동적이고 창발적인 의식이 새로운 문화적 산물과 표상을 요구하는 법이다. '저들만의 세상'에 불과하지만 분명 '우리들의 세상'을 꿈꾸며 전복적 사유와 기획을 도모하는 이들이 형성하는 코뮤니타스가 물론 실체로서 주어질 것은 아니다. 중심에 있다고 전제되는 사회의 본유적 실체에 대한 이데올로기가 제시하는 '기성 사회'의 안정된 '질서'에서 벗어났다고 낙인찍힐 여지가 다분한 저 주변인들의 해체적 의식이야말로 반구조 형성의 원동력으로 작용할 것이며, 이를 통해 과도 공간의 문화적 표상이 다양한 양태로 구체화될 것이다.

어느 시대에나 있었으며 여전히 있을 '신세대'의 문화적 반란이 기성의 질서를 위협하여 공동체의 안정된 저변을 허물 잠재적 위험 요인이되, 문화의 신생(新生)을 가능하게 하는 원동력이 될 수 있다는 식의 전환적 사유와 실천의 지평에서 요컨대 '문학적 · 예술적 창의'의 가능성이 늘 열린다. 고정불변의 실체가 있음을 전제로 할 때만 개념적으로 조작이 가능한 '중심의 이념'은 문화의 다면에서 포착되는 역동적 기제를 직시할 때 무의미한 관념항에 불과한 것으로 판명된다. 대신 문화적 수행을 통해 구성되는 과도 공간의 해체적 의미망이야말로 문화적 신생의 역동성을 온전히 이해할 수 있게 하는 해석적 거점이 됨을 인정하게 된다. 중심과 주변의 공간 변증법[99]이라고 이름 붙여도 좋은 과도 공간의 문화적 구성 원리와 자질은 '문학적 창의'에 관여된 문화적 신생의 중요한 구심에 수렴된다.

이 구심에서 서사의 제재(fabula/story)에 대해 재해석할 수 있는 여지는 물론, 같은 이야기라도 구성(sjuzhet/plot)에 따라 다양한 이야기로 변주될 수 있으며, 같은 구성이라도 이야기의 소통에 관여될 담론(discourse)[100]의 국면에 따라 다기적인 해석의 여지가 조성된다. 가령 '성장소설'(Bildungs-roman)의 안정적 구성과, 사회의 일원으로서 입사에 성공하여 안정된 삶의 가능성을 실현한다는 주제 의식이 서로 조응되는 면을 이런 맥락에서 이해할 수 있다. 같은 맥락에서 성장에 관한 여러 문화적 담론의 이면에 도사린 '성장 이데올로기'의 저의를 들춰내고, 도저한 몸부림으로도 사회의 일원으로 편입하는 데 성공할 수 없는 구조적 문제를 비판하고 그런 문제를 야기하는 기성 사회에 대한 대항 담론을 구성할 가능성과 실례들에 주목할 여지가 있다. 특히 '여성 성장'의 음영에서 엿보이는 가부장적 이데올로기의 작용과 이에 따른 반성장소설(Anti-Bildungsroman)의 의식을 조망하는 한편, 종내는 '정체성'(identity)과 '자아 완성'이라는 이념항의 음과 양을 온전히 해석할 수 있는 입론의 가능성을 타진할 수 있을 것이다.

그 가능성은 경계와 주변에 처한 이들에게 부과된 혼돈과 이를 극복하려는 의지와 실천, 그리고 그 과정에서 파생되는 전복적 사유와 저항의 전략 등에 관여된 여러 문화적 표상과 서사적 구성물에 대한 관심을 불러일으킨다. 중심 이데올로기의 해체를 표상한 서사 공간의 의미망을 가늠할 중요한 실마리가 그 관심에서 파생된다. 성장의 사회적 차원에 걸친 주제들이 씨줄날줄로 얽혀 직조된 의미망에서 '근대화'로 호명되는 과도기의 공간적 변이 표상들이 가장 주목을 끈다.

근대화는 여러 국면의 이데올로기를 파생시킨다. 혹은 그 자체로서 이데올로기이다. 특히 제국주의의 이념적 호도에 해당하는 '식민지 근대화' 이데올로기는 경계와 이행의 공간 담론과 관련하여 중차대한 논항을 낳는다. 전통의 지반에서 자라 무성해진 제국의 근대화와 달리, 식민지 근대화는 전통의 안정된 지반을 붕괴시킨 데에다 전혀 다른 층위의 서구적 지반을 새로 구축할 것을 요구한다. 이에 따라 파생된 공간상실(무장소성)의 문제들과 함께 공간 기획의 의식과 문화적 함의들이 근대화의 도정이나 근대화에 관한 담론에서 배어난다. 근대 소설이 그러한 의미망을 포착하는 데 일조하였음에 비추어 근대화 담론에서 엿보이는 공간 논항들을 살피기 위해서 근대 소설과 근대화 담론에 관여된 공동-텍스트(co-text)에 관심할 것이 요구되는 셈이다.

이른바 '이종공간'(heterotopia)[101]의 의미망과 식민지 근대화에 따른 공간 표상의 의미 변화 양상에 대한 이해가 이런 맥락의 관건이다. 그렇지 않아도 근대 사회에서는 인간의 삶에 걸맞게 구획된 장소의 창출을 도모하기보다는 공간 구도에 삶의 조건을 환원하여 걸맞은 것으로 돌리는 일에 급급한 터라, 존재의 안정된 삶의 저변인 장소의 속성이 퇴색될 수밖에 없다. 식민지 기획을 통해 '완벽한 또 하나의 장소(other place)'로서 주어진 이종공간은 장소를 지시하는 지리적 표지가 없는 무장소적 식민지 근대의 공간 구도를 이해할 단서다. 이는 장소에서 공간으로 이행 국면에 접어든 근대 소설의 주제적 변이의 한 국면을 논급하는 데 이어지는 만큼 의미심장한 논의의 장을 개시(開示)한다.

안정성과 비호성(庇護性)으로 대변되는 장소의 본색이 퇴색된 자리에는 공간 표상이 구성되게 마련이다. 그것이 무장소성이라는 부정적 지표로 환언될 수도 있지만, 드넓은 개방성과 자유로운 장의 창출이라는 공간의 주요 자질에 비추어 긍정적인 지표에 대응시켜 적극적인 입론의 거점을 얻는 편이 온당하다. 다시 강조하거니와, 공간은 텅 빈 진공 상태도 아니지만 물리적인 차원들로써 환원할 수 있는 실체도 아니다. 공간은 분명 구성적 의미체로서 표상들을 통해 주어지고 때로 변주되어 의미망이 열리는데, 문학적 기획과 구성을 통해 확산되는 공간의 의미망 또한 이와 궤를 같이한다. 경계와 이행의 과도 공간 자질과 이에서 파생되는 의미라고 해서 별다를 것은 없다.

계속 논급한 바와 같이, 과도 공간의 자질은 중심의 가치와 이를 비호하는 장소의 이데올로기를 해체하여 경계와 주변에 내몰린 가치에 새삼 주목하는 입론의 거점으로서 타당한 위상을 점하는데, 곧 탈경계의 전략을 수반한다. 세계를 이원적 구도로 전제한 채 중심을 세우는 논리는 근본적으로 가치의 위계를 상정할 수밖에 없음은 물론, 경계와 주변의 가치를 극단적으로 폄하하거나 아예 거론 대상으로조차 삼지 않으려는 음모에 노출된다. 따라서 현상의 다면과 이면에 걸쳐 구성되어 있는 가치와 의미를 논급하려는 수행을 시도조차 할 수 없게 봉쇄한다. 한정된 구획으로 환원되고 일정한 조건으로 조작된 실험실적 상황에서 벌어지는 인위적인 사태라면 모르지만, 변화무상한 삶의 장에서 펼쳐지는 문화적 현상이라면 그러한 실험적 조건에 갇힌 채로는 사산된 몸체만 남을 것이며 그나마 예리한 분석적 방법의 날에 난도질당한 상태일 것이다. 따라서 문화의 장을 전제로 소통되는 의미망의 해석에서 해법의 단서를 찾을 때 공간 논항의 온당한 지향점을 가늠할 수 있게 된다. 서사 텍스트를 통해 드러나는 공간 표상에 대한 이해가 부각되는 것은 이 맥락과도 연결된다.

신화를 통해 재구성된 공간의 문화적 의미 가운데 한 구심인 경계와 이행의 과도 공간에 맞닿은 공간 표상 자체가 성원들의 문학적 수행의 한 결실이라는 점에도 주목할 만하다. 그 원형을 변주하여 삶의 현장에 수렴시키고 그 장에서 펼쳐지는 문화적 수행의 의미를 해석하고 그 이해의 지평에서 수행의 거점과 전략을 재기획하여 의미망을 넓히는 해석학적 순환의 회로가 이렇듯 작동한다. 골자는 경계의 혼돈을 극복하여 삶의 안정을 회복하려는 희구에 있는데, 때로 중심에 저항하려는 의지가 이러한 과도 공간의 표상을 통해 구체를 얻을 수 있다는 데 주목함직하다.

삶의 전면을 물리적으로 장악하는 것은 물론 삶의 구석구석에 내밀하게 간섭하는 지배 이데올로기에 대응하는 대항 담론의 형성 맥락에서도 경계와 이행의 서사 공간 기제가 적잖이 작동하고 있다. 삶의 모든 조건과 가치를 중심의 지배 이념으로 환원하여 제어하려는 '담론적 실천들'(discursive practices)의 저의를 들추어 지배적 사회 구조를 해체하는 전략을 구성할 수 있는데, 서사야말로 그 구심으로서 손색없다. 이데올로기에 장악된 삶의 정황을 들추어 비판하고 이에 대항하는 서사의 위력과 그 장을 형성하는 서사 공간의 효력에 특히 주목할 만하다. 때로 현실의 논리를 압도하는 서사 공간 기획의 의의를 추론할 여지가 이로써 열린다. 견고한 구조를 해체하는 반구조의 전략에 공간 기획의 거점이 있음을 재삼 강조할 여지 또한 다분하다. 완고한 일상의 질서를 해체하여 억압적 현실 너머에 허구 세계를 지어 존재 기획의 수렴항을 구성하는 수행은 무척 매혹적이다. 그 가운데 두드러진 중심 이데올로기와 이에 대한 저항의 좌표들이 서사의 주요 제재와 어우러져 공간의 인문적 의미망의 한 저변을 이루고 있는 것이다.

삶의 조건으로서 주어진 장소적 억압 기제에 대해 공간에 대한 관심이 새삼 두드러지기로는 근대적 도시화 도정에서 불거진 공간 문제들과 이주와 이행의 공간 표상들 덕이 크다. 도시를 중심으로 정치 · 경제적 조건은 물론 문화적 조건이 재편되는 가운데, 일정한 구획이 분명한 지역에 기반을 두고 형성된 장소적 공동체는 와해될 수밖에 없는 지경에 이른다. 근대의 도시는 정주의 장소로서 주어지는 것이 아니라, 여러 성원들의 이해관계와 사회적 요구는 물론 정책적 편이에 의해 인위적으로 지어지고 재편된 공간으로서 구성된다. 삶의 조건과 정황에다 일대 변혁에 상응하는 재편이 도모된 터라 이에 따라 파생될 문제의 소지가 그만큼 넓고 심각하다. 특히 안정된 삶의 기반으로 작용하였던 전대의 장소적 기제들이 본연의 기능은 물론 본질에 상응하는 자질을 상실한 터에서, 문화 성원들이 직면하게 될 혼돈 상황이 가늠하기 어려울 지경이었음 직하고 문제의 파장이 파상을 띨 정도였을 정황이 점쳐지며 실로 그러한 형국이 시야에 든 터이다. 이러한 근대적 도시화의 도정에 관한 담론의 장에서 짐짓 '경계와 이행의 공간'에 대해 심대하게 거론될 것이며, 그 주제를 기술한 서사 공간의 형상들에 대한 해석이 그 의미망을 추적하는 주요 거점이 된다.

현대 도시화에 직면하여 파생되는 공간 문제에서 가장 두드러지는 논점은 도시의 '무장소성' 혹은 도시인의 '장소상실 상황'(placelessness)에 관한 것이다. 본디 삶의 영역을 구획하여 인간의 정주와 안정된 삶의 영위를 돕는 기제인 장소가 때로 인간 실존을 가둔 채 억압기제[102]로서 작동할 공산이 큰데, 근대 도시는 장소의 부정적 단면들이 노정된 터다. 가령 도시인들에게 '집'은 안정된 삶의 보금자리로서보다는 일을 마치고 다음 일을 할 때까지 '잠시 머물며' 쉬는 터로서, 그 '기능만' 수용될 뿐이다. 도시의 주거 환경은 한곳에 터를 얻어 집을 마련하도록 조성되어 있지도 않으며, '집터'가 마련되었더라도 '일터'나 '배움터'가 바뀔 경우 그에 맞춰 바뀔 잠재적 가능성에 노출되어 있다. 집은 항구여일한 존재의 기저로서 기능하기는커녕 도시의 다른 기능적 공간에 종속된 것이다. 집이 거래의 대상이 되어 본유적 가치는 물론 사용 가치와 무관하게 다른 공간에 견주어 가치가 결정되는 '부동산'으로 전락한 실상은 도시의 무장소성에 대한 극적인 방증이다.

이런 맥락에서 장소의 이데올로기와 장소상실의 좌표에 대해 타진하는 일은 공간의 서사적 의미망을 추론하는 과정의 중요한 구심을 이룬다. 물론 본디 자질과 기능이 퇴색된 장소 대신에 실존의 자유로운 기획을 도모하도록 돕는 열린 공간의 구성 역학에 주목하는 것은 수순이다. 장소에서 공간으로 논항이 전이되는 이 도정 자체가 요컨대 경계와 이행의 공간에 관여된다.

이러한 공간의 기획은 경계를 해체하는 탈중심성과 탈영토화의 국면에 수렴된다. 한데 정주하지 않고 여러 구심적 지역을 옮겨 다니는 유목민(노마드)의 문화에서 추론할 수 있는 공간 이행의 모티프가 이와 연관된다. 구획과 정주를 통해 중심을 상정하는 장소적 문화에 대응되는 공간적 문화 양태가 이 맥락에서 표상으로 승화된다. 그 공간 표상은 포스트모던(postmodern) 문화에서 두드러지게 드러나며, 특히 포스트모던 서사의 다채로운 경관이 이를 통해 드러난다. 모더니즘에서 시간 수준의 거대 서사가 관심사였다면 포스트모더니즘에서는 공간 수준의 미시 서사가 관심사로 부각되는데, 이는 시간에 종속된 장소의 한계에서 드넓은 공간으로 관심을 돌이키는 것을 의미한다.

5. 탈중심의 서사 공간

공간은 기획의 소산이다. 이는 공간이 물리적으로 자명하게 주어진 실체가 아니며, 장소적 자질로 환원될 대상이 아니라는 얘기다. 최근의 포스트모던한 경관형상(landskip)은 이런 맥락으로 공간 논항이 구성되어야 한다는 점을 명징하게 입증한다. 교란된 공간 구성의 요소들이 이를테면 건축 구조물을 이룰 수도 있고 장소를 이룰 수도 있을 터이다. 이런 상황이라면, 건축이 먼저 있어서 이를 통해 공간 자질을 추론하는 식이 아니라, 즉 물리적으로 구획된 장소를 두고서 공간 자질을 추상하는 식이 아니라, 실존의 의식이나 욕망 또는 심리에 잠재한 공간 기획의 열망을 통해 사상되고 의미가 부여되어 창출된 구성적 공간에 관한 의미망을 해석하는 식이 유효할 따름인 것이다.

따라서 뜻밖에도 공간은 인간의 정신적 표상 수행에 관여된 논항의 비중이 크다. 특히 "이성적이고 투명한 공간에 대한 계몽주의적 이상(꿈)은 불확실성과 운동의 미학과 불안 심리의 기저에 놓인 공간의 실현에 의해 시작부터 난항에 봉착했다"[103]는 생각이 제법 의미심장하게 여겨진다. 아방가르드의 '역사로부터의 도피'라는 모더니티의 주요 모티프가 새로운 공간 개념을 요하였던 바, 베르그송 식의 '형언할 수 없는 공간'(ineffable space)에 대한 사념을 떠올리고 보면 더욱 그러하다.[104] 공간은 텅 빈 무형체도, 가득 찬 실체도 아닌 규정할 수 없는 가능태로서, 의미 표상을 통해 해석의 여지가 열리는 구성체이다.

르네상스 시대에 원근법을 '발견'한 것은 분명 획기적인 사건이다. 관찰자(주체)를 중심으로 구성되는 공간 구도와 형상의 입체감은 세계를 자기중심적으로 보는 담론들에 큰 영향을 끼쳤으며 특히 예술적 세계 이해와 표현의 역학에서 관찰자의 시각을 구도의 중심으로 상정할 수 있는 여지를 열었다. 따라서 원근법(시각, perspective)이, 주관에 기대인 심리적 공간을, 객관적 지표로 환산 가능한 수학적 공간으로 바꾸어 놓은 결과가 도출된다.[105] 그리고 이는 연장(extension)의 측량에 기대인 근대 과학적 공간 개념에 수렴된다. 그 정점에 과학과 연관된 이성적 주체(코기토, cogito)의 계기(모멘트, moment)로 규정되는 데카르트적 주체의 공간이 자리 잡고 있다.[106]

그러나 이러한 근대적 공간 개념은 주체의 죽음 혹은 소멸에 관한 생각에 힘입어 퇴색된다. 요컨대 공간 개념이 '충만'이라는 이상에서 벗어나서 평탄화(flattening)와 왜곡(distortion)[107]의 의미가 점증된 양태로 전이되는 형국이 펼쳐진다. 이성적으로 사유하는 주체의 공간이 아닌, 푸코가 벨라스퀘즈의 그림을 해석한 양상이나 라캉 식의 '타블로' 개념에 연관된 '욕망하는 주체'의 공간이 관건인 셈이다.[108]

그렇다고 해서 새로운 공간 개념에서 파생된 공간 의식이나 이에 연루된 문화적 수행의 소산들이 원근법적 문화의 권세를 온전히 침해한 것은 아니라는 주장에도 귀 기울임직하다. 가령 파노프스키(Panofsky)는 저러한 국면을 두고서 새로운 범기하학적 공간이 구성주의에 의해 창안되었다[109]고 역설한다. 다미쉬(Damisch) 또한 원근법이 '그림 속 사유'(thinking in painting) 형태로 명맥을 유지하고 있다[110]고 하여 현대 문화의 저변을 이루고 있는 원근법에 주목할 것을 요청한다. 물론 그렇다고 해서 원근법이 오롯하게 유지되어서 그러하다는 얘기는 아니다. 오히려 원근법적 공간의 '뒤틀림'(warping)이 건축에서의 '사유' 과정을 표시하는 데 상응한다[111]는 식이다. "의심의 여지없이, 우리 시대는 사진이나 영화, 비디오 덕에, 15세기 때에 비할 바 없을 만큼 예사롭게 편재한 원근법적 패러다임에 익숙해진 터인데, 이는 곧 '정확한' 원근법적 구조물이 거의 없을 것"[112]이라는 점을 오히려 명변하는 셈이다. 게다가 상대성 이론의 영향으로 공간에 대한 패러다임을 근본적으로 전환할 수밖에 없는 상황을 고려해야 하는데, 이러한 전환은 원근법을 내던짐(cast)[113]으로써 가능하다는 생각을 인정할 수밖에 없게 한다. 이는 원근법적 공간 개념을 투기(投棄) 철회한다는 뜻이면서도 동시에 원근법적 공간 개념을 새로운 패러다임에 투기(投企)하여 재구성한다는 뜻이기도 하다.

이렇듯 원근법적 공간 개념의 변화에 맞물려 이를테면 문학적 서사의 시점(視點)에 대한 입론에서도 관점과 방법의 전환이 요구된다. 시점의 일관성을 전제로 한다면 인칭에 의하거나 '전지자/관찰자' 여부를 전제로 펼치는 유형론만으로도 논의의 요건이나 범위에 부합한 성과를 도출할 수 있을 것이다. 하지만 지각과 표현의 관계가 일방적이고 고정된 시점이나 서술상황에 의하여서만 이루어지지 않으며, 담화를 이끌어가는 과정의 역동적 변이 상황에서 빚어진다는 데 주목해야 한다. 짐짓 주네트 이래 시점 논의의 본령이 된 초점화(focalization)나 서술상황(Erzählsituationen) 입론은 공간 지각과 표현에 관련된 시점을 원근법적으로 전제할 수 없으며 지각과 표현의 역학에서 파생된다는 성찰에 거점을 두고 있다. 이는 서사 담론의 진행이 시간적 배열에 기반한 서사 문법에 의할 수 없으며, 근본적으로 공간적 구성 양상에 부쳐질 수밖에 없다는 생각에 조응된다. 이른바 '공간 형식'(spatial form)[114]이 근대 소설을 비롯한 문학의 전환 국면을 명증하는 주요 자질이라는 생각을 이 맥락에서 재삼 떠올리게 되는데, 그 양상이 포스트모던 국면에 연루되어 돋보이는 소설의 자질을 해석하는 단서가 된다는 점에서, 경계와 이행의 서사 공간 입론의 구심점 가운데 하나로 상정해둠직할 것이다.[115]

이렇듯 원근법적 공간 개념이나 연장을 전제로 한 과학적 공간 개념이 상대성 이론에 의해 해체된 뒤에 인간의 지각과 표상을 통해 공간이 구성된다는 식으로 변모된 국면에서 서사 공간 논의의 단서와 거점이 여실히 포착된다. 서사를 통해 구성되는 공간은 실제 물리적 공간에 대한 해석적 표상인가 하면 그 자체로서 가상적 · 허구적 공간의 양태를 띤다. 현실과 허구의 경계를 해체하여 구성될 가상 공간의 자질들이 대체로 서사 공간의 자질들을 참조하여 기획되고 실제 문화적 소산으로 가시화되는 현상도 주목을 요한다.

특히 디지털 매체의 발전에 힘입어 비약적으로 발달한 가상 실재(virtual reality)의 맥락에서 공간의 자질에 대한 인식은 크게 바뀐다. 공간은 더 이상 실제 대상에 정합한 형상이 투영된 소산으로서가 아니라, 현실과 허구가 전도된 국면에 치닫는 가상 세계를 구심으로 구성되는 태로서 이해된다. 현실 세계가 도리어 가상 세계를 닮는 전도된 상황이, 사유 차원에서만 공상되는 데 그치지 않고 실로 구현되는 정황으로 미루어 보건대, "데카르트 · 칸트적 공간과 재현 기술의 패러다임은 시각의 거점(책임)을 기술이 아닌 관찰자에게 두는 정신분석학과 심리학에 의해 전복되며, 이런 도정은 상대적으로 구별되고 분화되는 주체 형성의 첫걸음에 해당한다"[116]는 견해가 제법 타당하다고 수긍할 만하다. "주체는 바야흐로 시공적 원자 세계(atomic universe)의 명징한 카오스 상태에 빠져 들며, 세계는 입체주의나 미래주의, 표현주의 식의 왜곡(distortion)에 의해 표현될 수밖에 없는"[117] 운명에 처하였다는 생각도 마찬가지다. 요컨대 하나의 중심을 점하고서 요지부동인 실체로서의 주체를 상정할 수 없다면, 이를 전제로 한 원근법적 중심을 상정하는 전제 자체가 무효이며, 여러 구심에서 기술하고 형상화하여 얻어지는 공간 구성의 의미만 유효하다. 일정한 형상과 구도로 환원할 수 없는 세계의 다면적이고 해체적인 양태를 표현할 경우라면 더욱, 물리적 연장의 정형화되고 안정된 구조로 공간을 표현할 수 없는 상황에 직면하게 될 것이다. 따라서 공간은 실체적 국면이 아닌 표상적 국면에서, 구체적이고 외면적인 국면이 아닌 이면적이고 내면적인 국면에서도 해석되어 재현되고 재구성되어야 마땅하다는 생각에 이르게 된다.

물론 디지털 매체를 통해 구성되고 확정적 표지를 얻는 가상 공간에서도 원근법의 원리는 여전히 유효하다. 가령 가상현실(VR)[118]에서는 18·19세기의 관례에 준하는 삼차원 내에서 모든 것이 고안되고 표현되는 식이다.[119] 게다가 시각과 공간에 관한 근본 개념에 준하는 버추얼리티(가상성)는 초기 모더니즘에서도 발견되는 부분이기도 하다. 특히 심리학적 투사(projection)나 자기화(introjection), 문학적 형상화 등과 관련된 공간에 대한 생각이 실제 공간이 아닌 가상 공간 자질의 구성에 대한 논항으로 환원될 여지가 점쳐졌던 사례가 있다.[120] 차이가 있다면 시뮬레이션 기술의 차이, 표현(재현)하는 주체의 차이, 그리고 통상적인 '관찰자'의 장소나 위치의 차이 정도에 불과하다고 할 여지도 있다.[121]

그렇지만 모더니즘적 공간과 달리 가상 공간에는 컴퓨터 프로그램의 자동발생적 본성과 관찰자에게 전혀 보여지지 않는 속성에서 빚어진 난항(aporia)이 개재해 있다.[122] 가령 가상현실이 구현되는 스크린이나 디스플레이 장치는 단순한 그림이나 창이 아니라, 모호하고 불확정적이지만 주체를 위한 장소(location)에 상응한다.[123] 또한, 모더니즘에서 엿보였다는 버추얼리티는 기본적으로 실제 현실을 모형으로 전제하여 현실에 근사한 체험이나 박진감을 유발하는 장치의 원조(援助)를 통한, 말 그대로의 가상적 체험에 준하는 것을 일컫는 말에 불과하다. 이에 비해 디지털 매체의 발달에 힘입은 '가상 공간'은 가상 세계가 어떠한 모형을 전제로 모사하거나 모방하여 그와 흡사한 세계를 짓는 차원들로 환원될 수 없는 새로운 실재이다. 실제 현실과 허구의 경계를 분명히 두어 현실을 중심으로 이해하는 방식으로는 납득할 수 없는 가상 공간의 자질은, 공간 구성의 상대성을 전제로만 성립되는 새로운 차원(가령 사차원 혹은 복소기하학 complex geometry적 차원)의 이해항을 요한다.

이러한 가상 공간의 자질은 정보 네트워크와 미디어가 고도로 발달한 시대의 무장소성에 직결되어 제법 거창하고 심대한 논항을 시사한다. 정보 네트워크 덕에 '동시에' 접속하여 실제 장소의 차이와 무관한 또 다른 '세계'가 구성되는 결과가 낳아지는 데도 주목할 여지가 다분한데, 가시적인 삼차원의 공간 개념을 넘어선 새로운 차원들로 구성된 공간 개념이 요구되는 것이다. 장소적 제약이나 경계를 해체하여야 얻을 수 있는, 정보사회의 공간 양상을 해석할 단서를 이러한 맥락들에서 발견하게 된다.

에스에프(SF)에서 다루는 세계가 더 이상 '공상과학소설' 수준의 허황한 미래상이 아니라, 가까운 미래 세계에서 실로 펼쳐짐직한 개연적 세계라는 점도 무척 시사적이다. 과학기술의 비약적 진보에 '힘입어', 허탄한 가공의 것이거나 낭만적 꿈을 투사한 것으로 이해되던 '공상 세계'의 구성소들이 실로 빚어져 삶의 장에 속속들이 등장하고 있는 상황에서, 인간의 상상력은 가상 세계를 무한 확장된 형국으로 짓지 아니하고, 현실 너머의 세계이지만 온통 허구적인 세계만은 아닌 경계 즈음에 '가상 실재'의 공간을 구성할 줄 알게 된 것이다. 네트워크의 '진화'와 컴퓨터 프로그래밍 기술의 혁신을 통해 가상 공간의 일단이 현실 세계에 실로 구현되는 상황이며, 짐짓 '사이버 공간'(cyber space)을 통해 문화적 수행과 현실적 '거래', 그리고 다방면의 소통이 이루어지는 엄연한 현상이 펼쳐지고 있다. 이러한 사이버 공간을 구성하는 중요한 구심이 서사 공간이며, 그러한 가상적 서사 공간의 구성은 경계와 이행의 공간 자질을 구현하는 구심적 전략에 상응한다.

장소적 제약의 기제를 통해 구축된 공간 체제에 갇힌 근대적 주체의 불안한 미래도(vision)[124]에 접근할 때에도 경계와 이행의 공간 표상들을 점검할 여지가 생긴다. 두려움이나 불안감, 소외감 등에 대한 심리학적 대응 개념인 불안 신경증(axiety neurosis)과 공포증(phobia)이 근대 내내 공간의 미학에 밀접하게 연결되어 왔다.[125] 낭만주의에서는 두려움이나 전율이 풍경이나 정경, 거리에 잠복해 있는 것으로 보았으나, 모더니즘 이후에는 그러한 공간적 두려움을 정신분석의 영역으로 환치시킨 터다.[126] 대도시의 풍토병처럼 새로 규정된 공포에 종속될 수밖에 없는 공포는 신경쇠약이나 광장공포증과 같은 기호로 추상화된 개념에 환치되어, 소외된 주체의 심리적 불안에 따라 그 재현 양식이 산술된다.[127] 이러한 변주와 반복을 거치는 동안 점차, 공간은 대상과 신체를 안정되게 보호하고 포용하는 '수용체'(컨테이너)와 반대되는 쪽으로 개념이 형성되어오는 형편이다.[128] 구체적이고 물리적인 장소 개념으로 환산할 수 없는 의미 표상의 국면에 공간 개념의 위상이 정립되는 것이다. 그리하여 공간은 주관의 투사(projection)와 대상의 내면화(introjection)의 소산으로 이해되는 편이 우세하다.[129] 20세기 초엽부터 근대적 형태의 공간을 재현하는 과정에서, 명시적으로 고정된 원근법이 변형되고 위반되고 무시된[130] 터라, 찢긴 몸뚱이, 내면의 고통으로 일그러진 얼굴 형상, 폐쇄공포증에 조응된 건축 공간, 광장공포증에 상응한 도시 공간 등, 병리적 징후를 표현하는 왜곡 형상들이 아방가르드 예술의 주요 모티프로 채용되었던 것이다.[131]

이런 맥락에서 감정이입에 기반을 둔 공간미학(Raumästhetik)의 영역에 공간 논의의 수렴항이 하나 더 구성되는 것이 수순이며, 정신주의(mentalism)에 관여된 공간의 심리학으로 자장이 넓어진다. 분명, 공간에 대한 근대적 관심은 지각자와 예술작품 사이의 관계가, 몸의 움직임에 따라 결정되는 '시점'의 이동에 기반한다는 점을 이해하는 데서 비롯된다.[132] '건축이나 예술이 시각적으로 지각되는 한 공간 내에서 체험된다'고 생각하는 이들의 핵심 관심사로서 공간 차원이 부상[133]한 터이다. 건축 공간의 출현, 광지각과학의 발전, '지각적 경험주의'의 일종으로 불리는 심리학의 발달에 힘입어, 공간 개념은 단순히 대상과 신체의 수동적 수용체로서 이해되지 않고, 상대성과 운동성, 역동성을 본질로 하는 모든 차원들로 가득 찬 개념으로 급격히 대체되기에 이른다.[134] 공간감각(Raumgefühl), 공간환상(Raumphantasie), 공간형태(Raumgestaltung), 공간구성(Raumgestalterin), 수행공간(Spielraum)[135] 등과 같은 공간 개념의 파생 논항들이 제기되며 공간과 체험의 관여성에 관한 논리적 타진과 구체적이고 체계적인 해석 작업이 이어진다. 또한 발달 과정에서 아이들이 겪고 배우는 공간 지각 및 공간 정향 등이 이를테면 문화 공간의 자질을 빚는다고 할 것이다.[136] 공간이 실체로서 주어져 인간이 이를 확인하고 그 구성 요소로서 인간이 편입되는 식이 아니라, 인간이 지각하고 체험하여 공간의 구도와 양태를 조율하고 상호주관적 현상에 참여하는 교유를 통해 공간이 구성된다는 식으로 공간의 논항이 재정립되는 셈이다. 공간은 상대적인 표상일 때라야 온전한 의미망을 읽을 수 있는 여지가 열리는 법이다.

지각된 표상으로서만 의미망이 열리는 공간의 구심 자질은 자연적 경관(landscape)이나 장소적 표지가 인간의 지각에 의해서 재구성되었을 때라야 비로소 가치를 획득할 수 있다는 점을 명변한다. 따라서 경관은 경관형상(landskip)[137]으로서만 거론될 수 있으며, 장소 아닌 공간 논항으로 전제하고서야 의미를 해석할 수 있는 길이 열린다. 공간은 물리적이고 자연적인 대상으로서 자명하게 주어진 데이터가 관건이 아니며, 감관(感官)을 통해 지각되고 인식된 의미 표상에 관여된다는 점을 재삼 떠올려 마땅하다. 그래서 더욱, 공간이 지각을 통해 형상으로 이관되는 과정과, 표상작용을 통해 의미가 변주되는 과정에 주목할 필요가 커진다. 실제 대상에서 표상적 의미체로 이행하는 구도는 현실 세계와 가상 세계, 또는 실제 세계와 표상 세계 사이의 경계와 이행을 메타 층위에서 논급할 수 있는 길을 여는 거점이기도 하다.

이런 맥락에서, 지각의 동인(drive), 혹은 거푸집(matrix)의 네 가지 국면을 분류하여 정리한 피터(Chris Fitter)의 논지를 주목하노라면, 지각과 표상이 공간 논항의 구심에 있음을 더욱 분명히 의식할 수 있다. 그가 제시한 지각 주형(鑄型)의 네 국면은 생태적(ecological) 지각, 우주지적(cosmographic) 지각, 유비적(analogical) 지각, 기술광학적(technoptic) 지각이다.[138]

자연 그대로의 현상을 지각하는 것이 생태적 지각 범주라면, 인간의 관념과 추론적 표상을 통해 지각하는 국면은, 종교적 표상을 통해 의미를 부여하여 얻어지는 우주지적 지각이나, 자연과 인간 경험의 근사치를 통해 얻어지는 유비적 지각에 상응한다. 자연적 조건을 통해 주어지는 현상을 단선적으로 지각하는 데 비해 현상의 얽히고설킨 국면들을 총체적으로 인식하여 지각한다는 점에서, 이는 지각의 공간적 자질이 파생되는 국면으로 이행하는 길을 가늠하게 한다. 이러한 지각의 공간 자질은 오늘날 고도 기술(技術) 매체를 통한 지각의 국면에 이르러 극대화되는데, 이 국면에서 인간은 예술을 통해 익힌 형상의 규약들(codes)을 시각 경험을 통해 실로 확인할 수 있게 되었다. 경관이 예술에 투영된 결과를 지각하는 식이 아니라 예술적 형상을 통해 경관을 이해하는 식으로 전도된 국면이 연출된 것이다.[139] 대상과 형상 사이의 '단선적 반영' 곧 시간적 투영 원리가 아니라, 형상을 이해하는 규약을 통해 대상을 지각하는 역투영 원리가 작용하는 셈이다. 따라서 그 지각의 과정은 형상화의 공간 자질과 조응한다.

이러한 지각 주형과 경관 형상의 관여성에 대한 입론에서 주요 거점인 공간 자질에 관한 관심을 통해, 지각과 인간 삶의 관여성에서 구성되는 문화 공간에 관한 중요한 단서가 도출된다. 신화에서 현대 소설에 이어지기까지 이루어진, 그리고 매체의 전이로써 빚어진 원형과 변주의 역학을 통해 다양한 변이형이 산출된 공간 표상이, 단순히 주어진 실체와 모방체의 관계로 굳어지지 않고 다기적이고 복합적인 문화적 수행의 소산으로 드러나는 예증의 맥이 잡힌다. '경계와 이행'이라는 주제는 물론이고 직시적 형상에서 상징적 표상에 이르기까지 다각적인 구성의 역학을 명변하는 공간 자질을 다면화하는 기제가 작동하는 양태 또한 예증하고 추론할 과제로 삼을 만하다. 공간이 지각과 표상을 통해 의미를 얻는 구성체라는 점이 과학적 타당성을 얻은 다음이라면, 인간 삶에 관여된 공간 자질의 문화적 국면들이, 문화적 소통의 유력한 수단인 서사를 통해 어떻게 지어지고 변주되어 오늘에 이어지는가를 살피는 일이 공간 논의의 중요한 구심을 이루리라고 수긍할 수 있다. 서사 공간 자체가 문화 공간의 구성소이며, 경계와 이행의 공간 논항을 도출하는 거점이기도 한 까닭이다.

제2장

과도 공간의 원형과 변주

1. 창세 신화의 과도 공간

태초(太初)는 태허(太虛)에 상응한다. 이는 아무것도 없는 텅 빈 상태로 표상된다. 혹여 무엇인가 있더라도 잠재된 채 형태가 드러나지 않았거나 드러나더라도 혼돈하여 형태를 가늠할 수 없는 터라 존재적 표상으로 간주할 수 없는 상태이다. 무에서 창조되었든 잠재된 형태에서 가시적 형태로 변화되었든 간에, 우주 창생의 시나리오는 태초이자 태허에 상응하는 혼돈에서 시공이 창조되는 이야기에 기저를 두고 전개된다. 우주 창조 혹은 우주 생성의 신화는 곧 시간의 시작에 관한 이야기이면서 공간의 창조에 관한 서사라고 할 수 있는 것이다.

우주는 공간의 원형이다. 아무것도 없는 태허의 진공 상태이거나, 아니면 수면 아래 잠재된 무형의 태이거나 간에 우주 이전의 형세는 혼돈에 비견된 태이다. 여기에 '말씀(Word)이 계셔서 하늘과 땅을 지었다'고 하든지, 아니면 심연에 잠재되어 형을 갖추지 못한 태를 말씀이 수면 위로 불러 이끌어 땅과 하늘을 분리시켰다고 하든지,[1] 우주 창생(cosmogony)은 혼돈에서 질서로 이행하여 공간이 빚어지는 과정을 표상한 서사로 이해된다. 태허나 카오스(chaos)인 우주 이전의 상태가 진공이 아니며 이미 모종의 장소 자질을 안고 있다는 생각에 일리가 없는 것은 아니지만, 형과 태를 온전히 갖추지 않은 상태를 구체를 전제한 장소에 대응시켜 빚어질 당착을 염려하지 않을 수 없다. '우주 이전'의 세계가 '실로 존재'했다는 말 자체가 모순이기 때문이다. 우주가 온전히 새로이 창조되었든 새로운 질서로 재편된 결과이든 간에 그 자체로서 공간 창생에 상응하는 관념항인 것만은 분명하다. 우주 이전의 '세계'는 없었으며, 모종의 것이 이미 있었다고 하더라도 이는 세계의 구성항으로 간주될 수 없는 불규칙하고 부정형(不定形)인 잠재태에 불과한 것이므로 이를 두고 공간 자질에 대응시키는 것은 물론 장소 자질에 수렴시키려는 생각은 당찮다. 우주 창생은 공간 창생에 수렴될 뿐이다.

우주란 혼돈의 카오스 상태에서 새로운 질서로 재편된 결과의 표상이다. 그러므로 우주는 곧 공간이다. 이는 그 자체로서 형과 태를 갖추어 구획된 구체가 아니라 세계의 생성에 관여된 구도와 구성의 역학에 관한 표상이다. 대지의 여신(Gaia)이 제 몸을 띄워 천공(Uranos)을 짓고 다시금 하늘과 땅이 어우러져 세계의 형체가 생성된다는 창생과 개벽의 신화를 통해 그 표상은 서사적 구체를 얻어 전해진다. 생명의 기운이 생동하는 공간이 열리는 천지 창조나 개벽은 그야말로 '순간'의 사건이니 그만으로도 공간의 표상과 함수관계에 놓인다. 하늘과 땅이 온전히 분리된 형국으로 이야기되기도 하고 하늘과 땅이 나뉘면서도 이어져 있다는 식으로 이야기되기도 하여 이를테면 우주관의 다른 면이 엿보일지라도, 생명의 터가 될 공간이 지어진 결과가 우주 창생의 서막이라는 본색만큼은 여일하다. 『성서』(*Bible*)의 「창세기」에 나오는 천지 창조에 관한 유명한 서사만 하더라도 그러하다.

처음에 하느님이 하늘과 땅을 지으셨다. 땅은 황량하고 텅 비어 있었으며 심연 위는 어두웠으며, 하느님의 영이 물 위에서 움직였다. 그리고 하느님이 "빛이 있으라"라고 말씀하시니 빛이 생겼다. 하느님이 보시기에 빛이 좋았다. 하느님이 어둠에서 빛을 나누어 내셔서 빛을 낮이라 하고 어둠을 밤이라 이름 붙이셨다. 저녁과 아침이 지나 하루가 되었다. 그리고 하느님이 "물 사이에 창공이 있어 물 사이를 나누라"라고 말씀하셨다. 창공을 지으시고 창공 위의 물과 창공 아래 물을 나누시니, 그리 되었다. 하느님이 창공을 하늘이라 부르셨다. 저녁과 아침이 지나니 둘째 날이 되었다.[2]

이 대목을 보면, 케이시(Edward S. Casey)의 지적처럼, 태초에 아무것도 없었다는 해석은 타당하지 않아 보인다. 즉 유대 민족의 유일신인 야훼 하느님이 무에서 세상을 창조한 것이 천지 창조의 시나리오는 아니다. 땅은 있었으되 다만 황량하고 텅 비어 생명의 기운이 없는 지경이었으며, 심연이 있었으되 어둠으로 뒤덮였기에 무에 근사한 지경인 것만은 분명하다. 그렇다고 이를 가리켜 구체가 자리 잡은 '장소'라고 하기에는 당찮은 면이 없잖다. 이는 창조의 부름을 통해 형상이 표면으로 드러나고 생명의 기운을 얻은 피조물들이 살 자리를 마련함으로써 비로소 장소로서의 구체를 띠게 될 개연성을 안은 공간 표상이다. 이렇듯 세계 이전의 상태를 잠재적 공간 구도에 근사한 표상으로서 전제한 가운데 신의 영혼만이 부유하는 공간으로 이해해야 타당하다.

물론 그런 어둠의 황량하고 텅 빈 상태가 곧 공간 표상에 해당하는 것은 아니다. 신의 부름으로써 '빛'이 모습을 드러내어 어둠 속의 혼돈에 가시적인 형체를 부여할 기제가 조성된 연후라야 공간 표지의 단서가 포착된다. 빛이 있어 밝음과 어두움이 모습을 드러내고 낮과 밤의 경계가 생겨 하루를 구성할 본말이 형성되고서 '시간'이 빚어진다. 그제야 비로소 심연의 겉으로 수면이 모습을 드러내어 창공과의 경계가 이루어지면서 천지 분별의 서막이 열린다.

> 그리고 하느님이 "하늘 아래 물은 한데(Ort) 모이고, 마른 곳이 보이게 하여라"라고 이르시니 그리 되었다. 하느님이 그 마른 곳을 땅이라 부르셨고, 물이 모인 데를 바다라고 이름하셨다.[3]

하늘이 띄워지니 물을 모아 바다를 이루게 할 데가 생겼으며 물이 한데 모이니 마른 곳이 생겨 땅이 형성된다. 하늘과 물과 땅의 구분이 생긴 상태에서 세계의 형상이 이루어지는 것이니, 짐짓 '천지' 창조의 시나리오가 일단락되는 상황이며, 이때 공간이 관건으로 부상한다. 어둠에 싸여 모습을 가늠할 수 없던 세상이 빛으로써 열리고 빛에 비추인 세계가 분별된 경계에 따르는 구성소들이 제 위치를 찾아 공간이 구성되는 식이다. 그 공간은 이즈음 텅 빈 공간이 아니라 피조물들이 제 위치를 잡을 수 있도록 기획된 장소 자질이 배인 공간이다. 물론 구체적인 개별 형상을 띠지는 않은 만큼 이를 두고, 물리적 연장으로 측량할 수 있게 구획된 장소라고 단언하는 것은 난센스다. 장소 자질이 배일 따름이지 여전히 실재(real not actual) 형상으로 가늠되는 공간에 상응한다.

그러한 공간 창생에 준하는 천지 창조 시나리오는 신의 형상을 본떠 인간 형체를 빚어 생명을 불어넣고 그 인간으로 하여금 미리 창조된 공간을 점하도록 하는 데서 대단원된다.

> 하느님은 자기 형상대로 인간을 지으시되 남자와 여자를 지으셨다. 그리고서 인간을 축복하시고는 "생육하고 번성하여 땅을 채우며 바다의 물고기와 하늘 아래 새와 땅위의 금수와 짐승 모두를 다스려라"라고 하셨다. [……] 주 하느님이

동쪽 저편 에덴에 터를 일구시고 전에 지으신 인간을 거기 두셨다. [……] 주 하느님이 인간을 에덴에 데려다 자리잡게 하신 후 그곳을 경작하고 관리하도록 하셨다.[4]

공간은 인간의 삶의 장으로 수렴되는 항에서 참 의미를 획득한다고 해도 좋을 것이다. 천지 창조는 곧 인간 창조의 단서이며 이 단서들이 공간 창조의 조건과 맥락으로 수렴된다. 그 공간은 낙원으로서 표상되며 인간의 원조가 에덴에서 행복한 나날을 보냈다는 이야기는 짐짓 인간 보편의 열망을 표상한다고 할 것이다. 땅의 모든 피조물을 다스릴 권세를 신에게서 부여받은 인간은, 신격에 상응하는 형상을 띤다는 맥락과 맞물려, 스스로 각각의 피조물들에 공간을 부여하고 세계의 공간을 재구성할 능력도 지니게 된 셈이다. 안락하고 행복한 삶을 보장하는 낙원인 만큼 저 '에덴'은 장소 자질이 풍성한 공간의 원형 표상에 상응한다. 인간은 그 터를 경작하고 관리함으로써 천지 창조의 결실인 공간의 관리자로서 제 위상을 공고히 할 기회를 얻은 것이다. 물론 그 공간의 사실적 연관에 대한 구체적 표지는 없으며, 신화적 표상인 한에서 유효한 표지가 부여된다. 어쨌든 '에덴'이 장소 자질을 안고 있으나 그 자체가 장소에 상응하는 것은 아니며 공간 표상으로 드러난다는 점은 분명하다. 낙원은 장소의 구체적 표지가 없는, 말 그대로 '유토피아'(u-topia)라는 점을 염두에 두어도 좋을 것이다.

이러한 낙원의 공간 표상은 고통 없는 축복된 삶을 영위하면서 불멸하려는 인간 본연의 열망을 투영한 의미체로서 유효하다. 천지 창조의 원형적 순간을 돌이키는 인간의 본원적 심성이 곧 신화적 시간으로 영원 회귀(eternal return)하고자 한다는 생각[5]을 뒷받침하는 의미심장한 표상으로서 이해된다. 낙원이란, 현실적 연관 관계에서 구체적인 표지가 없으나, 신화 세계를 구축하는 표상의 국면에서는 인간 무의식의 저층에 잠재된 열망을 투사하는 기제로서 구성된 신화적 실재인 것이다. 천지 창조와 우주 창생의 시나리오 자체가 그러한 영원 회귀 열망의 투사이며, 이로부터 실존의 시간 탈주 열망이 공간 창생에 대한 요구로 전이되는 상황이 연출된다. 무에서 유를 창조하였든 아니면 이미 존재하던 무엇인가에 빛을 비추어 밝혀 구도를 재편하고 구성을 새로이 하여 세계를 빚었든 간에, 어느 경우라도 공간의 창생에 관여된 시나리오로 읽힌다. 우주 창생의 신화는 곧 공간 창생의 서사인 것이다.

이는 일반적인 우주 창생의 수순인 '카오스에서 코스모스로'에 관한 명실상부한 서사로 꼽히는 '그리스 신화'에서도 여실히 드러나는 바이다.

> 바다도 없고 땅도 없고 만물을 덮고 하늘도 없었을 즈음 자연은, 온 우주를 둘러보아도 그저 막막하게 퍼진 듯한 펑퍼짐한 모양을 하고 있었다. 이 막막하게 퍼진 것을 카오스라고 하는데, 이 카오스는 형상도 질서도 없는 하나의 덩어리에 지나지 못했다. [……] 대지와 바다와 공기를 이루는 요소가 있기는 했다. 그러나 땅 위로는 걸을 수가 없었고 바다에서는 헤엄칠 수가 없었으며 대기에는 빛도 없었다. 말하자면, 제 모습을 제대로 갖추고 있는 것은 하나도 없었다. 만물은 서로 반목하고 서로 방해만 했을 뿐이었다. 한 가지 질료 안에 있으면서도 추위는 더위와, 습기는 건기(乾氣)와, 부드러움은 딱딱함과, 무거움은 가벼움과 싸우고 있었다.[6]

여기에서도 '카오스'가 아무것도 없는 무의 상태는 아니다. '자연'이 단지 '막막하게 퍼진' 상태로서 '형상도 질서도 없는' 혼돈의 상태이다. "생명이 없는 퇴적물"이며 요소들이 "굳어지지 못한" 상태로 "구획도 없이" 흩어지고 편재해 있는 형국인 것이다. '빛'의 기미를 보일 기제가 작동하지 않는 터라서 '대지와 바다와 공기'가 서로 분별되지 못한 상태일 뿐, 각각을 이루는 요소는 이미 있었던 것이다. 본연의 자질과 형체를 온전히 갖추지 못한 까닭에 만물이 서로 조화롭게 세계의 구도를 짓지 못한 채 무질서한 형국을 이루어 얽히고설킨 양태이다. 대립되는 자질이 나뉘지 못하고 한데 뭉쳐 있으니 그 잠재된 위태함이 극한치에 근사할 만큼이다. 과연 '대폭발'(Big Bang)이 일어날 징후가 농염한 가운데, 우주 생성에 관한 과학적 해석과는 달리, 신화적 해석은 대립보다는 조화로운 힘의 작용을 통해 우주에 '질서'가 부여된다는 시나리오를 택한다.

> 이 같은 반목에 종지부를 찍은 이는, 이런 요소들보다는 훨씬 빼어난 자연이라는 신이었다. 신이나 다름없는 이 자연은 하늘로부터는 땅을, 땅으로부터는 물을, 무주룩한 대기로부터는 맑은 하늘을 떼어놓았다. 자연은, 서로 떨어질 수 없는 지경에서 이들을 떼어내고는 서로 다른 자리를 주어 평화와 우애를 누리게 했다.[7]

말씀으로 태허의 혼돈 구도를 재편하여 질서를 지은 저 야훼 신의 경우와 달리, 반목과 질시로 대립하여 위태한 구도를 자아낸 카오스에 작용하는 '자연'이라는 신격은, 한데 엉킨 세계의 요소들을 떼어내어 각각의 자리를 부여함으로써 조화롭고 평화롭게 공존하게 하여 세계를 재편한다. 전지전능한 이의 일방적인 명령에 의한 '창조'가 아닌, 무질서한 혼돈의 상태가 재편되어 조화로운 세계가 열리는 '창생'의 이야기는 유대 신화와 유사한 듯하면서도 사뭇 다른 신화적 결구라고 할 것이다.[8] 신격의 전지전능함을 부각시키려는 종교 경전과 인간의 본원적 열망을 투사하여 원초적 낙원으로 영원히 회귀하려는 꿈을 상기시키는 집단 무의식의 신화가, 그 지향점이나 수렴항이 같은 데 있을 이유는 없으며 그리 되는 것이 도리어 어색할 것이다. 짐짓 이해의 초점은 그러한 차이에 있지 않으며, 마음 깊숙한 데 잠재되었다가 우주 창생의 신화를 통해 모습을 드러낸 공간 원망(願望)의 공통된 표상일 것이다. 이는 한 민족의 신화나 특정 종교 경전의 서장(緖章)을 장식한 성스런 말씀 이상의 보편적 원형에 해당한다고 하는 편이 옳다. 특정 지역이나 특정 집단에 국한된 국지성을 벗어난 드넓은 공간 차원의 문화적 결구로 이해되어 마땅한 것이다. 가령 동양의 신화에서도 우주 창생에 관한 이야기는 동원된 표상매체(vehicle)에서 차이가 있을 뿐 이야기의 취의(tenor) 면에서 별반 다를 것 없는 시나리오로 펼쳐진다.

> 하늘과 땅이 아직 갈라지지 않았던 시절, 우주의 모습은 다만 어둑한 한 덩어리의 혼돈으로 마치 큰 달걀과 같은 것이었다. 우리들의 시조 반고가 바로 이 큰 달걀 속에서 잉태되었다. 그는 큰 달걀 속에서 태어나고 자라나 곤하게 잠자며 1만 8천 년을 지냈다. 어느 날 그가 잠에서 깨어나 눈을 떠보니, 아! 아무것도 보이지 않았고, 다만 보이는 것이라고는 흐릿한 어둠뿐이었다. 정말 사람의 마음을 심란하게 만드는 상황이었던 것이다.
>
> 그는 그 상황에 대하여 몹시 고민하다가 화가 나서는 어디서인지 큰 도끼를 하나 갖고 와서 눈앞의 어두운 혼돈을 향해 힘껏 휘둘렀다. 들리는 것은 다만 산이 무너지는 듯한 와르르 소리뿐, 큰 달걀은 드디어 깨어지게 되었다. 그리고 그 속에 있던 가볍고 맑은 기운은 점점 올라가 하늘이 되었고, 무겁고 탁한 기운은 가라앉아 땅이 되었다. 뒤섞여 있어 갈라지지 않았던 하늘과 땅은 반고의 도끼질 한번 때문에 이렇게 갈라지게 되었던 것이다.[9]

어느 경우나 세계의 시작은 혼돈의 덩어리에 분별이 생겨 하늘과 땅이 갈라지는 형국으로 이야기된다. 아무것도 없이 텅 빈 상태에서 무엇인가 창조된 것이 아니라는 설정도 공분모이다. 태초가 태허는 아닌 셈이지만, 그렇다고 무엇이든 의미 있는 형체로 가득 찬 상태도 아닌 점을 간과할 수 없다. 분별되어야 할 것이 한 덩어리에 뭉쳐진 혼돈 지경인 터라 세계의 운행이 불가능하여 아무것도 없는 것이나 마찬가지인 상태로 여겨도 좋을 것이다. 그 혼돈의 덩어리를 갈라 개벽(開闢)한 세계에 생명의 기운을 맥동케 하는 동인이 요컨대 신이든 자연이든 아니면 저처럼 '시조 반고'이든 간에, 어둠에 빛을 비추고 사상(事象)의 분별과 정위(定位)를 도모하여 세계의 형과 태가 온전히 화하도록 돕는 기제가 창조나 창생의 관건이다.

중국 신화의 경우, 창조의 시조인 반고는 알 속에서 태어나서 자라고 그 속에서 일만팔천 년이나 잠을 곤하게 자고서 세상에 나온 것으로 설정된 점이 이채롭다. 혼돈의 징표로 상정된 알 속에서 잠들었다는 것은 생명의 시조인 반고조차도 아직 온전한 생명을 얻지 못하였다는 설정에 상응한다. 그 혼돈의 덩어리는 어둠으로 가득차고 어두움에 둘린 채 분별할 수 없는 지경이며 이로써 '마음을 심란하게' 하는 동인밖에 되지 않는다. 그 혼돈은 천하의 반고마저도 고민하게 하며 화나게 하는 요인인지라 이를 단번에 쳐서 깨뜨리지 않으면 안 되리라 전제된 것이다. 어둠의 덩어리인 알을 깨뜨리니 비로소 그 안의 '가볍고 맑은 기운'이 떠오르며 하늘을 이루게 되고 '무겁고 탁한' 기운이 가라앉아 땅을 이루게 되니 천지가 개벽한 형국으로 세계가 창생된 것이다. 뒤섞여 혼돈스럽게 뭉친 기운이 펴져 제자리를 찾고 안착하여 안정된 구도로 창출된 공간이 곧 우주요 세계인 점에서 동서양 신화의 공통분모를 찾을 수 있다.

천지 창조, 창세의 신화는 분명 공간 창생의 신화이다. 그 공간은 짐짓 인간이 삶의 터전으로 삼은 세계로서의 의미가 부여된 표상에 해당하므로 문화 공간이라고 해도 좋을 것이다. 실제로 우주 창생의 신화는 인간의 창조와 문화의 창조에 관한 이야기로 이어져 한 매듭이 지어진다. 각본상 신격이 세계를 창조하였다는 이야기지만 실상 그 이야기에 사람들이 의미를 부여하여 빚어진 것일 테고, 인간의 원형적 열망이 투사된 양태로 그려진 서사라야 신화로서 의미심장한 결정(結晶)을 이룰 수 있음에 비추어볼 때, 신화의 주제인 우주와 세계의 창조는 인간의 삶이 펼쳐질 문화 공간의 창조에 수렴되는 표상인 것이며, 문화 공간의 창생에 상응하는 것이다.

이규보(李奎報)의 문집 『동국이상국집』(東國李相國集)에 실린 「동명왕편」(東明王篇)은 저와 같은 문화 공간의 창생이 우주 창생의 수렴항임을 명징한 문장을 통해 보여준다.

한 덩어리로 뭉친 원기 갈라져서 / 元氣判渾
천황씨 지황씨가 되었다 / 天皇地皇氏
머리가 열셋 혹은 열하나 / 十三十一頭
그 모습 기이함이 많았다 / 體貌多奇異
그 나머지 성스러운 제왕들도 / 其餘聖帝王
경서와 사기에 실려 있다 / 亦備載經史
여절은 큰 별에 감응되어 / 女節感大星
소호금천씨(少昊金天氏) 지를 낳았고 / 乃生大昊摯
여추는 전욱을 낳았는데 / 女樞生顓頊
역시 북두성(北斗星)의 광채에 감응되었다 / 亦感瑤光暐
복희씨는 희생 제도를 마련하였고 / 伏羲制牲犧
수인씨는 나무를 비벼 불을 만들어냈다 / 燧人始鑽燧
명협(蓂莢)이 난 것은 요(堯) 임금의 상서요 / 生蓂高帝祥
서속을 내린 것은 신농씨의 상서다 / 雨粟神農瑞

푸른 하늘은 여와씨가 기웠고 / 靑天女媧補

큰물은 우(禹) 임금이 다스렸다 / 洪水大禹理

황제 헌원씨(黃帝軒轅氏)가 하늘에 오르려 할 제 / 黃帝將升天

턱에 수염 난 용이 스스로 이르렀다 / 胡髥龍自至

태고 적 순박할 때는 / 太古淳朴時

신령하고 성스러운 것 이루 다 기록할 수 없었는데 / 靈聖難備記

후세에 인정이 점점 경박해져서 / 後世漸澆漓

풍속이 지나치게 사치해졌다 / 風俗例汰侈

성인이 간혹 나기는 하였으나 / 聖人間或生

신령한 자취 보인 것이 적다 / 神迹少所示[10]

뭉쳐진 원기(元氣)에서 하늘과 땅이 갈라졌다는 것은, '카오스에서 코스모스'로 이행하는 우주 창생의 원리나, 혼돈의 알을 깨뜨리고 세계의 질서를 바로잡아 형태를 갖추게 했다는 반고의 역행(力行)에 상응하는 언명이다. 물론 이 서사시에 담긴 이야기가 비단 한반도에 전해진 이야기에 국한되는 것이 아니며, 동아시아 지역에 일반적으로 전승된 신화로서 요컨대 중국의 신화와 다를 바 없는 것이 사실이다. 이는 세부 구성과 기술(디테일) 면에서 차이가 있을지언정 구조적인 면에서 서구의 우주 창생 신화와도 다를 바 없다. 가령, '천황씨'와 '지황씨'는 대지의 여신인 가이아(Gaia)와 천상의 신인 우라노스(Uranos)에 비견되어 보편적 우주 창생 신화의 요소를 갖추고 있음이 여실하다. 그 둘의 분별이 우주의 창생에 준한다고 기술한 저와 같은 대목은 혼돈의 카오스에서 코스모스의 질서로 전화된 태인 태초의 공간 형상을 대유한 것이라고 이해할 수 있다.

특히, 제도와 문명을 이루고 농경을 통해 정주 생활을 하기까지 우주 창생의 원리를 변형하여 반복하는, 인간의 문화 창조 과정을 기술한 대목이 주목을 끈다. 제의에 관여된 제도가 만들어져 정신문화의 서막이 열리고, 문명 창조의 도구이자 상징이기도 한 '불'을 사용하기 시작하여, 사유하는 존재(Homo sapiens)이자 도구를 사용하는 존재(Homo faber)인 인간 존재의 총제적 면모가 드러나게 되었다는 생각의 맥이 이어진 이야기 대목[11] 말이다. 농경을 시작하여 양식을 스스로 지어 얻을 줄 알게 되고, 천문(天文)과 수리(水理)를 이해하고 다스려 우주적 차원의 통어력(統御力)을 갖추게 되어 비로소 인간 스스로의 힘으로 삶을 영위할 수 있는 기반을 얻게 되었다는 점은 곧 문화 공간이 열렸다는 징후를 시사한다. 우주 창조 신화의 시나리오가 인간의 문화 공간 창출의 신화로 귀결된다는 점이 이로써 명징해진다.

문명을 창조한 인간이 타락하여 신의 노여움을 샀음을 시사하는 이야기가 뒤이어 펼쳐지는 전개에 비추어보더라도, 인간에게 삶의 공간으로 주어진 세계가 오롯한 양태로 지속되어야 할 여지가 시사된다. 공간을 초월하여 신격에 상응하는 능력에 대한 탐심을 드러낼 때에 인간이 멸망에 이르게 되거나, 인간 본연의 순수함이나 성스러운 자질이 퇴색되어 타락의 나락에 내몰리는 계기가 되었다고 이르는 대목도 눈길을 끈다. 인간은 공간 내에서만 존재적 자질을 유지할 수 있음이 저 우주 신화에 표상된 주지라고 해도 좋을 것이다. 인간의 존재적 기반인 문화 공간은 세계 창조의 변주적 표상에 따라 창출된다는 식으로 이해해도 좋다.

이렇듯 개벽과 세계 창조에서 문명 창조와 타락으로 이어지는 신화적 서사의 수순이 새로운 영웅의 탄생에 관여된 이야기의 전개와 조응하는데, 이런 구성이 동명왕 신화의 보편성과 아울러 역동성을 드높인다. 이는 공간이 완성된 형태로 주어지지 않고, 창생되는 과정에서 전제되는 혼돈의 형상이 '과도'의 표지로 수렴되는 양상을 돌이켜 의식하게 하는데, 이른바 '단군신화'라고 불리는 서사와 견주어봄직하다.

『삼국유사』(三國遺事)의 「고조선」(古朝鮮) 편에 실린, '단군왕검'(檀君王儉)의 탄생과 고조선 건국에 관한 설화를 두고, 통상 '단군신화'라고 하여 한민족의 시조 신화로 삼는다. 물론 그 이야기는 우주 창생에 관한 대목을 결한 까닭에 과연 신화의 규모를 갖는지 의문이다. 통상 창조 신화가 아닌 건국 신화 수준에서 이해하기는 하지만, 건국에 관한 이야기는 우주 창생에 관한 이야기의 반복 형태로 드러나는 것이 상례인 까닭에, 창조 이야기가 전제되지 않은 건국 이야기를 신화적 서사로 분류할 수 있는지 의문을 품어볼 만하다. 다만 창조에 얽힌 과도 공간의 형상이 그 이야기에 기술되어 있다는 점에 주목하면, 최소한 신화의 텍스트성이 내재해 있다는 데만큼은 이론의 여지가 없어 보인다. 다름 아닌, 재생과 변신의 '동굴' 형상에 주목함직하다.

> 곰 한 마리와 범 한 마리가 같은 굴에서 살았는데, 사람이 되게 해달라고 늘 신에게 빌었다. 때마침 신이 영험한 쑥 한 다발과 마늘 스무 개를 주면서 말하기를, "이것을 먹고 백일 동안 햇빛을 보지 않으면 사람의 형상을 얻을 것이다"라고 했다. 곰과 범은 이를 받아서 먹기 시작했다. 그런데 곰은 삼칠일 동안 금기를 지켜 여자의 몸을 얻었지만, 범은 금기를 지키지 못하여 사람이 되지 못했다. 곰이 변해 된 여자는 혼인할 상대가 없어, 매일 신단수 밑에서 아이를 배게 해달라고 축원했다. 이에 환웅이 임시로 사람으로 변하여 웅녀와 혼인해주었으며, 그녀는 잉태하여 아들을 낳았다. 그 아들을 단군왕검이라 이름하였다. (時有一熊一虎 同穴而居 常祈于神熊 願化爲人 時神遺靈艾一炷 蒜二十枚曰 爾輩食之 不見日光百日 便得人形 熊虎得而食之 忌三七日 熊得女身 虎不得忌 而不得人身 熊女者 無與爲婚 故每於神檀樹下 呪願有孕 雄乃假化而婚之 孕生子 號曰檀君王儉)

이 대목을 이해할 때 웅녀가 최초의 인간은 아니라는 사실을 전제해야 한다. 인간 세계는 이미 창조되어 있었으며, 환웅은 다만 그 세계를 잘 다스려 사람들이 두루 잘살 수 있도록 하기 위해 세상에 내려왔다. 환웅의 지위가 신의 적자(嫡子)가 아닌 서자(庶子)[12]인 까닭에, 천계를 다스리지 못하고 인간계를 관장하는 역할을 부여받은 처지이다. 적통을 잇지 못한 채 차선을 선택해야 하는 환웅의 입장은 온전한 자아로서 성장하는 데 걸림돌이 될 법한데, 그나마 인간 세상을 이롭게 함으로써[13] 신격으로서의 정체성을 일면이라도 회복할 수 있으니 다행한 일일 것이다. 그의 '하강'(下降)은 죄를 짓고 지상으로 쫓겨나 벌을 받는 '적강'(謫降)[14]과는 궤를 달리하지만, 주변적 존재로서 '과도 공간'으로 이행한다는 면에서 본질은 같은 '원형'이라고 할 만하다.

웅녀만 하더라도 주변성을 띠기는 마찬가지이다. 동물이면서도 인간을 흠모한다는 설정은, 정체성을 찾지 못하고 혼란에 빠진 정황을 시사한다. 존재의 회복이나 변신을 위해 '문턱'을 넘어서야 하는 카오스적 혼돈에 저무구(無垢)한 웅녀가 처한 셈이다. 곰과 범에게 주어진 음식이나 거처, 그리고 어둠에 처하라는 '금기'와 백일이라는 '장벽'의 시간이 다, 경계를 지나서 인간 형상으로 이행하는 데서 파생되는 과도 공간의 표지들이다. 쑥과 마늘이 곰과 범에게는 생명을 유지하는 데 필요한 음식이 아닌지라 실은 인간이 되는 조건을 한정하는 표지로 이해되는데, 이는 일상과 자연의 법칙에 위배되는 경계 표상에 상응한 것으로 이해된다. 어둠의 동굴은 말할 것도 없으며, '백일'이라는 시간대 또한 흐름의 표징이 아니라 존재를 금기로써 봉인하는 효력을 발휘하므로 실은 장벽의 공간으로 작용한다. 어둠 속에서 견뎌야 하는 '장벽'의 시간'대'는 '동굴'이라는 제재와 어우러져 재생이나 변신을 표상하는 과도 공간의 형상을 명증하는 것이다. 이 공간을 온전히 통과한 곰은 인간으로 변신하지만, 원래 자리로 돌아간 범은 동물로서의 속성을 회복하게 된다.

그런데 웅녀가 인간으로 입사하는 데 온전히 성공하지는 못한 것으로 드러나 파장이 지속된다. 곰에서 변신한 웅녀는 여성으로서 온전히 성장하기 위하여 혼인과 수태를 기원한다. 이때 환웅이 '잠시 사람으로 변하여' 웅녀와 혼인하여 단군을 낳게 하는데, 그 과정이 제대로 조건을 갖춘 가운데 이루어지지 않아서 문제이다. 환웅과 웅녀의 결연은 요컨대 '혼사장애' 모티프에 수렴되는 과도적인 양태로 이야기된 셈인데, 이를 통해 짐짓 단군이 결함 있는 환경에서 출생한 정황을 추론할 수 있는 것이다. 신화에서 흔히 볼 수 있는 탄생은 분명하되, 그리 탄생한 단군은 인격도 신격도 아닌 중간자로서, 과도적 인물 형상을 띠었다고 할 수 있다.

이렇듯 주변에 내몰려 경계에서 이행을 도모하는 이들의 이야기가 단군신화의 본색이다. 세계의 창조에 관한 이야기가 빠진 것은 고조선의 건국이 일견 세계 창조의 중심 범주에 들지 않기 때문인지도 모른다. 중심 아닌 주변에 처하여 경계적 혼돈을 경험한 주변인들의 자기 탐색이 이러한 설화로 변주되었을 가능성이 점쳐진다. 물론 그것은 개인 차원에 국한되지 아니하고, 부족이나 민족 단위의 집단적인 이념이나 열망이 무의식 차원에서 상징화된 것일 테니, 요컨대 집단 무의식의 투사에 해당하는 신화적 서사에 근사한 결실이라고 여겨도 일리가 없지 않다.

그러나 현전하는 텍스트[15]에서는 동굴이라는 공간의 형상이나 거기 처한 입사 당사자들에 얽힌 이야기가 피상적인 수준에 머물러 있어서, 신화적 과도 공간의 역동성을 입증할 대목을 찾기 어렵다. 고조선의 건국에 초점이 맞춰진 이야기의 지향점이 단군의 탄생과 건국에 있는 데다가, 역사적 사실을 재구하고자 하는 저술 의도가 개입한 까닭인지, 전반적인 서술 양상은 혼돈의 과정보다 결과를 기술하는 데 걸맞게 구조적 정형성을 띤다. 구비 전승되는 이야기의 다면적 국면은, 사실(史實)을 기록하는 과정에서 실증할 수 없는 디테일이 삭제되면서 추상적 단면으로 환원되고 말았을 공산이 크다.

상대적으로 문학적 서술인 서사시 형태로 기술된 「동명왕편」의 경우는 신화의 요소가 다채롭게 구현되어 있는 편이다. 주몽의 탄생에 연관된 영웅 신화는 물론이고 원형 격인 우주 창생 신화가 적확하게 기술되어 있는 것이다. 창생 신화 대목에 이어 기술된 고구려 건국 신화도, 주몽이 탄생하고 성장하여 고구려를 건국하였다는 이야기 뼈대에만 초점을 맞추지 않고, 종국에 치닫기까지의 과정에서 신격이나 인격을 지닌 인물들이 겪는 혼돈의 이야기가 잘 기술되어 있어, 단군 설화의 경우와는 양상이 사뭇 다르다.

해동 해모수는 / 海東解慕漱
참으로 하느님의 아들 / 眞是天之子
처음 공중에서 내려오는데 / 初從空中下
자신은 다섯 용의 수레를 타고 / 身乘五龍軌
따르는 사람 백여 인은 / 從者百餘人
고니를 타고 털깃 옷을 화려하게 입었다 / 騎鵠紛襂襹
맑은 풍악 소리 쟁쟁하게 울리고 / 淸樂動鏘洋
채색 구름은 뭉게뭉게 떴다 / 彩雲浮旖旎

'해모수'는 환웅과 달리 천제(天帝)의 적자이다. 하느님의 진짜 아들이라는 격에 걸맞게 그의 하강 모습에서 풍기는 권위와 화려함이 찬미되고 있다. 그 찬미는 곧 하강으로 빚어지는 공간 형상의 아름다움에 관한 것이어서 이목을 끈다. 역사적 사실과는 무연한 신화적 허구가 시간에 초연한 공간의 창출에 관여되는 항으로 작용하니 그러하다. 사실에 견주어 볼 때 '귀(鬼)나 환(幻)'에 불과한 것으로 취급될 이야기라도, 곰곰이 그 의미를 헤아려 읽고 문학적 기술을 통해 재구성할 경우 '성신'(聖神)의 서사에 근사한 양태로 이해된다는, 저 글 서문의 통찰을 되새겨볼 일이다. 연대기 이상의 가치와 효용이 있는 서사의 본색에 대한 통찰력과 빼어난 서사시의 형태로 변주한 기술 역량에 힘입어 동명왕 설화는 근사한 동명왕 신화로서의 격조를 풍기는 텍스트로 거듭날 수 있었던 것이다. 이는 곧 동명왕 신화를 통해 창출된 문화 공간의 한 양태에 상응함으로써 그 의의가 심화된다.

잦은 외침과 불안정한 주변 정세 속에서 역사적 위기 상황에 직면한 당대인들이 신화적 세계를 떠올려 시간을 태초로 되돌림으로써 역사적 위기를 극복할 수 있다는 희망을 돌이키도록 돕는 서사 본연의 기능을 「동명왕편」이 수행하였다고 해도 좋을 것이다. 요컨대 공간 열망이 현실의 질곡에서 벗어날 신화적 가상 세계로의 회귀를 촉진하는 것이다. 인간이 신화적 공간을 구성하여 역사적 위기에 대응하는 실존적 전략을 세우는 원리에 대한 엘리아데의 통찰을 근사하게 예증하는 데 구심으로 삼아도 좋을 듯, 저 장대한 서사시를 통해 당대의 현실적 문제를 한 차원 나아간 데서 해결할 여지를 조성하고자 모색하였음 직하다. 실로 그 서문의 대단원을 이루는 언급을 떠올리지 않을 수 없다.

> 당현종본기(唐玄宗本紀)와 양귀비전(楊貴妃傳)에는 방사(方士)가 하늘에 오르고 땅에 들어갔다는 일이 없는데, 오직 시인(詩人) 백낙천(白樂天)이 그 일이 인멸될 것을 두려워하여 노래를 지어 기록하였다. 저것은 실로 황당하고 음란하고 기괴하고 허탄한 일인데도 오히려 읊어서 후세에 보였거든, 더구나 동명왕의 일은 변화의 신이(神異)한 것으로 여러 사람의 눈을 현혹한 것이 아니고 실로 나라를 창시(創始)한 신기한 사적이니 이것을 기술하지 않으면 후인들이 장차 어떻게 볼 것인가? 그러므로 시를 지어 기록하여 우리나라가 본래 성인(聖人)의 나라라

는 것을 천하에 알리고자 하는 것이다.

이규보는 역사적 사실이 도달할 수 없는 허구적 서사의 가치를 의식하여 명쾌하게 논급한 뒤에 동명왕의 신이한 사적에 관한 신화를 오롯한 서사시의 형태에 담은 것이다. 당면한 역사적 현실에서 절망하거나 굴욕감에 휩싸인 채 체념할 수밖에 도리가 없을 상황에서, '본래 성인의 나라'임을 만방에 알릴 길은 장구한 역사의 흐름을 거슬러 신화적 시원(始原)으로 회귀하여 원형적 심성을 회복하는 데서 찾을 수 있다. 시간의 흐름에 처하여서는 고난의 나날에 직면하였으나 신화적 공간에 비추어볼 때에는 그러한 시간들이 찰나에 불과할 수 있으며 자연의 이치에 걸맞은 순환의 한때에 불과하다는 의식을 일깨울 수 있다. 그 계기를 저와 같은 신화적 서사시편에 투영된 공간 형상에서 얻을 수 있는 것이다. 물론 이를 두고서 현실적 연관 관계를 따질 일은 아니다.

짐짓 동명왕 신화의 서막이 천제의 아들로서 장차 하늘을 다스릴 해모수의 강림 장면으로 장식된 데서 시사되는 의미는 심장하다. 이는 해동이 변방의 한 권역에 불과한 것이 아니라 천신이 다스려 가축하는 중심의 성역에 상응한다는 이념을 명징하게 표상한 것이니 말이다. 그 표상이 공간 지표를 동원하여 노래되고 있다는 점이 주목을 끈다.

옛날부터 천명을 받은 임금이 / 自古受命君
어느 것이 하늘에서 준 것이 아닌가 / 何是非天賜
대낮 푸른 하늘에서 내려온 것은 / 白日下青冥
옛적부터 보지 못한 일이다 / 從昔所未視
아침에는 인간 세상에서 살고 / 朝居人世中
저녁에는 천궁으로 돌아간다 / 暮反天宮裏

내 옛사람에게 들으니 / 吾聞於古人

하늘에서 땅까지의 거리가 / 蒼穹之去地

이억만팔천 / 二億萬八千

칠백팔십 리란다 / 七百八十里

사다리로도 오르기 어렵고 / 梯棧躡難升

날개로 날아도 쉽게 지친다 / 羽翮飛易瘁

아침저녁 임의로 오르내리니 / 朝夕恣升降

이 이치 어째서 그러한가 / 此理復何爾

실로 헤아릴 수 없을 만큼 먼 거리라서 실상 거리감이 없다고 할 수 있을 정도로 별천지인 천궁과 인간 세계를 매일 오간다는 설정은 시간 개념을 제하고서야 성립된다. 그러한 설정을 통해 '천명'으로 다스려지는 곳이 실제 구역상 변방이거나 미미한 영역만 점한 데라고 할지라도, 공간 감각으로는 중심이요 광막(廣漠)한 영역을 포괄하는 데라는 점을 드러낸다. 인간의 힘으로나 자연의 이치로 도달할 수 없으며 도달하려 해서도 곤란한 신화적 공간의 묘연함에 대한 찬탄의 여운이 이로써 기술될 따름이다. 인간의 지각과 경험 범위를 훨씬 넘어선 공간 감각이 인간적 열망의 극점에 맞닿아 있는데, 이는 상대적으로 인간 스스로 고통스런 현실의 한계에서 벗어나고자 하는 열망의 의지가 위기의 역사적 시간 속에서 크게 발휘되고 있다는 사실을 반증하는 것으로 드러난다. 이는 황당무계한 괴력난신(怪力亂神)의 허황함이나 공상에 그치지 않고 시간의 한계를 되비추어 현실을 성찰하는 장으로서 기획된 신화 공간의 자질을 예증한 대목이기도 하다.

그리고 천제의 아들인 해모수가 강을 다스리는 하백 신의 장녀인 유화와 연분을 맺는다는 설정에서 신화적 창생의 주제가 인간의 공간 창생에 관여된다는 점이 더욱 명징하게 대변된다.

회보하기를 나는 천제의 아들입니다 / 報云天帝子
높은 문족과 서로 혼인하기 청합니다 / 高族請相累
하늘을 가리키자 용수레가 내려오니 / 指天降龍馭
그대로 깊은 해궁에 이르렀다 / 徑到海宮邃
하백이 왕에게 이르기를 / 河伯乃謂王
혼인은 큰 일이라 / 婚姻是大事
중매와 폐백의 법이 있거늘 / 媒贄有通法
어째서 방자한 짓을 하는가 / 胡奈得自恣
그대가 상제의 아들이라면 / 君是上帝胤
신통한 변화를 시험하여 보자 / 神變請可試
넘실거리는 푸른 물결 속에 / 漣漪碧波中
하백이 변화하여 잉어가 되니 / 河伯化作鯉
왕이 변화하여 수달이 되어 / 王尋變爲獺
몇 걸음 못 가서 곧 잡았다 / 立捕不待跬
또다시 두 날개가 나서 / 又復生兩翼
꿩이 되어 훌쩍 날아가니 / 翩然化爲雉
왕이 또 신령한 매가 되어 / 王又化神鷹
쫓아가 치는 것이 어찌 그리 날쌘가 / 博擊何大鷙
저편이 사슴이 되어 달아나면 / 彼爲鹿而走
이편은 승냥이가 되어 쫓았다 / 我爲豺而趡
하백은 신통한 재주 있음을 알고 / 河伯知有神
술자리 벌이고 서로 기뻐하였다 / 置酒相燕喜

천상의 존재가 대를 이을 요량으로 '깊은 해궁'에까지 내려가 예를 갖추어 '높은 문족과 서로 혼인하기 청'하는데, 해모수가 자신의 천상 지위를 내세워 유화를 제멋대로 취하는 태도를 보이지 않고 예를 갖추어 청혼한다는 설정에는 인간 세상의 예법에 걸맞은 문화적 수행이 전제를 이룬다. 천상의 존재라도 지상의 '큰 일'인 혼사에 따르는 엄연한 '법'을 따르라는 하백의 대응이 제법 의미심장하다. 물론 하백 또한 신격에 상응하는 존재이지만, 그가 거하며 다스리는 강은 인간 세계의 영역이며 인간사에서 중요한 관건인 만큼 문화 차원에서 이해할 공간 표상이다. 따라서 하백이 혼사의 예법을 요구하고 이에 해모수가 응하는 상황을 통해, 천상과 지상이 소통될 여지가 표상되었다고 할 만하다. 하늘의 중심을 이루는 존재가 땅의 변방인 해동에 터를 잡기 위해 펼치는 결연의 과정을 통해, 우주 창생의 시나리오가 문화 창출의 시나리오에서 재생되는 신화의 이치가 적확한 서사 맥락을 얻어 구현되었다고 해도 좋을 것이다.

천제의 아들임을 증명하는 '변신' 경연을 통해 우월한 존재이면서도 동시에 미천한 동물 형상으로 변하는 과정을 겪고서야 비로소 청혼이 받아들여진다는 설정에서도 혼인을 통한 입사(initiation) 과정에서 인간이 겪는 시련의 문화적 표상이 되비쳐진다. 이는 곧 혼사에 관여된 과도 공간의 신화적 원형에 수렴되는데, 혼돈이 있고서야 세계의 창생이 있을 수 있다는 창세 신화의 기본 이념이 이로써 변주된 양태로 재생된 것이다.

그러나 하백의 과욕과 오판으로 말미암아, 혼사에 따르는 장애가 엉뚱한 양상으로 증폭되어 파경을 낳으면서 국면이 급전된다. 졸지에 해모수에게 버림받은 처지에서 유화가 겪는 시련이 이야기의 새로운 국면에 부상한다. 고구려 건국의 주체인 주몽만 이야기의 주인공으로 부각되는 것이 아니라, 그 어머니인 유화가 겪는 고초에 얽힌 이야기의 비중이 상대적으로 높은 점이 이채롭다. 과도의 공간에 처하여 새로운 질서로 이행해야 하는 역할이 유화에게 부여되는 식이다.

유화는 신분으로 보아 웅녀와 여러모로 대비된다. 그녀는 물을 관장하는 신의 맏딸로서, '천제의 아들'과 결연한 신격이다. 그렇지만 혼사의 절차에 따르는 수행을 온전히 완수하지 못한 채, 하백에게 벌을 받아 '입술을 석자나 늘어뜨린' 기형을 하고서 '우발수로 추방'당함으로써 그 위상과 처지가 급격히 변한 터이다. 그이가 겪는 혼사 시련은, 본디 정체성과 위상이 혼돈 상태이던 웅녀에게 부과된 시련과 달리, 전혀 예기치 않은 것이기에 과도 자질이 더하다. 그리고 주몽의 어머니로서 새로운 정체성을 얻는 과정에서 명징한 표지가 더 덧붙는다.

왕이 해모수의 왕비인 것을 알고 / 王知慕漱妃
이내 별궁에 두었다 / 仍以別宮置
해를 품고 주몽을 낳았으니 / 懷日生朱蒙
이해가 계해년이었다 / 是歲歲在癸
골상이 참으로 기이하고 / 骨表諒最奇
우는 소리가 또한 심히 컸다 / 啼聲亦甚偉
처음에 되만한 알을 낳으니 / 初生卵如升
보는 사람들이 깜짝 놀랐다 / 觀者皆驚悸
왕이 상서롭지 못하다 / 王以爲不祥
이것이 어찌 사람의 종류인가 하고 / 此豈人之類
마구간 속에 두었더니 / 置之馬牧中
여러 말들이 모두 밟지 않고 / 群馬皆不履
깊은 산속에 버렸더니 / 棄之深山中
온갖 짐승이 모두 옹위하였다 / 百獸皆擁衛

그로테스크한 형상으로 우발수에 처한 유화를 구한 금와왕은 그녀가 해모수의 왕비인 것을 알고 '별궁'에 둔다. 그 별궁 또한 경계의 공간이어서 유화의 처지가 여전히 과도 상황을 벗어나지 못하였음이 시사된다. 혼사에 장애가 생긴 터에서 결연한지라 출산의 과업을 완수한 뒤라면 그녀의 정체성이 회복될 여지가 생길 것이다. 과연 '해를 품고 주몽을 낳았다'고 하였는데, 이는 천제의 적통을 잇는 천손의 탄생을 예비하는 신화적 장관을 연출할 계기이다. 그렇지만 이는 심상치 않은 전개를 예시(豫示)하는 것이거니와, 낳은 것이 본디부터 사람이 아니고 알이었다는 데서 경계적 형상은 극화된다. 사람이 낳은 알은 보통 사람들이 보기에 상서롭지 못한 것인지라 마구간이나 깊은 산중에 버려질 만하다. 유화는 물론 주몽의 태(胎)에 상응하는 알이 처한 상황만으로도 신의 세계에도 인간의 세계에도 속하지 못한 경계의 과도적 형상을 예증한다.

그러나 사람에게 기형으로 비쳐진 알을 대자연의 성원인 말과 짐승들이 호위한다. 인간 세계에서가 아니라 자연에서 보호받는 유화의 처지가 그러하듯이 주몽의 탄생과 관련된 제반 조건이 과도의 공간에서 빚어지고 있는 것이다. 주몽은 탄생에서부터 온전한 인간으로서 주어지지 않고 결핍에서 비롯된 경계적 자질을 안고 있는 것이다. 물론 그러한 결핍 요소는 신화적 영웅이 지니는 보편적 자질이며, 결핍을 채우는 과정에서 벌이는 영웅적 행위를 통해 혼돈이 질서로 이행하는 수순이 진행된다. 영웅으로서 비범한 능력을 갖추고 있으나 적대적 세력의 간계를 피해 삶의 터전을 떠나 새로운 세계로 이행할 때 이를 비호하는 원조자들의 도움에 힘입는 것 또한 영웅 신화의 일반적인 요소이다. 종내 새로운 세계를 열어 국가를 세우기까지, 영웅 신화는 공간 이행과 공간 창출의 신화에 상응하는 것이다. 주몽이 주인공이 되어 펼치는 건국 신화의 한 정점이 다음과 같으니 주목할 만하다.

남쪽으로 행하여 엄체수에 이르러 / 南行至淹滯
건너려 하여도 배가 없었다 / 欲渡無舟艤
채찍을 잡고 저 하늘을 가리키며 / 秉策指彼蒼
개연히 긴 탄식을 발한다 / 慨然發長喟
천제의 손자 하백의 외손이 / 天孫河伯甥
난을 피하여 이곳에 이르렀소 / 避難至於此
불쌍한 고자의 마음을 / 哀哀孤子心
황천후토가 차마 버리시리까 / 天地其忍棄
활을 잡아 하수를 치니 / 操弓打河水
고기와 자라가 머리와 꼬리를 나란히 하여 / 魚鼈騈首尾
높직이 다리를 이루어 / 屹然成橋梯
비로소 건널 수 있었다 / 始乃得渡矣

영웅의 행로가 '엄체(수)'에 가로막히고 만다. 엄체수는 실제 지시 대상이 있는 것으로도 알려져 있으나, 말 그대로 순조로운 진행이 막힌[淹滯] 막다른 데로서 과업의 완수를 위해 건너야 하는 과도 공간의 표지로 이해할 수 있다. 실증의 대상인 역사적 사실이 아니라 의미체인 신화적 표상으로 전제하는 편이 타당한 것이다. 과업 수행의 난항에 봉착하여 이를 넘어서서 새 공간으로 건너감으로써만 신세계를 건설할 수 있는 역량이 비로소 확증되는 것이다. 물론 난관을 극복하는 상황에서 신격의 혈통으로서 갖춘 정체성이 과시되면서 수행의 적중 가능성이 예고된다. '천제의 손자'요 '하백의 외손'으로서 하늘과 강의 도움을 청하며 실로 그 요청이 실현되고, 가로막고 선 강을 건너[渡] 난관을 지남[過]으로써 경계를 넘어 새로운 공간으로 이행하는 수행의 전기를 맞는 것이다. 그리 이행하여 도달한 새로운 공간의 형세는 다음과 같은 식이어서 신세계를 열기에 적당할 정도의 형상이다.

> 한 쌍 비둘기 보리 물고 날아 / 雙鳩含麥飛
> 신모의 사자가 되어 왔다 / 來作神母使
> 형세 좋은 땅에 왕도를 개설하니 / 形勝開王都
> 산천이 울창하고 높고 컸다 / 山川鬱崩嶗

'신모의 사자'인 비둘기 한 쌍이 곡식의 씨알을 전해주어 비로소 경작하며 삶의 터전을 일굴 수 있는 여지가 조성된다. 새는 천상과 지상을 이어주는 공간 메신저 역할을 하는 보편적 표상 가운데 하나로서 신화적 과도 공간의 자질이 배인 주요 표지이기도 하다. 그 덕에 힘입어 '형세 좋은 땅에 왕도를 개설'할 수 있는 것이다. '산천이 울창하고' 고준(高峻)하며 장대한 형세라는 것은 단지 산천의 세가 그러하다는 얘기가 아니라, 참으로 창대한 나라를 세울 땅임을 표상한다. 높은 산 또한 새와 마찬가지로 천상과 지상의 소통 경로로서 신화적 중심 공간의 주요 표상인 점도 기억할 만하다. 신인(神人) 공동의 공간에 준하는 저 도읍지야말로 세계의 중심에 상응한다고 해도 좋은 것이다.

그런데 그 공간이 짐짓 인간 세계를 다스리는 중심 권역으로 이행하기 전 단계의 경계 공간으로 전제되어 있다는 데 유의해야 한다. '비류국'과 판세 경쟁에 내몰린 뒤, 그 판을 승리로 이끌어야 하는 이행 과업이 부과된 터이다. 이는 영웅이 시험을 이기고 목표한 바를 얻는 이치에 비견된다. 주변 권역에서 중심 왕국으로 이행하는 경연에서 승리하기까지 천제의 손자로서의 정체성이 또 한 번 빛을 발하여 영웅 신화와의 수렴항에서 빚어지는 건국 신화의 서사적 정점이 구성된다. 그런 연후에 궁궐을 세워 비로소 천제의 손자가 다스리는 나라의 위상에 걸맞은 형세가 부여되는

데, 그 과정이 이를테면 카오스에서 코스모스로 이행하는 우주 창생의 원리에 비견된다.

검은 구름이 골령을 덮어 / 玄雲羃鶻嶺

산이 뻗쳐 연한 것이 보이지 않고 / 不見山邐迤

수천 명 사람의 소리가 들려 / 有人數千許

나무 베는 소리와 방불하였다 / 斲木聲髣髴

왕이 말하기를 하늘이 나를 위하여 / 王曰天爲我

그 터에 성을 쌓는 것이라고 한다 / 築城於其趾

홀연히 운무가 흩어지니 / 忽然雲霧散

궁궐이 우뚝 솟았다 / 宮闕高嵬

왕위에 있은 지 십구 년 만에 / 在位十九年

하늘에 오르고 내려오지 않았다 / 升天不下莅

'검은 구름'에 휩싸인 채 혼돈 지경으로 전제된 심산(深山)에서 사람 소리와 벌목하는 소리가 들리더니 '홀연히' '운무'가 걷힌 자리에 궁궐이 우뚝 솟았다고 한다. 이는 혼돈이 걷히고 세상이 열리는 이치의 변주 양태인데, 도읍지를 정하고 경쟁에서 승리하여 궁궐을 세우기까지의 건국 과정이 곧 우주 창생 신화의 수순과 조응한 것이다. 각 마디마다 공간 이행과 공간 창생에 관한 표상이 자리 잡고 있어서 창세 신화든 건국 신화든 간에 신화는 곧 공간 창생의 시나리오를 골자로 하고 있다는 점을 재차 명변한다. 이는 바로 신의 권역을 모방하여 인간의 권역이 지어져 구성된 문화 공간의 창생 수순을 이해할 맥락과도 맞닿는다.

이처럼 주몽의 전기(傳記)에 준하는 이야기를 다룬 저 빼어난 서사시편은 일반적인 영웅의 입사식담(initiation story)에 비견된다. 비범한 능력 탓에 시련을 겪게 되며, 자신의 능력을 발휘하는 것은 물론 신격의 도움을 얻어 주어진 과업을 성취하고 뜻을 이룬다는 이야기 구조는 '영웅 주몽의 건국 신화'로 압축된다. 물론 그 과정에서도 넘어서야 할 문턱 같은 상황에 직면하지만, 신격을 타고난 영웅으로서 신의 도움을 얻어 문제 상황을 헤쳐나간다. 그리고 그에게는 새 나라의 건설이라는 상급이 주어진다. 한 영웅의 순조로운 성공담에 준하는 영웅 신화로 결말지어지는 것이 분명하다. 그렇지만 단군 설화와는 전혀 달리, 우주 창조에서 건국에 이어지는 보편 신화의 구성과 조응하는 이야기는, 주인공이 신적인 영웅으로서 위대한 업적을 성취하기까지 겪는 경계적 혼돈을 구체화한 데서 역동성이 발휘된다. 특히 주인공의 이야기에만 국한되지 않고, 입사에 성공하는 영웅의 탄생과 성장에 기여함으로써 제 삶의 안정을 해칠 수밖에 없는 주변인들이 이야기의 여러 구심에서 부각되는 아이러니가 산출되기에 이채롭다. 이런 이야기의 면모들이 어우러져 과도 공간의 신화적 원형은 또 하나의 명징한 구체를 얻는다.

우주 창생 신화에서 드러나는 카오스적 경계 상황을 원형으로 하는 과도 공간의 형상은, 질서보다는 혼돈이, 중심보다는 주변적 구심들이 주요 자질이다. 인간의 무의식적 열망이 집단적인 꿈의 형태로 표상된 결실이 신화라는 사실을 염두에 둘 여지도 있다. 신화는 삶 속에서 제도와 질서에 억압되었던 이들의 잠재적 욕망을 해소하는 기제로도 작용하는 까닭에, 변신과 입사의 주인공이 순조롭게 과업을 수행하지 못하고 시련을 겪는 과정이 부각되게 마련이다. 그렇지만 종내 성공적으로 입사하여 질서에 편입되는 결과가 예견된 주인공의 형상은 과도 공간의 본연에 덜 근사한 것으로 여겨지는 면이 있다. 이런 맥락에서 태생 자체가 결핍투성이인 '바리데기'가 신격으로까지 격상되는 과정을 극화한 입사 신화를 통해서 표상된 과도 공간에 주목하게 된다.

'바리데기'는 일곱 번째 공주로 태어나서 대왕이 "버려도 버릴 것이요, 던져도 던질 것이다"라고 하여 그와 같은 이름을 얻고 버려지는데, 여성으로서 태어난 것 자체가 결핍 요인이다. 가부장 사회에서 사회 성원으로서의 자격과 역할을 얻어 입사함으로써 성공이 예비되는 남성과 달리, 여성으로 태어난 것 자체로서 주변인이 되어 경계 공간에 편입되는 셈인데, 바리데기는 실제로 일상적 공간 밖으로 내쳐지는 만큼, 그가 출생과 맞물려 처한 상황은 단적인 혼돈 양상이다.

그런데 출생의 결핍 요소와 결부된 이러한 혼돈은 우주 창생의 과도 공간과 같은 속성을 지닌다. 바리데기는 신격인 '석가세존'의 뜻에 따라 노부부에 의해 구원된다. 석가세존이 양육 조건을 내세우기는 "없는 집도 생기고, 옷과 밥이 절로 생긴다"는 것이다. 노부부는 거처가 없이 들과 동굴에서 살고 있던 터라 경계 공간에 처해 있었다. 물론 바리데기도 "입에는 왕거미 가득하고, 귀에는 불개아미 가득하고, 허리에는 구렁 배암이 감겨 있어" 기이한 모습으로 경계 공간에 버려져 있었음이 고지되어 있다.

이러한 바리데기를 데려다 씻어 키우니 비로소 비범함이 드러나는데, 이때부터 영웅 신화의 플롯이 전개된다. 우선 바리데기는 부모를 찾으려 하는데, 이는 신화적 영웅이 자기 정체성을 회복하여 존재의 기반을 다짐으로써 안정된 사회의 일원이 되고자 하는 열망에 맞닿아 있다. 그러나 그가 부모를 찾았을 때, 아버지가 죽을병에 걸린 상태인지라 실상은 부모 찾기에 실패한 꼴이다. 새로운 과도 상황에 처하게 된 것이다. 그의 앞길을 입사의 시련이 겹겹이 가로막고 있다. 그는 불사약을 얻기 위해 저승으로 여정을 시작하는데, 결국 '무장승'의 요구대로 아홉 해를 봉사하고 결연하여 아들 일곱을 낳은 다음에야 불사약 '양여수'를 얻어 귀환할 수 있다.

그렇게 과업을 완수하였으나 정작 아버지는 죽은 다음이다. 그도 그럴 것은 촌각을 다투는 터에 저승 세계의 여정에 소요된 시간이 상상을 초월할 정도로 길었던 탓이다. 시간이 작용하여 과업 수행에 장애가 빚어진 셈이다. 그렇지만 죽은 뒤라도 불사약으로써 아버지가 회생하는 데서 시간의 경과는 무의미해진다. 시간이 무화됨으로써 그 모든 과정은 태초의 신화적 과도 공간 양상을 띤 셈이다. 결국 바리데기와 일곱 아들이 신격으로 격상됨으로써 그 신화가 완성된다. 바리데기는 신격으로 거듭나는 차원에서 입사 과업을 수행했던 것이니, 결핍을 충족하는 그의 여정이 영웅의 성장과정과 구조 면에서 진배없다. 다만, 신격 이전에 가부장 이념의 희생양인 일개 여성으로서 겪는 고초가 남성 영웅과는 차원이 다른 만큼, 그 이야기가 표상하는 의미까지 같을 수는 없을 것이다. 사회 문화, 정치 경제의 중심에서 소외된 채 늘 변방에 처한 여성의 삶 자체가 과도 공간의 실례이다. 특히 아들을 낳지 못하는 것은 큰 결핍 요소인 까닭에, 아들 낳기는 여성에게 부과된 가장 큰 과업에 해당되는데, 이는 가부장 질서에서 조장된 부조리이다.

바리데기는 여성 존재의 결핍 요인을 응축한 표상에 상응하며, 가부장을 살리기 위해 온갖 고초를 감내하는 가운데 아들을 일곱 낳음으로써 자신의 업을 짊어졌다는 점에서, 여성 실존의 부조리를 극화한 원형이다. 이야기의 조연 격이던 웅녀나 유화에게서 엿보이던 표상과는 질적으로 다르다. 바리데기 이야기는, 여성 영웅이 그 어떤 남성 영웅보다도 힘든 과업을 수행함으로써 인간 존재의 한계마저 극복하고 신의 지위에 오르게 되는 과정과 결과를 통해, 여성의 잠재된 욕망을 집단 무의식 차원에서 투사한 신화인 것이다. 그리고 그 이야기의 대부분을 점하는 저승 세계로의 여정은 신화적 과도 공간을 여실히 표상한다. 이러한 신화적 공간이 의례적 연행을 통해 삶의 공간에 투사된다. 과도 공간의 원형이 문화

공간의 한 양태로 변주되는 국면을 이 맥락에서 재구성할 여지가 조성되는 것이다.[16]

2. 연행 문화의 과도 공간 자질

신화는 실존적 한계에 부딪힌 인간의 열망을 투사하여 지은 공간 기획의 서사이다. 시간의 흐름을 멈추어, 현실에 억눌려 잠재된 욕망을 표출할 수 있는 가상의 공간을 지음으로써, 인간 실존 영역의 지평이 드넓어질 여지가 조성된다. 역사적 위기 상황을 극복하고 현실적으로 펼치기 힘든 이상적 상황에 도달하려는 원망(願望)이 신화 세계의 반추를 통해 재생되는데, 신화를 일상의 문화 공간에서 재생하려는 이러한 요구가 의례적 연행(ritual performance)을 통해 문화의 장에 투영된다.

의례 공간은 일상 공간과 신성 공간 사이의 매개 영역으로서 경계 공간의 주요 국면으로 이해된다. 연행(演行)을 통해 신화가 삶의 장에 극화되면서 과도 공간의 원형이 재생되고 이로써 성원들은 일상사를 돌이켜 성찰하는 계기를 얻는다. 특히 삶의 과정에서 이행기에 직결된 통과의례(rites of passage)는 경계와 이행의 과도 공간 표상을 극화함으로써 그러한 의미망의 씨줄이 된다. 경계의 표석인 문턱(*limen*)을 넘어서서 다른 세계(탄생 · 성장 · 죽음에 따르는 이후 세계)로 이행하게 된다는 심산과 관념을 구현하는 의례적 수행을 통해서, 혼돈 상황에서 질서 있는 세계로 이행하고자 하는 인간의 집단적 열망을 담은 신화가 재연되는 효과가 빚어진다. 우주 창생의 원리적 표상이 통과의례의 원형질을 이루고 있는 셈인데, 이는 단순히 구조적 형식 차원에서 정태적 의미로 환원될 수 있는 것이 아니며, 연행의 과정에서 파생되는 역동적 의미망의 구성태를 추론함으로써 이해할 수 있는 표상이다. 삶의 장에 작용하는 역동적 기제의 의미를 해석하는 것이 관건인 만큼, 이를 문화 공간의 논항에 부쳐, 신성 공간이 삶의 공간에 투사된 양태를 해석하는 데 수렴될 표상으로 전제하는 일이 요구된다고 할 것이다.

가령, 바리데기 신화에서 과도 공간의 자질이 더욱 명징하게 드러난 것은 무가로 구송되어 문화 현장에서 전승된 맥락과 상관있으며 따라서 그 의미망이 문화 공간에서 구성될 때에 의의가 극화되리라고 여겨도 좋다. 버림받았기에 존재의 근거가 와해된 지경에 처한 실존이 과업을 수행하고자 혼돈의 경계를 넘어서 이승과 저승을 오가는 한편 궁극적으로 신격으로 화한다는 성장의 모티프를 극화한 신화가 의례의 현장에서 구연(口演)되는데, 해당 의례인 굿의 주역이 여성이라는 사실도 이 맥락에서 주목할 현상이다. 요컨대 불교나 유교와 같이 주류 종교에서 행해지는 의례는 남성들이 주관하고 여성들의 참여를 제한했다는 점을 돌이켜 생각할 필요가 있다. 공식적인 의례의 장에서 소외되었던 여성들이 주역이 되어 연행한 굿의 판은, 현실에서 억눌린 무의식이나 뒤틀린 삶의 열망이 표출되어 펼쳐지는 역동적인 공간이 되기 십상이다. 굿판의 구성 자체가 과도 공간의 자질을 안고 있는 셈인데, 무가와 춤을 통한 연행은 그 공간의 역동성을 배가한다.

과연 의례는 기본적으로 '믿음'이란 관념 층위를 구체화(embodiment)하여 실연하는 기제이다.[17] 상대적으로 문화 성원들은 의례의 장에서 자신의 믿음을 구체적으로 확인하고 체현(體現)하는데, 그 구현의 표지는 발화와 행위, 곧 연행(performance)이다. 말하자면 의례는 종교적 관념을 연행의 장을 통해 '구현'하는 양태로서 연행된 신화와 진배없다. 따라서 의례의 구조나 결과를 분석하는 데 그치지 않고 의례 연행의 과정에 주목하여, 역동적 장(field)에서 생성되는 의례의 표상적 의미를 해석하는 데 논의의 초점을 모으는 시각이 요구된다.

터너(Victor Turner)가 통과의례의 역동성이 극화되는 과도적 경계 상황을 논의의 단서로 적극 채용한 것은 이와 관련된 통찰의 주요 지반이다. 겐넵(Anold van Gennep)이 통과의례의 구조 분석에 치중하여 연행의 과정에서 산출되는 역동적인 의미 회로를 간과한 데 비해, 터너는 통과 도정의 연행적 역동성이 극화되는 과도적 경계 상황의 자질에 주목하여 그 표상적 의미망을 탐색하였던 것이다. 그에 의하면 요컨대 사회의 일원이 되고자 하는 신참자들이 의례를 수행하는 과정에서 부각되는 역동적 연행을 체험함으로써 구조적 전이(transition)에 수반되는 혼돈을 실로 체감한다. 이때 신입자들 서로는 자신들이 처한 과도 상황에서 비롯된 불안감 속에서 동질감을 느끼게 된다. 의례적 과도기를 혼자서만 통과하는 것이 아니며, 서로가 서로를 의지하는 가운데 공동의 문제에 함께 대처해나가야 옳다는 의식이 저 동질감에서 파생되며, 혼돈에 처한 성원들이 서로 어우러지는 의사소통공동체(코뮤니타스, communitas)가 구성되기에 이른다.

사회와 문화의 중심에 위치하지 못하고 경계에 처한 이들에게 코뮤니타스는, 더 이상 장소의 보호를 받지 못한다는 불안 속에서도 상대적인 안정감을 획득하도록 돕는 '공간'에 상응하는 구성체이다. 물론 통과의례 자체는 신입자들을 사회화하여 기성 사회로 편입시키는 방편으로 기획된 터라 정형적 구조로 환원되게 마련이며, 과도 공간의 역동적 의미망에 연관되는 분리기(period of separation)는 실상 일시적이고 상징적인 기제로만 기능한다. 의례의 대단원에 이르기까지, 잠시 사회로부터 분리된 경험을 하였던 신입자들을 사회에 재통합하는 기제가 더 지배적으로 작동하는 것이다. 그래서 코뮤니타스와 관련하여 현상적으로 직면할 수밖에 없는 문제는, 사회 구조에 대항하는 반구조를 창출하였던 공동체라도 관성화되어 새로운 구조가 되어버린다는 데서 유발되는 것이 '사실'이다.[18] 그렇다고 해서 경계를 지나 이행하는 과정에서 신생세대가 겪은 고통과 그 과도적 혼돈 상황에서 구성된 소통과 어우러짐의 공간 자질이 퇴색되는 것은 아니며, 대체로 문화적 층위에 저변화되어 신생 문화의 잠재적 동력이 된다. 터너가 현상 이면에서 읽어낸 의례 연행의 고양된 자질은, 연행 현장에서 구현되는 과도 공간의 신화적 함의와 역동성, 그리고 그 장에서 창출되는 코뮤니타스의 반구조적 자질에 수렴된다. 현상을 기술하는 맥락에서 의례의 구조적 양태를 말하지 않을 수 없었지만, 연행의 장에서 구현되는 의례적 과도 공간의 표상이나 담론들의 의의를 드높이려는 관점에서 현상 이면의 의미를 통찰한 결과를 언명하였던 것이다. 경계와 이행 도정의 역동성과 성원들이 어우러지는 코뮤니타스의 자질은 신입자들의 문화적 수행에 드넓게 열린 공간을 통해 구현된다. 신세대 · 청년문화, 또는 주변 문화에서 엿보이는 기성 문화에 대한 저항 표상들은 의례적 과도 공간의 의의를 사회적으로 극화한 양태로 이해되며,[19] 신생세대의 저항 정신과 반구조적 실천에서 파생되는 다층의 과도문화(liminoid)를 통해 구상적 표지들을 엿볼 수 있다.[20]

이러한 과도적 문화 양태인 리미노이드의 전범으로서 터너가 든 것은 미국의 록(rock) 문화이다. 경계에 처한 신세대들 사이에서 한 시대를 풍미하던 저항 문화의 상징인 록이 불안정하지만 역동적인 이행기 문화의 대표 표상이었다면, 그 문화의 창안 세대가 기성세대로 이행하여 사회 · 문화의 주류로 편입된 뒤 미국 대중문화의 대표로서 위상이 공고해지면서 '구조'가 된다. 그런 가운데는 록의 '일탈과 저항 정신'이라는 과도 문화의 자질이 구조적 표지처럼 굳어지는 아이러니도 빚어진다. 다만 구조화되었더라도 그 문화의 과도적 자질이 또 다른 신생세대에서 수용되어, 기성 질서에 대항하여 새로운 질서로 이행하고자 꿈꾸는 경계 공간의 리미노이드를 창출하는 전략에 수렴됨으로써 문화적 신생의 동력으로 작용하여 명맥이 유지될 여지는 남는다. 이를테면 구조에 반하여 수립된 반구조가 구조로 전이될 운명에 애초 노정되어 있는 것은 사실이지만, 그리 구조화된 양태가 기존의 구조와 같은 차원들로 구성된 완고한 구조는 아니라는 점, 또 다른 반구조적 수행의 대척으로 노출되어 있다는 점, 그리고 그 자체에 반구조 자질이 잠재된 느슨한 구조라는 점 등이 리미노이드의 과도 자질과 전략을 명변한다.

한국 문화에서 통과의례의 전범이라고 할 만한 '굿 문화'는 이와 조응하는 사례이다. 무속 의례의 주역은 통상 삶의 주변에 내몰린 여성과 하층민인 까닭에, 의례적 상황이 종료된 이후 기성 사회의 질서와 구조에 편입되는 결과보다는, 중심과 지배에 대항하는 의식을 문화적 층위로 발현한 결실을 낼 가능성이 크며, 그 결과물은 문화적 리미노이드로서 구성될 공산이 크다. 의례가 펼쳐지는 장인 '굿판'의 역동성과 개방성이 과도 공간의 속성에 고스란히 수렴되는데, 의례를 통해 구현된 신화적 과도 공간의 형상은 다시금 문화적 표상으로서 다양한 변이형을 파생시킨다. 요컨대, 성장과 입사에 따르는 과도적 경계 상황은 우주 창생 과정의 카오스적 혼돈에 비견되며, 혼돈의 상징성이 전승과 변형을 통해 의례적 과도 공간으로 변형되고, 사회의 세속화 양상에 조응하여 문화적 상징으로서 위상을 점하는 것이다. 무엇보다도 혼돈과 불안이 가중되는 죽음의 의례에서 저러한 과도 공간의 자질이 명징하게 드러나기 십상이며, 실로 굿은 망자를 '천도'할 요량으로 펼쳐지는 사례가 태반이다. 죽음의 과정을 통과한 뒤에 남을 가시적 구조나 질서 정연한 세계가 실로 있을지 확증된 바 없는 상황에서, 죽음의 당사자는 물론 살아 있는 이들의 삶의 장에 드리운 죽음의 불안과 슬픔과 서러움 등이 과도 공간의 혼돈 자질로 남을 것이라고 점치기 어렵지 않은 것이다.

한국인의 삶의 장에서 사뭇 뚜렷한 정서적 표지로 운위되는 '한'을 이해하는 관건은 이를 풂으로써 삶의 장에 위해가 되지 않도록 도모하는 성원들이 실제 삶의 영역과 차원이 다른 공간을 구성한다는 데 있다. 그러한 풀이의 장은 의도적으로 구성될 수도 있지만, 많은 경우에 일상적 담화의 장을 통해 우발적으로 형성되곤 한다. 무슨 얘길 나누다가 일순에 삶의 고비에 얽힌 사연을 넋두리하여 맺힌 고를 푸는 상황이 연출된다. 그렇지만 그리 담화하지 못하고 마음에 담아두고서 종내는 켜켜이 쌓여 굳어진 응어리를 풀기에 일상적 담화의 장은 한계가 뚜렷하다. 그래서 일상과 별개의 장인 의례 공간 '굿판'을 연출함으로써 맺힌 한을 푸는 문화적 수행을 도모한다. 삶의 세계에서 죽음 이후의 세계로 망자를 '천도'하는 통과의례인 한풀이굿의 '과도' 공간 표상이 문화 공간 층위에 배어 저변화된 현상이 이목을 끄는 것이다.

이러한 해한굿은 자질 면에서 마을굿에 맥이 이어지며 사회적 해한의 확장된 의미망에 자장을 미친다. 별신굿 · 대동굿 · 도당제 · 당산제 등과 같이 다양한 양태로 연행되어 온 마을굿은 마을과 마을 사람들의 안녕을 기원하고 성원들 서로 친목을 도모하는 행사처럼 구조화된 양태로 전승되고 있는 것이 사실이지만, 유래를 살펴보면 반구조적 자질을 엿볼 수 있으며, 해한의 모티프를 구현하는 장의 형성이라는 맥락에서 의례적 과도 공간의 문화적 국면을 이해하는 데 매우 중요한 단서임을 알 수 있다. 요컨대 마을 전체에 역질이 퍼지는 등 공동의 환란에 대처하여 이를 극복하려 하거나, 가령 해안 지역에서 고기잡이 나간 어선이 풍랑을 만나 마을 사람들이 한꺼번에 많이 죽었을 때 그들의 원혼을 달래어 저승으로 천도하고자 하는 목적으로 행해졌던 의례의 연행 맥락을 염두에 두고 보자면, 통과의례에서 구성되는 과도 공간의 여실한 표상을 찾을 수 있다는 얘기이다. 마을에서 생길지 모를 환란을 미연에 막아보자는 문화적 지혜가 발휘된 의례인 만큼, 사회적 해한의 모티프를 구현하는 의례 공간의 의미망을 예서 추론할 수 있는 것이다.

망자의 한을 풀어 저승에 천도한다는 의중에서 기획된 한풀이굿은 개인 차원에서든 사회 차원에서든 과도 공간의 구성에 관여된다. 삶의 장에 위해가 될 소지가 다분한 죽음의 그림자를 거두고, 죽음이 부른 혼돈을 추슬러서 삶의 장을 재생하려는 의례적 실천은 신화적 재생의 장인 과도 공간의 표상을 채용하여 변주한 양태로 수렴된다. '어우러짐'의 장을 마련함으로써, 감정의 굴곡으로 빚어진 반목과 갈등, 그리고 맺힌 관계를 풀어 삶의 안정된 장을 재생하려는 성원들의 의지와 실천이 곧 신화적 공간의 창생에 비견되는 것이다. 죽음이 끝이 아니며 삶에서 이행한 또 하나의 세계라는 세계관이 바탕을 이루는 데서도 죽음의 의례를 통해 구성되는 과도 공간의 표상이 빚어진다. 어우러짐의 표상적 의미망이 실연되는 그 공간의 주요 표제는 바로 분방한 담론을 통해 형성되는 대화적 장이요 소통의 공간이다.

이렇듯 성원들 사이의 교감과 어우러짐이 '이루어지는' 역동적 공간의 조성이 관건인 의례적 과도 공간의 표상이 한국의 대표적 연행 양식인 판소리와 탈춤의 판과 마당으로 변주되어 문화적 외연이 확장된다.

우선 판소리의 '판'은 일반적인 극의 '무대'와 사뭇 다른 양상을 띠는 연행의 장으로서, 굿판에서 엿보이는 의례적 과도 공간의 변형 표상으로 해석된다. 소리판은 정형적인 구획이나 실감을 낳는 배경 장치, 소품 등을 필요로 하지 않으며, 무엇보다 객석과 무대가 구분되는 경계 표지가 없다. 연행자인 창우(唱優)만 하더라도 연극의 배우와 다르다. 등장인물에 따라 연기자가 다수 배역을 맡는 것이 아니라 창우 혼자서 이야기를 이끌어가는데, 그 이야기마저도 일정한 플롯에 따라 일방향으로 진행되지 않는지라, 실감과는 요원한 이야기가 전개되기 일쑤이다. 게다가 전해지는 이야기가 새로운 것이 아니라 관객들이 익히 알고 있는 이야기인

터라 통상의 서사와 다른 소통의 회로에 부쳐진다. 요컨대 뻔한 이야기라도 연행을 통해 모종의 미적 효과를 불러일으킬 수 있는 기제가 요구된다. 같은 이야기라도 관객들의 활발한 수용과 반응을 불러일으킬 수 있는 창우의 적확한 연행 전략이 요구되는 것인데, 이는 관객들의 반응과 연행의 다양한 조건 변수에 따라 달라질 '판'의 구성에 관건이 된다. 따라서 미리 준비된 무대와 같은 장소적 실체와 달리, 소리판은 연행 과정에서 생성되고 연행의 향배에 역동적으로 작용하는 공간 기제로서 이해된다. 특히 관객이나 고수의 반응인 '추임새' 요소가 적잖은 변수로 작용하여 판이 구성되는 정황을 고려해보면, 판소리는 여러 요소들의 역학관계를 통해 공간 구도가 형성되는 반구조의 연행 양식이라고 할 수 있다. 플롯이 해체되고 무대와 관중의 경계가 허물어지며 극적인 상황이 그야말로 극적으로 구성되는 것이 판의 본질인 것이다. 흥에 겨운 창우와 관객이 어우러질 때면, 계획하거나 의도하지 않았던 상황이 펼쳐지곤 하는데, 그리 펼쳐지는 난장(亂場) 또한 소리판의 과도 공간적 자질에 수렴된다.

이처럼 상황에 따라 다각도로 구성되는 이야기와 이를 통해 전해지는 각양의 미적 효과가 판소리 연행이 빚어낸 과도 공간에서 산출된다. 모종의 작위나 이성적 간계가 차단된 그 판의 예술적 효과는 교감을 통해 빚어진다. 감정의 경계 또한 불명하다. 웃음과 슬픔이 동시에 난무하며, 감정이 표출되는 정황이 전도되는 경우도 허다하다. 가령, 심청이 공양미 삼백 석에 팔려 떠나가는 장면에서 심 봉사가 보이는 행위는 순간 웃어야 할지 울어야 할지 관객을 혼란스럽게 한다. 엄동설한에 쫓겨난 흥부 가족이 이불을 다투는 장면에서도 감정 여하를 가늠하기 어렵다. 윤리적 판단면에서도 혼란스럽기는 마찬가지이다. 흥부가 박에서 나온 양귀비의 미모에 매혹되어 어쩔 줄 몰라 하는 대목이나, 방자가 이몽룡을 조롱하듯 대거리하는 대목을 대하고서 선뜻 가치를 판단하기는 곤란하다. 연행되는 맥락에서는 그런 혼란스러움이 더욱 증폭되는데, 창우의 태도가 각양으로 드러날 것인지라 각색의 반응과 판단이 나올 수 있으리라 예견할 수 있다. 이 모든 혼돈의 징후들이 판소리 연행에 내포된 과도 공간의 표상들에 관여된다. 종교적 분위기와 효과를 본색으로 하는 의례적 과도 공간의 자질이 이처럼 문예적 과도 공간의 자질로 변주된 형국을 두고 볼 때, 세속화되고 일상화된 삶의 장에서 구성된 문화 공간의 형상과 구도의 구체적인 양태를 가늠할 수 있다.

탈춤의 '마당' 또한 이런 과도 공간의 자질을 인상적으로 표상한다. 특히 웃음으로써 빚어지는 난장 마당은 신화적 과도 공간의 신성함이 많이 퇴색된 채, 종교적 이념이 영향력을 잃어가던 시대에 변주된 과도 공간을 대변한다고 할 수 있다. 바흐친(Mikhail Bakhtin)이 지적한 바와 같이, 카니발과 같은 집단적 연행의 장에서 성적인 언설이나 신체 하부에 관한 언표가 거침없이 발설됨으로써 웃음의 장이 형성된다. 그리 펼쳐지는 웃음의 장에서는 일상의 완고한 이성적 질서가 무너지고 차원 다른 세계의 생성을 예감하게 하는 난장이 구현된다. 그 난장은 새로운 질서를 예비하는 카오스적 혼돈에 빗댈 만하여, 신화적 과도 공간을 문화의 장에 기획한 결실이라고 할 수 있다.

이러한 공간 기획은 바흐친 식의 그로테스크 리얼리즘과 조우한다. 이상과 현실, 위계적 서열의 중지 상태[21]에서 빚어지는 축제의 장은 민중문화의 역동성과 맞물려 공식 문화의 질서를 해체하는 계기인데, 그 장에서는 육체 요소가 심히 적극적으로 채용되고 용인되면서[22] 웃음이 유발되기 십상이다. 거기에서 육체적인 것은 사적이고 은밀한 독백 차원의 것이 아니라 공공연하고 보편적인 담론 차원의 것으로서 기성의 질서를 무너뜨리는 데 크게 효력을 발휘한다. 육체적인 것이 측정할 수 없을 만큼 거대하게 과장되기 일쑤인데, 이는 끊임없이 커지고 새로워지는 민중의 총체적 형상을 표상한 것에 상응한다.[23] 신체의 상부, 곧 고상한 이성에 기반한 상층 계급의 근거지를 허물고 그 권위와 위세를 강등시켜 위계를 해체함으로써 재구성된 세계를 창출[24]하는 데 그 표상의 수렴항이 있다.

이처럼 축제의 장은 위계질서에 대한 조롱의 마당이며, 공식 문화에 대한 전복적 심상이 넘치는 판이기에 역동적인 세계이며, 현실 너머에서 현실을 비추어 성찰하는 공간(reflexive space)이다. 그 공간에서 펼쳐지는 웃음의 전략이 세계 재생[25]이라는 신화적 차원의 공간을 창출하는 데 맞닿는다. 이는 곧 역사적 위기 상황에서 우주 창생의 신화로 회귀하고자 하는 인간의 보편적 열망을 추론하였던 엘리아데 식의 신화론[26]을 떠올리게 하는데, 시간의 흐름을 거스른 신화적 공간이 축제의 장에서 재생되며 그러한 공간 생성의 원리가 세속적 서사에서 재연된다는 생각에 그럴싸한 방증이 덧붙게 되었다고 할 만하다. 축제의 장에서 입증된 그로테스크 리얼리즘의 주지가 서사 공간의 본색과 밀접하게 맞닿아 있는 양상도 이 맥락에서 뚜렷해진다.

무엇보다 신명 오르는 웃음의 난장판에서 성원들 서로가 어우러진다는 점을 간과할 수 없다. 권위적 질서를 전복하고자 하는 의도에서 과도 공간인 탈춤 마당이 일구어졌다는 것 또한 주지할 바이다. 그 마당에서는 부당한 이념에서 빚어진 허위의식과 왜곡된 갈등 양상이 해소될 계기 또한 형성된다. 극심한 혼돈 상태를 부르는 계급적 갈등 양상이 특히 두드러지는데, 그 갈등을 해소하는 주도권이 하층 계급에 부여된 구도가 탈춤 마당의 과도 공간 자질을 의미심장하게 한다. 가령 '봉산탈춤'에서는 양반으로 대표되는 지배 계급과 말뚝이가 대변하는 민중 간의 갈등과 부조화가 극렬히 노정되지만, 이러한 갈등이 말뚝이의 신랄한 비판과 풍자적 언변을 통해 지배층의 권위가 강등(降等)되면서 해소 국면에 접어든다. 단적인 비판과 풍자가 아니라도, 상부의 특권층을 희화하여 웃음의 대상으로 삼는 것만으로도, 권위에 저항하는 전복적 담론의 서막이 열린다. 일상의 장에서 조장되었을 갈등의 위계적 질서가 탈춤의 마당을 통해 극적 상황이나마 전복되어 와해된 가운데, 권위적 지배질서를 해체하여 인간 본연의 '평등(平等)한 질서'를 재생코자 꿈꾸는 이들의 열망이 연행 공간에 투사되는 것이다. 그 공간에서는 갈등을 조장하는 이념적 의식을 전도하거나 그 개입의 여지를 차단함으로써 위해의 소지를 남기지 않으려는 연행 전략이 돋보이는데, 이는 이념적 지배 담론이 형성해놓은 갈등의 구조를 해체하고자 도모하는 탈춤의 '공간 전략'(spatial stratagem)이라고 해도 좋은 것이다.

그 전략은 갈등에서 비롯된 혼돈이 난장판에 뒤섞인 채, 이념적 갈등을 빚은 당사자들 가운데 어느 쪽 편도 들지 않고 동시에 기존의 지배 질서와 타협적으로 화해하지 않으면서 조성되고 적중된다. 탈춤의 마당을 통해, 계급적 위계와 차별을 분명히 '구획'하여 유지되는 공식 문화의 '장소'를 해체한 가운데 천상의 권위를 끌어내려 땅에 묻음으로써 상하와 귀천의 구분과 차등이 없는 새로운 질서를 조성하여 성원들의 해방적 관심을 돋우는 연행 문화 특유의 역동적 '공간'이 창출되는 것이다. 신화 차원에서 표상되었던 과도 공간의 반구조적 자질이 문화 공간의 형과 태로 변주되는 구심점이 이로써 생긴다.

'소통과 어우러짐'이 주요 자질인 그 공간은 기존 질서와 완전히 단절된 가운데 새로운 질서 속에서 모든 것을 '포월'(抱越)하는 것을 전략으로 하여 새로운 가치를 생성하는 장이다. 물론 이는 실상에 관한 얘기가 아니라 상징적 표상에 관한 얘기이다. 경계를 해체하여 새로운 세계로 이행하는 공간 수행과 그 표상에 관여된 과도 공간이 연행 문화 맥락에서 변이된 양태를 판소리에 이어 여실히 보이는 사례로서, 그리고 봉건적 질서가 해체되어가던 혼돈의 시대에 경계와 이행의 과도 공간에 관한 신화적 표상의 영향력을 시사하는 사례로서 탈춤의 마당을 거론할 만한 것이다.

성원들의 교감과 어우러짐을 활성화하는 장의 형성이 삶의 원동력이 될 수 있다는 점은 공간의 구성이 문화의 주요 구심을 구축한다는 방증이다. 기실 인생의 대소사를 이야기로 나누어 크고 작은 갈등을 푸는 지혜야말로 문화의 저층에서 작동하는 전략으로서 문화의 본색에 관여된다는 점을 넘겨볼 일이 아니다. '서사'가 문화 수행의 주요 계기이자 수단이 되는 셈이다. 실체 분명한 문명의 표지물이나 '문화적 산물'이 문화의 전모를 '지시'하지 않는다는 점을 재삼 되새겨볼 일이다. 문화는 인간 삶의 지혜가 모여 최적화된 응축태로서 삶의 장에서 늘 활발히 작동하는 기제이며 삶의 과정을 통해 여전히 최적화 도정에 부쳐진 기획투사의 가능태이다. 따라서 '이야기를 나누면서' 삶의 예지를 얻고 생활의 방편을 마련하는 문화 과정과 수행에 주목해 마땅하며, 그 과정에서 수반되는 '서사 공간'의 기획 양상에 관심하는 것은 수순이다.

문화는 본연에서 공간 자질을 안고 있으며 공간을 요한다. 성원들은 문화 수행을 통해 공간을 창출하며 그 공간의 범위 내에서 삶을 영위하되 또한 끊임없이 삶의 경계를 넘어 지평을 확장하는 공간 기획을 감행한다. 표상에 해당하는 공간을 여러 양태의 문화적 수행으로 투사하는 양태를 추적하는 것이 공간 논의의 주요 과제인 것은 이와 연관된다. 이런 맥락에서 문화의 주요 동력인 서사에 대응된 서사 공간의 문화적 변주에 관심하는 것이며, 신화를 통해 표상된 과도 공간이 굿판 · 소리판 · 탈춤마당과 같은 과도 공간의 변주된 양태에 사상(寫像)된 국면을 해석할 수 있는 것이다. 소통과 어우러짐을 통해 구성되는 소통공동체의 자질이 의례와 연행의 과도 공간 기획의 표제로서 부각되었던 데서 문화 공간과 서사 공간의 수렴점을 가늠할 수 있었다면, 판소리계 소설에서 펼쳐지는 대화적 공간의 양상이 기술 서사체에서의 과도 공간 표지를 확인하게 한다.

과연 과도 공간의 역동적 자질이 판소리계 소설에서는 판소리의 연행 공간에서와 비견될 만하게 드러난다. 판소리 사설을 고스란히 옮긴 듯한 서술이 주를 이루는지라, 상황에 따라 극적인 연행이 전제된 서술상황이 펼쳐지며, 그만큼 이야기의 순차적 흐름에 기대기보다는 극적 상황이 펼쳐지는 데 대응된 공간적 연출이 서술의 주제로 부각된다고 할 수 있다. 가령 판소리 「심청가」에 기반했다고 알려진 「열녀춘향수절가」(완판 84장본)의 한 대목을 보자.

광한루에 덥석 올라 사면을 살펴보니 경개가 매우 좋다. 적성 아침날의 늦은 안개 끼어 있고, 녹색의 나무 사이로 저문 봄은 화류동풍에 둘러 있다. 자각단루 분조회요, 벽방금전상영롱은 임고대를 이르는 말이고, 요헌기구하최외는 광한루를 일컬음이라. 악양루 고소대와 오초동남수는 동정회로 흘러갔고, 연자 서북의 평택과 같은데 또 한곳 바라보니 백백홍홍 꽃이 어지럽게 피어 있는 가운데, 앵무 공작 날아들고, 산천의 경치 둘러보니 에이굽은 반송 소나무, 떡갈잎은 아주 봄바람을 못 이기어 흔들흔들거리고, 폭포유수 시냇가의 계변화는 방긋방긋 낙낙장송 울창하고 녹음방초 승화시라. 계수나무, 자단, 모란, 푸른 복숭아에 취한 산색은 장강요천에 풍덩 잠겨 있고, 또 한곳 바라보니 어떠한 한 미인이 봄새의 울음과 마찬가지로 온갖 춘정을 못 이기어 두견화 질끈 꺾어 머리에도 꽂아보며 함박꽃도 질끈 꺾어 입으로 함쑥 물어보고, 옥수나상 반만 걷고 청산유수 맑은 물에 손도 씻고 발도 씻고 물 머금어 양치하며 조약돌 덥석 쥐어 버들가지 꾀꼬리를 희롱하니 타기황앵이 아니냐. 버들잎도 주루룩 훑어 물에 훨훨 띄워보고 백설 같은 흰나비 웅봉자접은 화수물고 너울너울 춤을 춘다. 황금 같은 꾀꼬리는 숲속에 날아든다.

이몽룡이 광한루에 올라서서 사방의 경치를 구경하면서 느낀 소회가 구절마다 곡진하게 표현된 대목이다. 경치에 취한 나머지 온갖 아름다운 풍광으로 소문난 데에 비견하여 술회하는 공간 감각이 돋보인다. 단순히 눈에 띄는 풍광만 묘사한 데 그치지 않고 이를 보는 인물의 심회와 해석이 함께 묻어난 표현들이 제법 그럴싸한 형상을 빚어내었다고 할 수 있다. 물론 그 형상은 과장된 면모가 도드라지며 세상천지에서 실로 찾을 수 없을 '선경'(仙境)에 견줄 만한지라 실제 광한루 변의 풍경을 세묘한 결과라고만 볼 수는 없다. 말하자면 춘흥(春興)에 취한 인물의 지각에 여과되고 승흥(乘興)한 마음에 비추어져 조율된 공간 형상이라고 하는 편이 옳다. 견주어진 실제 장소가 그렇다고 완전히 허황하여 공허한 선경도 아닌지라, 현실과 가상의 경계 즈음에서 구성된 공간이 기술된 것이라고 해도 좋을 것이다.

그러한 공간 감각을 통해 바라보는 오작교의 모습은 가히 선경에 빗댄 형상으로 그려진다.

> 광한루의 경치 좋거니와 오작교가 더욱 좋다. 방가위지 호남의 제일 성(城)이로다. 오작교 분명하면 견우와 직녀는 어디 있나. 이런 승지의 풍월이 없을 소냐. 도련님이 글 두 구를 지었으니 고명오작선이요, 광한옥계루라. 차문천상수직녀요, 지응금일아견우. 이때 내아에서 잡수실 상이 나오거늘 일배주 먹은 후 통인 방자에게 물려주고 취흥 도도하여 담배를 피워 입에다 물고 이리저리 거닐 때 경처에 흥을 겨워 충청도 고마 수영 보련암을 일렀으되 이곳 경치 당할쏘냐. 붉을 단, 푸를 청, 흰 백, 붉을 홍 고몰고몰이 단청 유막황앵환우성은 나의 봄흥취를 돕는구나. 황봉백접 왕나비는 향기 찾는 거동이라. 비거비래 봄의 성안이요,

영주방장봉래산이 안하에 가까우니 물어보니 은하수요, 경치는 잠깐 옥경이라. 옥경이 분명하면 월궁항아 없을소냐.

'오작교'에 근사하게 주변 풍광은 과연 '옥경'이며 그러니 '월궁항아'가 꼭 있어야 할 분위기가 조성된다. 세상에 없을 공간에 세상에 없을 신격에 근사한 이가 있어야 어울린다는 심산이다. 이때 그 공간의 구성 범위에 포착된 '춘향'이야말로 짐짓 "세상 인물"이 아닌 "선녀"로 지각될 여지가 생긴다. 몽룡에게 춘향은 월궁황아일 수밖에 없으며, 둘의 인연은 '오작교 설화'에 걸맞은 천생배필로서 맺어질 수밖에 없는 운명적 존재인 셈이다. 이러한 인연을 공간 형상과 구도에 비추어 이야기함으로써 이야기의 역동적 묘미를 살리는 데서 흥미가 더해진다.

게다가 판소리 연창의 운율감이 배인 서술 양상을 통해 그러한 역동성이 배가됨을 감지할 수 있다. 이는 문장체 소설의 문체와 다른 국면에서 소통의 서사 공간을 조성한 결과라고 할 수 있는데, 소리판에서 창우와 관객이 교감하여 어우러짐으로써 판소리 특유의 연행적 소통 공간이 구성된다는 점을 새삼 떠올리게 한다. 글을 통해 기술된 서사체이지만, 저본(底本)이 판소리 창본이니 일견 자연스러운 귀결이겠지만, 소통의 서사 공간이 저렇듯 역동적인 양태로 구성된 의의 면에서, 수순을 따지는 것이 그리 온당한 이해 방식은 아니다. 판소리계 소설 특유의 문체는 기술 텍스트를 통해서이지만 관객에 상응하는 독자로 하여금 소설로 펼쳐진 판에 어우러지도록 하는 서사 공간의 역학적 구성에 기여한다고 이해하는 편이 타당하다. 따라서 판소리의 연행 상황이 위와 같이 '기술적 운율감'을 타고 구현된 정황을 두고서, 기술 서사체에서 구현되는 대화적 서사 공간의 자질을 이해할 단서를 발견할 수 있는 것이다.

이러한 양상이 이른바 '사랑가' 대목에서 한 정점을 이루는데, 춘향과

몽룡이 사랑을 나누는 이야기가 단선적인 이야기 줄기(linear story)로써 전해지지 아니하고 '사랑 타령' 인유와 이에 걸맞은 행위의 기술을 통해 운율감 있게 제시된다.

> 하루 이틀 지나가니 어린 것들이라 신맛이 간간이 새로워 부끄러움은 차차 멀어지고 그제는 기롱도 하고 우스운 말도 있어 자연히 사랑가 되었구나. 사랑으로 노는데 꼭 이 모양으로 놀던 것이었다. 사랑사랑 내 사랑이야. 동정칠백월하초의 무산같이 높은 사랑 [……] 칠월칠석 밤에 견우와 직녀가 만난 사랑, 육관대사 성진이가 팔선녀와 노는 사랑, 역발산 초패왕이 우미인을 만난 사랑, 명사십리 해당화같이 연연히 고운 사랑, 네가 모두 사랑이로구나. 어화 둥둥 내 사랑아, 어화 간간 내 사랑이로구나.

극적 연행의 장을 전제로 펼쳐지는 이 대목에서 관심거리는 시대와 조건을 초월한 사랑이라는 심산을 부르는 '사랑에 대한 비유적 대구'의 병렬이다. 갖가지 설화에서 지고한 사랑을 이룬 짝들을 추려서 들먹이며, 제 사랑을 그리한 사랑에 죄다 빗대어 제 사랑이 높고 깊은 인연으로 맺어진 것이라 심산하여 사랑을 나누는 장면이 저처럼 흥겨운 노랫가락에 실려 전해지는 것이다. 저 사랑 이야기들이 현실이나 역사와 무관하지만, 뭇사람들에게 사랑의 전범을 이룬 이야기로 회자되었던 만큼, 민간에서는 그 어떤 사실보다 실로 전제된 터이다. 거기에 무산이나 창해와 같이 높고 깊은 사랑, 그물이나 비단 같이 올올이 잇고 얽은 사랑 등과 같이, 사랑의 양과 태가 그지없이 고귀한 천생의 연분임을 빗대는 구절이 병렬 기술됨으로써 비유적 실감이 더해진 터이다.

이후에 둘이 정분을 나누는 적나라한 장면이 이어질 때에도 창우가 연행하는 정황의 역동감이 구현되어 기술 서사체이면서도 소리판의 공간 감각이 배어난다.

> 그게 잡담은 아니로다. 춘향아 우리 둘이 업음질이나 하여보자. 애고, 참 잡성스러워라. 업음질을 어떻게 하여요. 업음질을 여러 번 한 것처럼 말하는 것이었다. 업음질은 천하에 쉬우니라. 너와 나와 활씬 벗고 업고 놀고 안고 놀면 그게 업음질이제. 애고 나는 부끄러워 못 벗겠소. 에라, 이 계집아이야. 안 될 말이로다. 내가 먼저 벗으마. 버선, 대님, 허리띠, 바지, 저고리 활씬 벗어 한편 구석에 밀쳐놓고 우뚝 서니 춘향이 그 거동을 보고 방긋 웃고 돌아서다 하는 말이 영락없는 낮도깨비 같소.

대화 사이를 매개하는 지시문이 생략된 정황으로 미루어 극적 연행 상황을 글로 옮긴 담화 양상이 펼쳐진 터인데, 서술의 속도감과 현장감을 통해 소통의 공간 구도를 전제하여야 저 화행(speech act) 상황을 온전히 이해할 수 있다.[27] 판소리의 장이라고 해도 창우 한 사람의 연행으로 이루어지는 판이므로 온전한 극적 화행 상황은 아니며, 도리어 이야기하는 이와 이야기를 듣는 이 사이의 서사적 소통 상황에 근사한 화행 상황이 이루어진다. 정황이 그러하니 이를 기술적 서사체에 옮겨와 구성된 서술 상황이 비단 극적인 담화 효과를 자아내는 '인물 서술상황'이라고만 단언할 수는 없다. 어쩌면 서술자를 초점자로 하여 작가 서술상황이 일관되어 있는지 모른다. 다만, 판소리 연행자가 '연출'한 극적인 담화 상황과 흡사한 '서사 연행'이 이를 수용하는 '관객'들의 감정이입과 어우러짐을 유도하고 판의 경계를 해체하여 특유의 서사 공간을 창출하는 만큼, 서사적 소통의 관여자인 '작가/인물/독자' 삼 항의 경계가 모호해지거나 해체되는 형국이 빚어지는 데 주목할 만하다. 등장 배우의 실연(實演) 여부와 무관하게 전개되는 연행의 역동적 정황이 관객의 감각과 의식에 표상되는 효과가 연출되어 서사의 해체 국면이 펼쳐지는 것이다. 이렇듯 전개된 국면이 곧 서사의 과도 공간을 표징하는데, 그러한 서사 공간에 부쳐진 뒤라면 자못 선정적인 '장면'이라도 판의 흥겨움과 이야기의 구성진 재미를 북돋우어 판을 키우는 데 기여한 것으로 이해된다.

> 오냐, 네 말이 좋다. 천지만물이 짝 없는 것이 없느니라. 두 도깨비 놀아보자. 그러면 불이나 끄고 놉시다. 불이 없으면 무슨 재미있겠느냐. 어서 벗어라. 어서 벗어라. 애고 나는 싫어요. 도련님 춘향 옷을 벗기려 할 제 넘놀면서 어룬다. 만첩청산 늙은 범이 살찐 암캐를 물어다 놓고 이는 없어 먹지는 못하고 흐르릉 흐르릉 아웅 어루는 듯, 북해 흑룡이 여의주를 입에다 물고 채운간에 넘노는 듯, 단산 봉황이 죽실을 물고 오동나무 속으로 넘노는 듯, 아홉 골짜기 청학이 난초를 물고서 오래된 소나무 사이를 넘노는 듯, 춘향의 가는 허리를 후리쳐 담쑥 안고 기지개 아드득 떨며, 귓밥도 쪽쪽 빨며, 입술도 쪽쪽 빨면서, 주홍 같은 혀를 물고 오색단청 순금장 안에 쌍거쌍래 비둘기 같이 꾹꿍끙끙 으흥거려 뒤로 돌려 담쑥 안고 젖을 쥐고 발발 떨며 저고리, 침, 바지 속옷까지 활씬 벗겨놓으니 춘향이 부끄러워 한편으로 잡치고 앉았을 때, 도련님이 답답하여 가만히 살펴보니 얼굴이 빨개져서 구슬땀이 송실송실 앉았구나. 이애, 춘향아. 이리와 업히거라. 춘향이 부끄러워하니 부끄럽기는 무엇이 부끄러워, 이왕에 다 아는 바니 어서 와 업히거라.

반가의 자제로서의 고상함은 팽개치고 적나라한 욕망을 몸으로 드러낸 채 춘향을 '탐'하는 '도련님'의 행태가 한껏 구체적으로 기술되어 비루한 단면이 드러난다. 이성의 간계에 짓눌렸던 몸이 눈을 뜨자 걷잡을 수 없을 만큼 육욕(肉慾)이 솟구친 양으로 상황의 여유를 허락하지 않고 '덤비는' 몽룡의 행동이 눈앞에 펼쳐지듯 사뭇 생동하는 서술에 실린다. 현실적 위계질서가 해체되어 위의 것이 아래로 끌어내려져 몸의 아래 것에 융해된 과도의 형국이 서술의 역동감을 통해 기술된 셈이다.

이렇듯 교감으로 소통되는 '판'의 원리는 곧 대화적 자질을 구현한 서사 공간의 표상에 맞닿으며, 이는 곧 주체와 타자, 이성과 감성의 분석적 경계를 해체하고 탈존적 상호주관성을 구심으로 하는 소통과 어우러짐의 문화 공간을 추동하는 기제를 작동시킨다. 서사체를 통해서 그러한 판의 연행에 근사한 언어적 연행 효과를 자아내는 사례들에 주목하게 되는 것은 수순이다. 이를테면 서사적 소통의 역학에 관여되는 공간 양상을 이해하기 위해서 요구되는 서사역학 공간에 대한 이해, 담화 공간의 역동적 구성 자질에 관한 이해, 기술 언어 층위에서 펼쳐지는 연행 공간의 변주 표상들에 대한 이해를 도모함으로써 그러한 추론의 타당성을 드높일 수 있다. 연희(演戱)와 축제와 같은 연행 문화의 '판'과 '마당'에서 추론된 소통과 어우러짐이라는 문화 공간의 본색에 근사한 서사 공간이 관심거리이다.

이야기는 주고받아야 성립되며 서로 나누어야 재미가 더해진다. 혼자 노래를 흥얼거린다고 이상할 것은 없지만, 이야기를 혼자서 중얼거리는 상황은 분명 이상하다. 일찍이 바흐친이 시를 독백 장르라고 하고 소설을 대화 장르라고 하면서 소설의 가치를 고평하려고 한 것이 사실은 상식적인 발상을 놓치지 않은 데서 비롯되었으리라. 좋은 이야기일수록 두루 나눌 수 있으며 성원들을 어우러지게 하는 자장(磁場)을 드넓게 형성한다. 이야기의 핵심 자질은 분명 소통에 있다.

소통을 위해서는 성원 서로 간에 위계 관계가 작용해서 곤란하기에 현실적 이념이나 정치·경제적 관계에 의해 조성된 서열이 잠정적으로라도 중지되어야 한다. 소통이 곧 어우러짐의 장을 조성하는 구심임은 말할 나위 없는데, 이로써 소통은 단순한 담화의 기능에서 나아가 문화 공동체를 이루는 계기로서 기능한다. 의례나 축제와 같은 연행을 통해 성원들 사이의 소통이 활성화되며 서로 어우러지는 장이 형성되는 데 주목할 만한 것은 이런 맥락에서이다. 특히 그 장에서는 기성의 질서가 전도되기 십상이며, 성원들이 열망을 분출하는 사이에 의식의 강박에서 벗어나 자유분방해진 감각과 의식이 경계 없이 어우러지는 세계의 지평이 열린다. 위계의 전복이 일방의 파멸을 초래하는 것이 아니라, 상층의 것을 아래로 끌어내려 같은 층위에서 병존하거나 어우러지는 계기를 마련하는 것이 연행을 통해 펼쳐지는 과도 공간의 대화적 자질인 것이다.

종내는 이질적인 세계관과 이념이 공존하여 펼쳐지는 담론 양상이 그 장의 관건이다. 서사의 다성적(多聲的) 자질이 이런 맥락에서 서사적 과도 공간의 대화적 자질과 조우한다. 현실을 추동하는 제도적 위계 관계가 소멸되는 가상 세계에서는 시간이 정지되거나 유예된 공간이 창출된다. 그 공간에서 성원들은 제 목소리로 제 이야기를 펼쳐 서로 나누면서 어우러진다. 문화 현장에서 그러한 표지를 명증하는 표상들을 찾을 수 있다는 점에서 소통과 어우러짐이 서사 공간의 중요한 자질로 부각되는 데에 방증이 더해진다.[28]

문턱과 같은 과도의 상황(liminality)에 처한 이들이 극심한 혼돈 상황을 넘어서기 위해 같은 처지의 성원들과 소통을 도모하고 어우러짐으로써 위기를 극복할 역량을 고양한다는 표상은, 특히 삶의 변방으로 내몰린 이들의 이야기를 엮는 데 쓰기에 안성맞춤이다. 사회에서 분리된 채 고통을 스스로 넘어서야 하는 이들의 통과의례에서 그 표상이 비롯되었기 때문이다. 뜻밖에도 시대의 격차를 넘어선 영화의 서사를 타고 그러한 판과 마당의 공간 미학이 펼쳐지는 데 주목하게 된다. 그 자체로서 시간의 수순을 넘어서 문화의 공간적 사상(寫像)을 시사하는 사례이기도 할 텐데, 이준익 감독이 연출한 일련의 영화에서 문화적 과도 공간의 다양한 변이

형을 볼 수 있다.[29] 그의 명성을 낳은 「왕의 남자」에서 광대들의 애환을 그린 것이 이 점과 연관되는데, 역사에서 격동의 시기로 다루는 연산조의 시대적 혼돈 속에서 삶의 정향과 정체성을 모색하는 이들의 이야기를 통해 경계와 이행의 과도 공간이 창출된 것이다. 이러한 공간은 역사적 격차를 넘어선 시대와 문화를 배경으로 한 이야기에서도 극화되는데, 다른 연출작인 「라디오 스타」와 「즐거운 인생」을 통해 현대인의 삶의 장으로 옮겨온 과도 공간의 서사적 형상이 그려진다. 두 영화 모두 공교롭게도 '록 음악'을 통해 갈등과 화해의 국면이 전개되는 이야기 구성을 취하고 있어, 의례적 과도 공간의 리미노이드 국면에 직결된 대상으로 거론함직하다.

「라디오 스타」에서 촌구석의 무명 록밴드로 분한 '노브레인 그룹'의 말마따나 록은 '저항과 비타협'의 문화 장르이다. 존폐의 기로에 놓인 지방 라디오 방송국의 부활의 구심에 록 정신이 오버랩되어 있음을 읽을 수 있는데, 경계에 처한 젊은이들이 사회에 대항하는 반구조의 표상인 록 음악에 열광하였음에 비견할 만하다. 누구도 들어줄 것 같지 않던 방송이 종내 전국으로 송출될 때, 왕년 록 스타의 히트곡을 정신 사나울 정도의 강렬한 리듬과 비트로써 편곡하여 젊은 록 밴드가 열창한다. 그 음악을 타고 전국의 산하와 관문을 부감(bird's-eye view)으로 촬영한 영상이 펼쳐짐으로써, 공식 문화에 대응하여 구성된 서사 공간은 영상적 구체를 얻는다. 경계에 처한 록 가수와 매니저가 세속적 영욕의 강압 앞에서 헤어졌다가 다시 만나는 장면을 감정의 과잉 없이 표현한 엔딩 신이 압권인데, 저러한 서사 공간이 창출된 터이기에 유효한 의미가 창출된다. 갈등과 경쟁을 조장하는 현실적 시간 논리에 대해, 소통과 어우러짐을 본질로 하는 서사 공간의 표상을 그리 형상함으로써, 카니발(carnival)의 강렬하고 단적인 과장과 희화 책략만으로는 이룰 수 없는 과도 공간의 자질을 담담하지만 명징하게 보여준 것이다.

「즐거운 인생」은 록 문화의 서사 공간 자질을 더욱 여실한 주제로 부각시킨다. 중년에 접어들면서 삶에 지친 이들이 현실의 논리에 짓눌린 자아를 성찰하고 억눌린 열망을 분출하여 삶을 새로이 재생하는 계기로서 록 밴드 재결성을 추진한 것은, 물론 극적인 설정이며 플롯으로 따지자면 진부하기까지 한 설정이다. 그런데 그 이야기에 힘이 실려 대단원의 파급력이 커질 수 있었던 것은 록을 소통과 어우러짐의 공간 표상으로 잘 활용한 덕이다. 이미 「왕의 남자」에서 놀이판의 공간 자질을 구현하였고 「라디오 스타」에서 록 음악을 통해 열리는 공간의 본색을 그렸던 역량이 「즐거운 인생」에서 한 정점을 이루었다고 해도 좋을 것이다. 앞선 두 영화에 비해 감각적인 정서나 아스라한 추억을 불러일으키는 감이 덜하며, 화려한 색채가 바랜 듯한 영상으로 비쳐질지는 모르지만, 록의 열기 속에 어우러지는 로커(rocker)와 관객의 조응을 잘 그려냄으로써, 일상을 사는 사람들이 품은 현실 탈주의 열망을 표상한 공간을 창출한 것이다. 고통과 번민을 자아내는 현실적 연관을 끊음으로써 열망과 무의식이 왜곡된 채 역동하는 기제를 미연에 방지할 수 있는 서사 공간의 창출을 주지로 형상화한 그 결과가 사뭇 의미심장하다. 경쟁 관계를 조장하는 현실의 시간을 중지시킨 채, 서로 어우러짐으로써 공생하는 미덕을 성찰할 수 있도록 돕는 공간에 대한 표상이 그렇다는 얘기이다.

소통과 어우러짐의 미적 가치를 고양하는 서사 공간은 이념이나 철학의 차이를 포월(抱越)하여 경계를 해체하려는 세계관과 조응한다. 이데올로기가 실체처럼 전제된 채 삶의 역동적 기제를 온전히 작동하지 못하도록 방해할 때, 사람들은 삶의 장에 위해를 끼치는 이념항을 해체하고자 도모하며 이념이 지배하는 현실 너머의 새 세상을 꿈꾸게 마련이다. 현실 속에서 그러한 모색을 실천에 옮길 수 없는 상황이라도 가상의 서사 공간을 창출함으로써 요원한 열망을 실현하고자 모색한다. 일상의 논리로는 도저히 납득할 수 없을 가상의 공간이라도, 실존적 위기감과 한계 상황을 극복한 대안적 세계를 기획하는 데는 사뭇 위력적인 추동력을 보탤 수 있는 것이다.

가령, 가부장적 세계관에서 빚어지는 성적 역할에 대한 편견과 정치·경제적 차별로 점철된 왜곡된 현실과 역사의 국면을 온전하게 회복시킬 수 있는 현실적 가능성은 만무하다. 그렇지만 가상의 공간에서라면 개연성 있는 서사적 결구를 얻을 수 있다. 이준익 영화는 짐짓 그런 차원과 규모의 서사 공간을 또한 창출한다. 가부장적 권력 관계를 지탱하는 전쟁으로 야기된 실존적 위기 상황에 내몰린 채, 삶의 기저인 가정을 지키는 고역을 혼자 짊어져야 했던 여성들의 항변은 가부장적 이데올로기에 대한 대항 담론에 상응하는데, 「황산벌」에서 그 희화적 단편[30]이 제시되었던 것이다. 「왕의 남자」에서 동성애적 애증 관계가 권력의 위계질서를 위협하는 사건을 빚은 거점도 중심을 해체하는 서사 공간의 기제에 수렴된다.

그러한 기제의 역동이 전면화된 영화가 「님은 먼 곳에」이다. 그 이야기의 줄거리로 따지자면 허무맹랑한 설정처럼 보인다. 외아들만을 바라보고 사는 어머니의 강요로 원치 않은 결혼을 하게 된 '상길'은 군대 생활에 온전히 적응하지 못한 채 선임병과 싸운 벌로 영창에 가는 대신 월남전에 참전하게 된다. 그의 월남행은 '사랑'을 성취하지 못한 스스로에 대한 자학과도 같은 감행이어서 애초부터 문제의 소지를 안는다. 가장 큰 문제는 시어머니의 엉뚱하고 부당한 요구에 밀려 '순이'가 남편 '상길'을 찾아 베트남행을 감행하는 데서 빚어진다. 위문공연단의 일원이 되면 베트남에 갈 수 있다는 얘기에다 '정만'의 사기에 가까운 요구에 넘어간 '순이'가 가수 '써니'로 변신하여 무작정 전장의 한복판에 뛰어든 것이다. 이때부터 현대 세계의 가장 비극적인 전쟁이었던 월남전의 참상이 '써니'의 처지를 구심으로 하여 재현된다. 숙맥불변하던 여인 '순이'가 몸을 노출하기 시작하고 종내 몸을 팔아서까지 남편을 찾으려고 몸부림치는 '써니'로 변신하게 된 것은, 모든 가치를 '전쟁'에 내몰아 전도시킨 정복욕으로 점철된 가부장 이데올로기 탓이 큰데, 그 희생양일 수밖에 없는 여성의 면면이 이로써 순도 높은 표상을 입어 폭로된 것이다. 흔히 '명분 없는 전쟁'이라고 하지만, 그 전쟁의 위기 상황에 내몰려 '명분 없는 사랑'을 찾아 '먼 곳'에 내던져진 '순이(써니)'는 여성 실존을 총체적으로 표상한 인물 형상이다.

물론 '써니'를 구심으로 벌이는 공연의 장은 전장의 시간이 잠정적으로 정지된 채 전쟁에 내몰린 이들이 어우러지는 공간으로서 기능한다. 정복욕과 이데올로기적 우월감에서 빚어진 전쟁터에서라도 적과 어우러질 수 있으며 애초에 적대적인 관계조차도 아니었을 수 있다는 생각을 시사하는 장면들이 때를 같이하여 투사된다. 이미 역사적 사실로 전제된 그 전장의 비극적 참상을 없던 일로 돌릴 수야 없지만, 그런 와중에라도 인간 본연의 심성과 감정이 살아 있을 개연성을 역사적 사실의 이면적 허구로만 묻어두는 것도 온당치 않다. 이런 맥락에서 「님은 먼 곳에」를 통해 구현된 서사 공간은 전쟁으로 야기된 역사적 위기 상황에서 인간성의 본연을 회복하도록 돕는 신화적 공간으로서의 가치를 획득한다고 할 수 있다.

'써니'가 갖은 위기를 극복하고 마침내 전장에서 남편을 구해낸 순간 따귀를 때리는 엔딩 신은 그런 면에서 압권이다. 남편을 어렵게 찾아냈으니 그를 사랑으로 품음으로써 탐색의 목적에 도달한 성취감을 그리리라는 예상이 보기 좋게 빗나간다. 거기 이르기까지 감내하였던 고통은 물론 주객이 전도된 탐색의 여로에 대한 냉소가 한데 섞여 그러한 행위가 추동되었을 터이다. 일개 사병이라도 어머니의 품으로 돌려보내기 위해 장교를 포함한 군인 여럿이 희생을 감수한 끝에 작전을 완수하는 것으로 끝맺음으로써 전쟁의 가부장적 이데올로기를 강화한 데 머무르고 만 「라이언 일병 구하기」와는 차원을 달리하는 이야기인 셈이다. 전쟁의 주인공인 군인과 사건의 중심인 전투를 중심의 위상에서 끌어내림으로써 전쟁 시나리오의 일반적인 구성을 해체한 것만 하더라도 이 영화에서 구현된 서사 공간의 해체적 자질을 시사한다.

그러한 탈중심적 공간 자질은 '웃음'을 표지로 하여 파급된다. 이준익의 데뷔작인 「황산벌」은 코미디 영화로 알려졌을 만큼 웃음을 터뜨리게 하는 영화이다. 천만 관객 신화를 만든 「왕의 남자」도 동성애보다 웃음이 주요 표지일 가능성이 크다. 「라디오 스타」와 「즐거운 인생」을 이해할 때에도 웃음 요소를 제할 수 없으며, 「님은 먼 곳에」에서도 웃음의 효력은 여전하다. 그 웃음이 이준익 영화의 서사 공간을 구성하는 요소로 기능하는데, 연희와 축제의 과도 공간에서 구심을 이루던 요소인 웃음이 변주된 그 구체적인 면모를 추적해보자.

웃음은 진지하거나 진부한 일상의 상념을 뒤집은 데 대한 감각적 반응이다. 특히 진중하지 못한 감각으로 치부되어 때와 장소를 가리지 않고 표출할 경우에 눈총의 대상이 되기 십상이다. 심지어 천박하고 비루한 감각이라고 여겨지는 경우도 있는 만큼, 고상하고 점잖은 이들이라면 쉬이 그 감각에 휩쓸리지 않아야 하는 것이 상식이다. 동서양을 아울러 전통적으로 희극을 본격 예술로 인정하지 않으려 했던 사실은 그 맥락이 쉬이 이해된다. 그러나 이러한 맥락은 상대적일 뿐이다.

삶의 태도가 고상하고 점잖아야 한다는 생각을 뒤집어보면, 웃음은 인간 본연의 감각 가운데 하나일 뿐, 천박한 어떤 것으로 폄훼될 것이 아니라고 해야 온당하다. 오히려 감정을 숨긴 채 애써 의연한 척하는 태도 탓에 어색한 형국이 빚어지는 경우가 다반사이다. 대개 웃음을 천한 것으로 몰아붙이는 저의는, 고상함과 천함을 분별하여 위계를 분명히 함으로써 권력적 역학을 고정불변의 것으로 고착화하려는 이념적 음모에서 비롯되었음 직하다.

상대적으로, 그러한 위계질서에서 천대받는 이들의 입장에서라면 어떤 태도를 취할까. 제도나 이념이 그들에게는 억압의 기제로 작동하는 터이니, 그러한 억압 기제에 대항하는 기제를 작동시킬 법한데, 비루하고 천한 것의 가치를 고양함으로써 위계를 상대적으로 전복하려는 전략의 구심에 웃음이 있다. 그리고 웃음이 작용하여 동력을 얻은 전복적 기제를 통해 일상의 질서를 대체할 가상의 공간이 구성된다. 그 웃음의 장에서는 현실을 장악한 시간 기제가 무화된 지경이 펼쳐지는데, 시간으로 따지자면 잠정적이고 일시적인 그 공간에서, 성원들은 시간적 질서 속에서 불가능한 전복적 체험과 표상적 상념을 통해 현실을 넘어선 새 세계의 지평을 넓힌다.

"왕을 웃겨라!"를 모티프의 하나로 삼은 「왕의 남자」는 이런 맥락에서 매우 의미심장한 텍스트인데, 연희의 장에서 펼쳐지는 웃음을 통해 창출되는 서사 공간을 스크린에 옮겨 놓은 듯한 그 텍스트의 결(texture)을 더듬어보자.

이 영화에서 '왕을 웃겨라'는 짐짓 '왕을 웃음거리로 만들라'는 말로 환언된다. 가장 미천한 신분인 광대들이 감히 제왕을 웃긴다는 설정만으로도 기성의 위계질서를 무너뜨릴 만한 기호가 형성된 터인데, 왕을 웃음거리로 만듦으로써 왕을 웃긴다는 절묘한 설정을 통해 공식적 질서는 전복일로에 치닫는다고 해도 좋을 것이다. 게다가 왕의 웃음을 이끌어낸 연행을 볼라치면, "윗 입 대령이요" 하면서, 물구나무 선 채 후궁 장녹수 역으로 분한 광대가 제 아랫도리를 왕(연산군) 역할을 하는 배우의 입 근처에 들이대는 식인데, 전복적 표상이 도를 지나칠 정도로 격해진 셈이다. 그리 능멸당한 왕이 웃음을 터뜨리는 장면은 상식적으로 납득되지 않지만,

위계가 전복된 그 마당에서는 그럴싸한 타당성이 부여된다. 제도의 속박에 신음하는 무의식이 역동하고 어릴 적 겪은 충격이 빚어놓은 정신적 상흔(Trauma)에서 비롯된 광기가 분출되어 의식의 혼란 지경에 빠진 연산군 스스로가 조장해놓은 그 장은 일견 난장에 비견될 만한 서사적 과도 공간이다.

상처 입은 영혼을 짊어진 이의 뒤틀린 열망 탓에 빚어진 꼴이겠지만, 위계와 제도의 속박에서 벗어나려고 몸부림치는 주인공이 위계의 정점에 위치한 '왕'으로 상정되어 있으니, 그만한 아이러니 형국도 없을 것이다. 난장을 펼치는 표면적 인물들이야 광대로 그려지지만, 그 장의 동력원이 왕으로 전제되어 있으니, 이 영화에 펼쳐진 서사 공간은 그로테스크 리얼리즘 입론의 거푸집인 카니발과 같은 축제의 공간보다 의미의 자장이 넓다고 할 수 있다. 특히 '조롱 대상이 웃는다'는 설정은 그 웃음의 장이 짐짓 성찰의 공간으로서 표상되었음을 시사하는 단서이다.

웃음의 장을 통해 역사적 인물과 사건이 희화되는 효과가 생긴다. 물론 희화된 이야기가 사실과 정합될 가능성은 적다. 공식적 역사서에 게재되어 실제 벌어진 사건으로 전제된 역사적 사실에 비추어볼 때 「왕의 남자」에 펼쳐진 이야기는 양적으로나 질적으로나 부풀려지고 변질된 양태이다. 그렇듯 개연성 면에서 뒤쳐지는 이야기가 오히려 역사적 사실을 비추어볼 서사 공간을 창출하여 의미심장해진 것이다. 연산군의 광기 서린 행동도 과장되었을 터이며, 장녹수의 행태 또한 과장되고 희화되었을 터, 이에 편승한 광대들의 언행과 그들이 펼치는 연희의 면면도 사실과 다를 가능성이 짙다. 왕과 '왕의 남자' 사이의 은밀한 관계도, 은밀한 만큼, 들추어져 낱낱이 기록된 바는 없다. 허구와 희화로써 비꼬이고 뒤틀린 채 그려진 그 이야기가 광대놀음의 장을 구심으로 펼쳐짐으로써, 역사와 사실의 지시적 관계를 옹호하는 시간 원리를 중지시킨 채 구성되는 서사 공간의 표상이 명징한 구체를 얻는다.

이렇듯 역사를 해체하여 구성한 서사 공간에서 새로 쓰인 역사적 사건과 인물이 도리어 개연성을 확보하는 아이러니도 빚어진다. 어머니의 비극적 최후를 지켜보면서도 감정을 억누를 수밖에 없었을 것이며 선왕의 권위와 제도의 그늘 아래서 제 열망을 온전히 펼치지 못하여 잠재된 무의식의 역동에 시달린 연산군의 행위를 두고 보건대, 과연 그러했음 직하며, 의식과 제도의 억압 기제가 작동하는 삶의 조건에 처한 이들의 공감을 자아낼 만한 것이다. 역사의 이면을 들춤으로써, 공식적 기록에 다 쓰이지 못하였거나 때로 왜곡되었을 인간사의 면면을 허구적 서사로써 재구성할 수 있다고 할 때, 그런 재구성 과정을 통해 역사의 해체에 상응하는 서사 공간이 창출되는 것이다.

이러한 역사와 서사의 전도된 역학을 역사의 희화화를 통해 여실히 보여주는 영화로서 「황산벌」을 꼽아도 좋으리라고 생각하는데, 모두(冒頭)는 그 백미이다.

삼국과 당나라의 왕이 모여 회담을 벌이는 장면은, 삼국의 왕이 각기 제 나라 지역의 방언을 구사한다는 설정을 통한 희화로 그려져 웃음을 자아내는 한편, 과연 그럴싸하다. 당시 방언의 양상이 어떠했을지 낱낱을 모른다고 하더라도, 왕이라고 해서 오늘날의 표준어인 경기 지역의 방언을 따라 썼을 리 만무하다는 생각은 틀림없다. 왕이 사투리를 구사한다는 설정이 코믹하게 여겨지는 것이 도리어 어색한 상황이다. 물론 각국의 왕이 그리 모여 그런 식으로 회담을 벌였을 리도 만무하니 저 오프닝 시퀀스가 웃음을 자아내기 위해 지어낸 장면들로 이루어져 있음은 말할 나위 없다. 장소적 경계와 역사적 인과성과 개연성을 넘어선 이 시퀀스를 통해 서사 공간이 구성되었다고 할 것이다.

웃음의 전략에다 허구와 사실이 기묘하게 착종된 형국을 뒤섞어 빚은 서사 공간은 영화 전편에 걸쳐 구체적인 표상들을 얻는다. 가령, '삼국 통일'이라는 역사적 사실이 실은 승자의 이데올로기에 의해 구성된 기록일 뿐이라는 데서 통념이 뒤집히는 이야기에 주목할 만한 것은 이런 맥락이다. 기록이 시간의 흐름을 따라 전해지면서 역사적 사실로 공인되어 통용되는 원리에 비추어볼 때, 그 역사의 흐름을 거슬러 본원에서 다시 사유함으로써 지어진 이야기는 허구이지만 도리어 그럴싸한 감각에 호소한다. 같은 사건이라도 시각과 이데올로기를 달리 하여 해석할 때 사뭇 상반된 역사를 재구성할 수 있는 까닭에, 역사는 기록과 해석의 소산일 뿐이라는 점을 어렵지 않게 납득할 만하다. 이런 맥락에서 「황산벌」은 '통일신라'의 입장에서 '기록한 역사'를 해체함으로써 그 역사적 사건에 연루된 여러 역학 구도를 성찰하는 장을 창출한다고 할 수 있다. 역사의 흐름이 중지된 그 장이 서사 공간에 상응하는데, 그 공간에서 재구성된 이야기는 역사적 사건의 줄거리는 물론, 풍문에 가까운 역사적 기록이나 역사적 인물의 행적을 뒤집어 희화함으로써 웃음을 자아내는 가운데 사뭇 흥미로운 전언을 낳는다.

가령 '화랑 관창' 시퀀스는 구국의 영웅으로 부각된 개인 '관창'은 물론 화랑 집단의 신화를 벗기는 신(scene)들로 구성되었는데, 언뜻 희학적으로 폄훼한 듯 보이는 그 면면을 따져보면 도리어 개연성이 더함을 알 수 있다. 이를테면 오늘날 사관생도에 준하는 화랑들이 의연하고 기술 좋게 전장에 임하였을 가능성은 희박하다. 아무리 뛰어난 전사라고 하더라도 전장에서 영웅적인 수행을 통해 전세를 뒤집는다는 것도 신화적으로 각색된 이야기 내에서만 유효하다. 혹 의연한 결의에서 '구국의 결단'을 내렸다고 하더라도 당사자 개인의 내적 갈등이나 결단하고 행동하기까지 그를 둘러싼 정황의 역학관계가 없을 수 없다. 죽음을 불사한 의로운 행위는 사후 갖가지 찬사가 덧붙으면서 신비화되게 마련이다. 한 영웅의 행위 앞에 일국이 멸망하는 상황에 내몰리게 되었다고 하면, 패전국에는 그만한 모멸이 승전국에는 그만한 영예가 없을 테니 말이다. 그런 정황을 고려하고 보면, '화랑 관창' 시퀀스를 통해 '지어진 이야기'야말로, 실체를 가장한 역사의 허위를 벗겨 도리어 개연성을 드높인 허구적 전략을 명증하는 사례로 기억할 만하다. 「황산벌」은 '황산벌 전투'라는 역사적 사건의 시간성[31]을 빼고서 공시태로 전제한 뒤 당시 정황을 추정하여 이야기의 맥을 재구성함으로써 서사 공간을 창출한 것이다.

'황산벌 전투'에 얽힌 역사적 사실로 굳어진 인상적인 이야기 또 하나도 희화되어 주목을 끈다. 누란의 위기에 직면하여 최후의 전투임을 직감하였다는 '계백 장군'이 전장에 임하는 의연한 결의를 북돋우기 위해 제 가족을 칼로 베었다는 얘기는 유명하다. 적의 칼에 죽기보다 지아비와 아비의 칼에 죽는 것이 낫다면서 죽음을 의연히 받아들였다는 그 가족들의 의기가 감동을 더한 이야기로 남는다. 그러한 기록이 시대를 타고 전해지면서 감동과 교훈을 주는 역사의 한 편으로 길이 남았는데, 그 도저한 흐름을 「황산벌」은 거스른다. 나라를 위한다는 명분하에 가족을 돌보기는 커녕 억지 죽음으로까지 내몰려고 드는 지아비에게 여러 아이의 어머니는 조목(條目)을 들어가며 그 행동의 부당함을 역설한다. 물론 그 상황이 질펀한 사투리와 비속어[32]를 통해 전해지는 까닭에 웃음이 유발되지만, 사뭇 그 웃음은 대의와 명분이라는 이념을 조롱하는 기제로 작동한다.

지배층의 정복 야욕에서 비롯된 전쟁이 일상적 삶에 커다란 위해를 안기고 사람들의 위기감과 공포감을 불러일으켰다는 점이야말로 명백한 사실이다. 특히 민족 국가 개념이 없던 때에 필부필녀들은 국가적 소속감보다는 삶을 영위하는 일이 급선무였을 것이다. 일상의 장이 와해될 수밖에 없는 전장의 혼란을 반길 사람은 아무도 없는 것이다. 누구의 편에 서든 '누구의 나라'에 있든, 삶의 장을 지키고자 하는 이들에게 전쟁은 실존적 위기감의 극단이었던 셈이다. 그러한 전쟁을 사실의 가치중립적 기술이라는 미명하에 역사의 중요한 줄기로 세우는가 하면, 대개 전쟁과 맞물려 왕조가 바뀐 시점을 연대기의 전기로 삼는 '역사'는 어떤 의미가 있을까. 「황산벌」은 그런 의문을 우회적으로, 그러나 매우 극적으로 표명하고 있는 것이다. '거시기'가 농사에 복귀하는 마지막 장면을 통해 그 의문에 대해 자답함으로써 역사의 해체와 서사 공간의 구성이라는 논항을 증명해 준다.

농사를 제쳐두고 나라를 지켜야 한다는 대의를 자발적으로 따랐거나 강제로 징용되었거나 간에 삶의 장의 위기를 극복하고 원상회복하고자 하는 열망은 매한가지일 터이다. 그 열망이 곧 공간 기획에 상응하는 표상을 통해 드러난 것이다. '황산벌'이 '황산벌 전투'라는 비극적 역사의 기록을 통해서만 기억되는 것만 하더라도 비극이다. 역사적으로 비극의 현장이었을 그 벌판을, 가상이고 허구를 통해서이지만, 삶의 주인인 이들에게 원래의 범상한 '황산벌'로 되돌려주고자 한 것이 「황산벌」이라고 할까. 그 벌판은 불특정 다수인 '거시기'들에게 의미 있게 열린 '공간'이지, 특정 소수의 '영웅'과 '장수'들의 이해관계에만 얽혀 한정된 '장소'는 아닌 것이다.

이처럼 웃음을 통해 현실과 역사의 이면을 들춤으로써 전복적 표상을 짓고 삶을 새롭게 도모할 수 있는 장을 열고자 하는 열망에서 서사 공간이 창출된다. 그것이 탈춤이나 카니발과 같은 연희와 축제의 장이든, 소설이나 영화와 같은 이야기의 장이든, 시간에 지배되고 시간을 통해 확고한 실체를 얻는 현실과 역사의 폐쇄적이고 억압적인 기제를 해체하여 기획된 자유롭고 드넓은 서사 공간에 수렴된다. 그 공간에서 분방한 이야기들이 펼쳐져 성원들이 어우러지는 계기가 조성되는 것이다. 이는 물론 경계와 이행의 과도 공간의 국면에 수렴되는 계기들이다.

경계를 해체하여 과도적 공간 형상의 가치가 부각되는 이준익의 영화는 서사 공간의 본연을 여실히 구현한 서사적 결실들이다. 「왕의 남자」가 인상적인 미학적 완성도에다 유례없는 흥행 결과가 더해져 워낙 강렬한 인상을 남긴 터라, 뒤 이은 영화와 데뷔작이 그만한 대중적 호응을 부르지 못한 것처럼 비쳐지는 면이 없지 않으나, 「황산벌」에서 시작하여 「왕의 남자」를 거치고, 「라디오 스타」와 「즐거운 인생」, 그리고 「님은 먼 곳에」에 이르는 필모그래피(filmography)를 가로질러 각양과 각색이면서도 형상의 구도가 분명하게 구현된 서사 공간의 자장은 드넓다. 중심을 이루는 가치를 해체함으로써 기획된 그 서사 공간 덕에 이준익 영화의 형과 색이 명징하게 부각되었으며 드넓은 지평이 열렸을 것이다. 역사적 실체와 제도적 굴레에 옥죄인 우리 실존의 지평을 함께 열어젖히도록 돕는 그 공간의 기획에 내내 주목해봄직하다.

거듭 강조하거니와 공간은 물리적 구획의 지표나 경계의 표지가 없는 구성적 개념이다. 따라서 공간은 구획과 경계를 해체하는 기제이다. 시간 논리를 중심으로 펼쳐지는 제도적 기제들을 포월하는 기제가 작동하여 구성되는 공간이 서사를 통해 구체를 얻는데, 이러한 해체적 자질이 서사 공간의 관건이다. 경계 짓고 구분하여 차별하는 시각에서 빚어졌을 정치 · 경제적 위계질서와 연대기적 역사의 근간을 해체하는 거점에 구성되는 서사 공간이 이준익 영화의 주요 국면마다 원형질임은 위에서 살핀 대로이며, 그 서사 공간의 형상과 자질이 신화에서부터 의례와 연행 문화에 이어지기까지 공통분모를 이루는 과도 공간의 형상과 자질에 수렴된다는 점 또한 시사된 바이다.

이렇듯 해체적 자질로 구성된 서사 공간은 성원들의 소통과 어우러짐에 기반하여, 다양한 의식과 이념, 관점이 공존하는 열린 공간이다. 이에 걸맞게 구사되는 담론의 양상들도 다성적(多聲的)이어서, 축제나 연희의 장에서 드러나는 다성적 담론 양상이 소설과 같은 서사 장르의 본질과 맞닿아 있다는 바흐친의 통찰이 적확함을 재삼 일깨운다. 이는 사실과 허구, 현실 세계와 서사 세계의 위계와 경계를 분명히 구획하려는 일련의 논리에서 벗어나 경계와 이행의 공간에 대한 이해의 저변을 갖춤으로써만 온당한 의미망을 직조할 수 있다.

3. 적강 서사의 과도 공간 표상

경계와 이행의 과도 공간이 서사적 표상으로 구현된 또 하나의 중요한 사례는 '적강' 모티프이다. 적강(謫降)이란 신격의 강림(降臨)이나 하강(下降)과는 달리, 신성 공간인 천상에서 죄를 범한 이가 벌을 받아 죗값을 치르러 인간의 모습으로 화하여 인간 세계로 쫓겨난다는 설화적 모티프를 일컫는다. 신격이나 중간자 정도에 해당하는 이에게 인간 형상이나 인간 세계는 정체성의 위기 상황이나 경계의 공간 표상에 해당한다. 실낙원(paradise lost) 모티프에 견주어질 이 화소(話素)야말로 신화적 과도 공간의 세속적 변주 양상의 단적인 양태로 이해할 만한 전범에 해당한다.

신화적 형상이 직접 변주된 형태로 반복되던 의례의 장이나 그 의미망을 여실히 구현한 연행의 장과는 매체의 성격이 다르며 소통의 기제 또한 사뭇 다른 양상을 띠겠지만, 기술 텍스트(written text)를 통해 변주되는 과도 공간의 표상은 문화 공간의 새로운 국면에서 그 외연이 넓어지고 함의가 깊어진다. 한국 고소설의 상당수가 적강 모티프에서 빚어진 결실[33]이라는 점에 특히 주목하고 보면, 우리 서사문학의 중요한 국면에 과도 공간의 표상이 구심으로 작동하고 있다는 해석의 타당성을 확인할 수 있을 것이다. 신화에서 의례와 연행 문화의 저변을 거쳐 기술 서사체에서 확인되는 과도 공간의 표상이야말로 우리 문화 공간과 서사 공간의 접점을 확인하는 중요한 단서인 것이다.

적강 모티프에 견주어 보자면, 인간 세계는 임시적인 과도 세계로 전제된다. 인간 본연의 안정된 장소로서 기능하는 것이 아니라, 잠시 머무를 뿐 본질을 회복하기 위해서는 될 수 있는 한 시급히 '건너야' 하는 공간에 상응하는 세계인 것이다. 현실에서 열망이 좌절되고 이상적인 삶에 대한 희망이 꺾이는 상황에서 뭇사람이 떠올릴 환멸감과 함께 이에 대응하여 빚어졌을 판타지적 열망이 과도 공간에 대한 표상과 적강 모티프를 꾸며냈을 것이다. 열망이 구현된 본원의 세계가 실로 있을 것이라는 꿈과 함께 커졌을 이상적 실재 공간(real space)[34]에 대한 이념이 거기 힘을 미치고 있었을 것이라고 점쳐봄직하다.

현실과 꿈 사이에 구축된 임계(臨界)에 해당하는 적강의 공간인 인세(人世)는 이를테면 우주적 아이러니를 안은 세계이다. 현실 세계가 임시의 가상 세계이며 꿈의 세계가 이상적 실재 세계라는 전도된 사념이 그 세계관을 떠받치고 있다. 이렇듯 상식적 위계를 뒤집은 적강의 공간 구도는 경계와 이행의 서사 공간 표상으로서 손색없는 면모를 예시한다. 숱한 판본을 통해 다양한 변이형이 파생되었던 고소설 가운데는 뜻밖에도 적강 화소를 구현한 사례들이 종종 눈에 띈다. 가령, 「심청전」의 이본 가운데 적강 모티프가 드러나 있는 '경판 24장본'[35]의 한 대목을 보자.

> 너는 전생에 초간왕의 귀한 딸로 요지연 서왕모의 술을 가말게(관리하게) 하였는데, 네가 노군성과 사적인 정분이 있어 그에게 술을 많이 먹이고 잔치의 술이 부족하여 도솔천의 옥제께 술을 더 주십사 청하였는데 옥제께서 진노하셔서 말씀하시기를, 이는 천존의 죄가 아니라 술을 관리하는 시녀의 죄니 자세히 사실을 조사하여 알아보고서 중죄로 다스리라 하셨다. 이에 노군성을 인간 세상에

내쳐 사십 년을 무폐하게 지내게 하다가 너와 더불어 부녀 관계가 되어 너의 효성을 나타내라 하셨다. 이에 노군성은 심현이 되어 인간의 적강한 지 사십 년 만에 네가 딸이 되었는데, 천상에서 술을 몰래 훔쳐 먹은 죄로 식신(食神)을 점지하지 아니 하여 십삼 년을 빌어먹게 하고 또 눈을 멀게 하며 규성에게 빌어먹이는 것을 보다 천상의 업보를 받게 정하였으니 전생의 응보와 금생의 고락이 다 하늘이 정한 수……[36]

이 대목에서 '심청'은 천상에서 득죄하여 인간 세계에 내쳐진 인물로 설정되어 있다. '천상에서 술을 몰래 훔쳐 먹은 죄'로 적강하여, 함께 죄를 지어 일찍이 적강하여 죗값을 치르고 있던 '노군성'의 딸로서 눈먼 아비를 보살펴 효도를 다해야 할 운명에 처한 것이다. '천상의 업보', '전생의 응보'를 업고 땅에 내려와서 '금생의 고락'을 감내해야 하는 가련한 운명에 직면한 인물이 종내 자신의 자리인 천상으로 회귀하여 자아를 회복해야 비로소 일대기 서사인 '전'(傳)이 완성될 것이라는 점을 염두에 두고 보면, 인간 세상은 본연의 자리가 아니며 죗값을 치르는 유배지와도 같은 임시 처소이자 가상의 공간으로 그려졌음을 이해할 수 있다. 실로 심청은 봉사 심현의 뒷바라지를 위해 갖은 고생을 다하다가 종내는 제 몸을 물에 던져 죽기를 불사하여 죗값을 치른다. 죽음이 인간으로서 할 수 있는 단적인 사죄(謝罪)의 방편이라는 데서 심청의 수행은 지고의 것으로 간주될 만하다. 인간 세계에서 죽음으로써 이를테면 천상으로 복귀할 계기를 얻었음 직하다.

과연 물에 빠져 죽음으로써 심청은 '죄를 씻고' 본디 제자리로 회귀할 수 있는 전기에 이른다. 청이 몸을 던진 '인당수'는 삶과 죽음의 경계에 놓인 과도 공간이면서도 동시에 새로운 삶의 세계로 이행하는 수행의 장이기도 하다. 그 물속이 실은 천상에 버금가는 가상 공간이지만 본디 자아를 회복하여 새 생명을 얻는 계기가 되니 청의 입장에서는 본래의 현실 세계로 들어가는 관문으로서 실재 공간인 셈이다. 제 이름[深淸]에 걸맞은 수행의 도정에서 통과해야 하는 과도 공간인 것이다. 적강한 존재에게 혼돈의 공간이었을 인간 세상의 고통을 지나서 그 고통의 극점인 죽음을 수행하여 천상으로 통하는 공간을 지나 본래 자기 모습을 회복한 연후라야 '심청의 전'이 될 수 있는 것이다. 지상과 천상, 현세와 내세가 뒤바뀐 그 세계관이 일반적인 상념에 비추어 전도된 형국으로 비쳐지지만, 인간이 실존적 한계에 봉착하여 신화적 공간에 근사한 공간을 기획하여 탈존의 열망을 이루려 모색한다는 데에 비추어 납득할 만하다.

적강 모티프를 통해 구현되는 서사 공간의 의미망의 씨줄날줄이 이와 같은데, 『구운몽』은 이에 관해 가장 디테일하고 결정적인 사례이다. 역설적 환몽 구조라는 일반적인 단언이 이를테면 적강의 공간 구도에 대한 환언일 것이다.

> 성진아 네 죄를 아느냐? 중의 세 가지 행실을 공부해야 하는데, 몸과 말과 뜻이다. 네가 용궁에 가서 술에 취하고 석교 위에서 여자를 만나 말을 나누며 수작하고 꽃을 던져 희롱한 후에 돌아와서는 오히려 미색을 간절히 그리워하여 세상 부귀를 흠모하고 불가의 적막함에 싫증을 내니, 이는 세 가지 행실을 단번에 무너뜨려 버림이다……
>
> 스승이 방에 빨리 들라고 재촉하는데 성진이 걱정하고 염려하여 머뭇머뭇거리는데, 스승이 뒤에서 밀치니 공중에 엎드려서 정신이 아득하여 천지가 뒤집히는 듯하거늘, 소리를 질러 구해 달라고 소리쳐 보지만 소리가 목구멍에서 날 뿐 말을 이루지 못하고 다만 아이 울음 소리만 낼 뿐이었다…… 이 아이가 미루어 헤아리건대 틀림없이 하늘 사람으로서 적강하였다고 여겨 이름을 소유라 하고 자를 천니라고 하였다.[37]

하늘 사람으로서 불가의 법을 따라 수행하며 깨인 정신으로 진리에 매진하던 '성진'(醒眞)이 인세의 부귀와 영화를 잠시 흠모하여 삿된 마음을 품은 죄로 인간 세상에 쫓겨나 과연 인간 세상을 한껏 즐길 수 있는 '소유'(逍遊)로 적강한다. 천상의 성인이라도 인간 세상에는 갓난아이로 태어나야 하는 법, 성진은 소유로서의 삶의 도정을 온전히 지나고서야 비로소 성장하여 천상의 제자리로 돌아올 수 있는 것이다. 적강은 짐짓 미성년에서 성년으로 이행하는 입사의 모티프와 조응한다. 불가의 도를 온전히 깨치지 못한 성진이 소유로서의 성공한 삶을 체험하면서, 동시에 인간사 공명과 영화가 꿈과 같으며 정작 인간이 제 존재의 심연에서부터 천상을 꿈꾸고 있는 아이러니에 직면해 있다는 깨달음으로 길을 잡도록 인도되고 있는 것이다.

적강 이야기는 그 자체가 허무맹랑하다. 그렇지만 이를 통해 구현되는 서사 공간의 자질을 염두에 두고 볼 때 그 의미가 심장하고 의미망이 넓게 펼쳐져 있음을 납득하게 된다. 허탄한 가공의 세계를 그리는 데 그치지 않고, 인간의 실존적 한계를 넘어서고자 하는 세계 기획의 전략적 거점인 공간 기획이 서사의 층위에서 펼쳐지고 있음을 이해하는 쪽으로 타당한 맥락을 잡아야 옳다. 지상과 천상, 현실과 가상의 이분법이 아니라, 둘 사이의 경계를 해체하고 양쪽을 넘나들 수 있는 열린 사유와 상상력의 발현 방식이 이채롭다면 이채로울 뿐이다. 적강의 죄목들이 인간사와 문화적 장에 밀착된 만큼, 적강 서사를 통해 구현되는 과도 공간의 구도와 형상이 문화 공간에 수렴된다고 할 수 있을 것이다.

> 문득 녹의홍상을 입은 낭자가 문을 열고 들어와 재배하고 곁에 앉으며 말하기를, "당신이 저를 몰라보십니까. 제가 이제 온 것은 다름이 아니라 과연 천상의 연분이 있기에 찾아왔습니다"라고 하였다. 선군이 말하기를, "나는 인간 세상 세

속에서 온 손님이요 당신은 천상의 선녀인데 어찌 연분이 있다고 하시나요?"라고 하니, 낭자가 말하기를, "낭군께서 본디 하늘에서 비를 관장하던 선관이었는데 비를 잘못 내린 죄로 인간 세상에 내려 왔으니, 나중에 자연스레 상봉할 때가 있을 것입니다"라고 하고서 문득 간 데 없었다. 이에 선군이 이상하게 여겨 정신을 차려 보니 꿈(남가일몽)이었는데 이상야릇하게 좋은 향이 방안에 가득하였다. (「숙영낭자전」)[38]

인간이 문명을 이루고 정주하여 사는 데 중요한 조건 가운데 하나인 '비'를 관장하던 선관이 비를 잘못 내린 죄는 중차대하며, 인간 세상에 쫓겨나 죗값을 치르는 것은 당연하다. 물론 죄목과 처벌이 밀접한 관계에 있는 것은 아니다. 한에 맺힌 삶과 사별의 아픔을 겪어야 하는 징벌의 처절함이 표상적으로 드러날 뿐이다. 인간사 가운데 가장 고통스러운 경험을 하는 만큼 지상은 혼돈에 내몰린 카오스 지경에 육박하며, 그 신산(辛酸)한 체험을 전제로 죄가 사해져 천상으로 복귀하여 자기를 회복할 수 있는 여지가 열리는 것이다. 지상의 인간 세계 자체가 과도 공간의 자질을 안고 있으며, 이는 또한 지상과 천상의 전노된 구도를 전제하고 보면 그로서도 경계를 해체하는 과도 공간의 구도와 전략을 명변한다고 할 수 있다.

숙향이 받아먹으니 그제서야 월궁의 선녀로서 태을과 함께 글을 지어 서로 읊으면서 어울리다가 월연단을 훔쳐서 태을에게 준 죄로 인간 세상에 적강한 일과 [……]

선녀가 말하기를, "처음에 부인이 먼저 죄를 지어 어려움을 겪게 되고 태을은 옥황상제를 가까이서 모시던 선관이어서 상제께서 아끼셨는데 월궁의 항아와 정을 나눈 죄로 적강할 수밖에 없지만 귀하게 점지하시니 (「숙향전」)[39]

천상의 질서를 이루고 유지하는 핵심 기제는 '욕망의 통제'이다. 인간 본연의 가장 내밀하면서도 가장 강렬한 욕망일 '사랑'의 열망을 천상의 규율은 엄단한다. '정을 나눈 죄로 적강'한다는 것은 물론 인간사의 규범을 되비춘 설정이다. 그만큼 적강은 천상이라는 가상 공간을 앞세운 채 이를 본으로 한 지상의 공간 질서를 빗대어 세우는 식의 구도를 허용하지 않는다. 지상도 천상도 서로 분별되어 따로 존재하는 실체가 아니라 상호적인 공간 구도 내에서만 유효한 의미체로 전제될 뿐이다. 따라서 적강 화소를 통해 구성되는 서사 공간이 문화 공간의 자장 내에 있다는 점을 분명히 의식해야 타당한 입론을 펼 수 있는 것이다.

'남녀상희, 신물사취, 세상부귀 흠모, 금주계 어김, 비 잘못줌' 등, 인간사의 다면에 직결된 적강의 죄목들에 비추어 적강 공간의 문화적 함의가 드러나는 것이다. 특히 인간 본연의 욕망이나 인간 문명의 요체를 이루는 항에 관한 죄목이 주목을 끄는 것은, 천상의 질서가 인간사의 다면에 대응되는 함수관계에서 파생된 표상들의 소산임을 시사한다. 이로써도 우주 창생의 신화에서부터 구심을 이룬 경계와 이행의 서사 공간 표상이 다기한 서사적 형상과 주제들을 통해 변주되어 전해지는 명맥을 확인할 수 있다.

문화와 연관되는 적강 죄목과 인세에서의 수행이 문화적 체험의 단적인 양상을 되비추며, 적강 인물들의 수행과 천상 복귀의 서사적 시퀀스는 성장 서사의 파불라와 구성 원리에 준하여 이해된다. 완성된 자아를 향한 성장 서사의 전범이 적강 소설인 것이다. 적강은 자아의 결핍 상태에 상응하는 표지이며, 인간 세계에서 죗값을 치르기 위한 과업을 수행하고 다시 천상의 정체성을 회복한다는 이야기의 결말은 자아의 온전한 형상을 완성한 성장 상태에 조응한 구성이다. '자기 완성, 정체성 회복' 등과 같이 자아에 관여된 술어가 성장소설과 적강소설의 제일 수렴항인 것이다.

이와 관련하여 예증삼아 「춘향전」의 주제에 대해 궁리해보자. 흔히 유교적 규범과 반상의 계급적 위계질서에 대한 비판이라고 읽는가 하면, 정반대로 유교적 정절 이념에 부합한 일부종사하는 여인상을 보인다고 읽곤 한다. 그런데 어느 쪽으로 읽든 정작 '춘향의 전'이라는 점에 비추어 '춘향'이라는 인물의 주체적 국면을 도외시한 독법이다. 판본에 따라 다르지만, 대체로 천기의 딸이거나 성참판의 서녀로 대별되는 춘향이 양반가 이몽룡과 혼인하여 종내 정실부인으로까지 용인된다는 이야기의 맥을 놓쳐서는 곤란할 것이다. 가령 본관사또의 수청을 거부하고 기약 없는 이몽룡의 귀환을 기다리는 행위가 유교 이념을 지키기 위한 것이라는 독해의 맥락을 찾기는 어렵다. 정절을 지키는 것은 그 이념을 용인하고 그에 순응하여 유교적 이념을 공고히 하는 데 기여하기 위한 것이라기보다는, 자신의 사랑을 지키기 위한 수행이었다고 볼 여지가 없겠는가 하는 얘기이다.

어찌 보면 이몽룡과의 첫 만남과 초야를 치르는 행위가 정절 관념에 부합한다고 할 수는 없다. 오히려 혼전 관계라는 면에서 정절의 핵심인 순결 이념에 정면으로 위배되는 소치이다. 판본에 따라서는 둘이 언약을 넘어서서 약식으로 혼인의 예를 치르는 것으로도 이야기되지만, 공인된 혼인 관계가 성립되는 것은 아니다. 따라서 춘향에게 부과된 과업은 정절과 수절에 대한 유교적 이념을 지키는 것이 아니라, 신분을 넘어서까지도 결연한 소중한 사랑을 끝내 지켜야 하는 것이다. 그 사랑의 완성이 결국 자신이 온전한 존재로서 성장하는 데 가장 중요한 요건이기 때문이다.

사랑을 지킨 춘향은 과연 이몽룡과의 결혼에 이르며 임금의 공인을 통해 정실부인의 자격을 당당히 획득한다. 근본적인 핸디캡을 안고서 갖은 고초를 겪으면서도 자신의 사랑을 지키려는 의지를 꺾지 않고 죽음 앞에서조차도 의연함을 잃지 않았기에 수행의 상급으로 주어진 결과로서 자아를 완성한 것이다. 물론 그러한 입사의 결과가 온전한 성공에 준하는지는 당대의 여러 문화적 정황에 비추어볼 때 그리 자신할 바는 아니다. 그렇지만 춘향이 자기를 지키고 자기의 사랑을 지키며 자아와 사랑의 고귀한 가치를 완성했다는 점에서는, 과도의 공간에 처하였던 이가 현실의 벽을 넘어 꿈과도 같은 가상의 서사 공간으로 이행하였다고 해석할 여지까지 사라지는 것은 아니다. 그리 구성된 서사 공간이라면 적어도 가부장적 이데올로기와 신분 차별의 억압 구조에 대항하는 반구조의 공간에 상응한다고 해도 좋을 터이다.

「심청전」의 경우도 판본에 따라 그러한 해석의 여지가 열린다. 천상에서 득죄하여 결핍된 상태에서 적강한 심청이라면 물에 몸을 던져 죽음으로써만 천상의 아이덴티티를 회복할 수 있는 여지가 열리는 것이다. 그 또한 과도 공간의 경계적 혼돈 상황에 처한 이가 온갖 고초를 겪고 과업을 수행한 연후 본디의 위상과 본성을 회복하여 본연의 자리로 회귀할 수 있다는 이행의 서사 공간을 명변한다.

처음부터 문장체 소설로서 기술 서사체의 양과 태를 지닌 「홍길동전」에서 경계와 이행의 서사 공간에 관여된 성장 서사를 더 분명히 거론할 여지가 크다. 천부적인 능력은 출중하지만 동시에 서자(얼자)로서의 결핍 요인을 천부적으로 안고 살 수밖에 없는 길동의 처지는 그 자체로서 아이러니한 정황이며 홍길동의 정체성에 혼돈이 빚어질 수밖에 없는 서사적 설정이다. 결핍을 채우고 온전한 사회적 자아로서의 아이덴티티를 성취하기 위한 도정이 곧 「홍길동전」의 플롯이다. 신분적 불안정 상황에 처하여 '집'이 안정된 존재적 정위를 보장하기는커녕 삶을 위협하는 기제가 되는 까닭에 가출을 할 때부터 주인공의 자기 길 찾기가 자아 완성의 도정임이 시사된 터이다. 중심에 서지 못한 채 주변에 내몰린 이들의 공동체인 '활빈당'은 요컨대 경계에 선 이들이 어우러져 소통하는 공간에 상응한다. 그 공간을 구심으로 중심의 이데올로기와 가치를 공격하는 이들의 수행은 경계의 혼돈을 넘어서 새로운 질서, 새로운 코스모스로 이행하고자 하는 공간 기획의 열망이 수렴되는 항이다.

기성의 구조체인 조선 땅 내에서는 병조판서 자리 정도밖에 얻을 수 없는 한계 상황에 길동이 직면해 있는 터이기도 하다. 「홍길동전」의 한계로도 꼽을 수 있을 이러한 서사적 정황이 아쉬움을 자아내는 요인으로 지적되기도 하지만, 일견 조선이라는 경계를 넘어선 드넓은 세계에 대한 탐심이 「홍길동전」에 비쳐진 서사 공간 기획의 스케일을 시사하는 바이기도 하다. 그가 진출한 율도국은 왕의 치세 양상이 어떠하든지[40] 낯선 이국이며 그런 만큼 홍길동 일당에게는 정벌하여 스스로 다스림으로써 제 이상을 실현하고 영웅다운 온전한 자아로서의 아이덴티티를 회복할 수 있는 공간으로서 적당하였던 것이다. 훌륭한 왕으로서의 치적을 쌓는 한 편에는, 끝내 채워야 할 자아의 결핍 요소가 있었던 듯, 길동은 장자권에 상응하는 제사권을 얻고자 도모하며 끝내 이룬다.[41] 홍길동은 단순히 적서 차별 철폐에 대한 의지만이 아니라, 실은 스스로가 적자로서의 권리까지 안기를 꿈꾸며 끝내 실현하는 의지와 실천력의 소유자였던 것이다. 그도 그럴 것이 종내 죽음으로써 산신으로 격상되어, 일견 적강한 이가 신격을 회복하여야 했던 것이다. 그만큼 '홍길동의 전'에 상응하는 이 서사 또한 적강과 성장의 모티프를 근사하게 구현한 결구로 인정되는 것이다. 그 구심에 경계와 이행의 서사 공간이 구성되어 있는 것도 물론이다.

이처럼 '전'(傳) 양식의 구성을 취한 고소설은 짐짓 영웅담의 서사 구성에서 엿보이는 성장 플롯의 모형에 근사한 경우이다. 따라서 경계와 이행의 서사 공간이 이야기의 구심을 이루는 것이 새삼스럽지는 않다. 그러니 상대적으로 영웅담의 형색이 퇴색된 경우에는 저처럼 명징한 구도를 띤 성장 서사의 구성을 기대할 수 없을 테며, 따라서 성장 서사에 관여된 서사 공간의 형상과 구도 또한 변모되는 수순을 밟을 것이다. 일상에서 벌어지는 일을 제재 삼아 현실적 조건에 제약된 삶의 한계 내에서 펼친 이야기에서라면, 과업 수행 과정의 고통을 보상하는 수순으로 성장의 결실이 보장되는 구도가 형성될 수는 없기 때문이다. 성장 단계의 경계에 처하여 이행을 완수할 수 없는 형국이 펼쳐질 터라면 경계의 혼란스러운 상황만이 공간 표상을 통해 전해지게 됨 직하다.[42]

환상 세계에 대한 지향이 삶의 구심을 이루던 시대에 비해, 삶 속에서 환멸을 경험하고 환상에 대한 지향 자체가 모종의 저급한 유희나 유아적 퇴행에 비견되는 이성의 시대에 직면한 실존들의 성장은 적강하여 상승함으로써 자기를 완성하는 모티프로 활용되기 힘들다. 이러한 사정에 걸맞게 변주된 과도 공간의 양상에 주목할 여지가 조성된다. 짐짓 과도적 이행을 성취하지 못하는 실존들의 부조리와 퇴행 표지로 가득한 성장의 공간이 도리어 신화적 과도 공간의 카오스적 징후를 더 풍성히 전하고 있는지도 모르기 때문이다.

4. 과도 공간과 반성장의 역학

거듭 강조하거니와, 공간은 삶의 안정된 장소에 대해 상대적으로 구성된 표상으로서 실체 아닌 구성체에 해당된다. 따라서 그 의미 해석의 수렴항은 결과적 산물의 확인보다 과정적 구성에서 작용하는 기제의 해석에 집중된다. 우주 창생 신화에서 비롯되어 의례와 연행 문화를 통해 확산된 과도 공간의 자질이, 삶의 과정에서 겪게 되는 경계 및 이행의 문화적 표지들에 수렴되는 양상에 대한 고찰이 요구되는 것은 이런 맥락에서이다. 가령 성장과 입사에 수반되는 과도 공간의 자질들을 구심으로 의미망이 응집되는 과정은, 혼돈에서 질서로 이행하는 데서 드러나는 신화적 공간 표지들이 문화적 표상들과 이루는 접점을 논급할 단서로서 요긴하다. 이는 공간 창생에 상응하는 우주 창조의 시나리오를 원형으로 반복 변주되는 문화적 수행의 여러 국면들에 관여되면서 의미의 외연이 넓어지고 그 층이 축적되어온 결실을 확인하는 데 수렴된다.

혼돈에서 질서로의 이행이라는 과도 공간의 회로는 삶의 장에서 줄곧 유효하게 작동한다. 세계에 내던져진 인간 실존은 시간의 제약에 처하고 일정하게 구획된 장소에서 삶을 이어가면서 일상의 안정된 저변에 은밀히 침입한 혼돈에 맞닥뜨려 삶의 장이 흐트러지는 상황에 부딪치기 십상이다. 실존은 그러한 시간적 제약과 장소적 안정성이 흩어진 상황을 넘어서고자 도모하며 그러한 기획을 통해 공간에 대한 감각을 일깨워 실로 문화 속에서 공간 기제를 창출하고자 예지를 모은다. 과도기에 처해 경계를 넘어서야 할 때라면 더욱 그러하다.

가령, 서구 열강의 침탈과 일제의 강제 점령으로 점철된 혼란의 과도기에 맞물린 이른바 '개화'와 '근대화'[43]의 도정에는 경계와 이행에 관여된 공간의 단적인 혼돈 양상이 뚜렷하며, 이에 처한 이들의 성장과 계몽(enlightenment)에 관한 혼돈의 서사가 편재한다. '자기 발견'과 '주체 의식'이라는 계몽의 테제는, 외래의 문명과 지식에 정향된 선각자가 무지와 몽매에서 헤매는 이들을 일깨운다는 이념과 착종된 채 왜곡된 도그마로 변질되었는데, 근대적 서사를 지향하였다는 이광수의 『무정』에는 그러한 인식의 한계가 공간에 대한 의식과 기술 과정에서 드러난다.

> '도회의 소리!' 그러나 그것이 문명의 소리다. 그 소리가 요란할수록에 그 나라가 잘된다. 수레바퀴 소리, 증기와 전기기간 소리, (쇠마차 소리)…… 이러한 모든 소리가 합하여서 비로소 찬란한 문명을 낳는다. 실로 현대의 문명은 소리의

> 문명이라. 서울도 아직 소리가 부족하다. 종로나 남대문통에 서서 서로 말소리가 아니 들리리만큼 문명의 소리가 요란하여야 할 것이다.[44]

도시와 문명으로 대변되는 서구적 근대의 지표에 대한 요구가 발화되는 절박하고 간절한 어조는 서사의 신격(神格)에 상응하는 내포작가의 통어(統御) 하에 강력한 권위를 부여받은 서술자가 의식과 발화의 국면을 온통 장악한 형국을 내비친다. 이는 소위 개화 지식인의 언설에서 보이는 바와 흡사하다. 먼저 깨달은 이들의 시선에 포착된 서울의 거리는 '근대 문명'의 중심지인 서구 도시의 거리와 한참 동떨어져 있는 것으로 이야기되던 터이다. 이때 '요란함'과 '찬란함'으로 환치된 근대 문명의 형색이 공간 표상에 근사함에 주목하게 된다. 근대의 표지를 공간 감각을 통해 찾으려는 심산이 제법 그럴싸한 것이다. 그렇지만 근대와 문명의 함수, 문명과 감각적 심상의 사상(寫像)이 온전한 논리적 의식에서 비롯되지 못하고, 막연한 동경과 비약적 추정에서 비롯된 것으로 판명되며 그마저도 격정적인 어조에 실린 터라 '계몽적 이성'을 기반으로 한 근대정신의 소산은 아닌 것으로 판정된다. 근대를 지향하는 생각과 담론이, '방법적 회의'를 통한 주체의 발견과는 무관한, '계몽된 지식인'의 비약된 상념이자 일방적인 전언에 불과한 것이다.

신의 예언자와도 같은 권위적 서술자의 서술에 이관되어 초점화된 내포작가의 편향되고 부당한 이념이 '이론의 여지없이' 이야기되는 가운데 전개되는 저러한 서사에서, 과도적 혼돈의 공간에 처하여 경계를 넘어 이행하려는 이들의 자기 발견과 정체성 회복이라는 성장의 테마가 구현되리라고 기대하기는 어렵다. 실로 『무정』의 인물들은 자유 의지에 의해 자기의 길을 발견하고 개척하여 성장하는 이야기의 주인공이 되지 못한다. '어두운 조선 땅'을 빛나게 하고, 몽매한 이들로 가득하여 '무정한 세계'에

활력을 불어넣을 막중한 '임무'를 떠안게 될 뿐이다. 과업을 완수하여 자기 성장을 이루어 자기 삶의 주인공으로 귀결되는 것이 아니라, '큰 인물'이 되어야만 하는 과업 수행의 도정에 서는 '미성년 상태'에 다시 처한 형국만 남는다. 그리 전개된 서사의 끝이 다음과 같으니 말이다.

> 아아, 우리 땅은 날로 아름다워 간다. 우리의 연약하던 팔뚝에는 날로 힘이 오르고 우리의 어둡던 정신에는 날로 빛이 난다. 우리는 마침내 남과 같이 번적하게 될 것이로다. 그러할수록에 우리는 더욱 힘을 써야 하겠고, 더욱 큰 인물…… 큰 학자, 큰 교육가, 큰 실업가, 큰 예술가, 큰 발명가, 큰 종교가가 나야 할 터인데, 더욱더욱 나야 할 터인데 마침 금년 가을에는 사방으로 돌아오는 유학생과 함께 형식, 병욱, 영채, 선형 같은 훌륭한 인물을 맞아들일 것이니 어찌 아니 기쁠가. 해마다 각 전문학교에서는 튼튼한 일꾼이 쏟아져 나오고 해마다 보통학교 문으로는 어여쁘고 기운찬 도련님, 작은아씨 들이 들어가는구나! 아니 기쁘고 어찌하랴.
>
> 어둡던 세상이 평생 어두울 것이 아니요, 무정하던 세상이 평생 무정할 것이 아니다. 우리는 우리 힘으로 밝게 하고, 유정하게 하고, 즐겁게 하고, 가멸게 하고, 굳세게 할 것이로다.
>
> 기쁜 웃음과 만세의 부르짖음으로 지나간 세상을 조상하는 『무정』을 마치자.[45]

'개화'와 '식민 지배'에 맞물린 근대화 자체가 모순이다. 그러한 모순의 도정에서 자기 발견과 정체성 회복이라는 계몽의 성장 서사가 온전한 형상을 띨 수 있으리라 기대하기는 사실 어렵다. 그렇다고 해서 과도적 혼돈의 여지를 제한 채 공허한 이상과 이념적 편향을 절대 진리인 양 강요하는 서사적 귀결로 환원해서는, 현실의 제약을 넘어 드넓게 열린 담론의 장을 제시하는 서사 공간을 창출할 수 없다.

당대 현실을 반영하여 구성한 서사든, 현실의 문제와 한계를 반성하는 장을 마련하는 서사든, 심지어 현실과 무연한 허구든 간에, 이들에서 빚어지는 서사 공간은 막연한 '초현실'이 아닌 현실과 허구의 경계에 관한 생각을 돌이키는 기제로서 구성되게 마련이다. 신화에서 고소설(romance)에 이어지기까지 '허구적 허구'에 상응하는 서사에서 관건이 아니었지만, 근대 · 현대의 '소설'(novel)은 일상의 이야기라는 새로운 테제로서 부상한 만큼, 실제 세계와 허구 세계 사이의 관여 양상에 대한 심려(深慮)가 요구되며, 그만큼 '서사 공간'(narrative space)이 소설을 이해하는 구심적 논항이라고 할 수 있다. 그런데 '근대 소설'을 표방한 『무정』에서 과도기에 처한 세계의 혼돈에서 비롯되었을 서사 공간의 과도적 형상이 드러나지 않은 점은 그 소설의 근대적 자질을 의심하게 하는 요인이다. 근대적 계몽주의의 테제를 온전히 구현하지 못한 채 주체적 자기 인식과 성장이라는 테마와 상충되는 권위적 개화 이념을 강변하고서 대단원되는 『무정』에서, 경계와 이행의 서사 공간에 수렴되는 표상적 기제를 추론할 수 없는 것은 이와 연관된다.

상대적으로 개화와 식민지화 와중에 겹친 근대화 도정의 혼란 속에서도 자기 자리를 지키며 삶의 길을 모색하는 이들의 갈등과 고뇌를 이야기하는 『삼대』 같은 소설에서, 근대적 서사의 자질을 발견할 수 있으며, 과도 공간의 경계 형상과 이행의 도정에 선 이들의 성장에 관여된 서사 공간의 국면을 확인하게 된다. 이 소설에서는 특정 이념이나 세대에 치우치지 않고, 각 인물들이 처한 상황에서 직면하게 되는 과도기적 혼돈 상황이 도드라지게 주제화된다. 봉건적 가치를 지키려는 '조의관'이나, 신문물과 서구적 가치에 경도된 채 과도기적 혼란 속에서 오롯한 길을 찾지 못하고서 타락한 '조상훈', 이들 모두가 온전한 이행에 성공하지 못한 채 경계에 처한 이들이다. 세대 간 갈등을 넘어서 시대적 단층(斷層)에서 파생된 극한 대립 상황에 치달은 조부와 부친 사이를 조망하면서 신 · 구 가치의 지양을 도모하는 성장 도정의 젊은이 '조덕기' 또한 경계에 처한 인물이다. 다만 그는 신세계로의 연착륙 가능성을 타진하며 이행의 발걸음을 내딛는 양으로 설정되었다는 점에서 배역(페르소나, *persona*)이 다르다. 식민지 현실에 대한 저항의 이념으로서 사회주의 사상을 의식화한 김병화도, 조덕기와 계급적 의식은 다르지만, 과도적 혼돈 상황에서 이행의 길을 모색하여 성장의 신생 공간을 모색한다는 면에서 여일한 인물 형상(figure)으로 제시되었다고 할 수 있다.

식민치하의 현실을 사는 이들이 온전히 성장하여 자아를 완성하는 데 이르는 길은 요원하였는지 모른다. 개개인의 차원이 아니라 사회 구조적 차원에서, 식민지라는 조건 자체가 실존적 세계 기획의 여지를 봉쇄하는 변질된 공간 요인으로 작용하였던 것이다. 이러한 정황에서 성장에 관한 이야기가 전시대의 서사에서처럼 구조적 결구로서 완성되지 못한 채 '전' 양식에 걸맞은 성장 서사의 구색과 판이한 형색을 띤다. 가령 '조상훈'이나 '김병화'의 초상을 두고 보자면, 특히 가정과 집을 비롯하여 어느 곳에서도 안주할 곳을 찾지 못한 채 밖으로 내몰려 방황하는 실존들이 처한 혼돈의 공간 구도를 엿볼 수 있다. 혼돈의 공간에서 안정된 질서로 이행하는 존재의 완성을 모색하기 수월찮게 하는 근대의 구조적 장벽이 가로놓인 까닭이다. 혼돈의 경계에 처하고서도 온전한 삶의 본연으로 이행할 수 있다는 희망이 있기에 성장 도정의 고뇌라도 오히려 희망의 거점으로 인식되던 고전 시대의 서사 공간과 달리, 근대 소설의 서사 공간은 경계적 혼돈의 와중에서 안정된 삶의 영역으로 이행할 길이 보장되지 않는다는 비극적 세계 인식에 수렴되어 난맥상이 빚어진 터이다. 신격이나 영웅에 근사한 인물 형상이 아니라도, 현실의 장에 내던져져 제 한계에 직면한 실존적 인물 형상에 조응된 근대적 인간형이라면 어떻게든 자기 존재의 한정된 영역을 벗어나고자 몸부림치는 모습이 본색일 테지만, 그러한 탈존적 세계 기획에도 불구하고 완고한 제도와 견고하고 도저한 현실의 장벽에 부딪친 채 경계를 지나지 못해 이행에 성공하지 못하는 구도가 형성되게 마련인 것이다.

자아를 발견하고 현실적 조건에서 부과된 시련을 극복하여 과업을 수행함으로써 자기를 완성한다면 사회의 일원으로서 성공적으로 성장할 수 있다는 고전주의와 계몽주의의 약속과는 달리, '실제 현실'에 던져진 미성년의 실존에게 고통의 대가로 주어지는 보장된 미래가 요원한 것이 근대 세계의 본색이다. 이에 따라 성장에 관여된 통과의례 또는 입사식은 전시대에 통용되던 판타지나 종교적 의식 정도밖에 아닌 것으로 치부된다. 더욱이 근대는 실증 가능한 현상이나 관념의 가치만 인정되는 과학적 세계관이 기저를 이루고 있는지라 일상의 사회문화적 정황과 무연한 성장의 계몽적 이념과 의례적 표상이 용납될 여지가 거의 없어진 터이다. 이런 상황에서 성장의 이념적 표상이나 완결 구조에 주목하기보다는 신입자들이 성장 도정에서 겪는 개인적 시련은 물론 사회 구조적 차원에서 이들을 가로막고 선 진입의 장벽과 제도적 제약 등이 얽히고설킨 '경계'의 혼돈에 주목하는 편이 타당한 입론의 거점일 것이다. 입사의 결과로 주어지는 '(재)통합'이 아니라 과정에서 신입자들이 '문턱'을 넘지 못한 채 주변적 경계에 처할 수밖에 없어 부조리 상황이 심화되는 형국에 대응한 서사 공간의 형상과 공간 전략이 논항으로 부상하는 것은 수순이다.

요컨대 성장과 입사에 성공하지 못한 이들의 환멸과 좌절된 열망이나 억눌린 의식에서 빚어진, 기성 사회에 대한 불만과 반항심이, 기성의 완고한 질서를 무너뜨리고자 하는 저항 의지와 실천을 추동하며, 기성 문화에 대한 반성의 장을 지어 자신들의 문화 공간을 구성하고자 도모하는 전략과 수행의 동력원으로 작용한다. 이에 따라 성장의 주제와 관심은 예비된 자아를 찾아 회복하거나 사회의 일원으로 당당히 성공한 면모를 과시하는 데 있지 않고, 오히려 존재 기획을 가로막은 세계의 억압적 장소 기제를 들추어 해체하는 한편 신입자들대로 경계와 주변부에 구축한 신생 공간에서 빚어지는 다양한 문화적 변이형들에 주목하는 데 모인다.

이상적 자아상의 정립에 수렴되는 영웅 판타지의 탐색담이나 계몽주의의 이념에 맞추어진 성장소설 대신, 현실이나 운명의 벽에 부딪쳐 자아 완성에 실패하는 이들의 초상을 그린 서사가 근대 이후 성장 서사의 주요 계열을 이루게 된다. 이에 발맞추어, 환(幻)이 멸(滅)한 현실에서 탈피하려는 실존적 기획을 투영하여 빚어질 성장의 공간 표상도, 성장 이념에 반하는 반성장의 공간 표상과 대조적 자질을 곁고트는 역학적 국면에 이관될 수밖에 없다. 이는 안정된 장소로의 이행에 준하는 성장의 과도 공간에 대해, 안정과 보호의 기능을 상실한 장소를 해체한 데에 반성장의 공간이 구성될 개연성으로 이어진다. 경계에서 이행으로 순조로운 전환이 수순으로 예비되는 것이 아니라, 문턱에 걸려 넘어진 양으로 또는 문턱 수준이 아닌 장벽에 준하는 경계의 벽에 가로막힌 양으로 과도 공간의 혼돈 자질이 단적인 지경에 치달은 '경계 공간'이 근대 이후 새로운 서사 공간의 양태로 부각되는 것이다.

물론 그러한 경계 공간은, 일상에서 탈주하고자 하는 열망뿐만 아니라 왜곡된 현실의 지배 질서를 전도하고자 하는 의식을 구현하는 서사 공간에 조응되는지라, 기성의 질서와 완고한 구조에 편입되는 면이 아닌, 신생세대의 소통공동체와 리미노이드 문화 양태로 이행하는 면이 부각되기에 부정적인 형국이라고만 할 수는 없다. 성장과 중심의 이데올로기를 전제로 판단할 때 경계에 처하였고 주변에 내몰린 미성년의 단계라고 하겠지만, 중심과 구조를 해체하고 과정의 역동성에 시선을 맞추고서 볼 때면 완고한 구조에 편입되지 않고 이에 맞서는 반구조적 전략의 역동적 과정에서 신생하는 의미 층위를 읽을 수 있기 때문이다. 이때 관건은, 산업 구조가 다변화되고 중층적이 되며 정치적 이념이 복잡다단하게 얽힌 현실이 실존에게 불안감을 넘어선 공포감을 안기며, 구조적 모순 속에서 개개인이 가치관의 혼돈 상황에 빠지기 십상인 변화무상한 세계 자체의 이행 국면들을 정밀하게 해체하여 읽는 해석의 전략이다. 선과 악의 경계가 분명하지 않으며 심지어 가치가 전도된 상황이 빚어지기 일쑤이며, 삶을 통해 인간성이나 자기 정체성을 회복하지 못하는 부조리에 처하는 게 오히려 범상하게 여겨질 정도로, 일견 카오스와도 같은 혼돈 상태인 현대 세계의 다층과 다면을 온당하게 해체하여 의미망을 재구성할 수 있는 해석적 공간 전략이 요구된다고 해도 좋을 것이다.

성장이나 입사가 환멸의 현실에 눈뜨는 일인 까닭에 그에 대한 거부의식이 드러나는 서사에 주목하여 단서를 얻어 경계와 이행의 서사 공간에 대한 논의의 외연을 확장하고 함의를 심장하게 함 직하다. 가령, 자아를 완성한다거나 가치관을 세우고 정체성을 확립한다는 것이 어쩌면 허위의식일 수도 있다는 사실을 직시하는 것이 오히려 성장의 징후일지 모른다는 전복적 심산을 형상한 서사에 주목할 만한 것이다. 그리 돌이켜 보면 일찍이 이상의 「날개」에서 주인공이 거처하는 방이 새로운 존재로 거듭나기 위한 부활의 동굴 같은 형상은 아니었음을 알아차릴 수 있다.

이불을 뒤집어쓴 채 무엇인가를 고민하는 듯하지만, 일관된 상념을 지속하는 것이 아니며, 볕이 드는 아내의 방에서 잠시나마 유희를 즐기지만 그 또한 모종의 의미를 함축한 행동은 아니었던 것이다. 과연 자아가 갇힌 유폐된 공간이라고 할 그 방은 자기완성의 도정으로 이어진다는 면에서 과도 공간이 아니라, 사회라는 거대한 공간에서 소외된 채 내몰려 기거하며 현실에서 벗어날 꿈을 꾸는 곳이라는 면에서 과도 공간이다. 외부 세계에도 적응하지 못하는 주인공은 탈주를 꿈꾸려 하지만, 박제된 제 몸에서 날개가 돋아 비상하고자 하는 꿈을 입 밖에조차도 내지 못할 정도로 움츠려 있거나, 생명력이 다한 상태이다. 신화적 원형과 무관하게 유폐된 공간의 형상이 빚어지는 것은 현실 세계 자체가 질서와 혼돈 양상을 변별하기조차 힘들 정도의 카오스적 상황에 직면한 탓일 가능성이 크다. 개인의 성장이 고무될 상황이 아니며 꿈이나마 꿀 수 있는 형편조차도 아니다.

이렇듯 미성년의 상태를 극복하고 성장하여 전인적 존재의 본연에 온전히 이르는 길을 잃은 실존이 환멸의 세계에 편입되는 부조리 구조를 우의적으로 이야기한 「침몰선」(이청준)은 요컨대 반성장 서사의 단면을 보인다.

그 모티프인 '침몰선'은 아무나 함부로 접근할 수 없기에, 그만큼 신비에 싸여 있거나 공포감을 야기한다. 주인공 '진소년'은 그 배를 동경하면서 유년기와 소년기를 보낸다. 침몰선은 주인공이 성장 도정에서 설정한 삶의 표석과도 같은 구실을 하며, 그 정체가 무엇인지 탐색해야 할 과업의 대상이기도 하다. 일반적인 성장 시나리오대로라면 진소년이 성장하기까지, 혹은 성장한 후라도 침몰선의 실상은 고지되지 않아야 한다. 그 실상이 알려진다고 하더라도, 소년의 꿈을 무화하지 않는 수준이라야 한다. 열망이 실현 가능성을 전제로 낭만적 꿈이 되고, 그것이 집단적 무의식 차원으로 확장된 것이 신화라 할 때, 성장을 위한 과도 공간의 원형이 침몰선을 통해 변주된 것으로 간주할 수 있을 것이다.

그런데 이 소설은 그런 낭만적 신화와 조응하지 못한다. 진소년은, "바다 이야기밖에 할 줄 모르는" 소년을 이해하지 못하고 걱정하는 소녀와 헤어지게 되고, "깜깜한 절망감"을 느끼게 된다. '침몰선의 먼 항해'를 꿈꾸던 소년은 기성에 편입되지 않고 동경으로 가득 찬 소년기에서 벗어나지 않으려고 애쓴다. 그러나 그것은 낭만적인 꿈일 뿐, 현실의 시간은 흘러, 그가 "보통명사들의 무리 속으로 정연하게 섞여" 결국 성장하도록 만든다. 성장할수록 차츰 현실에 눈을 뜨게 되고, "침몰선을 조금씩 알게 되면 될수록" 항해의 꿈과 바다에 대한 동경은 차츰 풀이 꺾여간다. 급기야 그 모든 낭만적 대상은 "추한 모습"으로 바뀌어가고, 결국 침몰선의 허황한 정체도 밝혀진다.

산업화로 인해 낭만적 과도 공간은 오염되고 와해되기에 이르고, 인식과 계몽은 그 공간이 실상 아무것도 아니었다며 실체를 밝히는 데 정신이 팔린다. 과도 공간에 응축된 의미를 해석하는 혜안이 관건이 되지 못한 채, 겉만 보고 전모를 판단하는 관견(管見)이 삶의 예지를 무가치한 것으로 환산해버린다. 결국 '바다와 침몰선'으로 대변되는 입사의 과도 공간은 신화적 형상을 상실한 채, 과학 문명과 산업화를 표지로 하는 환멸의 현실로 나아가는 데 장애가 되는 것으로 간주될 뿐이다. '진소년'은 결국 "군인 제복"을 입고 마을에 잠시 들렀다 가는 '수진'으로만 기억되거나 아예 기억에서 사라질 것이라는 사실이, 무심한 어감에 실려 기술될 뿐이다.[46]

짐짓, 현대 사회에서 '입사'나 '성장'의 함의는 전통 사회에서와 다르다. 변화무상하고 변동의 속도를 가늠하기 힘들며 사회적 역할이 미분화된 현대 사회는 성장의 도정에 선 경계인들에게 극심한 혼돈으로 비쳐진다. 그런 혼돈의 경계를 지나 무사히 성장하여 입사에 성공한 상급을 순조로이 얻을 수 있으리라고는 예전처럼 기대하기 어려운 것이 현실이다. 성장 도정에 있는 당사자가 막연히 느끼는 중압감이나 미래에 대한 두려움 차원을 넘어서, 사회인으로서 어떤 역할을 담당하게 될지, 심지어 역할 자체를 부여받을 수 있을지조차 의구심이 들 수밖에 없는 형국이 펼쳐지는 것이다. 이런 상황에서 신생세대들 가운데는 입사를 거부하고 과도기에 고착되거나 도리어 퇴행하려 드는 이들조차 있을 법하다. 과도 공간에 처하여 겪는 시련은 앞날을 위해 기꺼이 직면하여 넘어설 수 있는 문턱 정도가 아니라, 존재의 도정을 가로막고 선 장벽 같은 것으로 비쳐진다. 그 공간에서 벗어날 수 있을지 의문인 상황에서 당사자들의 부정적 경계 체험에서 비롯된 절망감은 단적인 결핍에서 비롯된 새로운 열망을 불러일으키는데, 그 열망이 집단 무의식이 되어 현대의 성장 신화가 새로 지어짐 직하다. 이렇듯 현실의 부조리와 얽히고설켜 빚어진 현대의 신화와 신생 서사 양식인 소설이 조우하게 된다. 임철우의 「볼록거울」[47] 연작은 현실의 부조리에 직면한 신생세대의 성장 신화의 단면을 들추어 보이는 단적인 사례로 기억할 만하다.

'볼록거울에 비친 수염 난 아이들'로 요약되는, 이 소설의 인물 형상은 성장의 과도 공간에 내몰린, 몸은 컸으되 사회적 존재로서는 미성숙한 대학생들의 위상을 단적으로 표상한다. 더욱이 그들이 '총학생회 구성 문제'로 시험을 거부한 채 '철야 단식 농성' 와중에 처하여 있기에, 그들이 처한 공간의 과도적 자질은 제법 단적인 양상을 띤다. '볼록거울'은 사상(事象)을 기형으로 왜곡하되 넓은 범위를 비추는 속성이 있는 만큼, 이 소설에 비친 대학생들의 면모는 부조리한 정황에 맞물려 일그러진 형상으로 그려진다. 과도 공간에 처한 이들의 자질에 걸맞게 기형적 형상이 빚어진 셈인데, 이는 정치적 격동기를 지나며 성장해야 하는 젊은이들을 우의한 신화적 표상에 상응한다.

> 언제부터인가 이 사회는 나이 스물이 넘은 대학생들을 그렇게 쉽사리 '아이들'이란 어휘로 부르고 있었다. 아마도 어찌 보면 그것은 조금도 이상할 것이 없는 일인지도 모른다. 아침마다 도시락을 챙겨 넣어주고 용돈까지 쥐어준 다음 집을

내보내곤 하는 부모들에겐 그들은 언제나 어리고 단순한 아이들일 뿐이리라. (198쪽)

사회가 분화되고 '대학이 엄청나게 커지면서' 대학생의 위상은 한참 추락한 터이다. 적잖은 나이에 아이들과 같은 취급을 받는 상황은 그들이 사회인으로 입사하지 못한 데서 비롯된다. 경제적으로 독립하지 못한 까닭에 그들을 아이 취급하는 것이 전혀 어색하지 않다고 설정된 터이다. 그런 아이들이 벌이는 '학원 소요 사태'를 애들 장난처럼 취급하는 경우까지 있다고 하니, 사회를 이끄는 주체가 될 이들이 거대한 사회의 벽에 부딪친 채 주역으로 성장하지 못하는 정황은, 현대 사회에 내재한 성장의 부조리와 함께 신생세대가 처한 경계적 혼돈 상황을 시사한다. 사회 자체가 본질에서 빗겨나 있는 상황에서 그러한 과도 공간의 양상은 심화될 것이다.

그렇다면…… 나는 누구인가. 어디에 나는 있는가. 불현듯 그런 의문에 그는 사로잡혔다. 지금 내가 마주보고 있는 저 유리벽은 나를 가두고 있는 것인가 아니면 내가 저 벽에 누군가를 가두어놓은 것인가. 난 벽의 바깥에 서 있는가 안에 있는가. 저 유리벽의 어디가 안이고 밖은 또 어디인가. 도대체 누가 저 폭력과 거짓언어의 유리벽을 만들어냈는가…….

문득 어디선가 으아아아 하고 커다랗게 외마디 고함을 질렀다. 저 쪽 벤치에서 누군가 혼자 질러대는 소리였다. 이른 새벽 높은 곳에 올라 터뜨리는 산보객들의 그것과는 다른, 가슴이 터질 듯한 그 까닭모를 외마디 고함 소리엔 마치 덫에 치인 이리의 신음처럼 다급하면서도 치열한 분노의 고통이 눅진하게 묻어 있었다. (207쪽)

'거울'은 일반적으로 자아 성찰의 표상으로 채용되는데, 거기 비친 형상을 두고 보자면 유리벽에 갇힌 상황에 처해 있는 것처럼 여길 수 있다. 그 벽에 갇힌 형상을 앞에 두고 '나는 누구인가'라고 정체성을 묻거나, '어디에 나는 있는가'라고 존재의 근거나 자아의 위상을 자문한들, 답을 얻을 수 없는 혼돈에 휩싸일 뿐이다. 분열된 자기 모습을 앞에 두고 가상과 실상을 구분할 수 없는 상황에 처해 있는 것이다. 게다가 자아 성찰의 표상이던 거울이 '폭력과 거짓 언어의' 소산이라고 인식되는 만큼, 성찰을 통한 자기완성은 강압된 허위 같은 것일 개연성이 빚어진다. 그 경계 공간에서 벗어나 입사를 도모한들 희망찬 미래가 보장되지는 않을 수 있어 문제이다.

성찰을 가로막는 유리벽을 사이에 두고 분열된 자기 모습을 대하노라면, 삶을 그런 지경에 몰아넣은 현실의 실체에 눈을 돌려봄직하다. 그 벽을 '누가 만들어냈는가' 하는 반문은 그 표지이다. "다급하면서도 치열한 분노의 고통이 눅진하게" 묻었다는 외마디 고함 또한 내지른 이가 누군지 모르지만 동병상련을 체감하게 할 것이다. 인격을 완성하기는커녕 야수처럼 울부짖으며 고통을 감내해야 하는 정황은, 입사에 따르는 고통의 감내와는 차원이 다르다. 이행하여 지향할 공간이 온전히 갖추어질 기약이 있을 때라야 과도 공간은 과연 지나가 봄직할 텐데, 입사 후의 현실이 더한 혼돈을 불러일으키는 까닭에, 차라리 미성숙한 채로 남거나 퇴행하여 유년기나 소년기에 고착되는 편이 낫다고 여길 부조리만 조장된다. 학생도 교수도 아니며, 그렇다고 방외자도 아닌, 조교 신분의 서술자에게 그런 개연성은 더 크게 보였을 법하다. 그래서인지 다음과 같이 끝맺은 결말은, 관찰자를 위장했으나 실은 내포작가가 빙의한 듯 권위를 부리는 서술자가 스스로 던지는 자조 섞인 어조로 이루어져 있다.

> 뻥뻥, 뻐뻥뻥——뻥……. 그들은 한 덩어리로 몰려 달아나면서, 제 각기 등 너머로부터 그 위에 익은 연쇄적인 파열음을 들었다. 껄껄, 꺼껄껄——. 얼핏 그건 영락없는 누군가의 웃음소리처럼 들렸다. 저 교정 울타리 밖을 에워싸고 있는 거대한 벽 뒤편에 누군가 버티고 서서, 지금 허둥지둥 쫓겨가는 자신들의 뒷모습을 지켜보며 한바탕 그렇듯 오만한 웃음을 왁자하니 쏟아내고 있는 것만 같았다. (269쪽)

최루탄에 아수라장이 된 속에서 쫓기는 대학생들을 응시하는 '누군가'는 부조리 가득한 현실을 실체화하여 빗댄 것이 분명하다. 그의 오만한 웃음은 성장의 부조화로 기형을 한 채 경계 상황에 내몰려 고통스러워하면서도, 기성 사회의 질서에 파문을 일으키려고 몸부림치는 이들에게 보내는 냉소처럼 비쳐진다. 그러나 실상은 거대한 벽 너머의 세계에 동참하지 못한 채 여전히 과도 공간을 지나가지 못하고 머문 서술자가 그리 비웃음을 느낀 것이니, 실상은 자조와도 같은 것이다. 그 자조에는 거대한 실체에 역으로 부치는 냉소를 응축하고 있는 듯해서, 현실 세계와 자기 내면세계 모두에 대해 긍정도 부정도 아닌 애매한 입장을 취할 수밖에 없는, 가치관의 와해 상태를 표징하고 있다고 할 것이다.

이러한 경계적 혼돈에 내몰린 젊은이들이 온전한 사회의 일원으로 편입되는 길이 보장되지 않는 사회 구조적 차원의 문제가, 성장에 관한 고전적 이념을 반성장에 준하는 실존적 부조리 의식으로 성장 서사의 주제를 뒤바꾼다. 신화에서 고소설에 이르기까지 성장 서사에서 주효하던 적강의 공간 구도가 근대 이후의 서사에서 더 이상 구현되지 못하고 비극적 세계의 단면을 그린 공간 형상으로 귀결된 것은 이런 맥락과 연관 있다. 성공이나 완성, 입사나 사회화 등과 같은 성장의 판타지가, 성장의 이념과 제도의 벽에 가로막혀 존재를 기획할 길을 차단당한 채 신생 공간으로 진전하지 못하고서 경계에 머물거나 도리어 미성년의 상태로 퇴행하는 처지에서 빚어지는 숱한 사연에 견줄 대조항으로만 남을 뿐이다. 그 구심은 미분화된 현대 사회의 제도와 기제 속에서 주변에 내몰린 신생세대가 성장의 과업을 온전히 수행하여 기성 사회의 중심으로 편입되기 힘들다는 데 있다.

성장의 부조리, 혹은 반성장을 다룬 서사에서 돋보이는 저러한 과도 공간의 경계적 형상과 자질은 '여성 성장'에 관한 서사에서 더욱 두드러지고 단적인 양상을 띤다. 실체 차원에 육박한 제도적 질서는, 성원들의 온전한 성장을 돕기는커녕 사회 구조에 위협적인 세대에 대한 경계심을 늦추지 않은 채, 기성 사회의 장소적 억압 기제 내에로만 편입의 영역을 제한하여 신생세대가 아닌 여성이라도 그 입사를 제한하기 일쑤이다. 성장하여 이행할 열린 공간으로의 길이 제도적으로 봉쇄된 정황에서, 여성들은 항구히 주변에 처할 수밖에 없는 경계인으로서의 정체성을 물림하는 부조리에 내몰리게 되는 것이다. 개개인의 태생적 환경이나 역량에 걸맞은 지위를 부여받아 입사에 성공하는 경우가 없을 수야 없지만, 사회구조적 차원에서 마련된 질서에서는 저러한 형국이 주를 이루는데, 저 경계를 해체하고 제도로의 편입을 거부하는 공동체적 공간을 구성하려 도모하는 데서 과도 공간의 의미망이 새로이 열릴 거점이 생기는 반전도 기대할 수 있다. 완고한 현실의 구조에 대해 반구조의 전략을 적중시킬 저들만의 공간 기획 의지가 특별히 문화적 전략을 통해 승화되어 독특한 과도 문화의 신생을 촉발할 여지가 있는 것이다.[48]

이러한 반성장의 서사 공간은 탈냉전 시대의 새로운 이데올로기적 논항으로 대두된 '젠더' 문제와 관련하여 부각된 '여성 성장'을 다룬 여성 작가들의 소설을 냉철하게 이해하는 데 유효한 논항이기도 한데, 요컨대 '여성 성장이 반성장'이라는 역설에 주목해야 한다. 반성장의 성장이라는 역설, 그리고 그 파생의 거점에 자리한 여성 성장의 비신화화는 시간 축에 대한 성찰보다는 공간 축에 대한 성찰, 곧 역사적 담론 차원에서보다는 문화적 담론 차원에서 접근하여 타당한 해석의 단서를 얻을 수 있다.

5. 반성장의 젠더 공간

여성 성장의 원형적 심상을 환기하는 '웅녀'를 떠올려보자. 장벽의 시간대를 넘어 마침내 인간으로 화한 곰의 인고는, 민족의 시조 신화라는 단군 설화의 벅찬 감동을 배가하기에 충분하다. 여신의 모습으로까지 추앙되어 민족적 여인상의 상징으로 꼽히는 웅녀의 신화는 여성의 자기실현을 표상한 원형으로 인정할 만하다. 무명(無明)의 시련을 감내하고 새로운 존재로서 거듭난다는, 웅녀의 전성(轉性) 설화는 과연 신화적 장대함을 자랑한다.

그런데 그 신화의 이면은 겉에 비쳐진 화려함과 사뭇 다르다. 가령 웅녀가 성취한 새로운 존재의 모습은 무엇이며, 겉으로만 호기로운 호랑이와의 경쟁에서 승리한 결과 주어진 상급은 무엇이던가. 단군의 탄생을 예비하는, 단군을 낳음으로써만 의미를 획득하는 존재자(seiende)의 모습일 뿐, 그 자신의 고유한 존재적 자질이 부여된 터는 아니다. 웅녀가 수태를 기도했으며, 잠시 인간의 몸을 빌려 현신한 환웅과 하룻밤 '교접'하여 단군을 잉태하였다는 사실이 잘 알려지지 않았을 뿐이다. 일견 사생아를 낳은 미혼모이거나 심지어 단군이란 영웅의 탄생을 위해 하늘이 예비한 숙주에 지나지 않았을 운명을 타고 인간의 모습으로 환신(換身)했던 셈이다. 그의 성숙에 상응하는 변신은 주체적 인간으로 이행하여 온전히 결실되지 못한 채, 「동명왕 신화」의 '유화'와 함께, 남성 영웅의 탄생과 성장에 종속된 여인상의 원형만 조형한 데 머물고 만다.[49] 온전한 성장을 완수하지 못한 채 경계에 처하여 서사 공간의 난맥상만 부추긴 셈이다. 신화적 공간이라도 여성에게 부과된 성장의 주체적 과업은 완수될 여지가 애초부터 조성될 수 없다는 점에서 근대 이후에 드러난 반성장의 서사 공간 구도가 이에 사상된다.

상대적으로, 여성 영웅으로서 신격으로까지 격상된 '바리데기'에 관한 신화(무가)에서는, 자신을 버린 가부장을 위해서 희생하는 주인공의 행적이 심금을 울리는 서사의 줄기를 형성한다. 성적 편견을 넘어선 숭고한 과업 수행은 입사에 관한 중요한 모티프를 채용한 것으로, 실제 의례 현장에서 구송되어 주력(呪力)이 발휘되곤 하는데, 이 경우에서라면 적극적인 여성상을 엿볼 여지가 생긴다. 하지만 바리데기는 아들의 역할을 대신하는 위상을 전제로 과업을 수행하는가 하면, 결국 일곱 아들의 어미가 됨으로써 궁극의 과업을 완수하고 신격화되는데, 그런 결말로 미루어보아, 여기 또한 여성 성장에 관한 기묘한 부조리가 내재해 있다고 추론할 수 있다.

그런 부조리는 시대의 흐름 속에서도 본질이 변하지 않은 채 담론만 달리하여 오늘날에까지 이어지고 있는 듯하다. 가부장 이념이 문화의 저변을 이루고 있는 한, 비신화화(Entmythologisierung)의 전략을 구사하는 일 자체가 무모하지 않을지 의구심이 들 정도로, 여성 성장에 관한 테마를 이야기한 글에서 해체적 메시지가 얼른 눈에 띄지 않는다.[50] 일견 '성장'이란, 한 개체가 기성 사회의 일원으로서 합당한 역할을 부여받을 준비가 된 상태를 가리킨다는 점을 고려해보면, 그 말 자체가 가부장적 질서 속에서만 유효한 '남성(적) 성장'에 상응하는 것으로 비쳐진다. 그렇듯 사회적 자아로서 기성의 가치관을 수용하여 사회의 구성원으로 성공적으로 자라기까지 겪는 고뇌와 갈등을 이야기하는 것을 골자로 한 장르종(Art)이

성장소설인데, 이는 원칙적으로 남성 주인공의 입사 과정을 그리는 데 초점이 있다는 사실에 유의해야 한다.[51] 따라서 '여성 성장소설'이라는 표현 자체부터 남성에 관한 어휘를 어근으로 하여 여성에 관한 어휘를 파생시킨 용례와 다를 바 없는 것이다. 그렇다면 성장소설이 성장의 신화를 변주한 결과인 것과 마찬가지로, 여성 성장소설은 여성이 주인공이되 주체일 수 없는 여성 성장 신화와 조응할 것이라는 점이 시사된다.[52]

이런 정황에 비추어 여성 성장소설의 서사 공간 형상과 구도 또한 신화와 영웅담, 적강소설이나 전계 소설의 경우와 사뭇 다른 양태를 띤다고 추론할 수 있다. 경계의 혼돈을 지나 주체적 자아로서 이행하지 못한 채 경계에 머무르거나 심지어 퇴행의 징후조차 보이기에 여성들의 정신세계에 구성된 심리 공간과 이에 사상되는 서사 공간의 형상이나 구도가 사뭇 불안정한 양상으로 구성되는 것이다. 물론 현실 세계의 억압에 대응하여 허구 세계를 지음으로써 삶의 굴레에서 벗어나 자유를 구가할 가상의 서사 공간을 창출할 가능성이 전혀 없지 않다. 하지만 여성-영웅(heroine)의 서사에서 영웅의 인물 형상이나 과업 수행의 양태가 영웅(hero)의 파생태이거나 그에 근사한 양태를 모형으로 한다는 점에서 의미의 음수형(negative)에 불과한 것으로 드러난다는 점을 고려할 때, 그런 가능성이 실연될지 의문이다. 여성 성장에 관한 한, 서사 공간의 구성 원리와 구도, 작동 기제 등을 가늠하기 수월찮으리라 예견되는 것은 이 때문이다.

분명 한 사람의 성장은 자아의 완성 혹은 정체성의 확립에 상응한다. 물론 육체적 성장에 국한된 얘기가 아니라, 소위 '전인적 성장'을 얘기할 때 그렇다. 그러한 자아라는 관념 자체가 기실은 가부장적 이념에서 파생된 실체론적 인식의 소산이다. '자아'는 모종의 실체(substance)로서 전제된 이상적인 형상에 상응하는데 자아실현이나 자아 완성에 관여된 담론을 통해 부연되는 정황으로 미루어보아, 필시 규범에 종속된 인간의 모습을 지시하는 태이다. 자아의 완성과 동일한 함의를 지닌 정체성 확립 역시, 모종의 불변하는 이상적인 인간상을 떠올리게 한다. 이런 맥락에서 성장이란, 가변적일 수밖에 없을 '개인'이나 '육체'의 수준에 국한된 성장을 배제한 채, 사회적 존재로서 추상화된 실체 차원의 성장이나 정신적 성숙만이 수렴되는 개념항으로 전제된다. 통상 성장이라고 할 때 몸의 변화에 국한되지 않는다고 여겨지게 마련이며, 사회적 존재로서 온전히 커간다는 맥락의 얘기만이 성장에 대해 언급하는 자리에서 유효한 것으로 간주되는 상식을 떠올려보라.

그런데 별 탈 없이 사회에 적응하여 살아가는 데 요구되는 상식은 사회의 질서를 유지하는 데 소용되는 관념과 이데올로기를 기반으로 유통되는 경우가 있기에, 이에 대한 세심한 해체적 수용이 요구된다. 그러한 지배적 관념과 이데올로기는 장구한 문화의 소산이기 십상인데, 가부장 이념은 가장 뿌리 깊다. 그 이념은 육체[감각]와 정신[이성]을 구분하고 정신에 절대 가치를 부여하여 중심을 상정한 채 절대 중심 이외의 가치를 저급한 것으로 치부하는 폭력적인 이성 중심주의의 파생 이념들과 제휴하여 문화의 저변을 독차지하여 오늘날에 이어진다. 이성에 관여된 것으로 이원화된 범주들이 서로 연관 지어져 배타적인 중심항이 형성되는데, 요컨대 '이성은 논리에 이어져 있고 논리는 문명과 과학에, 과학은 근대에, 근대는 서구에 이어져 있는데, 이성은 남성의 고유한 능력'이라는 식의 담론적 실천이 문화의 저변에 유통되어 상식을 온통 장악하고 있는 형국이다. 이런 상황에서 더더욱 문명 세계의 주역인 남성이 사회의 주역이며 그러한 주역으로 성장하는 남성들의 사회화에 상응하는 입사에 관한 담론이 자명한 것으로 전제되게 마련이다. 입사에 따르는 '공식적' 통과의례의 주제는 남자 아이들이 사회의 주체 세력으로서 편입되는 과정을 극화하는 것이다.[53] 가부장 사회 구조에서는 사회에 입문하는 주체가 남성이며 따라서 성장은 어디까지나 남성이 사회의 성원으로서 자격을 획득해가는 도정을 가리키는 말이다.

반면, 여성에게 성장이라는 말은 그저 육체적으로 아이를 생산할 수 있는 조건을 갖추었다는 식으로밖에 적용되지 않는다. 남자 아이들에 비해 여자 아이들은 '초조'(初潮)라는 직시적 표지를 통해 성장이 입증된다. 그렇지만 육체적 성장은 이원론적 인식에 비추어 저급하거나 부차적인 요소일 뿐, 자아의 완성이나 정체성의 확립 등과 같은 전인적인 성장과 무관한 것으로 판정될 뿐이다. 대신, 초조를 통해 표징된 성장은 이제 곧 남성과의 결연을 통해 가부장 사회에 편입되어 그 사회의 지속성을 보장할 새로운 성원(그도 남자 아이)을 생산할 조건을 갖춘 것으로 인정되는 선에서 선처된다.

그렇다면 가부장적 사회 구조에서 여성의 성장은 곧 가부장적 사회로 편입되어 실존에게 가능태로 잠재되었던 존재 기획의 가능성마저 잃는데 수렴되는 셈이다. 이를테면 여성의 성장은 반(反)성장인 것이다. 존재의 본질이나 자아를 회복하거나 완성하기는커녕, 존재로서 거듭날 기획의 여지를 스스로 포기하기를 강요당하거나 그도 아니라면 강제로 박탈당하고 만다. 여성은 성장을 통해 남성에게 종속된 사회 구조에 편입되어 그러한 사회 문화적 기제에 함몰되는 부조리에 내몰리는 것이다. 신화나 판타지의 허구적 서사 공간의 자장이 한껏 약해진 시대에서라면 여성 성장에 관여된 서사 공간의 '음수적 표지'들이 더욱 극화될 법하기에, 특히 현대 한국 소설에서 이야기되는 여성 성장의 서사 공간은 진전과 성장이 아닌 퇴행적 인물 형상을 빚은 근대 · 현대 성장 서사와 궤를 같이한 결과가 도출될 가능성이 짙다.

가령, 한국 현대 소설 가운데 여성의 성장 문제를 극화한 전범으로 꼽히는 오정희의 「중국인 거리」의 결말은 매우 명징한 서사적 형상을 보여

준다. 특히 여성의 성장 징후에 관여된 경계와 이행의 서사 공간에 비춘 표상의 양태와 의미 표지가 눈길을 끈다.

> 내가 낮잠에서 깨어났을 때 어머니는 지독한 난산이었지만 여덟 번째 아이를 밀어 내었다. 어두운 벽장 속에서 나는 이해할 수 없는 절망감과 막막함으로 어머니를 불렀다. 그리고 옷 속에 손을 넣어 거미줄처럼 온몸을 끈끈하게 죄고 있는 후덥덥한 열기를, 그 열기의 정체를 찾아내었다.
>
> 초조(初潮)였다. (오정희, 「중국인 거리」)

어머니의 출산과 소녀의 초조가 어우러진 형상을 통해 탄생과 성숙을 아우른 성장에 관한 범상치 않은 의미망이 빚어진다. 비상한 냉소가 느껴지기에 일견 여성의 비극적 삶을 대유한 것처럼 비쳐지는 이 대목에서 주목할 점은 성장의 표상에 더해진 '어두운 벽장'이라는 공간 표지이다. 어둠도 그러하거니와 벽장도 혼돈을 표상한다고 어렵지 않게 읽을 수 있는데, 그 공간에 처한 주인공 소녀가 어머니의 출산 장면을 목도하며 스스로 초조를 경험한다는 설정을 통해, 경계와 이행의 공간 표상이 명징한 서사적 형상과 의미를 획득한다고 할 수 있는 것이다.

이미 일곱이나 아이를 낳은 이가 의외의 난산으로 고통을 겪는 것도 심상치 않지만, 아이를 '낳았다'고 하지 않고 "밀어 내었다"라고 한 것은, 제 의지와 별개로 어쩔 수 없이 당한 일을 억지로 해냈다는 식이다. 철없는 서술자의 의식에까지 그리 비친 것은, '나' 자신이 어머니의 고통에서 자유로울 수 없다는 사실을 직감하였기 때문인 듯하다. "죽음과도 같은 낮잠"에서 깨어난 직후, "한 점의 빛도 들이지 않아" 지극히 어두운 벽장 속에서 "이해할 수 없는 절망감과 막막함"에 휩싸인 채, 산고에 지쳤을 어머니를 연민하는 순간, 그 스스로도 어미로서 몸을 갖춘 징후를 확인하는 것이 그 방증이다. '어두운 벽장'은 이에 대한 공간 표상이며, 경계의 혼돈에 내몰린 실존의 위기 상황에 대응된다는 점이 이로써 확증된다.

물론 이런 절망적인 현실을 의식하고 있다는 설정만으로도 여성 성장에 관한 신화를 전복할 표상의 맹아는 살아 있다. 그렇지만 그렇듯 의식하고 있는 주체가 과연 막 초조를 겪은 '나'인지 따져보면, 서술의 신빙성 면에서 그리 미덥지 않다. 일견 일인칭 서술자의 목소리를 통해 자기 경험을 이야기하는 듯 보인다고 해서, 의심의 여지없이 일인칭 서술상황이 구성된 가운데 서사가 진행되고 있다고 생각하면 오산이다. 단적으로 '초조'라는 어휘는 그 일을 경험하고 있는 이 스스로가 쓸 수 있는 수준의 말은 아니다. 초조에 직면한 소녀는 대개 그것이 생리인지조차 모른 채 당황하기 십상이다. 이와 관련하여 서사의 신빙성이 결여된 신화만 조성되었을 뿐이며, 경계 상황의 소녀가 처한 공간은 혼돈의 극한치에 근사한 표상으로 드러난다.[54]

여성의 성장에 관한 신화가 그렇듯 비극적 운명을 시사한 것이라면, 탄생 자체가 일견 석연치 않은 것으로 비쳐질 법하다. 기실 가부장들에게 딸아이의 출산은 막상 믿기지 않는 것으로 받아들여지기 십상인데, 그에 관한 희화가 있어 눈길을 끈다.

딸 쌍둥이가 나왔다는 의사의 점잖은 전갈을 대뜸 거짓말로 몰아붙인 외할아버지는 한꺼번에 둘씩이나 생긴 딸자식을 실물로 보고도 한참 동안 믿기지 않는다는 표정이었다. 외할아버지는 하필 그날이 만우절이라는 사실을 못내 석연찮아했었다.

그럴 만도 했었다. 외할머니는 결혼 후 오 년 동안이나 아이를 못 낳고 있다가 겨우 임신을 했는데, 열 달 내내 아주 빈약한 배를 내밀고 다녀서 외할아버지로 하여금 진정 임신인가, 하는 의심까지 하게 만들었다는 것이었다. 그런 뱃속에

> 딸자식이 하나도 아니고 둘씩이나 들어앉아 있었다니, 만우절날의 싱거운 장난도 아니라면 그러면 이것은 횡재인가, 횡액인가. (양귀자, 『모순』)

결혼은 임신에 대한 기대감을 낳고 임신은 아들에 대한 당연한 기대감을 유발한다. 그런 가운데 맞은 딸자식은 눈앞의 엄연한 사실조차 거짓일지 모른다는 미망에 사로잡히게 한다. 그것은 때마침 만우절에 벌어진 일인지라 이 일이 농담 같은 거짓말이었으면 좋겠다고까지 생각하는 이면에, 생명에 대한 경외감 따위는 안중에 없이 대를 이어 가부장의 권위를 공고히 하려 하는 이해타산만 개재되어 있다. '횡액'이라면 더더욱 딸을 얻은 심회가 착잡하겠지만 '횡재'라고 하더라도 그다지 기껍지만은 않을 것이다. 딸을 얻은 이들을 보고서 '딸은 살림 밑천'이라고 위로하던가. 존재로서 인정하지 않고 수단으로 취급하는 관념이 어느 경우라도 여지없이 드러난 터이다. 이렇듯 남아를 선호하는 가부장 문화에 담긴 이념적 냉소가, '아주 빈약한 배'이지만 여아가 '둘씩이나 들어앉은 뱃속'이라며 일종의 공간 표상을 통해 우의되어 흥미를 자아낸다. 출생에 관여된 이행의 공간 표지에 해당하는 '뱃속'이 신화적 창생의 숭고한 담론을 통해 운위되지 아니하고 그저 '딸자식'이라는 이유로 폄훼된 채 비꼬인 표상으로 드러나는 것이다.

'하필' 만우절에 태어난 까닭에 존재 자체가 희화된 두 딸은 "이십오 년 뒤의 4월 1일"에 함께 결혼함으로써 함께 성장하였음이 입증된다. 그런데 그 성장의 결과 또한, "한꺼번에 주신 자식이니까 보낼 때도 한꺼번에 보내야지요. 거짓말처럼 오늘 깨끗하게 치워 버리기로 했습니다"라는 부친의 말로써 재차 희화된다. '치우다'라는 공간에 관여된 수행의 어휘가 동원되니 더욱 그러하겠지만, 존재의 탄생과 성장에 관련된 중요한 상황을 두고서 농담이나 허구처럼 가벼이 담론한 것을 읽는 이의 마음은 결코 가벼울 수 없다. 그리고 성장을 공인하는 문화적 표지인 결혼을 계기로 저들의 운명이 새로운 차원에 접어들게 된다는 전개에서 경계와 이행의 신화적 공간 표상의 징후가 시사되면서 서사적 전기가 구성된다.

어머니는 일란성 쌍둥이로 태어났다. 두 사람이 부모도 구별 못 할 만큼 닮아서 키우는 동안 애를 먹었다는 이야기는 외할머니한테서 귀에 못이 박이도록 들었다. 얼굴도 같았고, 성격도 같았고, 하다못해 학교 성적까지도 무엇이든 두 사람은 똑같았다. 같은 집에서 같은 옷을 입고 같은 생각을 하며 늘 붙어 다니는 두 사람은 마치 둘로 나누어진 한 사람인 양 보였다고 했다. 도저히 따로 떼어 생각할 수 없는 한 사람.

어머니와 이모는 결혼과 동시에 비로소 두 사람으로 나뉘었다. 두 사람으로 나뉘자마자 이들의 삶은 급격히 달라지기 시작했다. 한 사람은 세상의 행복이란 행복은 모두 차지하는 것으로, 나머지 한 사람은 대신 세상의 모든 불행을 다 소유하는 것으로 신에게 약속이나 받았던 듯이 그렇게 달라졌다. 안타깝게도 나는 불행을 짊어진 쪽으로 편입되어 이 세상에 태어났다. (위의 소설)

쌍둥이라지만 둘의 외모뿐만 아니라 성격이나 지적 능력조차도 구분할 수 없을 만큼 똑같다는 것도 그러하거니와, 결혼으로써 삶의 조건 자체가 단적으로 갈린다는 상황 설정은 그다지 개연성이 없어 보인다. 여성이 삶의 주체로서 역할하지 못하고 결혼으로써 행복과 불행이 갈렸다는 발상은, 여성의 존재적 악조건을 극단적으로 기술한 것에 준한다. 그도 '신에게 약속이나 받았던 듯이 그렇게 달라졌다'라고 한 것은, 여자로서 태어난 것 자체가 운명의 굴레에 속박된 채, 가부장 이데올로기에 장악된 성장 회로의 어느 부분에 편입되느냐에 따라 삶의 양상이 달라질 수 있음을 표상한 것이다. 불행 쪽 회로에 편입된 채 제 자식까지 불행을 짊어지게 한 것 자체가 운명의 여신의 간계가 아니고 무엇이겠는가. 이로써도 여성 성장의 신화는 재생산된 셈이다. 다음과 같이, 피상적인 수준이라서 그리 설득력 없어 보이는 상투적 각성이, 독백처럼 기술된 자의식의 말미를 장식하고 있기에, 그런 판단에는 제법 타당성이 더해진다.

> 인생은 바로 이런 것이었다. 나의 인생에 있어 '나'는 당연히 행복해야 할 존재였다. 나라는 개체는 이다지도 나에게 소중한 것이었다. 내가 나를 사랑하고 있다고 해서 꼭 부끄러워할 일만은 아니라는 깨달음, 나는 정신이 번쩍 드는 기분이었다.
>
> 그랬다. 이렇게 살아서는 안 되는 것이었다. 내가 내 삶에 대해 졸렬했다는 것, 나는 이제 인정한다. 지금부터라도 나는 내 생을 유심히 관찰하면서 살아갈 것이다. 되어 가는 대로 놓아두지 않고 적절한 순간, 내 삶의 방향키를 과감하게 돌릴 것이다. 인생은 그냥 받아들이는 것이 아니라 전 생애를 걸고라도 탐구하면서 살아야 하는 무엇이다.
>
> 그것이 인생이다……. (위의 소설)

인생의 행복을 당위로 전제하는 것은 그다지 새로운 상념이 아니다. 당위라고 하였지만 실상은 상투적이고 피상적인 사념 수준에 국한된다. 스스로의 존재성을 소중한 것으로 생각하고 자존감을 북돋우며, 제 삶의 방향을 주체적으로 설정하고자 하는 것 또한, 성장의 중요한 지표인 자기 성찰을 통한 자아 완성에 육박하려는 태도다. 나아가 '그것이 인생'이라는 식의 언술 양상 자체가 상념의 통속성을 더한다. 소외되어 존재의 면모를 인정받지 못하는 여성의 현실적 모순을 직시하고 이를 타파하고자 하는 의지는 그럴싸해 보이지만, 실상 그 의지를 표출하는 서술 양상은 구체적인 수준이 아닌지라 설득력이 한참 떨어진다. 그것이 일개 인물의 발화라도 내포작가의 권위적 관념이 장악한 듯이, "인생이란 때때로 우리로 하여금 기꺼이 악을 선택하게 만들고 우리는 어쩔 수 없이 그 모순과 손잡으며 살아가야 한다는 사실을 주리는 정말 조금도 눈치 채지 못하고 있는 것일까"라거나, "뜨거운 줄 알면서도 뜨거운 불 앞으로 다가가는 이 모순, 이 모순 때문에 내 삶은 발전할 것이다"라고 하여, 사뭇 현학적이지만 추상적인 관념이 언명된다. 권위적인 정언명법을 흉내 내어 주인공 스스로 독백하는 듯한 언설들이 어우러져 여성 성장의 신화가 재구된 셈이다. 다만 '모순'이라는 표제처럼, 여성의 출생과 성장에 관여된 삶의 지표가 경계의 혼돈 지경을 돌이키는 공간 감각과 공간 표상을 통해, 퇴행하거나 경계에 정체되어 혼란스러운 반성장의 서사 공간 구도가 기술된 터라서, 그 신화는 여성들이 성장 도정에서 직면한 혼돈의 실상을 호도하는 반성장의 신화에 상응한다.

성장의 길목에서 여성은 가부장 질서에 순조로이 편입되지 못하는 구조적 모순 앞에서 좌절을 겪는다. 그 좌절은 어떻게든 극복하여 성장의 자양으로 삼을 만큼 낭만적인 징후가 아니기에 문제가 크다. '젊어 고생은 사서도 한다'는 경구는 '청소년'이나 '청년'들에게만 효용될 상투어다. 여성에게 젊어 고생은 장년이나 노년이 되어서도 지속될 뿐이다. 그들의 성장은 삶의 부조리를 응축한 반성장인 것이다. 성숙의 징후를 확인하는 순간은 곧 자기 존재의 운명을 목도하는 순간과 조응하는데, 자기를 성찰하고 자아실현을 위해 노력하는 것 자체가 환멸의 세계로 들어서는 몸부림일 것이라서 아이러니하다. 온전한 이행의 결실이 예비된 서사 공간을 여성 성장의 서사에서 기대하기 어려운 것이다. 그렇다면 안정된 행복한 세계로의 편입을 예견할 수 없을 때에 여성이 직면할 반성장의 공간 표상은 어떠한가.

열세 살의 삼월 나는 갑자기 거울 속에서 나를 발견했다……. 나는 자갈이 깔린 마당에서 마루로 향해 가고 있었다. 일요일이었을 것이다. 정오의 햇살이 사물들을 뼛속까지 비추고 있었다. 나는 걸음을 멈추었다. 거울 속의 존재가 정지했다. 거울 속에서 내가 발견한 것은 상의를 들어 올리며 뾰족하게 돌출된 젖망울이었다. 나는 그것이 내 것이라는 사실을 믿을 수가 없었다. 나는 내 몸에서 가슴의 존재를 본 적이 없었다. 그러나 내가 오른손을 들어 올려 망울이 선 왼쪽 가슴을 막았을 때 거울 속의 존재는 거울속의 왼손을 들어 오른쪽 가슴을 막았다. 거울 속의 두 눈은 웅덩이에 빠져 죽은 채로 떠오른 아이의 눈빛을 하고 있었다. 그럴 때 비명을 지를 수 있는 사람은 없을 것이다. 공포도 아닌 슬픔도 아닌, 생이 검은 입을 활짝 벌리고 단말마적으로 제 비밀을 드러내는 위악적인 순간에.

목을 껑충 드러낸 숲처럼 검은 단발머리, 얼굴 전체 윤곽에 비해 약간 큰 코, 치아의 구조로 인해 약간 열린 입술. 거울 속의 나는 여전히 왼손으로 오른쪽 가슴을 막고 서 있었다. 나는 어려운 문제가 아니라 무서운 문제 앞에 서 있었다. 나와 세계 사이에, 나와 삶 사이에 거울이 있는 것이다. 세계는 진실 그 자체로서가 아니라 또 하나의 피사체로서 존재하고 있었다. 아니, 피사체만이 내가 나를 의식할 수 있는 유일한 근거였다. 그것은 오른쪽도 왼쪽도 앞면도 뒷면도 진실에도 거짓에도 무책임했다. (전경린, 「거울이 거울을 볼 때」)

그날 나는 결국 중학생인 오빠의 상의를 입었다. 그것은 뻣뻣하고 두껍고 커다란, 한마디로 흉측한 옷이었다. 내 존재의 변신에 걸맞는 의상이기도 했다. 나는 그날 정오를 지나면서 밋밋하던 몸뚱이에 젖가슴이 달린 존재가 되어버린 것이었다. 나로선 젖가슴이 등에 붙건 앞에 붙건 마찬가지로 받아들일 수 없는 비극이었다. 이런 이물질을 달고 어떻게 남은 생애를 살아갈 수 있을 것인가. 삶이 전과 같지 않을 것이었다. 나는 타인들로부터 깊숙이 숨겨야 할 육체를 윗부분에도 가진 것이었다. 그것은 피카소만큼 해체적인 것이다. 후에 피카소의 작업을 보았을 때. 나는 그날을 떠올렸다. 느닷없이 내게 젖가슴이 생겼던 삼월의 어느 일요일 정오를. 내가 서랍 속의 모든 옷을 상실했던 날. 그것은 내 생이 피카소적으로 울었던 날이었다. 그러니까, 입체적으로…… 평화는 깨어졌다. (위의 소설)

성장의 징후를 확인하는 순간에 밀려오는 당혹스러움은 이미 도를 지나쳐 단말마의 고통을 체감하게 될지도 모른다는 공포감으로 이어진다. 성숙한 여인으로 가는 도정에 선 이로서 여태껏 본 적이 없던 '가슴의 존재'감을 실로 무겁게만 느끼는 모양새이다. 공포라기보다는 '위악'에 대한 경악이 밀려오는 그 순간, 스스로도 자기 존재에 의구심을 보내며 '피사체'로서만, 곧 주체 아닌 대상으로서만 스스로를 의식할 수밖에 없는 부조리에 직면해 있다. 거울을 통해서만 성찰할 수 있는, 그나마 자신과 상반된 모순의 반사체만 관망할 수밖에 없는 이의 처지는 연민을 자아낼 여지나 가치를 판단할 여력조차 남기지 않는다. 진실과 허상이 뒤엉켜 혼란스러움만 가중된 세계가 의식에 떠오를 뿐이다. 안정된 성장의 공간이 구상으로 그려지지 아니하고 '평화가 깨진' 공포와 불안에 휩싸인 반성장의 공간이 추상으로 그려질 뿐이다.

이러한 반성장의 혼돈은, 정신에 비해 이미 많이 부풀어버린 제 몸에 맞는 '옷을 상실'한 채 오빠의 상의를 입어 '변신'할 수밖에 없었던 삽화를 통해 우의된다. 내밀히 숨겨야 할 육체의 부분을 하나 더 가진 채, 평생을 달고 살아야 할 '이물질'로 의식하며 부조리한 비극에 상심하는 정황 또한 혼돈의 알레고리이다. 삶의 구체가 추상으로 변모되었다는 주인공의 독백은, 이제껏 의식하지 못하던 숱한 관념에 얽혀 번민할 수밖에 없음을 시사한 것이기도 하다. 서사 공간의 구도가 원근법 원리에 입각할 리 만무할 것이며 선과 면이 갖가지 양태로 얽히고설킨 피상을 띨 것이라고 예견된다.

저러한 혼돈은, '카오스에서 코스모스로'라는 우주적 창생 원리를 변주하였다는, 입사의 혼돈과는 차원이 다르다. 거울에 비친 여자 아이의 모습은, 예 함께 비친 "뱀을 향해 돌을 던지는 남자애들의 팽팽하게 긴장된 팔뚝과 두려움에 번뜩이는 눈, 앙다문 입들"과는 사뭇 대조적이다. 카오스의 원형 상징인 뱀을 공격하는 사내아이들은 혼돈을 헤치고 과업을 수행한 후 질서로 편입함으로써 입사에 순조로이 성공하는 주체의 표상에 수렴된다. 자아 완성에 대응되는 성장의 원형적 형상이, 환멸에 찬 여성의 성장, 곧 반성장의 신화에 오버랩되어 있다고 할 수 있다. 자아 성찰의 공간 표상으로 자주 거론되는 '거울'이 여성에게는 제 모습을 온전히 비추어 성찰할 수 있도록 하기는커녕 자신의 비참한 왜곡상을 비추는 공간 표상에 대입되는 것이 수순이다.

짐짓 빨리 자라 성공하고자 하는 사내들에 비해, 여자 아이들은 성장을 두려워하여 거부하려는 잠재의식에 사로잡힐 법하다. 그런 잠재의식이 집단적 표상으로 승화된 형태가 신화라고 친다면, 가부장적 질서에 편입되지 못할 '이데올로기적 운명'의 굴레에 옥죄인 여성의 삶이 신화를 조장할 가능성은 충분하다. 이를 반성장의 신화라고 이름 붙일 만한 것이며, 그 신화적 집단 무의식을 구성하는 여성들의 경계적 상황이 과도의 서사 공간에 수렴되는 것이다.

> 나는 실제로 자라는 것을 거부하며 하루 한 끼 이상은 먹지 않으려 했고 여자애들이 하는 군것질 따윈 결코 하지 않았다. 다행히 더 이상 자라는 것 같지 않았다. 그 열일곱 살 이후 지금까지 나는 0.8센티미터밖에는 자라지 않았으니까. 머릿속에서 언제나 나는, 물방울무늬 원피스를 입고 흰 먼지가 하늘 높이 치솟는 뜨거운 햇볕 속을 걷고 있었다. 나는 절대로 결혼하지 않을 작정이었다. (전경

린, 「평범한 물방울 원피스에 관한 이야기」)

현실을 장악한 이데올로기에 환멸을 느낀 주인공이 성장을 멈춘다는 것이, 귄터 그라스의 『양철북』을 떠올리게 하는데, 환멸에 찬 역사적 시기에 성장을 거부하는 남성과 달리, 여성의 성장 거부는 그 자체가 모순된 삶과 운명에서 비롯된 반성장의 신화를 돌이키게 하는 서사 모티프이다. 그리고 성장의 시간이 멈춘 반성장의 신화가 빚어진 자리에 공간 표상이 구성된다. 성장 거부에 상응하는 결혼 거부는 반성장의 경계적 공간 표상의 거점으로서 주목을 끈다. 성장의 정점에 결혼이 놓여 있으며 결혼이 삶의 순조로운 시간적 경과에 관여되는 조건이니, 결혼에 대한 거부는 반성장 모티프의 정화이며 반성장에 연루된 서사 공간 표상의 수렴항이라고 할 수 있다. 결혼을 거부하는 '나'의 잠재의식을 장악한 형상이 공간 형상의 극치를 조합한 영상인 점도 이채롭다. 시간의 흐름이나 시간의 경과를 거부하는 의식이 공간 표상에 엮여 의식의 저층에 잠재되어, 현실적 이데올로기의 모순과 질곡을 탈피하여 가상의 서사 공간을 창출하는 심리적 기제의 개연성을 드높이니 말이다.

결혼으로써 여성의 삶의 방향이 상당히 뒤틀리는 경우가 허다하다. 오죽하면 여자와 어둠이 결합된 글자가 '혼'(婚)일까마는, 문화와 가치관을 반영하여 표의하는 한자의 제자 원리를 고려하지 않더라도, 가부장 사회에서 혼인은 여성이 삶의 구석진 데로 소외된 채 인고해야 하는 어둠의 공간에 들어서는 것이나 진배없을 법하다. 다음을 보자.

스물다섯 살에 나는 결혼을 했다. 결혼을 하자 많은 일들이 실제로 일어났다. 그 일들은 너무나 맹렬한 속도로 진행되어서, 스물다섯 이전의 생은 창백하고 모호하게 느껴졌다. [……]

커다란 슬레이트 축사의 소떼 사이에서 새끼를 낳는 소처럼 열 개의 침대에 열 명의 배부른 여자들이 침대 머리의 쇠기둥을 쥐고 비명을 지르는 종합병원에서 아이를 낳았다. 간호원들은 껌을 씹으며 주말 연속극을 보고, 남자 배우의 우유부단한 성격이 마음에 들지 않아 신경질을 내었다. 현대의 모든 생산물이 그렇듯, 그곳에는 아기도 아이를 낳는 여자도 세상을 더럽히는 불순한 잉여물일 뿐이었다. 이백이십 명쯤, 아니면 이천오백 명의 아기를 꺼낸 의사의 손이 성급하게 자궁 속을 휘저었다. 그 갈고리 같은 손은 아이의 머리를 붙들었고 어깨를 힘차게 빼내었다. [……]

여러 해 동안 같은 생활이 반복되었다. (전경린, 「거울이 거울을 볼 때」)

숱한 일들이 맹렬히 벌어진 듯하여 전날의 삶이 별것 아니게 느껴지기도 하지만, 실상은 같은 일이 반복된 것에 불과하여 삶의 권태감마저 유발될 듯하다. 그나마 가장 고통스럽기에 인상적인 체험이었을 출산의 기억조차도, '불순한 잉여물'을 재생산하는 하찮은 일에 불과한 것으로 비쳐질 뿐이다. 누구나 다 하는 일을 반복하는 일상은 늘 반복됨으로써 권태로움을 낳고 또 낳으며, 그 권태 속에서 헤어나지 못한 이는 존재로서의 속성조차도 망각한 채 삶에 아무런 의욕을 갖지 못하는 지경에 이르기 십상이다. 다만 바삐 진행되는 일상적 시간의 지배에서 한편으로 벗어난 권태야말로 '탈시간의 전략'일 수 있음을 간과해서는 안 될 것이다. 그런 상황에서 저 주인공은 '낮잠'에 중독되듯이 빠져들면서, 삶의 감각을 점차 잃어가는 정황이 연출된다. 시간의 굴레와 현실의 고역에서 벗어나 몸과 마음을 쉴 수 있는 공간 기제가 곧 낮잠이라고 해도 좋을 테니, 권태에 이어 낮잠에 빠져든다는 설정은 이 서사의 주지가 공간 기획에 있다는 점을 방증한다. 다만 그리 기획된 공간이, 항구한 실체가 현실과 꿈 사이에 가로놓인 경계 공간에 상응하는 것이기에 부정항에 기운다.

낮잠은 그날들 속에서 좀이 생기듯 저절로 생겼을 것이다. 권태가 알을 까듯이 [……]

잠 속에서 나는 내 생에서 실제로 일어난 모든 일을 망각해갔고, 아무 일도 일어나지 않았던 창백한 모색의 시간 속으로 운반되어갔다. 그 속에서 나는 수많은 거울들을 보았다. 거울 속에는 수경 재배되는 씨앗들처럼 얌전한 사람들이 갇혀 꿈틀거리고 있었다. 나의 생도 진행을 멈춘 채, 보관되어 있었다. 거울은 내게 강요하고 있었다. 잠에서 깨어나라고, 그리고 거울을 보라고. 꿈틀거리고 살라고. 그러나 나에겐 환상이 없다. 나는 안간힘을 다해 두 팔로 나를 누르고, 두 눈을 파묻을 듯이 감았다. 내가 아직도 할 수 있는 것은 생식뿐이다. 나는 밤마다 교미를 하고 달을 채워 새끼를 낳고 젖을 물리고 또 교미를 하는 부풀어오른 암컷일 뿐이다. (위의 소설)

과업을 성취하면서 새로운 과업을 만들고 또 삶의 문제를 헤쳐 나가면서 생의 의미를 찾고 자기 존재의 생명감을 확인하는 주인공을 앞세운 성장의 서사와 사뭇 대조되는 반성장의 신화는 이렇듯 정점을 향해 내닫는다. 거울을 보면서 성찰하고 모색한들 성장을 향한 희망은 없음을 스스로 깨달은 바가 이미 있는 듯하다. 저 여성 주인공에게 성장은 환상에 불과한 것이어서 성장에 대한 기대는 환멸만 낳을 뿐이다. 생리적으로 어미로서의 속성만 가득 차 '부풀어오른 암컷'에 불과하다는 독백은, 여성 성장의 극점이어서 그나마 더 이상 성장을 모색할 수 없는 지경에 이르게 하는 결혼에 얽힌 가부장 신화에 부치는 자조와도 같은 것이다. 이 또한 지극한 공간 표상을 통해 이야기되고 있으니, 성장이라는 시간 표상의 극치를 탈피하고자 하는 열망을 공간 기제를 통해 달성하려는 반성장 서사의 전략적 단면이 드러난다.

이처럼 여성 인물의 일상을 이야기하는 소설에서, 결혼 생활의 권태로

움이나 결혼으로 인해 체감하는 부조리 등을 이야기하면서 체념하거나 삶의 새로운 조망을 모색하려는 내용을 종종 볼 수 있다. 자아의 실현과 입사가 예비된 플롯 대신, 삶의 중요한 정점에서 주체로서의 존재성을 상실해가는 비극적 현실을 극화한 서사의 사례들은, 여성의 반성장에 관한 신화가 재생산되고 있으며, 이에 관여된 과도 공간이 서사를 통해 여전히 구성되고 있다는 점을 방증한다고 할 수 있다.

한편, 성장의 한 징후는 성애(性愛)에 눈을 뜨는 것이다. 물론 성애에 관해서는, 아는 것이나 표현하는 것, 행위하는 것 모두가 금기시되어 있다. 하지만 생리적 성숙에 맞물려 성에 관심을 갖는 것은 당연한 성장의 과정이다. 그런데도 관심을 표하는 것부터 허용되지 않다 보니, 성장의 도정에 선 아이들은 음지(陰地)에서 성애에 대한 관심과 욕구를 채우려 하게 마련이다. 때때로 성에 관해 얼마나 아는지 실제 경험은 있는지 따위를 자기들대로 따져가며 성장의 정도를 겨루기도 한다. 그런 이야기가 은밀히 오가는 음담패설을 통해 소통되는데, 그 자체가 또래 사이에서는 억눌린 욕망을 표출하는 중요한 기제이다. 그만큼 음담과 패설을 통해 성애를 이야기한 결과물들이 곧 집단 무의식의 표현에 준하는 것으로서 신화와 조응하는 면이 있으며, 성애의 판타지를 나누는 장이야말로 현실적 금기의 장벽을 넘어선 과도의 서사 공간에 대응된다고 할 수 있다.

그런데 성장에 관한 또 하나의 저 신화도 여성의 경우에는 신비하고 순수한 무엇인가가 지켜져야 한다는 통념에 비쳐진 채 더욱 금기시되는 것이 사실이다. 따라서 성애에 관한 환상이 남자 아이들에게는 당연한 성장의 징후로 공공연히 인정되는 데 반해, 여자 아이들에게는 더없이 불경스러운 것으로 고지되기 일쑤이다. 그래서인지 여성들의 성적 담론은 더더욱 음지로 숨어든 가운데 펼쳐질 수밖에 없는 형국이다. 그렇다고 겉으로 발설한대서야 성장에 관하여 모종의 효력을 발휘하는 담론이 될 수 있을지도 미지수이다. 남성의 음담패설이 성장의 중요한 담론이라는 사실을 상기해보면, 여성의 성적 담론은 반성장 담론의 중요한 일부가 될 개연성이 크다는 점 정도만 가늠할 수 있을 뿐이다. 성애와 관련하여서도 여성에게 주어질 서사 공간이 일그러진 형상과 구도로 구성될 개연성만 남는다.

> 나는 통속소설이든 고전이든 어느 소설에서나 침대, 허벅지(때론 대퇴부라고 표현되기도 하였으므로 그런 경우 나의 독서는 국어사전을 찾느라 중단되었다), 젖가슴, 포옹이란 말이 나오면 특히 신중하게 그 부분을 읽어나가곤 했다.
>
> 신문소설을 읽어본 뒤 그것이 내가 원하던 읽을거리, 즉 성적인 인상을 강렬하게 주기로 의도한 읽을거리라는 판단을 한 것도 그 무렵이다. 그때부터 신문소설을 샅샅이 읽기 시작했는데 특히 역사소설의 찐득하면서도 내숭이 많은 성애 장면은 두 번씩 읽는 일이 예사였다. 갈수록 신문소설 읽는 법을 터득한 나는 먼저 삽화를 보고 나서 내가 원하는 내용이 있을지 없을지 짐작할 수 있게 되었고 나 같은 독자를 위해 몇 회에 한 번 정도는 꼭 그런 장면을 집어넣어주는 작가의 치밀한 구성력에 감탄하기도 하였다. [……]
>
> 언젠가는 다락 속을 더 깊이 뒤적거리다가 시멘트 부대같이 누렇고 거친 종이 위에 아무것도 씌어지지 않은 표지의 책을 발견했다. 한 장을 넘겨보니 차례 위에 '음모를 불태워라' 제목이 박혀 있었다.
>
> 나는 사전을 세 번이나 뒤적거려야 했다. '음모'를 찾아보니 '거웃'을 찾아보라고 되어 있어서 다시 '거웃'으로 가보았지만 '사람의 외부 생식기 주위. 곧 음부에 난 털'이라는 설명을 잘 알아들을 수가 없었다. 하는 수 없이 또 '생식기'를 찾아보았는데 '생물의 유성 생식을 하는 기관, 교접기'라는 말을 보고 골치가 아파져서 포기를 할까 하는 순간에 맨 마지막에 내가 아는 단어, 즉 '성기'를 발견하여

겨우 뜻을 알게 되었다. 한꺼번에 세 개의 단어를 알게 되었으므로 나는 지적 만족감 속에서 그 책을 읽어내려갔다. (은희경, 『새의 선물』)

성에 눈뜬다는 것은 성장의 직시적 지표임에 분명하다. 금기는 환상을 짓고 환상은 욕망을 유발하는데, 성에 대한 금기는 결국 성욕을 부추기는 역작용을 한다. 그런데 현실적으로 그리 부풀은 욕망을 분출할 '길'은 막혀 있으니 은밀한 행위나 우회적 행위로써 대리 만족할 길을 찾을 수밖에 없다. '숨어서' 성애를 다룬 소설을 읽거나 성에 관련된 어휘를 사전에서 찾아 '지적 만족감'을 느끼는 행위는 그 대유이다. 그런 관심을 딴 데 돌려 희석하려는 '할머니의 선물 공세'로 대변된, 기성세대의 감시와 회유가 거세질수록, 더욱 은밀한 데서 더욱 내밀한 욕망을 충족하려는 무의식은 짐짓 대담하게 의식의 겉으로 드러나려 한다. 성이란 "금지되었을 때만 매력을 갖는 삶의 오류"라고 규정하는 주인공의 독백은 의미심장하게 들린다. 과연 물리적인 현실의 장소에서 성애에 대한 열망을 충족할 수 있을 리는 만무하며 비현실의 은밀한 공간을 마련하여야 일말의 욕망이라도 채울 길이 열리는 법이다.

게다가 기억 저편에 내밀히 간직할 이야기를 발설하는 것 자체가 가부장적 이념과 제도를 공고히 하는 데 걸림돌이다. 그것도 여자 아이의 은밀한 경험담인 만큼, 기성의 담론 질서에 크게 위배되는 면이 있어, 여성성장의 한 담론적 전략이라고 할 여지가 없지 않다. 그렇지만 체험의 내용이나 이야기의 양상은 그냥 성장에 관한 것과 다르지 않아 의아하다. 경험자와 화자가 일치하지 않아 회고담의 성격을 띠는 데서 서사의 신빙성이 떨어지는 것이 관건인데, 이미 커버린 이의 의식이 어릴 적 자기 의식을 결정하고 있을 개연성이 크기 때문에, 성장에 대한 권위적 해석이 개입한 상태라면 가부장적 성장 담론에 필적할 가능성 또한 크다. '치밀한 구성력'이나 '지적 만족감' 등과 같이 문맥이나 어조와 무관하거나 아예 모순된 표현이, 현학하듯 서술하는 태도를 시사한다. 성애에 대한 환상만 남긴 채, 성장에 관한 것이든 반성장에 관한 것이든 또 하나의 이념적 서사를 지은 셈이다. 이럴 경우라면 이에 관여된 서사 공간이 파상 형국을 이룰 우려가 생긴다.

이러한 환상적이면서도 이념적인 서사는 기성 질서에서 막연히 신비하고 순수한 것으로 전제되어 금기시되던 성에 대한 관념을 해체하는 기제로 작용할 수도 있을 것이다. 특히 여성 서술자의 생각과 말을 빌려 언술되는 경우라면, 가부장 이데올로기에 대한 심상치 않은 저항 담론으로서의 효력이 예상된다. 이는 출산을 통해 안정된 가정생활을 영위하는 데 전제 조건이자 사랑의 완성태로 이해되는 결혼에 관한 관념의 양상을 뒤집는 데 작용하여 극적인 효력을 낳는다. 사랑이 결혼의 선행 조건이 아니라거나, 결혼을 전제하지 않고서도 사랑할 수 있다는 생각만 하더라도, 결혼에 대한 기성관념에 위배되는 것이 분명하다. 한술 더 떠, 성애는 출산을 위한 신성 행위로서 성장의 요건이 아니며, 성적 욕망을 직접 충족하는 동시에 금기를 위반하려는 유희 충동을 채울 수 있는 행위라고 이해해 마땅하다는, 파문에 가까운 의식을 표출하는 계기가 구축된 데 주목할 만하다. 가부장적 질서 속에서 실존적 한계에 이중으로 직면한 여성 현존재가 현실 기제의 장벽으로 생긴 경계를 허물고 가부장의 성적 이념을 전복할 가상의 신생 세계로 이행하여 구성될 과도 공간의 서사적 표상을 이 맥락에서 추론할 가능성이 열린다. 다만 그 형상이 왜곡된 현실 세계에 대한 냉소적 아이러니일 가능성이 잔존하는 한 저 서사 공간은 온전한 이행의 자질을 구현하는 대신 경계적 혼돈만 조장할 여지가 남는 점이 석연치 않다. 가령 다음과 같은 이야기 대목에서 '초야'에 대한 관념은 여지없이 무너지지만, 전복적 사념이 신생 관념과 담론을 구성하는 데 수렴되는지는 의문이다.

오늘은 그렇지 않다. 다급하게 내 블라우스를 벗겨 등뒤로 던지며 현석이 속삭인다.

"알아? 오늘이 우리의 첫날밤이야." "그럼 지금까지는?"

"그건 다 추억이고. 오늘밤은 우리의 축제야."

내 몸 군데군데 불을 놓듯이 현석의 뜨거운 입술이 내 입술과 가슴과 다리에 닿는다. 나는 굵은 참나무 장작처럼 불이 붙어서 빠지직 소리를 내며 현석 쪽으로 오그라든다. 우리가 서로 얽히자 하얀 침대시트 위로 불꽃이 탁탁 튕겨져나온다.

현석이 귓불을 깨문다. 귓바퀴 안을 더듬는 혀가 축축하고 부드럽다. 그는 긴 입맞춤이 끝나면 으레 손을 들어 입가에 묻은 침을 닦아주곤 했다. 그는 섹스마저도 최후의 자의식을 남겨놓고 치렀다. 내 자의식은 그것을 알았고 똑같이 응수했다. 그러나 섹스의 첫째가는 기교란 자연스러워질 수 있는 능력인 모양이다.

그의 몸이 내 몸속에 들어왔을 때 나는 배를 쓰다듬어 그 아이에게 말을 건다. 그 아이는 자신이 사랑으로 잉태되었다고 생각하고 안심할 것이다. 부모가 좋은 사람임에 틀림없다고 믿어줄지도 모른다.

절정에 이르렀을 때 현석의 신음소리를 들었다. 지금까지는 마지막 순간까지 호흡을 조절하여 소리를 내뱉은 적이 없었다. 나는 그가 사정한 순간을 처음으로 알았다. 그것은 갑작스런 뇌우처럼 순간 나의 눈과 귀를 찢어놓았다. (은희경, 『마지막 춤은 나와 함께』)

실상 둘이 처음 맞이하는 밤도 아닐 뿐더러, 혼전 관계이며 혼인을 전제한 관계도 아니기 때문에, 초야의 조건에 전혀 걸맞지 않는다. 능란한 기교로써 자연스레 나누는 쾌감을 통해 서로의 존재감을 확인하는 장면은 사뭇 도발적이다. '그의 몸'을 제 몸속에 받아들인 상태에서 '잉태' 상태를 떠올리는 것은 지극히 전복된 상념을 전한다. 사랑과 결혼과 출산의 관계에 얽히고설킨 순결이나 신성 이념은 급격히 와해된 지경에 이른 터이다. 성애에 관한 생각과 행위가 성장에 관한 숭고한 이념으로 수렴되지 않는 혼돈 상황이 펼쳐지는 것이다.

이렇듯 일반적 관념이 와해된 지경은 다음과 같이, 유희적 성관계를 통해 인간 존재의 본질을 인식할 수 있다거나, 불륜에 대해서도 신호 위반 정도로 의식하는 인물들의 발화를 통해, 내포작가의 공고한 가치관을 시사하는 데까지 육박해 있다. 성애에 관한 담론은, 절대적 비의를 담고 있어 아무나 함부로 근접할 수 없는 도그마가 아니며, 누구든 관점을 달리함으로써 이면의 의미를 해석할 여지가 충분한 사상(事狀)일 뿐이라는 의식이 공공연히 고지되고 있는 것이다. 완고한 현실의 장벽을 넘어선 허구적 서사 공간에서라야 효력이 발휘되는 것이 한계이며 그 한계 내에서만 유효한 담론임을 전제해야 하는데, 저와 같은 이야기 대목들을 통어하는 내포작가의 이념이 개입한 정황이 뚜렷한 터라, 현실의 장소에서도 그 뜻을 관철하려는 탐심이나 그리 할 수 있을 것이라는 오판의 징후가 드러나는 것이 문제이다. 짐짓 경계와 이행의 서사 공간이 온전히 기술되었다고 보기 힘든 것이다. 이어지는 다음 대목을 더 보자.

> 몸을 파는 여자들은 때로 의무적인 일을 빨리 끝내기 위해 일부러 소리를 크게 지른다. 소리에 흥분하는 것은 남자뿐 아니라 여자도 마찬가지일 것이다.
>
> 그러나 섹스의 깊이는 계속 소리만 질러대는 단조로운 고음부 코러스에 있지 않다. 무반주 첼로 연주처럼 힘 있고 유장하면서도 견딜 수 없도록 고독한 데 있다. 만약 섹스가 터질 듯한 환희의 코러스일 뿐이라면 인간은 쉽게 섹스의 바닥

까지 도달해버릴 것이며 그 일을 평생 되풀이하고 싶어할 리도 없다.

가장 가깝게 합해지는 순간 가장 고독하게 분리되는 어떤 부조리한 동반-섹스의 순간에는 인간이라는 존재에 대해 알 것 같은 기분이 든다. (위의 소설)

결혼한 남녀가 바람을 피우는 것이 어디까지가 비련이고 어디부터가 불륜이냐고 윤선이 물었다. 불륜? 윤리에 어긋나는 것 말이야? 글쎄. 윤리란 건 질서를 유지하기 위해 만든 약속이잖아. 그러니 사랑보다는 하위 개념이겠지. 간통죄라는 실정법이 있으니까 바람피우는 게 불법이긴 하겠지만, 신호등 위반으로 도로교통법 위반한 정도가 아닐까. 내 말에 윤선이 대꾸했다. 내가 하면 비련이고 남이 하면 불륜이지 뭘 그렇게 어렵게 말해. (위의 소설)

성애에 관한 의식이 여성 인물의 언설을 통해 표출되는 만큼, 가부장적 성 이데올로기에 대응하는 성 담론으로서 일견 가치 있어 보인다. 그러나 그 담론의 양상은 즉자적인 의식을 직서(直敍)하는 식이라서 선정적으로 보이기에 가치를 고스란히 단언할 수 없다. 글 전반에 걸쳐 현학함으로써 고상해 보이려는 자의식 같은 것이 엿보이기에 위 대목과 같은 사례는 지엽에 국한되고 만다. 가령 "타르코프스키의 「희생」"을 끝까지 볼 줄 알고, "바그너의 「발퀴레」"와 "쇼스타코비치 5번"을 들을 줄 아는 인물 형상을 내세운 것은, 그도 지엽에 국한되기에 그나마 다행이지만, 천박한 치장에 불과한 것으로 보일 뿐이다. 사뭇 선정적으로 보이는 저런 식의 수사가 종종 눈살을 찌푸리게 하는 것까지 의도한 소산이라고 할 수는 없을 것이다. 고상한 가부장적 취미에 불과한 것을 탐하는 인물의 이야기를 권위적인 가부장 담론 양식에 실어 이야기하는 통에, 반성장의 서사 공간에서 구성되어야 할 경계와 이행의 표상들이 호도된 터이기 때문이다. 완고한 가부장적 질서를 용인한 성장의 서사 공간에 대한 탐심이 은밀히 배인 서사에 우리가 직면해 있는 셈이다.

따라서 성애에 관한 담론이 유연성을 상실한 채 또 하나의 도그마를 낳는 신화의 범주에서 자유로울 수 없다. 최근 들어 눈에 띄게 유포되어 있는 여성의 성애에 관한 담론의 양상이 대개 그런 식으로 읽힌다. 그것은 자기 발견이나 자아 완성이라는 성장 신화 저편의 의사-반성장 서사(pseudo Anti-Bildungsroman)에 준하여 읽을 만한 수준인 경우가 많다.

1990년대 이후 30대 여성 작가들이 내놓은 한국 소설은 대개 자전적 소설 경향을 띤다. 이를 두고 "90년대의 문학에서 발견되는 일반적인 현상 가운데 하나인 사인성의 범주"[55]로 분류하는 박혜경의 논의는 적확하다. 다만 "작가 자신의 자전적 성장 체험이 그들의 문학을 이끌어가는 중요한 동인으로 자리잡고 있는 것으로 보인다"[56]고 하는데, 보편적 성장 개념에 비견해볼 때, 그 성장의 양상이 부조리한 면을 내포하고 있다는 사실을 명증하지 못하는 듯하다. 그 작가들이 좇는 '자기 정체성'이라는 것 자체가 가부장적 질서를 대변하는 개념이라는 사실을 지적하지 않고서는 여성의 성장에 관한 논의는 '비신화화' 아닌 '신화의 재생산'에 준하는 차원에 머무를 가능성이 크다.[57]

1990년대 이후 눈에 띄게 변화한 문학적 관심 속에서 최고의 인기와 찬사를 얻은 여성(혹은 여류) 작가들의 소설을 보면, 유년 시절과 젊은 시절에 여성 주인공이 성장하면서 겪은 고통을 추억하여 이야기함으로써 일견 여성 성장소설의 가능성을 시사하는 듯 보인다.[58] 그렇지만 성장에 대한 기억의 저편이 의미하는 것은 무엇일까. 그도 현실(사실)과 허구가 착종되어 생경하고 현학적으로 들리거나, 때로 담론의 위압감까지 느껴지는 그 기억의 실체는 무엇인가. 그것은 성장하여 질서에 편입되고자 몸부림치는 부조리한 자의식에 맞닿아 있다고 할 수 있다. 예컨대 실명 작가의 실명 소설을 거론하면서까지 성장 도정의 번민과 아픔을 얘기하는 서술 태도는, 사실과 허구의 역학을 조율하지 못하는 서술자의 태만이나 독자들을 위압하는 오만을 드러냄으로써, 가부장적 성장소설에 대한 탐심을 내비친다. 일기와 소설의 경계를 넘나드는 성공담에 준하는 글이란, 실제 인물의 성공 여부를 떠나서, 현실의 장벽을 넘어 허구 세계에 구성한 과도적 서사 공간의 양태와는 사뭇 다른 만큼, 가부장적 수직 상승을 염원하는 여성의 부조리한 정황을 극화한 부정적 사례로 남을 것이다.[59]

어느 경우나 사상(事狀)과 담론에는 이면과 음영이 있게 마련이다. 사담(私談)에 육박한 글을 두고, 여성의 성장을 소재로 다룬 표층에만 주목하여, 여성 성장소설의 전범으로 고평하는 것은 온당치 않다. '여성 성장'이란 사상에 그리고 이에 관한 담론에 짙게 드리운 가부장 이념의 그늘을 온전히 직시하지 못하고 본질적 의의를 모색하지 못한 데서 비롯될 오판의 가능성은 사뭇 크다. 여성 성장에 관한 신화, 그리고 반성장의 신화가 서사적으로 변주되어 지속되거나 재생산되는 현실을 직시함으로써, 여성소설에 관한 논의가 사상누각이 되는 우를 범하지 않도록 해야 할 것이다. 경계에 처하거나 주변에 내몰린 여성이 사회·문화적으로나 정치·경제적으로 조성된 과도 공간에서 도모하는 이행의 전략이 단지 기성의 가부장 사회에 편입되는 구조가 아니라, 신생 공간을 창출하고자 도모하는 서사 공간 기획의 전략에 수렴되는 역동적 표지들을 읽는 데 주력해야 하는 것이다.

이런 맥락에서 여성의 사회문화적·정치경제적 조건에 관여된 젠더(gender) 공간의 외연과 함의를 논급할 여지가 조성된다. 문화 장에 편재한 담론적 실천의 징후들을 읽어내어 젠더 공간의 음영에 대해 전복적으로 사유하여 이해하는 것이 관건이다. 신화에서 의례로, 그리고 연행과 서사로 확산되고 일정한 구심으로 수렴되는 젠더 공간에서 보이는 과도 공간의 자질을 추론하는 것도 관건이다. 여성이 점한 삶의 장에 관여된 젠더 공간의 문화적 형상과 서사적 변주의 양상에 관해 논급할 여지가 생기는 것은 이런 맥락에서이다. 그리고 그러한 젠더 공간에 간예한 가부장 이데올로기의 내밀한 음모 또한 들춤으로써 담론적 실천의 국면들을 해체할 여지가 조성된다. 이러한 여지에서 젠더 공간이 과도 공간에 수렴되는 자질들을 폭넓게 논급할 수 있는 길이 열릴 것이다.[60]

6. 과도 공간의 서사적 전망

성장의 과정을 상징적으로 극화한 통과의례를 통해 보편적으로 부각되는 것은, 과도에 처한 이들이 겪는 혼돈의 체험이다. 처음 통과의례의 구조를 분석한 반 겐넵의 논의대로, 통과의례의 종국이 기성 사회로의 '재통합'인 것은 사실이다. 그런데 이는 성장의 당사자 입장에서가 아니라, 사회 구조나 제도의 견지에서 이해한 바이다. 그러고 보면, 입사의 주인공 입장에 유념하여, 통과의례의 상징적 의미를 과도 공간의 속성인 혼돈에서 찾은 터너의 통찰은 적확하다. 의례의 공간이 세속적 양태인 연행의 공간으로 이어질 때에도 과도적 역동성이 구심 자질인데, 의례의 본질인 문턱과 같은 혼돈 상황이 역동적 장으로 변형되어 드러난 연행 공간에 주목한 것 또한, 과도 공간의 원형과 변주에 관해서 의미심장한 단서를 던진다. 이런 맥락에서 성장과 입사에 연관된 과도적 상황의 표지를 소설의 모티프로 활용한 사례에 주목할 수 있었던 것이다. 특히 한 인물의 성장에 관한 이야기가 주제라고 해서 단순히 성장소설이라고 규정할 수 있는 것은 아니라는 데 유념할 여지가 제기되었다.

인물 형상이나 구성의 역학을 고려하여 성장소설의 양상을 일별할 여지가 있다는 점은 경계와 이행의 서사 공간에 주목하여 얻을 수 있는 중요한 시사점이다. 특히 성장에 따르는 과도 공간적 혼돈 양상이 어찌 펼쳐지며, 그 상황에 처한 주인공의 성격이나 가치관 등은 어떻게 변모하는지 해석해야 한다는 데 유의해야 한다. 이런 해석 주안점을 염두에 두고, 탐색이나 성장, 변신 등에 관한 모티프를 구현한 것으로 판단되는 서사 텍스트를 분석하고, 그 결과를 토대로 원형과 변모의 양상을 여러 각도에서 추적할 수 있는 것이다. 요컨대 신화적 인물의 성장에 적용되는 과도 공간의 의미망과, 제도에서 소외된 현대인의 성장에 적용되는 과도 공간의 의미망이 서로 다른 양상을 띤다는 점, 재통합에 초점이 모일 양상과 경계와 이행 도정의 혼돈에 초점이 모일 양상이 대별된다. 성장의 고통 뒤에 안정된 삶이 보장되는 이와 성장의 결실이 보장되지 않는 이에게, 혹은 어떻게든 출세하여 사회에서 인정받는 성원이 되고자 하는 이와 사회의 불의와 구조적 모순에 항거하려는 이에게, 성장에 따르는 과도 공간의 의미가 각각 다른 것이다.

이러한 성장에 관여된 과도 공간의 양상은 경계와 이행의 공간 표상의 또 한 국면인 죽음의 공간 표상에서도 흡사하게 드러난다. 성장의 경우와는 다르게 죽음에 직면한 경우의 경계 상황에서 당사자는 물론 주변인들까지 체감하는 혼돈감과 위기감이 상대적으로 안정된 시공을 요구할 터이지만, 실제 상황이 그리 극적으로 전화될 여지는 만무하다. 죽음은 생물학적인 조건으로서 기정사실로 전제된 터, 그러한 자연적 사실을 부정한다고 해서 문제가 실로 해결될 수는 없는 법이다. 생명에서 죽음으로 전환되는 시공의 경계에 처한 위기를 극복하는 방안은 물리적 지표 아닌 정신적 표상을 통해 구현된 모종의 문화적 기제의 창출을 통해 모색될 수밖에 없다. 그것은 바로 시간적 제약과 장소적 한계를 넘어서서 자유를 구가할 수 있는 공간의 창출에 준하는 기획에 상응한다. 특히 죽음의 문턱에 걸친 과도적 혼돈과 위기감을 넘어서야 하는 절체의 상황에 처한 이들의 실존적 기획이 곧 공간 기획에 상응하는 것이다.

죽음으로 야기된 삶의 위기 상황과 이를 극복하려는 이들이 구성하는 공간은 제법 심장한 의미망을 빚는다. 요컨대 삶과 죽음의 모순등가(ambivalence)로 표상되는 경계의 표지들이 그 의미망의 씨줄과 날줄을 이룬다. 죽음이 끝이 아니며 생명과 모순되지만 대자연의 섭리에 비추어 순환의 한 거점을 이룬다는 생각을 통해, 죽음에 직면한 당사자는 물론 살아 있는 이들에게 닥칠 죽음의 위기와 불안을 돌려 희망의 표지로 전환할 예지가 열린다. 죽음은 삶의 세계와 죽음의 세계 사이에 놓인 경계 상황이며 혼돈에서 새로운 질서로 이행하는 도정에 마땅히 건너야 할 과도 공간의 표상이라고 전제하는 생각이 관념 수준에 머무르지 않고 다방면의 문화적 수행을 통해 결실을 맺는다. 문화 성원들이 이승의 질서만 아니라 저승도 '사후 세계'로서 받아들이면서 이에 관여된 과도 공간의 표상을 의례 연행에서 구현하거나 삶의 계기마다 돌이켜 성찰하고 이야기함으로써 문화 장의 창출에 근사한 공간 기획을 도모하는 것이다.

과연 죽음에 관여된 모순등가적 공간 표상은 실존들의 생명 의지를 돌이키기에 적당하다. 죽음이 종국이 아니라는 의식은 실제 삶의 장에서 통용될 수 없는 허황한 공상 같은 것일 테지만, 실존적 한계 상황에서 비롯되는 위기감이나 불안감을 잠재우는 데 제법 유효하게 작용한다. 이에 관여되는 신화적 · 의례적 공간 표상들이, 삶의 공간에 투사된 죽음의 부정적 단면을 돌이켜 삶의 생동감을 북돋우는 상대적 동인으로 작동할 여지가 조성된다. 망자(亡者)는 죽음의 세계로 온전히 건너가야 저 세계의 성원으로서 온전히 편입될 수 있을 터이며, 생자(生者)는 생자대로 망자가 이승을 온전히 떠났음을 비로소 인정하고 망자에 대한 미련을 떨칠 수 있을 터, 죽음에 관여된 과도 공간의 표상이야말로 실존적 한계에 직면한 인간이 모색할 수 있는 탈존 전략의 궁극에 근사하다.

삶의 위기 상황을 회피하지 않고 직면하여 고통을 승화하고자 하는 성원들의 문화적 수행이 저러한 전략을 파생시켰다면, 현실 속에서 빚어지는 고통에서 벗어나 영원 회귀하고자 하는 신화적 열망을 담은 서사적 전언이 곧 서사 공간의 표상들로 전해진다. 서사 공간이란 단순히 실상의 지시 표지를 전제로 한 장소를 반영한 형상이 아니라는 생각을 재삼 떠올리지 않을 수 없는 것은 실존적 세계 기획이 세계-내-존재인 현존재의 공간 기획에 상응한다는 점을 염두에 두어야 하는 까닭에서이다. 따라서 삶의 조건으로서 구성되는 공간 논점이 문화 차원에 걸쳐 있으며, 현존재의 공간 기획이 서사 공간의 창출에 수렴되는 항이 그 구심에 있다고 할 것이다. 특히 실존적 위기에 처한 이들이 돌이키는 신화나 판타지 세계는 그대로가 공간 표상의 우의적 의미망을 구축하는 데 작용하는 동인으로서 가장 돋보인다.

과도 상황에 처한 실존들의 공간 이행 열망에 부응하는 서사 공간의 양태들에 주목할 때, 현실적 위기 상황에서 벗어나고자 하는 실존 일반의 열망이자 집단 무의식 양태로서 신화적 차원에 육박하는 서사가 모습을 갖추는 수순을 목도하게 된다는 점에 대해서는 여러 차례 논급하였다. 거기 함축된 경계와 이행의 공간 표지들이 문화 공간과 서사 공간의 접점을 찾는 데서 가장 긴요한 항이라는 점에 대해서도 마찬가지인데, 이러한 논지는 전쟁과 같은 역사적 비극의 장에서 추론되는 공간 함의와 이에 대응하여 기획된 문화 공간의 양상들을 이해하는 단서로서도 의미심장하게 활용된다. 혼돈에서 질서로 전환되는 과정에서 경계를 넘어 이행하여 구성될 공간에 관한 서사들이 파생되는 원형적 거점을 가늠하는 원리가 이 맥락에서도 적용되는 것이다.

가령, 실제 승패와 무관하게 전쟁에서 대승을 이끌어 침략자를 물리치고 절체절명에 처한 나라와 백성을 구한다는 식의 '전쟁 영웅담'의 파불라(fabula)가 신화의 변주된 양태에 준하는 이야깃거리로 부상한다. 전쟁이라는 삶의 위기 상황과 신화적 공간으로의 회귀 열망에서 빚어지는 전쟁 판타지와 영웅 소설이 그 파불라에서 파생된 다양한 변이형들을 낳는 거푸집에 비견되는 것이다. 혼돈에서 세계가 창조된다는 신화적 공간 창생의 원형적 관념이, 전쟁의 혼란 와중을 극복하여 평온한 일상의 질서를 회복하는 이행의 표상에 사상된다. 이러한 표상의 원형과 변주 과정에서, 영웅을 이야기하는 여느 담화는 물론이고 어느 정도 온전한 형과 태를 갖추어 소통에 부쳐지는 설화나 소설을 통해, 우주 창생에 비견되는 안정된 일상적 공간의 회복이라는 문화적 표지가 구성될 수 있는 것이다.

실상을 따져보면 비극적 공간 구도를 띨 전쟁의 와중과 그 결과 남은 피폐한 현실 세계의 국면을 뒤집는 전쟁 판타지를 통해 펼쳐지는 서사 공간은 인간의 실존적 공간 기획의 열망을 단적으로 극화한 소산 중 하나이다. 전쟁으로 빚어진 절체절명 위기의 시간대에서도 여전히 안정된 삶을 영위하고자 하는 여망이 투사된 서사를 통해 지어지는 '역사적 인물의 신격화' 내지 '현실 공간의 신성화' 국면에서 그 단면이 드러난다. 국난의 위기를 극복하는 영웅들의 판타지를 통해 펼쳐지는 과도 공간이 신화적 공간의 재생과 변주로서 제법 중요한 서사 공간 양태로 인정된다.

현실의 출구를 찾기 힘든 위기에 몰린 이들의 열망을 펼친 그 서사를 두고 허무맹랑한 공상의 산물이라고 예단할 논리적 근거는 없다. 상징적 공간의 기획에 결부된 전쟁 판타지의 세계에서 펼쳐지는 영웅담을 통해 열리는 서사 공간의 새 차원을 논급하는 것은 문화 공간으로 외연을 넓히는 신화적 과도 공간의 자질에 대한 생각을 더욱 타당하게 펼칠 수 있는 여지를 제공한다. 실존적 한계에 봉착한 현존재의 존재 기획에 준하여 펼쳐지는 공간 기획의 중요한 구심에 서사 공간의 구성이 있다는 점은 주지이다.

그렇다고 해서 실존과 그 집합체인 사회에서 직면한 위기 상황을 판타지에 기대어 모면할 수만 있는 것도 아니며 그리만 해서도 곤란하다. 서사 공간이라고 해서 현실 세계와 완전히 동떨어진 허구 세계에서만 구축되는 것은 아니다. 경계와 이행의 서사 공간에 대한 생각의 거점은, 허구적 서사를 기획하는 인간의 심리에 사실과 허구의 임계에 있을 무의식의 저층위가 있다는 점이다. 그런 면에서 실존의 한계에 봉착한 이들의 탈존적 공간 기획이 서사 공간의 구성을 중요한 구심으로 해서 이루어진다는 생각이 타당하게 논증될 수 있는 것이다. 이런 맥락에서 서사 공간은 인간의 존재 기획을 가로막고 선 현실의 '장벽에 대응한' 기획 양태여야 온당하며, 신화적 공간으로의 회귀나 판타지 공간의 재생만으로 그러한 역을 다할 수 없다는 논리적 수순이 제기된다.

주지하는 바와 같이, 우주 창생 신화에서 결과인 코스모스보다 과정인 카오스가 더 중요한 계기이다. 신이나 영웅의 역량은 무에서 유를 창조하는 과정에서나, 불가능한 것처럼 보이던 과업을 수행하는 도정에서 드러난다. 그리고 경계적 혼돈 상황과 이행 과정의 상징적 표지인 과도 공간이 표상된다. 오비디우스가 로마(그리스) 신화를 서사시의 형태로 변주한 결과에 '변신'이라고 제목을 붙인 데서 시사되는 바와 같이, 신화의 주제인 변신의 과정에서 겪게 되는 혼돈에 신화적 공간의 구심적 자질이 있는 것이다. 혼돈의 과업 수행 도정에서 영웅이 해결하는 문제가 결국 인간 삶의 장의 안정을 해치는 부조리들이라면, 신화적 과도 공간의 원형은 여러 문화적 기제들을 통해 실제 삶에 사상되어 문화적 의미망을 파생시킬 수 있는 것이다. 신화에 드러난 상징이 헛된 관념에 국한되지 않고 삶의 현장에서 의식되는 것은 그러한 과업 수행 도정의 표상과 변주를 통해서이다. 따라서 영웅적 수행에 관여되었던 신화적 서사 공간은 온전한 삶을 방해하는 제반의 현실 기제를 해체하는 전략으로 승화되는 국면에서도 구성된다. 물론 근대 · 현대로 이행하면서 합리성 이념이 장악한 현실적 조건에 비추어볼 때 서사 공간의 전략은 신화적 결과보다는 과정에서 펼쳐지는 경계와 이행의 표지를 더욱 두드러지게 하여 완고한 현실의 장벽에 대응하는 방향으로 수립될 것이다.

앞서 논의 과정에서 여러 차례 시사한 바처럼, 질서를 유지하는 기제인 제도와 이데올로기는 삶을 장악하는 거대한 실체와도 같은 모습이다. 그것은 마치 신격을 지닌 듯한 형상으로 삶의 곳곳에서 억압의 기제로 작용한다. 여기에 이미 '물신'으로까지 불리는 재화와 자본의 힘까지 더해지면, 현대 사회는 새로운 신화시대에 상응하는 난세의 형국에 처해 있다고 할 수 있다. 무계한 이야기 수준이 아니라 실로 체감하고 실연하는 수준에서 지어진 현대의 신화에 직면한 실존 입장에서는, 신화적 과도 공간을 재생하고자 하는 열망과 수행이 일견 생존을 위한 몸부림에 근사한 것이다. 그리고 사회생활의 규모가 크고 관계의 범위가 광대한 상황에서, 부조리한 현실에 직면한 이들이 그 현실을 헤쳐 나갈 전략을 세우는 수행은 개인 차원 아닌 사회구조적 차원에서 진행될 일인 것이다.

이런 맥락에서 현실에 대응하는 서사적 전략도 현실에 도사린 거대한 실체에 대항하는 이야기를 창출하는 식이어야 한다. 따라서 사회 성원들이 문제의식을 공유하고 대항 의지와 실천 전략을 구조적 차원에서 모색할 수 있는 상징적 담론의 장을 구축하는 계기를 마련함으로써 사회의 해방적 관심을 돕는다는, 연행 문화의 본질을 돌이킬 여지가 생긴다. 과도 공간에 관한 정치 · 경제적 차원의 새로운 이해가 요구되는데, 구분하고 경계 지어 위계와 억압 구조를 산출하는 공식적 질서를 전복하여 분별과 차별이 무화된 균일 공간에서, 성원들이 서로 어우러지는 신생 공간의 창출을 도모하는 해체적 공간 전략이 발현되는 역동적 메커니즘을 직시하는 것이 관건이다.

사회에 산재한 문제는 삶을 장악한 이데올로기에서 빚어진 경우가 대부분이다. 중심의 이념을 해체하여 새로운 가치를 창출하고자 하는 변증법적 운동은 소설과 같은 서사적 담론을 통해 실천적 성과를 다각적이고 다면적으로 파생시킨다. 신화적 사유와 이야기를 통해 창출되는 진실에서 삶의 예지와 문제 해결의 단서를 얻게 되는 것과 마찬가지 맥락에서, 신화를 변주한 서사체를 통해 현실에 대응하는 실존적 전략을 얻을 수 있을 것이다. 그 변주의 단서를 경계와 이행의 서사 공간에서 찾을 수 있는 것은 물론이다. 장소의 구획은 인간이 삶의 터전을 마련하여 정치 · 경제적 활동은 물론 사회 · 문화적 활동의 장을 마련하는 데 상응하는 수행이었다. 그렇지만 이는 인간의 경제적 불평등과 이에 맞물린 정치적 억압 구조를 파생시키는 계기가 되고 말았다. 경계로 구분된 장소가 인간을 억압하는 기제라면, 경계를 넘어 지나서 인간 본연의 가치를 이룰 수 있도록 돕는 신세계로 이행하려는 보편의 꿈은 공간 기획의 여지를 연다.

제3장

경계와 이행의 공간 전략

1. 근대 이행기의 서사적 이종공간

식민지 근대화의 과도기적 도정을 건너는 '모던 보이'[1]들의 의식과 고뇌는 자기 기획의 의지와 현실적 여건 사이의 괴리에서 비롯된 부조리에 직면한 실존의 한계를 고스란히 반영한다. 정신의 본향이자 존재의 근거인 조국과 국토를 빼앗긴 터에 물밀 듯 밀려든 서구 문명과 문화 속에서 삶의 지향과 가치의 척도를 가늠하기 어려운 혼돈에 처한 이들로서는 온전한 계몽적 이성에 입각한 자기 발견의 의지를 관철하기 힘들 수밖에 없다. 식민 통치와 군국주의 이데올로기의 강압에 저항하는 의식과 실천의 길을 모색하는 도정에서 직면한 이념적 갈등과 세대 간의 갈등으로 빚어진 사회의 혼돈상이 난맥으로 얽히고설킨 상황이어서 더욱 그러했을 것이다. 이러한 이행기에 처하여 신교육의 세례를 받은 지식인에 준하는 젊은이들의 방황과 자괴감, 그리고 난항을 헤쳐 나가려는 모색 등이 제법 근사한 서사적 표지로 전화될 공산이 크며, 경계와 이행의 공간 감각과 공간 의식이 이에서 파생될 만하다.

가령, 염상섭의 소설에서 그러한 표지들이 곧잘 제시되는데, 『삼대』의 갈등 구도는 여실한 사례이다. 그 구도는 식민지 근대화의 이행기에 처한 이들의 개아(個我)적 자기 발견이라는 테제를 구심으로 하여 형성되는데, 과도적 혼돈 상황 속에서도 자기 나름의 코스모스를 구축하고자 하는 공간 기획의 의지가 계몽의 테제에 서사적 구체를 입히는 동인으로 기여한다고 할 수 있다. 기성의 일방적 권위와 제도적 위압에 굴하지 않고 스스로의 자리를 확보하고자 하는 조덕기나 이병화와 같은 신생세대의 의식과 수행 의지가 없이는 갈등의 빌미조차 없을 테니 말이다. '조선의 축도'를 따라 이행기 조선의 공간 구도를 관조하는 「만세전」의 이인화 등과 어우러져 이들 신생의 젊은이들은 모던 보이의 한 그룹을 이룬다. 이들은 자신들이 처한 세계를 안주할 장소로 의식하기보다는 원대한 포부를 실현하기에 너무 협소한 장소로 의식하는 터라, 구획의 경계를 넘어 드넓은 공간으로 이행하고자 하는 열망을 늘 안고 있다. 다만 현실의 경계가 쉬이 넘어서기에 녹록치 않은 견고한 장벽인지라 난항에 직면한 이들의 고뇌와 혼돈의 체험이 다양한 서사적 형상을 통해 구현될 여지가 조성되는 것이다. 세계는 더 이상 안주할 장소를 허용하지 않는다는 데서 저들 근대 이행기 신생세대의 공간 전략이 구성될 구심이 생기는 셈이다.

내면세계와 무의식의 층위에서 진행되는 공간의 재구성 또한 이와 관련된 서사 주제이다. 자아를 억압하는 현실 세계의 무장소성과, 퇴행함으로써 이에 대처하려는 이들의 의식(혹은 무의식)에 구성되는 심리 공간 기제들은 모던 공간의 서사적 표상과 관련하여 사뭇 중요한 표제이다. 상징적 공간의 기획 양상에 대한 논의가 이에 결부되어 있는데, 이는 곧 모던한 소설의 중요한 자질을 이해하는 구심에 해당한다. 모던 보이들이 구축하는 모던한 자의식의 공간들과 이를 구현하는(혹은 변주하는) 서사 공간,

혹은 대상 세계에 앞서 구성되었기에 함수를 설정할 수 없을 정도로 절연된 절대 공간에 대한 요구가 어떠했을지 추론해두고 보면, 모던한 문화공간에 처한 모던 보이들의 공간 감각과 의식의 일단을 읽을 수 있는 여지가 열리는 것이다.

모던한 감각으로 세계를 이해하고 모던한 형상들을 빚으려는 작가들의 초상도 모던 보이의 주요 표상 가운데 하나이다. 이들이 수행하려는 공간의 미적 재구성 의지 또한 서사의 새로운 관건으로 부각된다. 그러한 공간 감각에 대한 추론이 가능한지, 가능하다면 모던 공간의 의미망이 어떠한지, 그리고 서사 공간과의 함수는 어떠한지 추론할 수 있을 것이다. 근대 공간의 미적 차원을 구현하는 서사 공간의 면모들에 대한 논의가 가능한지가 관건일 텐데, 특히 근대의 직시적 표지에 해당하는 도시 형상에 관한 서사를 통해 이에 접근할 수 있을 것이다.

식민지 근대화를 통해 형성된 도시는 모던 세계를 대변하는 표상이다. 그 도시를 활보하며 모던한 감각을 뽐내는 모던 보이들의 의식과 활동의 조건이 되는 공간이 모던 소설의 제재를 빚는다. 가령 별스레 할 일 없이 거리를 배회하는 산책자(flâneur)는 도시 공간에 관여된 지식인이나 작가군의 초상 가운데 하나이다. 도시의 거리와 모던한 문명 공간의 모습들이 이에 연루되어 있으며, 그러한 공간 감각을 북돋우는 서사 공간이 배회와 산책의 도정을 통해 구성된다. 박태원의 소설에 채용된 인물들과 이상이 이야기한 인물들에 대한 분석의 거점이 이런 맥락에서 확보된다.

> 구보(仇甫)는
>
> 집을 나와 천변 길을 광교로 향하여 걸어가며, [……] 구보는 마침내 다리 모퉁이에까지 이르렀다. 그의 일 있는 듯싶게 꾸미는 걸음걸이는 그곳에서 멈추어진다. 그는 어딜 갈까, 생각하여 본다. 모두가 그의 갈 곳이었다. 한 군데라도 그

가 갈 곳은 없었다. (박태원, 「소설가 구보씨의 일일」)

구보의 행보는 별다른 의미 없이 어슬렁거리며 배회하는 것에 불과하다. 행로도 특정한 목적지가 있는 것이 아니다. 갈 곳이 많지만 갈 곳이 없다는 모순된 상념이 주변에 처한 도시인의 경계적 혼돈을 대변한다. 일 없이 걸으면서도 "일 있는 듯" 가장한 걸음걸이도 그러한 정황을 시사한다. 별 볼 일 없이 도시의 거리를 배회하며 제법 상념에 잠긴 양 자세를 잡기도 하지만, 여일한 의미를 자아내는 행위는 아니다.

구보는

갑자기 걸음을 걷기로 한다. 그렇게 우두머니 다리 곁에가 서 있는 것의 무의미함을 새삼스러이 깨달은 까닭이다. 그는 종로 거리를 바라보고 걷는다. 구보는 종로 네거리에 아무런 사무(事務)도 갖지 않는다. 처음에 그가 아무렇게나 내어 놓았던 바른발이 공교롭게도 왼편으로 쏠렸기 때문에 지나지 않는다.

문득 걷기 시작하면서 무의미한 행보를 고쳐보려고도 마음먹고 도시의 한복판으로 잰걸음 해보지만 '아무런 사무'와도 무관하기는 마찬가지이며, 목적지가 있어 마음먹고 내딛는 걸음이 아닌 것도 매한가지이다. 걷는 행위 자체도 의지와 별로 상관없이 수행되고 있으니 더욱 그러하다. 중심의 가치를 이루는 목적이나 의지와 무관한 행보는 저 도시의 중심에 편입되지 못하고 배회하는 주변적 도시인이 처한 공간의 경계적 자질을 시사한다.

그래도, 구보는, 약간 자신이 있는 듯싶은 걸음걸이로 전차 선로를 두 번 횡단하여 화신상회 앞으로 간다. 그리고 저도 모를 사이에 그의 발은 백화점 안으로 들어서기조차 하였다.

젊은 내외가, 너덧 살 되어 보이는 아이를 데리고 그곳에가 승강기를 기다리고 있었다. [……]

승강기가 내려와 서고, 문이 열리고, 닫히고, 그리고 젊은 내외는 수남(壽男)이나 복동(福童)이와 더불어 구보의 시야를 벗어났다.

구보는 다시 밖으로 나오며, 자기는 어디 가 행복을 찾을까 생각한다. 발 가는 대로, 그는 어느 틈엔가 안전지대에가 서서, 자기의 두 손을 내려다보았다. 한 손의 단장과 또 한 손의 공책과 —— 물론 구보는 거기에서 행복을 찾을 수는 없다.

안전지대 위에, 사람들은 서서 전차를 기다린다. 그들에게, 행복은 알 수 없다. 그러나 그들은 분명히, 갈 곳만은 가지고 있었다.

전차가 왔다. 사람들은 내리고 또 탔다. 구보는 잠깐 머엉하니 그곳에 서 있었다. 그러나 자기와 더불어 그곳에 있던 온갖 사람들이 모두 저 차에 오른다 보았을 때, 그는 저 혼자 그곳에 남아 있는 것에, 외로움과 애달픔을 맛본다. 구보는, 움직인 전차에 뛰어올랐다.

전차 안에서

구보는, 우선, 제자리를 찾지 못한다. 하나 남았던 죄석은 그보다 바로 한 걸음 먼저 차에 오른 젊은 여인에게 점령당했다. 구보는, 차장대(車掌臺) 가까운 한 구석에가 서서, 자기는 대체, 이 동대문행 차를 어디까지 타고 가야 할 것인가를, 대체 어느 곳에 행복은 자기를 기다리고 있을 것인가를 생각해 본다. [……]

구보는 고독을 느끼고, 사람들 있는 곳으로, 약동하는 무리들의 있는 곳으로, 가고 싶다 생각한다. 그는 눈앞에 경성역을 본다. [……] 다만 구보는 고독을 삼등 대합실 군중 속에 피할 수 있으면 그만이다. 그러나 오히려 고독은 그곳에 있었다.

구보는 도시의 이곳저곳을 무심한 태도로 옮겨 다니며 옮겨간 데서마다 의식의 방향을 달리한다. 요컨대 공간의 이행과 의식의 추이가 조응하는 맥락이 형성된다. 의식의 양상이 '갑자기' 움직이거나, '아무렇게나' 내딛은 발길이 '공교롭게' 향하는 방향대로 가거나, 자신도 모르는 사이에 들어서거나 하는 등, '갈 곳' 없이 공간을 배회하는 혼돈 지경이 의식의 혼돈 양상에 맞닿은 것이다. '화신상회' 앞으로, 백화점 안으로, 승강기로, 다시 백화점 밖으로, 거리의 안전지대 위로, 전차 안으로, 그리고 경성역 삼등 대합실 안으로 이어지는 여로 중에, 세상에 대한 구보의 시선과 상념이 여일한 의식의 여과를 거쳐 발설되는 식은 아니다. 구보의 생각과 감정, 판단이 분열적 의식에까지 치닫지는 않는다고 하더라도 일상적인 상념의 수준은 아니다. 언뜻 자의적인 의식이 지향하는 점이 '행복을 찾을 수 있는 곳'이라는 사실이 암시되어 있지만, 이 역시 지향점일지는 의문이다.

이렇듯 구보의 자의식에 포착된 공간의 형상이 실제 공간의 형상을 직시적으로 모사한 소산은 아니라는 데서, 서사 공간이 비구상에 가까운 형국이며 실제 도심의 장소적 형체에 견주어 혼돈의 비정형을 띤다고 해석할 수 있는 맥락이 형성된다. 구보가 광화문통 길을 걷든, 조선은행 앞에 가든, 역사(驛舍)에 들어가든, 다방에 있든 간에, 그 실제 공간의 형상과 구도는 구보의 지각 범위 밖에 있다. 어떤 곳이든 구보의 의식에 투사되고 상념의 여과를 거친 뒤라야 기술되는 만큼, 실제 장소와 서사 공간 사이에는 단층(斷層)이 형성되어 있으며, 그만큼 여기 구현된 서사 공간은 사실과 사념의 지시적 관계에서 전제되는 경계를 해체하고 형상에서 관념으로 이행하는 의식의 작용을 투사한 태를 띤다고 할 수 있을 것이다. 중심에 편입되지 못한 도시인의 자의식이 공간에 대한 해석 국면에서 드러난다는 점이 이로써 방증되는데, 실존적 한계에 봉착한 현존재가 공간을 이해함으로써 탈존의 계기를 얻고 종내 존재를 기획하는 거점을 확보한다는 실존론적 해석학의 원리를 이즈음 떠올려도 좋을 것이다.

이러한 원리를 염두에 두고 보면, 세계에 대한 의식을 공간 표상으로써 드러내면서 장소적 제약을 벗어나 서사 공간을 기획하고자 도모하는 국면에 주목하게 될 텐데, 이상의 「날개」는 이 맥락에서 논급하지 않을 수 없는 대상이다. 모두(冒頭)에서부터 존재가 갇힌 세계에 대한 이해를 '박제'되었다고 비유하여, 의식을 공간 표지로 환언하는 것부터 심상치 않다. 요컨대 세계와 자기 몸은 의식과 무의식의 자유로운 기획을 억압하는 기제로서 극화되었으며, '날개'를 다시 얻어 비상하고자 열망하는 실존의 세계 기획에 관한 주지가 시사된다는 점은 제법 고차원의 서사 공간을 형상화한 것이라 해도 과언이 아닐 터이다. 실존적 열망과 의식을 억압하는 현실 세계의 경계와 억압 구도에 대응하여, 자신의 신체는 현실 공간에 갇히고 묶인 채이지만 정신만큼은 실존의 한계를 넘어서 자유롭고 드넓은 공간을 기획하고 있다고 할 것이다.

하지만 '가증스런 상식'의 굴레에서 벗어나 열린 공간으로의 탈주를 꿈꾸는 기획이 실은 발설조차 되지 못하는 형국에 처한지라, 온전한 서사 공간이 구현되었다고 하기에는 한계가 있다.

> 그러나 나는 이 발길이 아내에게로 돌아가야 옳은가 이것만은 분간하기가 좀 어려웠다. 가야 하나? 그럼 어디로 가나?
>
> 이때 뚜우 하고 정오 사이렌이 울렸다. 사람들은 모두 네 활개를 펴고 닭처럼 푸드덕거리는 것 같고, 온갖 유리와 강철과 대리석과 지폐와 잉크가 부글부글 끓고 수선을 떨고 하는 것 같은 찰나, 그야말로 현란을 극한 정오다.
>
> 나는 불현듯이 겨드랑이가 가렵다. 아하, 그것은 내 인공의 날개가 돋았던 자국이다. 오늘은 없는 이 날개, 머릿속에서는 희망과 야심의 말소된 페이지가 딕

셔내리 넘어가듯 번뜩였다.

나는 걷던 걸음을 멈추고 그리고 어디 한번 이렇게 외쳐보고 싶었다.

날개야 다시 돋아라

날자. 날자. 날자. 한 번만 더 날자꾸나.

한 번만 더 날아 보자꾸나. (이상, 「날개」의 마지막 대목)

모두의 '박제'에 대응하여 '날개'가 대조적으로 제시됨으로써 이 서사에 이를테면 원근법적 감각이 배어 있다고 할 수 있다. 현실의 장소적 제약에 대한 의식과 굴레를 벗어나 공간으로 비상하고자 하는 열망이 그 사이에 구현되었음 직하다. '현란을 극한 정오'에 입혀진 공간 이미지들이 공간 감각을 드높인다. 의식과 감성을 공간화하여 표현하는 만큼, 현실적 상념으로 채워질 수밖에 없는 의식과 비현실적 무의식 사이의 경계가 해체된 형국 또한 엿보인다. 저 가련한 실존은 존재자의 굴레를 벗어나 존재를 기획하고자 나선 판국에 박제된 채 현실에 묶인 제 몸의 시원적 날개를 돋우고자 하는 열망을 드러낸다. 그런데 그 열망이 발설조차 되지 못하는 상황인지라 실존의 공간 기획이 심한 난항에 봉착해 있음이 시사되기에, 종내 자아의 분열상을 이야기한 국면에 정체되고 만 정황이 포착된다. '발길'을 머뭇거리며 '어디로 가나?' 하고 반문하는 데서 저 인물이 처한 경계적 상황이 고지된 터이지만, 현란의 극점인 도심의 소음 속에서 성찰의 반문이 소리를 잃고 무의식의 저변으로 침잠하고 말았던 것이다.

물론 모던 보이의 공간 수행이 저와 같이 지향이나 구심 없이 이루어지거나 무의식의 저층으로 침윤하여 비구상의 심리 공간만 짓고 마는 데 그치지는 않는다. 인간적 열망은 물론 이상적 관념에 비추어 함량 미달이거나 심지어 부조리하게 보이는 현실 세계에 대한 실존적 대응 전략으로 공간을 기획하는 양태에 주목해 마땅하다. 인식이나 비판을 넘어 참여

(engagement)와 저항의 의지를 발산하는 이들의 실천적 의지와 관념에 투사된 공간 의식과 이를 형상화하는 서사 공간의 역학적 함수관계 등에 대해서도 마찬가지이다. 모순으로 가득 찬 것으로 전제된 현실 세계에 대응하여 인간 세계의 리얼리티를 구현한 서사 공간의 양과 태가 어떠한지 살피는 것은, 인간의 자유 의지와 이상적 세계에 대한 열망을 일깨우는 문화적 기제를 성찰하는 계기가 됨 직하다.[2]

이런 맥락에서 식민지 근대화 과정에서 야기된 공간 문제와 공간 전략(spatial strategy)에 대해 논의할 필요가 생긴다. 이는 사회적 통제와 권력(힘, power)의 전략과 기술로서의 공간 운용에 관심할 여지가 생긴 데서 파생된다. 미셸 푸코(Michel Foucault)의 이종공간(heterotopia) 입론은 이런 맥락에서 유용한 방법적 단서인데, 가령, 개화 이행기 식민지적 과도 공간에 처한 이들의 저항과 맞물린 공간 전략이나, 식민지 근대화 정책으로 말미암아 빚어진 인위적 공간(도시 · 항구 · 역 등)이 바꾼 공간 구도 속에서 변모된 삶의 양태에 대한 분석과 함께 이에 대한 대응 전략이 어떠한지 궁리할 수 있을 것이다. 특히 근대 이행기의 과도적 혼돈 상황에서 초래된 이종공간의 양상이 투영된 서사 공간의 국면을 해석할 것이 요구된다.

계몽적 이성과 근대화 담론의 목표는 이성 중심의 세계관에 기반한 세계의 재편에 있다. 이는 곧 중심과 주변의 이원화를 전제로 한 중심 지향의 이념항을 파생시킨다. 실상의 다면을 재단하여 일정한 구조로 환원하는 논리를 통해, '근대 대 전근대'라는 대립적 구도를 자명한 것으로 전제하고 여기에다 '서구 대 비서구'라는 모순항을 대응시키는 한편, 전근대적인 비서구 세계를 근대화한다는 미명을 지어낸다.

관념적 술어로서 안출되었을 '근대'는 과학기술의 산물을 등에 업고서 비서구인들 안전(眼前)에 화려한 실체처럼 자태를 드러내며 그들을 매혹하기에 이른다. '또 다른 세계'가 있다는 사실에 경이로워하는 이들에게,

서구인들은 문화적 진화에 상응하는 '근대화'를 통해 미개한 세계를 개화하여 몽매에서 깨이도록 돕는다는 명분을 내세운다. 대신 자신들의 통치 권역에 비서구 세계를 편입시켜 식민지를 '개척'하려는 도그마를 실행에 옮긴다. 자기 발견이라는 계몽적 이성의 테제는 그가 통용되는 '터'인 서구 세계의 영역에서만 유효할 뿐, 몽매에서 깨이지 못한 비서구 '권역'에서는 먼저 깨인 세계의 주도 아래 근대화의 수순을 밟아야 한다는 식민주의 이념의 빌미로 쓰일 뿐이다.

상대적으로 '새로운 세계'에 대한 감각은, 구획되고 한정된 장소에서 드넓은 세계로 확산된 공간에 대한 의식을 요한다. 구체적 세계를 분석하고 재구성하여 구조화하려는 근대적 세계 인식의 방식에서, 장소라는 구체적 논항을 공간이라는 추상적 논항이 대신하는 결과가 도출된다. 이는 공동체에 기반한 전통 사회의 삶의 터전이 더 이상 '보호 장소'로서 기능할 수 없다는 점과 함께, 삶의 장을 안정되어 유지할 수 없는 식민지 현실에 직면한 이들이 텅 빈 공간에 던져졌다는 점을 일깨운다.[3]

소자(Edward Soja)에 따르면, "근대화는 공간-시간-존재를 구체적인 형태로 크게 재구성하기 위해 정기적으로 가속화되는 지속적인 사회 재구조화의 과정이고 일차적으로 생산양식의 역사, 지리적 역학에 기인하는 근대성의 성격과 경험의 변동"[4]에 상응한다. "모든 사회 과정과 마찬가지로 근대화는 시공간을 가로질러 불균등하게 발전되고, 따라서 상이한 지역 사회 구성체에 매우 다른 역사지리를 제공"[5]하기도 한다. 그런 면에서 "식민지 조선이 근대적으로 개조되고 있다는 사실을 부각하는 근대화 담론"[6]에 가로놓인 이념적 저변을 들추기 위해서는 공간에 대한 의식의 변화를 읽을 수 있는 혜안이 요구된다고 할 것이다. 실제 장소를 되비추며 실재하면서도 실제 세계에 지시 장소가 없는 이종공간(heterotopia)[7]의 이해가 그 관건이다. 요컨대 비서구 세계 입장에서 서구 세계란 실제 장소가 없는 유토피아에 상응하면서도 근대화 담론을 통해 전해지는 터라, 거울에 비친 장소처럼 연장(extension) 없이 실재하는 이종공간인 것이다. 그 되비친 형상을 통해 자기 위상을 돌이켜 재구성하는 상대적 공간이자 반성적 공간이기도 하다.

위계적 장소들이 조화를 이루는 위치로서의 공간(space of emplacement)이라는 중세적 공간 개념은 갈릴레오 식의 '무한대 개방 공간'(infinite open space) 개념으로 대체된다.[8] 실제로 근대적 건축 양식과 도시의 경관이나 구도는 과학적인 분석과 인위적인 배치의 결과 빚어진 양태이다. 근대 세계에서는 인간 삶에 걸맞은 장소의 창출보다는 공간 구도에 걸맞게 삶의 조건을 환원하는 것이 관건이며, 존재를 비호(庇護)하던 장소의 속성이 퇴색한 자리에 공간이 구성되는 형국이 펼쳐진다. 특히 엄격한 계획(rigorous plan)[9]에 따른 식민지 기획을 통해 이식된 '완벽한 또 하나의 장소(other place)'[10]는 보정(compensation)의 이종공간[11]에 상응한다. 장소를 지시하는 지리적 표지가 없는 이종공간[12]은 식민지적 근대에 직면하여 상기되는 세계 인식의 지표로서 적당하다. 그러한 근대적 공간에 직면한 이들의 모색은 어떠할지, 소설에 그려진 삶의 양태를 결정하는 공간 요건을 살피는 것이 과제로 떠오른다. 그것은 장소 표지의 퇴색과 공간 표지의 부각으로 대변되는 근대 소설의 한 특질을 살피는 일에 비견될 것이다.[13]

우선, 장소의 주요 표지로서 거론되는 '집'에 관해 논의해보자. 정주(定住)와 안정(安定)이라는 장소의 자질을 가장 직시적으로 실현하는 것이 집이다. 집은 단순한 건물 이상의 실존적 의미를 지니는데, 단순한 교환 대상에 불과한 대상이 아니라,[14] 존재를 안주케 하고 보호하여 가족 성원들 간 유대감의 형성과 지속에 기여하는 의미체이다. 따라서 집의 장소적 자질은 공동체의 결속에 기반을 둔 전통 사회의 구성적 구심을 이룰 텐데,

근대화에 직면하여 그러한 자질의 변화가 감지된다.

장소성이 퇴색된 집은 요컨대 '무장소'로 환언될 이종공간에 상응하는 표상으로 변주된다. 서구화와 식민지적 근대화로 인해 급격히 변화된 삶의 장에서 개개 실존은 비호성을 상실한 집에 대해 변화된 의식으로 대응하지 않을 수 없다. 집의 의미망이 확장된 양태인 가와 가문이라는 이념적 기호에 대한 의식 또한 그에 상응한 변화에 직면했을 것이다. 대체로 전통적 이념과 삶의 방식에서 탈피하려는 근대화의 양상에 부합하는 의미망이 형성되고 이에 대한 대응이 실로 소설에 투영된다. 이는 일상으로 이야기의 무대를 옮기려는 근대소설의 모색과 맞닿은 일면이 있기에 구현 가능성이 더해진다.

여러모로 근대 소설에 근사한 서사를 창출하고자 도모하였던 이광수의 역작 『무정』[15]은 그러한 모색에 걸맞게 장소적 제약에서 벗어난 공간 표지들을 제시하고 있어 눈길을 끈다. 물론 그 공간 형상이 온전한 구체를 얻지 못하고 피상으로 그려진 한계는 지적되어야 하는데, '집'에 관한 의식이 식민지 근대화의 이념에서 파생되어 확산되는 형국으로 그려진 데 주목하여 논급할 만하다. 가령 '서양식 생활'을 하는 '김장로'의 집은 그 모습이나 구도 면에서 그의 의식에 걸맞게 '서양식'을 따르는 것으로 기술되어 있다.

김장로의 서재는 양식으로 되었다. 그가 일찍 미국 공사로 갔다 와서부터는 될 수 있는 대로 서양식 생활을 하려 한다.

방바닥에는 붉은 모란 무늬 있는 모전을 깔고 사벽에는 화액(畵額)에 넣은 그림을 걸었다. 그림은 대개 종교화다. 북편 벽으로 제일 큰 화액에는 겟세마네에서 기도하는 예수의 화상이 있고 두어 자 동쪽에는 그보다 조금 작은 화액에 구유에 누인 예수를 그린 것이요, 서편 벽에는 자기의 반신상이 걸렸다. (243쪽)

서양식 저택의 일반적 모형에 따라 꾸민 '양식' 구도는 방바닥의 '모전' 장식과 벽면에 걸린 서양식 그림으로 대변된다. "옛날 산수 풍경이며 지란매죽 같은 그림"이 "서양식으로 차려 놓은 방"에 어울리지 않는다는 언명을 통해, 집의 내부 장식 구도에 대한 대조적 공간 형상을 제시하여 '전통 대 서구'라는 이념항을 표상한다. 서양식을 따르려 하는 상황이니 전통적 장소를 서구적 공간으로 대체하여 기술한 정황이 포착되었다고 할 만하다. 실제작가 차원에까지 육박하는 내포작가 층위의 대리자에 의해 강하게 통어된 서술자의 권위적 서술을 통해 이야기되고 있으니, 그 밀도 있는 이념적 진술을 통해 이르고자 하는 근대화 이념의 수렴항을 짐작하기 어렵지 않다. "신구 사상 충돌의 비극은 그 책임이 흔히 낡은 사람에 있는 것"이라는 식으로, 신사상과 신문물이 긍정적으로 인식되고 적극적으로 취할 대상으로 상정되는 만큼, 신세계인 서구 세계는 한정된 장소의 경계를 넘어선 열린 공간의 표지를 통해 표상되고 있는 것이다. 눈앞에 펼쳐지는 장소 표지 없이 서양식 저택 모형을 하나의 지표로 상정하여 구축하고자 하는 이들에게 그 모형은 이종공간이다. 식민지 근대화 담론의 한 국면으로 상정되는 이종공간인 집의 표상이 가와 가문이라는 전통적 이념항에 대응한 새로운 의미망을 구성하는 데로 이어지는 것은 수순이다.

> 오직 한 가지 위험한 것이 있다. 그것은 김장로 같은 이가 자기의 지식을 너무 믿어 학교에서 배워 와 신문명을 깨달아 알게 되는 자녀의 사상을 간섭함이다. 자녀들은 잘 알고 하는 것이언마는 자기가 일찍 생각하지 않던 바를 자녀들이 생각하면 이는 무슨 이단(異端)같이 여겨서 기어이 박멸하려고 애를 쓴다. 이리하여 소위 신구 사상의 충돌이라는 신문명 들어올 때에 으레 있는 비극이 일어나는 것이다. 자기가 생각하지 못하던 바를 생각함은 낡은 사람이 보기에 이단 같지마는 기실은 낡은 사람들이 모르던 새 진리를 안 것이라. 아들은 매양 아버

지보다 나아야 하나니 그렇지 아니하면 진보라는 것이 있을 수 없을 것이라. (245~246쪽)

김장로는 그저 "자기의 방의 신식이요 화려한 것을 자랑하고 만족하는" 수준에 그칠 뿐, 서양 문화에 정통한 이가 아니라고 전제된 터이다. 전지적 서술자가 강한 어조로 교설하듯 김장로의 무지함에 대해 언급한 바를 상기하고 보면, 신사상과 신문물에 호기심을 보이고 이를 표면적으로 수용한다고 해서 '신문명'과 '새 진리'로의 '진보'를 이룰 수 있는 것은 아니라는 점을 강하게 역설하는 주지가 명백히 드러난 대목이라고 할 수 있다. 특히 기성세대는 신문명을 수용하여 진보를 이룰 주역이 될 수 없음을 주장하는데, 근대화라는 거창한 기획은 신구 세대의 협력을 통해 이룰 수 없으며 오히려 구세대는 새로운 세계를 여는 데 걸림돌인지라 넘어서야 하는 상대로까지 얘기된 것이다.

이러한 근대화 이념을 '아버지'와 '아들'의 대립 구도에 대응시켜 대유한 대목이 주목을 끈다. 이를테면 집 못지않게 가족 또한 신식이 되어야 한다는 심산이 드러난 대목이다. 집은 가족들에게 안정된 삶의 기반을 제공하는 울타리이자 보금자리로서 기능할 때라야 그 본색이 살아난다. 따라서 집은 곧 가족의 대표 표상으로 이어진다. 그런데 위에서 이야기된 근대화를 이루기 위해서는 가족 간의 위계와 화목에 균열이 생길 수밖에 없다. 가족의 의의에 변화가 생긴 만큼, 가족의 저변을 이루는 집의 장소성에 문제가 생긴 셈이다.

"한적하고 깨끗한 집터"에 있다는 '병욱의 집'도 표면적인 형상과 이면의 모습이 여일하지 않아 장소성에 균열이 있음이 내비쳐진다. 부자간의 뜻이 맞지 않는 "집 내용"을 들여다보니, 화목하고 안정된 장소로서 풍기는 외양의 이미지 이면에서 내밀한 세대 갈등이 일고 있다고 한다. 집에 관한 전통적 이념이 와해된 상황에 견주어질 그 위상을 통해 근대화 담론의 이념항에 부합하는 이종공간으로서 집의 자질이 분명한 어조를 통해 드러난 것이다.

전통적으로 밀접하게 묶였던 '가와 가문'의 함수에 문제가 생겼다고 해도 좋다. 집 밖을 벗어나지 못하고 가문의 울타리를 넘어서지 못하던 이들에게 드넓은 세계로 열린 새로운 공간 개념이란 낯선 것이면서도 그만큼 호기심을 불러일으켰을 법하다. 무엇보다도 근대화를 추구하는 이들에게 가와 가문이 장소의 긍정적 기제로서 작용하지 못하고 사람을 억압하는 기제로 작용했을 테고, 이에 대한 반향이 공간 열망을 불러일으켰을 것이다. 상대적으로, 수구(守舊)하려는 이들에게 공간은, 삶의 모든 조건과 전통을 무용한 것으로 돌리는 진공 상태(void)여서 공허감을 빚거나 무한대로 열려 막연한 공포감을 유발하는 기제로 여겨졌을 것이다. 신세계를 열어준다는 미명으로 밀어닥치는 근대화의 격랑에 휩쓸릴까 하고 두려움을 표하던 이들로서는, 가부장적 권위를 보장하는 보호막과도 같은 집과 가족, 가문이라는 장소적 이념을 지키려고 몸부림칠 수밖에 없었을 것이다. 이런 상황에서 신구의 갈등이 빚어진 것은 근대화 이념을 주창하는 이들로서 응당 겪어야 할 일이며, 아들이 아버지를 꺾어야 하는 당위성을 전제로 시작한 대립이니 과연 '비극'이라고 이름 붙일 수 있는 것이다.

'집'을 구심으로 한 근대화 담론의 핵심은 이처럼 의미망의 접점들이 '장소에서 공간으로' 바뀌었다는 데 있다. 집이라는 물리적이고 구체적인 장소가 공간 개념으로 이관되었다면, 경계에 처한 이들이 경험하는 공간은 이종공간 양태로서 새로운 표상을 획득하게 되며, 근대화 이념에 걸맞은 의미망을 구성하기 위해 전통이나 기성 질서와는 사뭇 대조적인 양상으로 바뀐 태이다.[16]

문제는 이러한 공간이 피상적인 양태로 기술된다는 데 있다. 그 한계는 가령 '삼랑진 수해 현장'에 대한 기술에서 예견된 바이다. "물구경"이라는 공간 지각의 표지를 통해 수해 현장을 서술하는 데에 권위적 서술자의 투시(Außenperspektive) 기제가 작용하고 있다. 주인물들의 현실 인식 태도가 매우 피상적인 데 비견되게, 공간에 대한 서술 양상에서 이념적 추상성이 노정된다. 이 또한 '집'에 관한 상념을 구심으로 그려지는데, 홍수로 불어난 물에 속수무책 잠길 수밖에 없는 집의 모습을 부각시키고 이에 온전히 대응할 힘이 없는 이들의 모습을 단적으로 대조시킴으로써, 근대화의 당위성을 역설하려는 의식의 단면을 드러낸다.

'자연의 폭력'에 대항하지 못하고 속수무책인 수해민들을 가리켜 "모두 다 미련해 보이고 무감각(無感覺)해 보인다"고 하고 지혜가 없음을 강조하는 대목을 통해 그들의 미약함과 무지몽매함이 극단적으로 과장되어 이야기된다. 상대적으로, 수해 현장을 직시하여 구상으로 옮기는 데 무관심한 채 근대화 이념을 교설하는 데 온통 관심이 집중되어 있음이 분명해진다. 수재민들의 무지함이 갈수록 더해지는 형국을 이야기하고서는 그런 상황을 방치할 경우 "북해도의 '아이누'나 다름없는 종자가 되고 말 것 같다"고 하여, 인종의 우열을 강하게 전제하는 대목이 이어진다. 진화를 위해 미개한 족속을 우성 민족이 개화시킨다는 식민지 근대화 이념의 단적인 주장에 상응하는 이야기가 빚어진 것이다. 이런 맥락에서 "생활의 근거"를 안정되게 보장할 길이 '힘과 지식'을 줄 수 있는 '과학'이라고 "혼자 부르짖"는 '형식'의 생각과 언설을 통해 근대화 이념이 선명하게 제시되기에 이른다. 인물의 지각과 발화를 통해 서술하는 것처럼 위장하지만, 짐짓 권위적 서술자의 개입 양상이 두드러지는 담화 양상을 통해 전해지는 주제 의식이 독자들의 해석을 압도하는 만큼, 근대화 이념이 이론의 여지없이 교설된 셈이다.

이런 가운데 수재민들이 무력하다는 언설을 통해 자연에 대한 부정적 태도와 생각이 펼쳐지고 있어 눈길을 끈다. 과학의 힘을 절대적인 지표로 내세우는 근대화 이념에 비추어볼 때, 정복 대상인 자연의 힘 앞에 속수무책 당하고만 있는 이들이 살 길은 과학뿐이라는 의식을 강조하려는 의중이 그로써 더욱 강하게 드러난다. 아울러 자연에 순응하고 조화를 이루려는 전통적 자연관에서 엿보이는 장소애적 자질을 타파해야 하리라는 근대화의 공간 전략이 시사되는 대목이 이어지는 것이다.

> 그네는 과연 아무 힘이 없다. 자연(自然)의 폭력(暴力)에 대하여서야 누구라서 능히 저항(抵抗)하리요마는 그네는 너무도 힘이 없다. 일생에 뼈가 휘도록 애써서 쌓아 놓은 생활의 근거를 하룻밤 비에 다 씻겨 내려 보내고 말리만큼 그네는 힘이 없다. 그네의 생활의 근거는 마치 모래로 쌓아 놓은 것 같다. 이제 비가 그치고 물이 지나면 그네는 흩어진 모래를 긁어 모아서 새 생활의 근거를 쌓는다. 마치 개미가 그 가늘고 연약한 발로 땅을 파서 둥지를 만드는 것과 같다. 하룻밤 비에 모든 것을 잃어버리고 발발 떠는 그네들이 어찌 보면 가련하기도 하지마는 또 어찌 보면 너무 악하고 어리석어 보인나. (369쪽)

자연은 인간의 삶의 장에 위해를 가하는 것으로 전제되며, 이에 대조적으로 전제된 '생활의 근거'는 사상누각에 불과하여 폭력적 자연의 힘에 풍비박산될 뿐이다. 새 집을 짓는다 해도 그저 흩어진 모래를 다시 쌓아 올리는 것에 불과하니, 그 집이 짐짓 생활의 근거로서 삶의 안정된 저변이 될 리는 만무하다고 이야기되어 있다. 무지와 몽매에서 깨어나지 못하고 있는 이들이란 '개미'와도 같은 미물에 빗댈 정도로 미약한 존재자에 불과하다. 저렇듯 미천한 상대들에게 보내는, 신격(神格)에 상응하는 내포작가의 연민이 권위적 서술을 매개로, 혹은 이념으로 윤색된 인물의 담화를 통해 기술된 결과가 위와 같다.

그런데 권위적 서술자가 전지적인 서술자는 아니며, 내포작가라고 해서 '전지자'(全知者)로서의 품과 격을 갖추었다고 하기는 어렵다. 사상(事象)을 온전히 가늠하여 합리적으로 사고하고 판단하며 처방하는 신격과는 거리가 먼 것이다. 매우 격정적인 감정에 치우친 것은 물론, 일찍이 '과학'에 눈뜬 선각자의 생각을 펼치는 듯하지만 정작 그의 식견이 피상적인 수준이다. 농민들의 삶을 단견으로 판단하여 근거로 삼은 문화 진화론적 의식의 일단은 고스란히 제국주의적 이념의 편린들과 조우한다. '자연'을 '폭력'에 대응시킴으로써 정복의 대상으로 전제하는 태도가 근대화의 이념과 맞닿는 면이 있으나, 자기 각성이라는 계몽적 이성의 테제와는 상충되는 생각이 펼쳐지고 있을 뿐이다. '생활의 근거'인 집과 땅에 대한 생각이 그 발단이자 수렴항인 만큼, 이 소설에 드러난 공간 의식의 이념적 근거는 뚜렷하다. 계몽주의(자기 발견이 주제인 사조)를 곡해하여 빚어졌을 '계몽 의식'(선각자가 몽매한 이들을 교화하여 구한다는 의식)이 매우 직설적인 어조를 통해(그러니까 내포작가에 강하게 통제된 서술자의 언술을 통해) 기술된 글만 남을 뿐이다.

형식과 선형은 지금 미국 시카고대학 사년생인데 내내 몸이 건강하였으며—금년 구월에 졸업하고는 전후의 구라파를 한번 돌아 본국에 돌아올 예정이며 [……]

삼랑진 정거장 대합실에서 자선 음악회를 열던 세 처녀가 이제는 훌륭한 레이디가 되어 경성 한복판에 떨치고 설 날이 멀지 아니할 것이다. [……]

혹 독자 여러분이 기억하시는지 모르거니와 형식이가 사랑하던 이희경 군은 아까운 재주를 품고 조세하였고, 얼굴 컴컴하던 김종렬 군은 북간도 등지로 갔다는데 이내 소식을 모르며, 배학감은 그 후에 교주와 충돌이 생겨 지금은 황해

도 어느 금광에 가 있다는데 아직도 철이 나지 못한 모양이라 하니 가엾은 일이다. [……]

나중에 말할 것은 형식 일행이 부산서 배를 탄 뒤로 조선 전체가 많이 변한 것이다. 교육으로 보든지 경제로 보든지, 문학 언론으로 보든지, 모든 문명 사상의 보급으로 보든지 장족의 진보를 하였으며 더욱 하례할 것은 상공업의 발달이니, 경성을 머리로 하여 각 대도회에 석탄 연기가 쇠마치 소리가 아니 나는 데가 없으며 연래에 극도에 쇠하였던 우리의 상업도 점차 진흥하게 됨이라.

아아, 우리 땅은 날로 아름다워 간다. 우리의 연약하던 팔뚝에는 날로 힘이 오르고 우리의 어둡던 정신에는 날로 빛이 난다. 우리는 남과 같이 번적하게 될 것이로다. (377~379쪽)

모든 가치의 척도가 서양에 있는데 그 지표가 피상적이며 세계적인 성공에 귀결된다는 관념은 실로 놀라운 스케일을 자랑한다. 세계적인 성공을 거둔 이들이 '경성 한복판'에 선다고 하여 기대감을 부풀리는 설정도 그러하다. 다만 문제는 그 양상이 피상적이라는 데 있다. 특히 장소적 제약을 극복하고 드넓은 공간으로 지평을 열었다는 면에서 고평될 여지가, 과장된 피상에 견주어진 공간 형상에 귀결됨으로써 일말의 개연성조차도 얻지 못하는 한계에 봉착한다. 근대화 이념의 그늘에서, 서사 공간의 역동적 의미망이 구성될 여지는 애초부터 없었던 터이다. 공간의 귀결이 '경성 한복판'에 이름으로써, 정작 의식을 일깨웠던 계기인 수해 현장 '삼랑진'에 대한 해법은 제시되지 않고, 그저 '경성 한복판'을 중심으로 문명화와 산업화를 이루면 모든 문제가 해결되리라는 이념적 신념만 남은 꼴이다. 이런 맥락에서 『무정』은 공간 의식과 서사 공간의 창출이라는 면에서 근대성의 자질을 달성하지 못하였다고 할 수 있다.

시간의 격차가 있고, 이념적 편향의 향배가 다르며, 소설로서의 격과

양이 사뭇 다른 글이지만, 「육장기」[17]에 기술된 집의 표상은 맥락을 달리하여 의미망을 구축한 것이어서 주목을 끈다. 그 소설에서는 급기야 집에 대한 전통적 가치가 고쳐 얘기됨으로써, 집을 이사하듯이 고향이나 조국에 대한 의식 또한 옮길 수 있다는 식으로 심대한 이념적 왜곡상을 조장하는 변질된 담론이 채용된다.

> 지금 이 편지를 쓰고 앉았는 이 동네로 보더라도, 불과 오륙십 호 되지마는 집마다 다르거든. 이 중에서는 고작 나은 집, 좀 못한 집, 움집나라들로 보아도 그렇고 그런데, 이러한 집들이 다 그 집에 사는 사람들의 업보인 것이야 틀림없지 아니하오? 다시 말하면 다 제가 들어 있을 만한 집에 들어 사는 거야. 그러다가 나 모양으로 그만한 집도 지닐 형편이 못 되면 남의 손에 넘기고, 또 지금보다 형편이 펴이면 지금보다 나은 집으로 옮아갈 수 있고. (402쪽)

집에 대한 이러한 의식을 "전생 업보"에 견주는 한편 우주적 차원에 맞닿은 불교적 세계관에 조응시키는 담론 속에 모종의 이념이 밴다.

> 지구라야 조그마한 티끌 하나 아니오? 이를테면 이 무궁한 우주라는 큰 집의 조그마한 방 한 칸 아니오? 우리 지구상에 사는 인류란 이 단칸방에 모여 사는 한 식구야. 그러니 얼마나 정답겠소? 얼마나 서로 불쌍히 여기고 서로 도와야 하겠소? (411쪽)

지구를 집에 대응시키고 인류를 가족에 견주는 대유를 통해 드러난 생각의 단면은 어떠한가. 그로써는 만국이 평화로워야 하며 만민이 공존해야 한다는 생각을 비치는 듯하지만, 이내 그 논리에 당착이 빚어지는 언변이 이어진다.

우리가 이렇게 차별세계에서 생각하면 파리나 모기는 아니 죽일 수 없단 말요. 내 나라를 침범하는 적국과는 아니 싸울 수가 없단 말요. [……] 차별세계에서 적이요, 내 편이어서 서로 싸우고 서로 죽이지마는, 한번 마음을 무차별세계에 달릴 때에 우리는 오직 동포감으로 연민을 느끼는 것이오. 싸울 때에는 죽여야지, 그러나 죽이고 난 뒤에는 불쌍히 여기는 거야. 이것이 모순이지, 모순이지마는 오늘날 사바세계의 생활로는 면할 수 없는 일이란 말요. (412쪽)

세상을 사바세계로 전제하고서 그 세계에서 펼쳐지는 생활의 모순된 양상을 얘기함으로써 모종의 논리적 난항을 모면하려 하지만, 당착이 해소된 것은 아니다. 그런데도 이를 전제로 뒷얘기를 풀어가고자 하는 의중이 비쳐진다. 그 논리적 당착과 비약적 환원이 다음 대목으로 귀결되는 것이다.

나는 이것을 믿소. 이 중생세계가 사랑의 세계가 될 날을 믿소. 내가 『법화경』을 날마다 읽는 동안 이날이 올 것을 믿소. 이 지구가 온통 금으로 변하고 지구상의 모든 중생들이 온통 사랑으로 변할 날이 올 것을 믿소. 그러니 기쁘지 않소? 내가 이 집을 팔고 떠나는 따위, 그대가 여러 가지 괴로움이 있다는 따위, 그까짓 것이 다 무엇이오? 이 몸과 이 나라와 이 사바세계와 이 온 우주를(온 우주는 사바세계 따위를 수억 억만 헤아릴 수 없이 가지고 있었고 있고 있을 것이오) 사랑의 것으로 만드는 일이야말로 그대나 내나가 할 일이 아니오? 저 뱀과 모기와 파리와 송충이, 지네, 그리마, 거미, 참새, 물, 나무, 결핵균, 이런 것들이 모두 상극이 되지 말고, 총친화(總親和)가 될 날을 위하여서 준비하는 것이 우리 일이 아니오? 이 성전(聖戰)에 참예하는 용사가 되지 못하면 생명을 가지고 났던 보람이 없지 아니하오? (413쪽)

당착과 비약과 잘못된 유추에서 비롯된 생각은 왜곡된 의식을 호도하는 논리처럼, 혹은 고고한 설법처럼 기술되어 독자를 압도하려 든다. 중의적인 해석의 여지를 남기는 것처럼 하여 그러한 권위적 서술의 강압적인 양상을 덮어 문학적 설득력을 높이려 하지만, '이사'에 빗댄 전향의 변명이 가려지는 것은 아니다. 이는 거창하고 이상적인 세계를 상정하여 피상일 수밖에 없는 공간 의식에서 비롯되었을 터, 거대한 이념의 여과를 거쳐 퇴색된 공간 기획의 여지가 소멸되는 한 측면을 엿보게 한다. 다만, '집' 특유의 비호성이 상실된 상황을 전제로 한 공간 기획에 이르지 못하고 공간 퇴행의 양상을 보인 것도 '장소에서 공간으로'라는 근대성 테제의 부정적 한 국면을 이루는 것이 사실이다.

이러한 집의 의미 변화는 집에 대한 의식의 변화 양상으로 확산된다. 집은 주거 장소라는 본색에서 벗어나 매매의 대상으로 전락한다. 이는 근대화의 직시적 표지인 도시화 과정에서 집이 본연의 장소적 자질을 상실하고 공간 개념으로 변모하였다는 점을 명증하는 현상으로서 주목을 끈다. 땅의 의미 또한 마찬가지 맥락에서 변모한다. 땅이 경작의 대상이며 양식의 수확처로서 인간의 생명을 유지하도록 돕는 구심점이라는 장소 자질에서 벗어난 채 매매와 투기의 대상으로 떠오르는 양상이 근대화 과정에서 여실해지는 것이다. 그 단면이 이태준의 「복덕방」[18]의 이야기 선을 따라 펼쳐진다.

> 이럭저럭 심심파적으로 갖게 된 것이 이 가옥 중개업이었다. 처음에는 겨우 굶지 않을 만한 수입이었으나 대정 팔구년 이후로는 시골 부자들이 세금에 몰려 혹은 자녀들의 교육을 위해 서울로만 몰려들고, 그런데다 돈은 흔해져서 관철동, 다옥정 같은 중앙지대에는 그리 고옥만 아니면 만 원대를 예사로 훌훌 넘었다. 그 판에 봄 가을로 어떤 달에는 삼사백 원 수입이 있어, 그러기를 몇 해를 지

나 가회동에 수십 간 집을 세웠고 또 몇 해 지나지 않아서는 창동 근처에 땅을 장만하기 시작하였다. 지금은 중개업자도 많이 늘었고 건양사 같은 큰 건축회사가 생기어서 당자끼리 직접 팔고 사는 것이 원칙처럼 되어 가기 때문에 중개료의 수입은 전보다 훨씬 준 셈이다. (123쪽)

도시화 와중에서 집과 땅은 그 장소성이 상실되어 삶의 근거지로서 기능하지 못할 뿐만 아니라, 오히려 모든 가치를 자본으로 환원함으로써 인간 소외를 가중하는 근대의 초상을 뚜렷하게 윤색하는 역할을 한다. 돈이 서울로 몰리고, 그 바람에 집값이 예사롭지 않게 오르는 현상은 도시에서 주거 조건이 문제의 소지를 안을 수밖에 없는 현상을 예견한다. 특히 빈곤과 밀접하게 연관되는 주택 문제는 도시화 도정에서 발생하는 이면적 문제의 핵심항에 해당하는데,[19] 근대화 이념에서 파생된 대도시화 계획에 따라 조성된 '경성'에서 이미 집의 장소성이 와해되어 파생된 문제가 심화되었다는 위 대목의 진술이 주목을 끈다. 집을 사고파는 일이 사업처럼 되었다는 점도 그렇거니와, 그 사업이 번창하였다는 추억에 비추어보아, 집과 땅은 삶의 안정된 터전이나 양식의 생산지로서의 장소적 자질과 거리가 먼 '부동산'으로 변모했다는 점을 알아차리기 어렵지 않다. 투기의 대상으로까지 전락한 집과 땅은, 미덕으로 여겨지던 여러 인간적 가치를 기어이 타락시키는 요인으로 작용하면서, 사람들의 삶에 위해를 가하기 시작하여 근대화의 그늘을 짙게 드리우게 한다.

모두 꿈이었다. 꿈이라도 너무 악한 꿈이었다. 삼천 원 어치 땅을 사놓고 날마다 신문을 훑어보며 수소문을 하여도 거기는 축항이 된단 말이 신문에도, 소문에도 나지 않았다. 용당포와 다사도에는 땅값이 삼십 배가 올랐느니 오십 배가 올랐느니 하고 졸부들이 생겼다는 소문이 있어도 여기는 감감소식일 뿐 아니라

나중에, 역시, 이것도 박희완 영감을 통해 알고 보니 그 관변 모씨에게 박희완 영감부터 속아떨어진 것이었다. 축항 후보지로 측량까지 하기는 하였으나 무슨 결점으로인지 중지되고 마는 바람에 너무 기민하게 거기다 땅을 샀던, 그 모씨가 그 땅 처치에 곤란하여 꾸민 연극이었다. (132~133쪽)

땅이나 집이 재산 가치로 환원되면서 빚어지는 사회 문제와 이로써 야기되는 인간 소외의 문제는 근대화의 이면에서 벌어지는 부작용을 단적으로 대변한다. 그것은 '장소에서 공간으로'라는 근대적 공간 인식의 국면에서 중요한 표지로서 대두된다. 땅이 그 고유의 생산성과 무관한 가치로 환원되는 근대 세계의 초상들이 이를 통해 그려지는 것인데, 정주하여 경작할 땅을 잃고 부유(浮游)하는 이들이 겪는 고통스런 삶의 면면에 대한 서사적 관심이 이를 구심으로 확산된다.

식민지 근대화의 와중에서 집과 땅을 잃은 이들의 고통은 고향과 조국을 상실한 고통으로 비화되기에 그 의미의 진폭이 커진다. 이를 통해 경계와 이행의 공간 표상에 직접 대응되는 국면이 조성되기도 하는데, 이태준의 「농군」에서 그 단서를 엿볼 수 있다.

장쟈워푸(姜家窩柵), 눈이 모자라게 찾아보아야 한두 집, 두세 집, 서로 눈이 모자랄 거리로 드러난다. 이런, 어느 두세 집이 중심이 되어 장쟈워푸란 동네 이름이 생겼는지 알 수 없다. 산은커녕 소 등허리만한 언덕도 없다. 여기 와 개간권 운동을 해가지고 황무지를 사기 시작하는 조선 사람들도 처음에는 어디를 중심으로 하고 집을 지어야 할지 몰랐으나 차차 자기네의 소유지가 생기자 그 땅 한쪽에 흙은 좀 돋우고 돌 하나 없는 바닥에다 돌 주초 하나 없이 청인에게서 백양목 따위 생나무를 사다가 네 귀 기둥만 세우면 흙으로 쌓아 올리는 것이, 근 삼십 호 늘어앉게 된 것이다. 그래서 이제는 장쟈워푸라면 이 조선 사람들 동네가 중

심이 되었다. (173쪽)

식민치하에서 조국과 함께 집과 땅을 잃은 이들은, "지붕 낯선" 곳인 만주에서 어떻게든 삶의 근거지를 얻고자 도모한다. 낯설고 황량한 그 만주 벌판은 "안개 속에서 다시 떠오르는 땅"이자 "새 세상"으로서 '까마득하게 끝없이 밭'이 펼쳐지는 곳이지만, "밭이 암만 많"다고 하더라도 다 임자가 있으니, 그 땅에서 이들이 정주할 수 있을지는 미지수이다. 그런데도 황무지를 개간하여 제 땅으로 만들고 조선 사람들이 중심이 된 지역을 구획하게 된 것이다. 제 땅을 얻고 그 땅에다 집을 지어 정주할 데를 구획함으로써 삶의 저변인 장소를 구축하고서 점차 그 일대를 '조선 사람들 동네'로 재편해갔던 것이다. 그렇지만 그 마을이 짐짓 삶의 안정된 저변으로서 기능하기 위해서는 경작에 필요한 땅이 기능을 온전히 다해야 했거늘, 물길을 찾을 수 없었기에 그 계획은 심각한 난항에 직면한 꼴이다.

그들은 '봇도랑'을 파기 위해 사생결단의 각오로 황무지를 개간하는 최후의 일에 임했는데, 조선 사람들에게 그 땅은 목숨과도 같은 것이었다.

봄이 되었다. 삼십 리 봇도랑은 조선 사람들의 다시 참호(塹壕)가 되었다. 땅이 한 치가 녹으면 한 치를 걷어 내고 반 자가 녹으면 반 자를 파낸다. 이 눈치를 챈 토민들은 다시 불온해졌다. 그러나 조선 사람들은 봇도랑에 나갈 때 괭이나 삽만 가지고 나가지 않았다. 있는 물자는 이 황무지와 이 봇도랑을 위해 남김없이 바쳐 버렸다. 이것을 버리고 돌아설 데는 없다. 죽어도 여기밖에 없다. 집도 여기요 무덤도 여기다. 언제 토민들이 몰려오든지, 오는 날은 사생결단이다. 낫이 있는 사람은 낫을 차고 식칼밖에 없는 사람은 식칼을 들고 봇도랑으로 나왔다. (177쪽)

이국땅에서 삶의 터전을 확보하려는 이들의 고통스런 몸부림은, 조국과 땅을 잃은 이들로서 할 수 있는 사생결단에 준하는 것이어야만 했을 것이다. 타향으로, 그나마도 황량한 벌판으로 내몰린 이들이 보호받을 장소를 확보하기 위해 목숨까지 걸어야 하는 상황은 고스란히 식민지 근대화 이념의 어두운 면에서 파생되었을 터이며, 토착민들의 땅을 빼앗음으로써 제 터전을 확보할 수 있다는 아이러니 또한 그 그늘에서 빚어진 것이라고 할 수 있다.

그들이 목숨을 걸고 지키며 파내려간 '봇도랑'은 "거의 한 길이나 우묵해지고 양지가 되어" 집에 견줄 만큼 따스하여 안락감마저 느끼게 하는 '땅' 본연의 장소적 속성을 대변하는 표지에 해당한다. "구수하고 푹신한 흙"이 있는 땅이란, 이국으로 내몰려 텅 빈 듯 무한대로 펼쳐진 낯선 공간에서 막연한 공허감과 공포감에 사로잡힌 식민지 유랑민들에게, 뜻밖의 장소감을 선사하는 대상물이다. 물론 그 땅에 물이 넘쳐흘러 농사를 지을 수 있는 논이 되어야 비로소 삶에 의미심장한 장소로 인정되겠지만, 땅이 본연의 장소로서 역할을 하지 못하는 현실에 직면한 이들로서는 허황한 꿈을 꾸는 것만 가당할 따름이다. "물만 어서 떨떨 굴러와 논자리들이 늠실늠실 넘치도록 들어가만 준다면 논은 해먹지 않고 그것만을 보고 죽더라도 한이 풀릴 것 같"다지만, "푹신푹신한 생흙바닥으로 물이 고이며 흘러오리라고는, 무슨 꿈을 꾸고 나서 그것을 생시에 바라는 것같이 허황"하다는 식의 부조리한 상념이 뇌리를 장악하고 있는 것이다.

이런 상황에서 땅의 원초적 생명성이 급기야 죽음의 이미지와 어우러지는 역설적 표상이 빚어져 장소애와 관련된 돋보이는 감각의 서사가 시사된다. 사생결단의 각오로 꿈에 그리던 봇도랑 물길을 찾는 고역 끝에 그 물길이 열리는 모양새는 "배암"이 "설설 기어 오는" 모양처럼, 또한 생선이 "펄펄 살"아 있는 양처럼 원초적 생명력을 안은 형상이다. "흙물인 채 빨걱빨걱 들이켰다"고 할 정도로, 이주민들에게 그 물은 절체절명의 위기를 모면하게 해줄 생명수이다. 그 물이야말로 생명력 넘치는 에너지와 원초적 감각을 안은 표상으로 그려지면서 흙의 풍요로움을 북돋운다. 그것은 그토록 갈망하던 경작하고 정주할 삶의 터전으로서 장소의 자질이 보장된 거점 표상이라고 할 만하다. 그러면서도 "피와 물에 흥건한 노인의 시체"를 통해 섬뜩한 공포감을 동시에 전하는 음습한 매개체 역할을 하여 부조리가 빚어지니, 생명과 죽음의 이미지가 엉킨 모순된 표상이 전해진다.

이처럼 죽음에도 생명에도 빗대면서 단적으로 대조되는 땅은 '고향과 타향', '고국과 이국'이라는 대조적 이념항을 장소 표상으로 환언하여 이야기하는 수렴항에 해당한다. 식민지 근대화의 그늘에 조응된 그 대조적 표상이, 삶의 안정된 장소가 와해된 일제강점기의 고통스런 현실은 물론, 그 현실을 벗어나고자 막연히 만주나 간도 등지로 이주한 이들이 처한 또 하나의 고통스런 현실을 기술하는 데 쓰이고 있는 것이다.

최서해의 「탈출기」[20]에서도 그러한 국면이 여실히 기술된다.

김군! 내가 고향을 떠난 것은 오 년 전이다. 이것은 군도 아는 사실이다. 나는 그때에 어머니와 아내를 데리고 떠났다. 내가 고향을 떠나 간도로 간 것은 너무도 절박한 생활에 시든 몸이, 새 힘을 얻을까 하여 새 희망을 품고 새 세계를 동경하여 떠난 것도 군이 아는 사실이다.

—— 간도는 천부금탕이다. 기름진 땅이 흔하여 어디를 가든지 농사를 지을 수 있고 농사를 잘 지으면 쌀도 흔할 것이다. 삼림이 많으니 나무 걱정도 될 것이 없다.

농사를 지어서 배불리 먹고 뜨뜻이 지내자. 그리고 깨끗한 초가나 지어 놓고 글도 읽고 무지한 농민들을 가르쳐서 이상촌을 건설하리라. 이렇게 하면 간도의 황무지를 개척할 수도 있다.

이것이 간도 갈 때의 내 머릿속에 그리었던 이상이었다. [……]

김군! 그러나 나의 이상은 물거품으로 돌아갔다. (18~19쪽)

기대와 희망의 땅 간도, 이상을 펼치리라 찾아든 간도의 현실은 너무도 가혹하다. "서북으로 쏠려 오는 봄 세찬 바람"은 냉혹한 현실의 알레고리이다. 농사를 지으려야 지을 땅 한 평 얻지 못하고, 이상을 펼치기는커녕 "무서운 인간고(人間苦)"를 겪어야 하는 땅이 그곳 간도인 것이다. 막연한 이상과 현실의 괴리에서 오는 대조적 공간상, 이로써 희망이 좌절되는 시대의 단면이 형상화되었다면, 그 자체가 현실에서 전형화된 실재성을 응축한 태라고 할 수 있다. 이상도 실재지만 그 이상이 무참히 좌절되는 현실 또한 실재이다. 이처럼 냉혹한 현실의 단면을 극화한 데서 이른바 경향성이 드러나는데, 삶의 현실에 대한 구체적 체험을 바탕으로 드러난 실재성이 경향성의 전제이다.[21]

이처럼 삶의 터전을 잃고서 타향이나 이국으로 내몰린 이들이 낯선 곳에서 황무지를 개척하여 새로운 근거지를 확보하는데, 그렇게 얻은 땅과 집이라도 본연의 장소감을 체감할 수 있는 곳은 아니다. 위기에 처하고 경계에 내쳐진 이들에게 그곳은, 원래의 집과 땅처럼 존재를 안정되게 보호하는 장소가 아닌 무장소의 표지로서 이해된다. 본연의 장소를 대체하여 구축된 '장소 없는 장소'인 이종공간이 구성된 것이기도 하다. 이는 식민지 근대화의 무장소성이 전면에 부각된 도시에 관한 표지와는 또 다른 차원에서 빚어진 이면적 이종공간이라고 해도 좋을 것이다. 다만 그러한 이종공간의 형상은 상대적으로 '도시'나 '문명' 등과 같은 근대화의 직시적 표지들을 통해 밀도 있는 의미망이 구축된다. 특히 그 두 항이 문화적 저변으로 굳어지면서 이종공간은 변용 국면을 맞는다.

기실, 식민지 근대화의 전면에 부각된 도시와 문명은 삶의 저변을 여러 모로 변모시켰다. 그 변모 양상은 분명 새로웠으며, 그도 혁신적이었다. 그런 가운데 도시는 더 이상 낯설고 이질적이어서 거부감이 드는 대상으로나, 혹은 역으로 막연한 동경의 대상으로 받아들여지기보다, 어느덧 삶의 기본 조건으로 익숙해진 현상이 되었다. 그렇다고 도시가 삶의 안정된 저변이 되어 성원들을 보호하는 장소로서 기능한다는 얘기는 아니다. 도시는 기존의 장소를 대체하는 이종공간들이 산재한 형태로 구성된 공간에 상응할 뿐이다. 가령 문화의 서구화 국면이 어느 정도 진행된 상황에서 '방'이나 '집'의 의미망이 달라지는 국면이 또 한 번 전개되고 있다는데 주목하게 된다.

근대화 초창기의 막연한 개화 지향에서 벗어나, 삶의 현실에서 직면하는 근대 세계의 여러 국면들이 장소에서 공간으로 전화된 표상들을 통해 극적으로 드러난다. 현존 공간들과 연관된 함수로서 '또 하나의 실재 공간'을 창출하는 '보정의 이종공간'에 상응하는 표상들이 서사 공간의 한 국면을 이룬다. 이를 통해 식민지 근대화의 직시적 요소에 해당하는 도시 경관의 무장소성에 대한 적극적 반성의 계기가 마련되었음 직하다. 이렇듯 식민지 근대화 담론의 지향에서 벗어난 비판적 담론의 형성 맥락에서, 김남천의 「경영」과 「맥」[22]을 논급할 수 있다. 특히 도시화된 주거 환경에 대해 세묘한 대목이 눈길을 끈다.

> 무경이는 제가 쓰고 있는 삼층 이십삼 호실로 올라왔다. 대학 선생이 책이나 읽고 글이나 쓰고 있으면 뒤숭숭하지 않아서 좋을 것이라고 생각해 보면서 그는 회사원이 조금 전에 나가 버린 옆방의 앞을 지났다. 잠갔던 문을 열고 스위치를 넣어서 제 방에 불을 켰다.
>
> 방 안에 들어와서는 언제나 하는 버릇으로 손을 씻었다. 슈트의 웃저고리를

벗고 얄따란 스웨터로 바꾸고는 가볍게 화장을 고친다. 오래지 않아 삼월이라지만 밤은 역시 추웠다. 스팀의 마개를 조절해서 방 안에 온도를 맞추고는 잠시 침대에 걸터앉아 본다. 아까 아파트를 나간 회사원의 두 부부가 생각되었다. 그들은 행복에 취하여 있는 듯이 보이었다. 남의 눈에 그렇게 보였을 뿐 아니라 당자들도 그렇게 생각하고 있을 것이다. 트럭을 먼저 앞세워 놓고 나란히 서서 문 밖으로 나가던 두 사람의 뒷그림자…… 그러나 그는 문득 생각해 보는 것이다.

'그들은 끝끝내 행복할 수 있을 것인가. 젊은 회사원은 그의 아름다운 아내를 끝끝내 사랑할 수 있을 것인가. 그들의 사랑과 신뢰는 언제나 무슨 일을 당하여서나 변함이 없이 굳건한 것으로 지니어 나가고 지탱해 나갈 수가 있을 것인가?'
(「맥」, 399~400쪽)

'아파트'라는 집의 새로운 형태가 '무경'에게는 낯선 것이 아니라, 일상의 주거지로서 익숙한 장소처럼 보인다. 지극히 서구적인 주거 형태이지만, '무경'에게는 새롭거나 이질적인 이국의 문화가 아니라 명실공히 삶의 조건으로서 익숙해진 문화로서 받아들여진다. 그렇다고 해서 그에게 아파트와 자기 방이 장소로서 기능하고 있는 것은 아니다. 그 방은 텅 비어 잠겨 있고 어두워 찬 기운이 감도는 곳으로, 잠금장치를 풀고 문을 열어야 들어갈 수 있으며, 스위치를 작동시켜 전등을 켜서 밝게 해야 하고, 난방장치를 조정하여 온기를 부르고서야 비로소 휴식을 취할 수 있는 방으로 화한다. 말하자면 일정한 속성이 유지되어야 하는 장소 기제로서가 아니라, 모종의 조작을 통해 기능이 부여되고 의미가 생기는 공간 차원의 기제로서만 작동하는 것이다. 그렇게 방의 기능이 부여되고서도, 정작 거기에서 행복감을 유지할 수 있을지 의구심을 표하는 인물의 상념을 통해, 도시인의 장소상실감을 투사한 이종공간인 집의 의미망을 가늠할 단서가 포착된다.

> 독신용의 방이 서른여섯에 가족용의 두 칸씩 맞붙은 방이 스물다섯이나 되어서 백 명이 훨씬 넘는 식솔이 살고 있는 집이고 보니 들고 나는 사람의 얼굴을 하나하나 따져서 기억해 둘 수도 없고 또 그 이상 그 사람들의 성품이나 생활습속 같은 것에 대해서 눈여겨볼 겨를이나 흥미도 없으므로 일단 사람을 들여놓은 뒤에는 특별한 일이나 없으면 그다지 밀접한 교섭은 이루어지지 않았다. 하기야 무경이가 한 집안에서 자고 먹고 하였고 또 출입구가 있는 옆에 사무실이 있어서 손님들 측으로 보면 눈에 익은 존재였으나 무경이 편으로 보자면 한 달에 한 번씩 방세나 받고 난방비나 전등료나 급수료 같은 것이나 받아 치우면 규칙을 문란하게 하지 않는 이상 아무러한 교섭이나 간섭 같은 것을 가지게 될 리 만무하였다. (422쪽)

도시적 주거의 특질이 여실히 배어 있는 구도로 미루어, 여러 방으로 나뉜 집이 비호의 장소로서 기능하지 못할 것은 자명하다. '식솔'이 '백 명이 훨씬 넘는'다는 것만으로도 집이 가족의 정체성과 공동체의 안정감을 보장하는 본연의 역할을 할 수 없으리라는 사실을 쉬이 짐작할 수 있다. 서로의 생활에 대해 돌볼 여지가 없으며 긴밀한 관계를 유지하지 못하는 정황도 집이 장소성을 상실하게 된 현실을 내비친다. 계약 관계로 조성된 의사(擬似) 공동체 격으로, '교섭이나 간섭'을 하지 않는 것을 전제로 유지되는 그 집의 자질은, 그야말로 공동체적 유대감에 역행하는 익명성의 자질을 지닌 공간 표상이며, 근대적 이종공간의 한 형태로 이해된다. 이는 상대적으로 장소성을 상실한 공간 표상의 의미 지평을 확장하여, 존재감을 유지하도록 돕는 공간 창출의 여지를 시사한다. 현실 속에서 온전히 실현되지는 않을지라도, 존재에 걸맞은 공간을 기획하려고 도모하는 의지가 서사 공간의 의미망을 넓히도록 기여하는 바 있는 것이다.

방 앞에 서면 언제나 감격이 새로워서 가슴이 울렁거린다. [……]

핸드백에서 열쇠를 꺼내 잠갔던 문을 여니까, 쌍끗한 꽃의 향기가 몸에 안기는 것 같아서, 그는 그것을 함뿍이 들이마시면서 눈을 감고 한참 동안 문지방에 선 채 움직이지 못했다. 서편 창으로부터 맞은 언덕을 넘어가는 낙조가 푸른 문장에 비쳐서 은은한 광선이 꽃병이 놓인 나지막한 서가를 비스듬히 비치고 있다. [……]

무어 부족한 거나 없는가?— 방 안을 쭉 돌려 살피는 것이다. 옷보퉁이에는 새 잠옷이 있고, 침대는 이만했으면 쇠약한 몸을 편하게 가로눕힐 만큼은 편안하고, 방 안의 장치도 설비도 만족할 정도는 아니지만 간소한 대로 정성을 다한 것, [……] 이만했으면 우선 그를 맞아들이기에 시급한 준비는 된 것이라고 그는 거듭 생각하는 것이다. (「경영」, 354~355쪽)

'방도, 직업도, 이제 나 자신을 위하여 가져야겠다!'

그런 생각이 사무실을 들어설 때에 그의 마음속에 이루어지고 있었다. (「경영」, 395쪽)

장소를 상실한 실존이 본연의 장소를 대신할 공간을 기획하려는 의지마저 상실하는 것은 아니다. 공간을 텅 빈 진공 상태로 두지 않고, 삶의 장으로 의미 있게 전화함으로써 세계-내-존재의 저변을 확보하려는 모색을 지속하는 것이 인간의 적극적 존재 양태이다. 그렇지만 그러한 적극적 모색이 한계에 봉착할 수밖에 없는 것은 도시화가 식민지 도시계획에서 비롯되었기 때문일 것이다.

과연 근대 도시계획은 식민지 도시계획과 밀월 관계에 놓여 있다. 근대 도시계획은 권력 관계의 복잡하고 불투명한 역학을 통해 형성된 도시공간의 정치적 변용 과정의 산물인데, 식민지 수도 경성의 도시계획[23]이 그러한 산물이라는 점을 고려하고 보면, 실존적인 공간 기획의 의지가 구조적 차원에서 꺾일 수밖에 없어, 상대적인 이종공간에 상응하는 서사 공간의 기획 차원에서 기술될 수밖에 없는 것이다. "총독부 청사, 경성역, 경성부청, 조선신궁 등 경성의 새로운 랜드마크들로 장식될 상징적 정치도시 건설의 기획에 몰두하는 한편, 식민지 정치수도화를 목표로 삼고 있던 당시 총독부 당국자들"[24]에게, 개개인들이 겪을 도시화의 부작용이 고려 대상이었을 리 만무하다. "광화문통 대로를 활용하여 명실상부한 총독부 권력의 위광을 만천하에 과시할 수 있는 전시적(展示的) 도시와 권력의 거리를 창출"[25]하려던 그들에게 개개인의 삶의 안정을 보장할 장소는 관심 사이기는커녕 대경성 건설의 장애물로 간주되었을 터이며, 오히려 장소를 파괴하는 데 전략적 거점이 있었을 법하다.

이러한 식민지 근대화 이념의 정치적 역학에 관여된 도시화의 이면을 도외시한 서사적 대응은 일정한 한계를 노정할 수밖에 없다. 이광수 식의 소설에 그려진 도시 형상이나, 박태원이나 이상의 소설에 투영된 도시 형상의 한계가 이에 해당한다. 신문명에 대한 막연한 기대감에 부응하여 기술된 도시공간의 추상적 국면은 근대화 초창기에 장소에서 공간으로 관심이 옮겨진 부정적(소극적) 서사 공간의 형상에 상응할 뿐이다. 물론 도시와 농촌의 대조적 형상을 전제로 도시 경관의 이면을 묘파하여 도시의 무장소성을 비판적으로 재구성한 경우라면 공간에 관심하는 적극적 서사 공간의 일단을 엿볼 수 있다. 그렇지만 도시를 배회하는 실존의 국면으로 문제의 구심을 옮기고 이종공간의 역학에 관여될 문제를 희석하여 개인의 부조리로 환원하는 경우라면 문제삼지 않을 수 없을 것이다. 이미 1920년대 중반 이후 주택 · 빈곤 · 교통 · 위생 등 각종 도시 문제가 심각해지면서, "경성에서 대경성으로의 전화의 재앙"[26]이 실로 드러나고 있었다는 데 주목할 여지가 있는 것이다.[27]

제국의 근대를 식민지에 이식하려는 근대화의 실험은 식민지 근대화의 양면성을 낳는다. 계획에 따라 급속도로 진행된 만큼 전면에 부각된 근대 세계의 화려함 이면에 잠재된 부작용 또한 급격하고 단적인 양상을 띤다.[28] 그만큼 이종공간은 계획적으로 이식된 근대화 국면에 걸친 여러 공간 표지를 해석하는 데 중요한 단서이다. 이는 특히 '문명 대 야만'의 대립항을 전제로 한 근대화 이념에 대한 성찰의 단서이기도 하다. 문명의 전파와 문화의 이식이라는 식민주의 담론의 구심인 진화론적 시각은 국지적인 장소적 한계를 넘어서서 세계를 아우르는 광활한 공간의 창출을 도모하려는 의식을 뒷받침하는 '과학적 근거'로 쓰인다.

이런 정황은 문명에 대한 의식을 돌이키는 데 공간 문제가 맞닿아 있음을 시사한다. '문명 대 야만'은 장소에서 공간으로 논항을 옮기는 것이 전제되어야 성립된다. 구획된 장소 내에서 안정을 도모하기 위한 삶의 방편을 마련하고 도모하는 경우, 문화적 고등과 야만을 구분할 수 없으며 문화의 전파와 교류는 불필요하거나 필요하더라도 급격한 양상을 띨 까닭이 없다. 그렇지만 장소의 경계를 넘어서 범세계적인 공간 차원에서 생각한다면 문화의 전파 논리가 타당성을 얻을 여지가 생긴다. 더욱이 제국 중심으로 세계의 구도를 재편하려 들 경우, 야만에서 벗어나지 못한 지역을 식민지로 통합함으로써 하나의 세계를 건설하여 만국을 아우른 범지구적 공간을 구축할 수 있다는 도그마를 세울 수 있다. 그도 찬연한 과학 문명의 이기를 함께 누리며 '발전'할 수 있으니 근대화의 거창한 기획을 달성하기 위해 잠시 동안의 식민치하를 견디어내도 좋으리라는 이념을 내세울 수 있다.

이렇듯 식민지 근대화 이념을 돌이켜 성찰하는 비판적 담론으로서의 역할을 할 소설은, 문명에 대한 막연한 동경에서 벗어나 비판적 언술을 펼침으로써 문명 세계에 대한 이종공간의 담론을 구성할 전략적 대응을 할 여지를 조성한다. 이태준의 「복덕방」에서 "무용이란 건 문명국일수록 벗구 한다네 그려"라고 하여 문명 대 야만의 대립항에서 빚어진 이데올로기의 허상을 절묘하게 풍자한 언설을 염두에 둔 가운데, 문명과 문화에 대한 상대주의적 시각을 통해 식민지 근대화의 이념적 저변을 들추는 「맥」의 몇 대목에 눈길이 머문다.[29]

> 동양을 여행하는 외국 사람들이 우리 서양식 건축과 문명을 구경하고는 감탄은 샘스러 그저 누추한 모방품을 본 듯이 유쾌하지 못한 낯짝을 한다는 의미의 말씀을 드렸지요. (438쪽)

> 우리 조선이 근대를 받아들인 상태를 이것과 대조해 보면 우리집 가정의 타입이 더 뚜렷해지리라고 생각합니다. 개화가 있은 지 가령 칠십 년이라고 합시다. 이때부터 구라파의 근대를 수입해 왔다고 쳐도 실상은 구라파의 정신은 그때에 벌써 노쇠해서 위기를 부르짖고 있던 때입니다. 우리들은 새롭고 청신하다고 받아들여 온 것이 본토에서는 이미 낡아서 자기네들의 정신에 의심을 품고 진보라는 개념 자체에 회의를 품어 오던 시대입니다. 그러니까 우리는 남의 고장의 노후하고 낡아빠진 문명과 문화를 새롭고 청신하게 맞어들인 것입니다. 구라파가 결딴이 났다고 우리들이 눈을 부실 때엔 벌써 이미 시일이 늦었습니다. 받아들인 문명과 문화는 소화도 하지 못하고 있는데 벌써 구라파 정신은 갈 턱까지 가서 두 차례나 커다란 전쟁을 경험하고 있습니다. (439쪽)

서구의 근대 세계를 이식하여 만들어진 동양의 근대화된 양태에 대한 생각을 직서함으로써 식민지 근대화의 이념에 대한 비판적 담론의 맥이 형성된다. 이식된 근대의 문명과 문화를 창출한 서구 세계의 부조리가 노정되던 터에 그를 수용하여 근대를 이룬 형국이니 그 부작용까지도 이식된 상황이라는 얘기이다. 이런 상황에서 서구 중심적 사고에서 파생된 근대라는 이념항에 대한 비판 의식이 맥락을 갖춰 제법 설득력 있게 이야기된다.[30]

> 구라파 사람들은 역사에 대한 하나의 신념을 가지고 있다고 생각합니다. 그들은 역사란 마치 흐르는 물이나 혹은 계단이 진 사다리와 같은 물건이라고 믿고 있습니다. 맨 앞에서 전진하고 있는 것은 구라파의 민족들이요, 그 중턱에서 구라파 민족들이 지나간 과정을 뒤쫓아 따라가고 있는 것은 아시아의 모든 민족들이요, 맨 뒤에서 쫓아오고 있는 것은 미개인의 민족들이라는 사상이 그것입니다. 고대에서 중세로 근대로 현대로 한 줄기의 물처럼 역사는 흐르고 있다 합니다. 그러니까 설령 그들이 가졌던 구라파 정신이 통일성을 잃고 붕괴하여도 새로운 현대의 세계사를 구상할 수 있고 또 구상하는 민족들은 자기들이라고 생각하고 있습니다. (439쪽)

근대는 실체가 아니며 서구의 역사관에서 지어진 개념항이지만, 이를 실체처럼 꾸며 식민지 근대화 이념을 빚는 데 이용되었음이 이 대목을 통해 고지된다. '문명인 대 미개인'이 '유럽 민족 대 아시아 민족'에 대응되면서, 중세에서 근대로, 근대에서 현대로 이어지는 역사의 흐름에 온 민족이 동참하도록 하는 세계사를 구상한 주역이 유럽 민족들 스스로라는 이념이 빚어진 터이다. 이러한 서구 중심의 역사 해석에 제동을 걸고자 한, 유럽 정신이 '막다른 골목'에 처해 공간적 위기 상황에 직면했을 때 역사에 대한 해석의 여지가 생길 수밖에 없다는 언설은, 근대화의 담론을 비판하는 근대성 담론으로서 효력을 지닌다고 할 것이다. 물론 이는 '다원사관'에 대한 비판을 통해 '꽃 피우는 보리'로 수렴되는 역사의식을 전제한 결말을 염두에 둔 얘기여서 타당성 면에서 그리 미덥지만은 않다.

짐짓 서구 문명을 중심에 두고서 진화론을 근거로 문명을 전파하여 개화시키고자 하는 식민지 근대화 이념은 장소 없는 장소라는 이종공간에 대한 관심을 부른다.[31] 공간은 그저 공허한 진공 상태가 아니라 삶의 장에 관여된 표지들을 통해 의미가 구성되는 표상으로 이해된다는 점, 연장과 지시 관계에 의해 실증되는 실체가 아니라 의미망을 형성하는 구성체라는 점을 재삼 의식하게 된다. 이런 맥락에서라면 서구 대 비서구, 문명 대 야만 식의 이분법으로써 경계와 위계를 분명히 하여 이념적 전제로 삼는 것은 곤란하다는 비판적 담론의 거점을 얻음 직하다. 식민지 근대화 이념에 대응하여 근대적 삶의 조건을 비추어 성찰하는 서사 공간의 구성 전략이 그 거점에 수렴된다.

2. 무장소적 이종공간의 표지

우리는 "일종의 텅 빈 공간에 살고 있지 않다."[32] 그렇다고 공간이 장소와 같이 구획되어 구역이 가득 찬 형태로 '존재'하는 것은 아니다. 삶의 장에 해당하는 공간은 장소 없는 장소에 상응하는 '이종공간'에 준하여 이해된다. 특히 서구의 근대 세계를 옮겨다가 건설된 식민지 근대 세계에는 저러한 이종공간의 자질을 통해 이해될 표지들이 편재해 있다.[33] 근대화의 변화와 식민 통치의 격랑에 휩쓸린 가운데 혼돈과 위기 상황에 내몰린 이들에게 안정된 장소는 보장되지 않으니, 그 장소를 대체할 이종공간이 관건으로 부각되는 것이 수순이다.

이러한 근대 이행기의 과도적 상황에서 전통적 삶의 비호(庇護) 장소인 '집'에 결부된 이념항들 또한 무장소적 이종공간의 표지들로 전형된 표상들과 경합을 벌이며 혼돈 양상을 심화한다. 재삼 강조하거니와 장소 표지의 대명사인 '집'은 인간의 정주 열망의 구심을 이루며 외부의 위협으로부터 보호받고자 하는 본능이 투영된 제일 표지이다. 그런데 집의 비호성이 와해되면서 파생되는 무장소성은 집 자체의 공간 자질에 대한 관심은 물론 장소의 자질 변화와 의미 전이에서 파생되는 여러 논항들에 대한 관심을 불러일으킨다. 특히 서구의 근대를 인위적으로 이식하려는 제국의 압제로 점철된 이행기의 혼돈 속에서 변모되거나 변질되어가는 집의 의미망을 염두에 둘 때, 집에 관한 서사적 표상을 전제로 경계와 이행의 공간이 '근대'에 맞물려 펼쳐지는 국면들을 탐색할 수 있는 여지가 열린다. 특히 집의 표상에 결부된 '가(家)와 가문(家門)'에 관한 이념이 식민지 근대화에 연루된 이종공간과 경합을 벌이는 공간 항으로서 이해된다.

이제 '집'은 실존을 보호하는 안주의 장소에 국한되지 않고, 사회적 공간 표상으로 확산될 조짐을 보인다. 가령 실존의 안정된 지반을 보호할 장소를 잃은 이들의 상실감이 삶의 터는 물론 조국을 잃었다는 절대적 상실감으로 비화된 국면이 펼쳐진다. 이때면 가와 가문의 이념으로 확산된 집의 자질이, 보호 속성이 때로는 존재 영역의 자유로운 확장을 가로막고 실존을 가두는 감금의 속성으로 변질되기 십상이라는 점을 일깨운다. 집의 장소적 속성이 이중적이라면, 집에서 그리고 그 이념항인 가문의 속박에서 탈주하고자 하는 실존적 기획의 계기가 조성된다. 그렇듯 경합 국면에 접어든 근대 이행기 '집의 표상'이 『혼불』[34]이라는 장대한 서사 속에서 각양으로 구현되고 있어 주목할 만하다.

무엇보다도 『혼불』을 통해서 사회역사적 표지로 확장되는 집의 의미망에 주목할 만하다. 가와 가문에 집착하는 『혼불』 작가(내포작가)의 의식을 읽을 수 있는 열쇠와도 같은 '집'의 표상은, 가(家)에서 가문(家門)으로, 가문에서 민족 단위의 장소로 확산되는 가운데 역사적 공간, 사회적 공간,

혹은 문화적 공간의 서사적 표지들을 통해 변주된다. 우선, 가와 가문의 억압 기제 속에서 신음하는 주인공 '강모'에 얽힌 이야기를 단서삼아 살펴보자.

> "우리, 날 풀리거든 다가봉 기슭에 움막이든지 초막이든지 하나 구해서 얻어 살자."
>
> 하고 강모가 이야기했을 때, 오유끼는 고개를 뒤로 젖히고 어린아이처럼 웃었다.
>
> 심정 같아서는 비록 겨울이라고 할지라도 그런 집을 구하고 싶었다. 오는 이, 가는 이도 없는 산기슭에 풀잎으로 지붕을 엮은 한 칸 띠집을 짓고 아랫목이 따끈하게 군불을 때면, 갈자리 방바닥에서 따뜻한 흙냄새가 피어오른다. 이따금 귀를 기울이면 골짜기를 피리 삼아 불고 가는 바람 소리. 얼어붙은 용소의 빙판에 미끄러지는 눈보라의 경쾌한 몸짓은 또 얼마나 보기 좋은 것이랴.
>
> 그리고 몸에서 갓 피어난 연기 냄새를 풍기며 안겨 오는, 아무 욕심 없는 어린 여자와 어울려 꽃잎처럼 희롱하는 아늑한 평화. 그 무엇에도 얽매이지 않고 밤과 낮을 보낸다는 것. 강모는 오유끼에게서 그런 길들여지지 않은 즐거움을 얻고자 하였다. (2권 200쪽)

강모가 꿈꾸는 집은 삶의 안정과 안락을 누릴 수 있는 본연의 장소에 근사한 자질이 배어 있다. 누구나 꿈꿈직한 집의 형상이다. 그러나 그가 처한 사회적 위상은 '가와 가문'의 이데올로기에 억눌린 채 불안감에 짓눌린 왜소한 실존에 불과하다. "집안의 종손으로서 가문의 지붕이 되고 중추"(5권 23쪽)가 되어야 하는 것이 강모의 운명인 것이다. 저 잔혹한 가와 가문의 이데올로기가 집의 표상을 통해 이야기되는데, 그 이데올로기에 눌린 한 실존의 꿈이 저렇듯 소박한 집의 형상을 그리게끔 추동한다. 그러나 그저 꿈만 같은 형상일 뿐이다.

> 강모는 어이없게도 이기채에게는 단 한 마디 언급도 없이 홀연 집을 떠나 버리고 말았다. 비단 이기채에게만 그런 것이 아니라 할머니 청암부인, 어머니 율촌댁, 아내 효원에게도, 그는 아무 말도 하지 않은 채 떠난 것이다.
>
> 그리고 청암부인은 뒤미처 홀연히 세상을 떠났다.
>
> 만주(滿洲). (5권 23쪽)

결국 강모는 그러한 억압 기제인 집을 떠난다. 이와 때를 같이하여 청암부인이 숨을 거둔다. 강모의 홀연한 가출과 청암부인의 죽음이 맺어진 상관성은 전통적인 가와 가문의 이데올로기가 종언을 고하는 과도기의 상황을 우의한다. 종손과 종부가 사라진 가와 가문의 운명은 불을 보듯 뻔하다. 그가 간 곳 "마적떼 출몰하는 허허벌판" "만주"의 공간 표상이 장소를 대체하고 있으니, 안주할 삶의 터전인 집의 변질로 인해 새로운 공간을 기획해야 하는 이의 방황과 고뇌가 예견되기도 한다. 이즈음 가와 가문에 걸쳤던 집의 공간 표상은 일제에 강제 점령당한 민족이 처한 상황에 걸친 층위로 비약한다고 할 수 있다. 물론 실상이 아닌 표상 차원에서이며, 그렇듯 표상된 공간이 경계에 처한 이들의 과도적 상황에 사상된 터이다.

이렇듯 장소의 보호를 받지 못한 채 머나먼 이국에서 청암 할머니의 임종 소식을 접한 강모에게, '집'은 짐짓 사무치게 그리운 대상으로 전환되기도 하여, 집의 상대적인 장소성이 역으로 시사되기도 한다. 기실 청암부인은 일개 실존이라기보다 그 자체로서 가문의 지주(支柱)로 이해되는 까닭에, 그의 죽음은 곧 가문의 안정된 저변이 무너졌다는 의미로 전제된다. 이는 매안 이씨 가문의 존재 근거가 흔들리거나 주저앉을 위기에 처해 있다는 '서사적 현실'을 예견하기도 한다. 집의 장소감을 만끽하고 싶으나 억압되었던 열망을 돌이키는 강모의 심정을 통해, '비호와 감금' 혹은 '안정과 억압'이라는 집의 이중 표상이 아이러니하게 드러난다. 경계 공간의 무장소적 자질이 이로써 의미 구심을 얻는다.

> 할머니.
>
> 아아, 할머니가 돌아가셨구나.
>
> 강모는 우두망찰 실색이 된 얼굴로 숨을 멈춘다. [……]
>
> 이곳이 집이라면 얼마나 좋을까.
>
> 조금 전까지만 해도 결코 돌아가고 싶지 않았던 매안의 집이 이 순간에 강모는 사무치게 그리워. 잇살이 저린다. (10권 92쪽)

사실 강모보다 더, '집'의 굴레에서 고통받은 이가 '청암부인'이다. "퇴락한 집안을 열아홉 청상의 여인 몸"(1권 269쪽)으로 일으켜 세워야 했던 청암부인의 운명과 과업이 모두 가문의 문제에 연관되어 이야기되는데, 이러한 관념적(혹은 이념적) 표상이 집의 형상을 통해 그려지고 있다.

> 부인의 위세와 기상으로는, 산이라도 허물어서 옥토를 만들고 싶었으나, 그도 어쩔 수 없는 일이기는 했다.
>
> 하지만 때때로, 무너져 가는 고가(古家)의 지붕과 묵은 흙냄새를 풍기며 푸슬푸슬 먼지를 날리던 행랑채, 덩그러니 집채만 남았을 뿐, 거기 사람의 훈김 없던 열아홉의 시절을 회상하면, 이만한 정도라도 위안이 되기는 되었다. (1권 89쪽)

물론 사실 연관을 따져보더라도, 쇄락한 가문은 그 집의 형태부터가 '무너져 가는 고가' 같은 것일 테니 별스럽지 않은 기술로 보일 수 있다.

하지만, '무너져 가는/묵은/푸슬푸슬/덩그러니/훈김 없던' 등으로 꾸며져 기술된 집의 형상이 예사롭지 않다. 청상의 청암부인이, 시'집'와서 체감한 것은 안락한 장소성이 아니라 무장소성이었던 것이다. 장소로서의 본색이 퇴색된 그 집을 반듯하게 중건하는 일은 곧, 쓰러져가는 가문을 일으키는 일에 상응한다. 가문으로 환원된 집이라면, 가문의 중추인 청암부인의 존재에 비견되는 표상으로 전환될 가능성을 안고 있다. 실로 청암부인의 인물 형상 또한 집의 형상에 견주어진다.

> 그리고 고샅에 돋아나는 풀포기 하나라도 뽑아내고, 발끝에 채이는 돌멩이 한 개라도 골라내는 것이었다. 그것은 청암부인의 성품이, 보이지 않는 곳에까지 서려 있기 때문이었다.
>
> 고샅을 지나는 사람의 마음이 그러할진대, 그 댁의 마당은 말하여 무엇하겠는가. 그대로 맨발로 디뎌도 흙이 묻어나지 않을 만큼 반드럽고 탄탄하였다. 네모진 귀퉁이의 날카로운 각은 누가 보더라도 그 집안의 서슬을 느끼게 하였다.
>
> [……]
>
> "집안에 먼지 일게 허지 마라. 마당 하나 쓰는 데도 정성이 들어가야 합심이 되는 법이거늘, 쌓인 흙이라고 마구 쓸어내면 종당에는 마당이 돌짝밭 되고 마는 것이다. 세상에 그저 되는 일은 없느니."
>
> 그렇게 단속하는 청암부인의 성품 탓으로 큰일, 작은일, 큰손님, 작은손님이 끊일 사이 없는 종가의 부엌 행주에서는 언제나 맑은 물이 뚝뚝 떨어졌다. (1권 282쪽)

일개 실존으로서 누릴 수 있었을 행복감이나 안락한 삶의 감각이 거세된 청암부인은 가문의 중심이라는 존재적 표상으로 치환된 지 오래이다. 여인의 처지에서 가문을 중건해야 하는 터라면, 그의 모든 실존적 조건이 이념적 표상에 묻힐 수밖에 없다. 가와 가문의 이데올로기는 냉철하고 때로 냉혹한 현실적 감각을 강요한다. 청암부인의 '서슬' 퍼런 성품은 타고난 것이라기보다 사회적 조건에 의해 조장되고 신장된 것이다. 그 성품이 곧 '집안의 서슬'을 통해 구상적으로 기술된 것이 위 대목이다. '종가'에서 풍기는 위세의 이면을 장악한 이념적 굴레가 동시에 느껴지는 이 대목을 통해, 가와 가문에 얽히고설킨 공간 형상과 이데올로기를 실로 체감하듯 확인할 수 있다.

이처럼 일개인의 삶을 옥죄는 굴레와도 같은 집은 가혹한 운명과 긴밀히 조응하면서 가문의 이데올로기를 주제의 한 국면으로 전하는 『혼불』의 서사를 풍성하게 한다. 가령, '인월댁'이 짊어져야 했던 가혹한 운명 또한 집과 관련된다. 그네를 죽음 직전까지 몰아간 '한'이 바로, 청상으로 지켜야 했던 '공방'에서 빚어졌던 것이다. 집은 존재를 보호하기는커녕 그녀의 육체와 정신 모두를 감금하고 억압하는 기제로 작용한 셈이다. '집밖'으로만 떠도는 남편의 역마와 극명하면서도 아이러니하게 대조되는 저 삶의 형국을 목도하고서 가슴 아리지 않을 이가 있을까 싶을 정도로 곡진한 심회가 집의 표상을 통해 형상화된다.

"신랑이 없는 집"에서 "그 긴 세월 동안 집을 비운 일이라고는 손가락 안에 꼽을 정도였"으며, "그림자처럼 홀로 살아왔"던 청상과부의 심정과 애틋한 처지가 '집'의 형상을 매개로 드러나고 있는 것이다. 인월댁에게 맺힌 '한'의 연원을 짐작하고도 남음이 있을 정도로, 기구한 운명과 신산한 삶의 고역에서 빚어졌을 무형의 한마저도 집의 형상을 통해 구상화된다. 그 한의 옥죔에서 벗어나 자유롭고자 하는 몸부림은 비극적이게도 죽음을 택하는 데 이어지는데, 가혹한 운명의 굴레와 이중적인 집의 표상이 이를 통해 서사적 개연성을 얻는다고 해도 좋을 것이다.

청암부인은 인월댁을 안쓰럽게 여기며, 집 한 채를 내려 주었다.

그때 청암부인의 나이 서른일곱, 인월댁은 열아홉이었다. [……] 그 개울을 경계로 저쪽은 거멍굴이었고 이쪽은 문중의 마을이었다. [……]

인월댁은, 신랑 기서가 잠깐 나갔다 올 것처럼 일어서서 장지문을 열던 모습이 눈에 선하게 밟혔다. [……] 기서는 그 길로, 매안에도 들르지 않고 경성으로 떠나 버렸다. (2권 39~40쪽)

거기다가 집이라고 해야 부엌 한 칸과 창호지만한 안방, 그리고 베틀이 있는 뒷방뿐이었지만 하루 한나절도 손에서 북을 놓지 않았으니, 문득 생각하면 방안에 고인 냉기가 몸 속으로 스며들어 살이 식어 내리는 것도 같았다.

그네는 희미한 등잔불 아래 비치는 앉칭널을 바라본다.

(내가 반평생을 저기 앉아서 보냈구나.)

그네가 금방 벗어 놓은 부테가 앉칭널 위에 얹혀 있는 것이 마치 무슨 허물 같다. (2권 12~13쪽)

내게 아무러면 소쩍새만한 한(恨)이 없으랴.

기미년, 그때 서른 살을 막 넘기었던 그네는 아무 미련도 없이 초가 삼간을 나섰다. 그네가 시집이라고 와서 십여 년 동안을 의탁하였던 집이었다. 그 사립문을 지그려 닫고 허청허청 원뜸의 방죽을 향하여 걸어가던 인월댁은 어둠 속에서 초가를 돌아보았다. 집은 마치 벗어 놓고 온 신발처럼 봄밤의 어둠을 쓸어 안고 있었다.

하기야 그네가 매안의 이씨 문중으로 오게 된 것부터가, 기구하다면 기구하였고 억지라면 억지였다. (2권 37쪽)

이렇듯 가문의 이데올로기로 비화된 '집'의 표상은 종내 신분적 질서와 위계 관계를 드러내는 지표로 작용한다. 반상을 막론하고 집은 '가와 가문'의 표지로 이해되는 까닭에 물리적 장소로서 이해되지 않을 뿐만 아니라, 존재를 보호하는 고유의 장소성과 무관한 표상으로서 의미를 지니는 것이다.

지대가 높은 산 밑의 집이라 이씨 문중 대종가에는 저녁밥 짓는 연기에 섞여 벌써 푸릇한 집 그늘이 드리워지기 시작하고 있다. (1권 68쪽)

오류골 작은집은, 대문을 나서면 바로 내려다보인다.

종가의 대문 아래 두번째 집은, 수천 작은집, 기표가 살고 있고, 그 건너 나지막하게 엎드린 초가가 기응의 집이다. (1권 69쪽)

우리 집은, 집이라도 그냥 집이 아니라 종가다. 장자로 내려온 핏줄만 가지고 종가라고 한다면, 그게 무에 그리 대단하겠느냐? 그 핏줄이 지닌 책임이 있는 게야. (1권 157쪽)

'그냥 집이 아니라 종가'라는 이념이 『혼불』에서 펼쳐지는 갈등의 씨앗임은 말할 나위 없다. 청암부인이나 인월댁, 강모나 효원이 짊어져 감내해야 하는 삶의 무게는 전적으로 가문의 이데올로기에서 비롯되며, 그 관념적 표상이 집이라는 구상적 표지를 통해 그려지는 식으로 『혼불』의 사건은 회오리 일듯 퍼져나간다.

가령, 계급적 위계와 차별에 관한 이야기는 '집'에 빗댄 담화를 통해 다음과 같은 식으로 드러난다. 집이 곧 운명과도 같은 존재의 기반임을 의식하면서, 동시에 정치경제적 표지라고 의식하는 셈이다.

"대갓집 서까래가 씨러지면, 거그 귀영탱이다 집 짓고 살든 쥐새끼들도 따라서 쏟아져 부리제잉. 넘으 집 씨러지는디 내 둥지도 씨러지능 거이 또 우리 같은 사람들 팔짜 아닝갑서?" (3권 16쪽)

"됩대 우리 같은 사람덜한티는 잘된 일이제 머. 이런 때 성씨도 하나 새로 맨들고 이름도 처억 바꿔 불먼 누가 누군지 알 거잉교? 그러다가 누가 아요? 우리도 지아집 짓고 종 부림서, 에얍, 허고 사는 날이 올랑가아……. 하도 요상헌 시상이라, 알 수 없제." (1권 262쪽)

위에서 강실이의 모습(이미지)이 대갓집의 위세와 대조된 형상으로 그려지며, 가문의 몰락은 '헛간'으로 전락한 집의 형상으로 그려진다. 가와 가문의 상관성이 담론된 이 대목에서 비유적 공간 형상이 주목을 끄는 것이다. 이런 가운데, 『혼불』 사건의 중핵 가운데 하나인 '춘복이의 변동천하 야심'이 집에 대한 의식을 통해 이야기된다.

심지어 옹구네조차도 그 태깔만은 인정하고 시샘을 참지 못하던 사람이 바로 강실이 아닌가. 거멍굴을 잡아먹을 듯이 으르렁거리고 있는 대갓집의 골기와 지붕 아래 오붓하게 감추어진 채, 언감생심 이쪽에서 감히 건너다보지도 못하게 감싸여져 있던 사람.

(그것도 인자 옛날 이얘기다. 청암마님 돌아가세 바라. 아직끄장은 그래도 그 훈짐이 끊어지들 안했응게 버티고 있겄지마는 오늘 니얄 숨 떨어지면 그 집도 헛간 된다. 누가 지킬 사램이 있어야제. 되야가는 꼬라지가 손바닥 뒤집어보디끼 한눈에 훤히 뵈는디? 누가 누구를 지킬 거이냐?) (3권 29쪽)

그때, 춘복이는 쇠여울네의 통곡이 이기채의 고함을 잡아먹을 만큼 커지기를 간절하게 바라며 어금니를 맞문다.

그리고 지금. 이기채를 잡아먹은 통곡 소리가 성난 물결처럼 소용돌이치며 솟구쳐 올라온 마을을 뒤덮고, 강실이네 오류골댁 초가집을 한입에 삼켜 버리는 환각에 등을 부르르 떤다. (3권 40쪽)

이처럼, 가문의 몰락이나 반상의 계급적 질서의 전복에 관여된 표상이 '집'을 매개로 드러난다. 반상의 구분에 균열이 생기던 격동기 신분 차별의 모순을 해체한 '변동천하' 담론을 그리는 데 지향하는 『혼불』의 주제의식은, 가와 가문에 주목하는 이들의 언설을 통해 구체를 얻는 것이다. 이는 개인적 심성과 별개인 구조적 표상으로 작용하는 집의 공간성을 통해 표상된 결과다. 가령 "고래등 같은 기와집에 대하여 아무 원한도 없는 사람"(3권 36쪽)인 평순네의 '온순한 심덕'은 가문의 이데올로기로 조장된 모순을 바로 잡으려는 구조적 인식에 환원된다. 집은 더 이상 장소적 비호의 표상이나 개인적 체감의 대상이 아니라, 공간적 상징체로서 작동하여 의미망이 넓어진다.

같은 맥락에서, '매안의 종가'에 대응되는 '거멍굴' 또한 물리적 장소로서보다 표상적 공간으로 형상화된다.

그는 부어터져서 철갑같이 잠긴 눈도 떠지지 않고, 매맞은 몸뚱이가 천 근이라, 바윗덩이를 마주 문 입술도 벌어지지 않았으나, 오직 두 가지 사실만을 뚜렷하게 짚어 낼 수가 있었다.

작은아씨 강실이가 지금 거멍굴의 옹구네 집에 와 있다는 것.

그리고 그네가 지금 아이를 배었다는 것.

아아, 세상은 무너져도 좋았다. (8권 39쪽)

춘복이의 변동천하 야심이 '강실이로 하여금 자기 자식을 낳게 한다'는 전략으로 압축된다고 할 때, 실제 그 아이를 수태한 강실이가 거멍굴로 납치되어 옹구네 '집'에 기거하게 되는 사건을 통해 구체화된다는 점이 주목을 끈다. 강실이의 거처가 거멍굴로 이동했을 때라야 비로소 변동천하일 수 있다는 의식이 표상된 셈이다. 공간이 계급적 의식과 표상적 함수관계에 있음이 명증되는 대목이다.

이러한 공간적 이분화 양상을 상쇄함으로써, 반상 차별의 극한치를 완화하거나 무화하고자 하는 '적극적 인물'(positive hero) 유형에 해당하는 '강호'가 품은, 집에 대한 의식이 의미심장하다. "예사 사람이 아니라 문중의 어른인 문장 이헌의의 장손 된 자"(8권 56쪽)인 강호가 거멍굴에 찾아든다.

"만동이 집은 또 어디고?"

미리 알아 두려는 것처럼 강호는 길라잡이하는 공배네 뒤에 대고 묻는다. 공배네는 손을 들어 조심스럽게 시꺼먼 동산 기슭을 가리킨다. 외짝 지게문이 불그름한 불빛을 머금고 있는 것이, 꼭 눈에 피 벌겋게 돋은 눈구녁을 뜨고 있는 것 같은 집이다.

그 집을 눈여겨 바라본 강호는 백정 택주가 사는 곳도 물었다.

만일에, 그가 이렇게 매안의 그 누구도 모르게 오밤중이 겨운 시각에 거멍굴로 찾아와 서성거리는 것을 어른들이 아신다면

"네가 지금 무슨 조정암이 흉내를 내는 것이냐? 이런 당치않은 꼴을 보았나. 백정 택주가 경사자집(經史子集)에 능통했다는 말 내 일찍이 못 들었는데 글공부하러 갔더냐? 동경 유학으로는 모자라서? 네가 소위 매안이(梅岸李)의 자식으로서 지금 온당한 자리에 서 있느냐? 철딱서니없는 것. 옛어른 흉내, 아무나 내는 것 아니다."

하며, 크게 진노하여 꾸중하실 것은 너무나 자명한 일이었다. 또한 다리가 성치 못할 일이었다. 더욱이나 지금은 때가 때인 만큼 강호가 섣불리 거멍굴 행보를 하는 것이 미묘하기 짝없는 정황 아닌가. (8권 54쪽)

그의 거멍굴 행보는, 집의 비유적 표상을 통해 계급적 의식을 대유하려는 『혼불』의 기본적 공간 표상 함수를 따르면서 의미를 얻는다. 진보적 지식인 격인 강호의 혁명적 의식이 이처럼 집에 대한 표상의 관성을 깨뜨리는 데 수렴되고 있으니, 『혼불』에 드러난 주제 의식(역사의식)이 공간 표상을 통해 형상화되는 국면이 조성된 셈이다. 거멍굴 상민들에게 존대를 하면서 그들의 '집'의 위치를 묻는 행동을 통해, 역사적 격동기를 겪어내야 하던 이들의 고뇌에 찬 의식과 실천의 조응을 확인할 수도 있다. 반상의 구분과 차별이 없는 이상적 사회상을 꿈꾸는 이들이 서로 어우러지는 공간을 기획하는 것도 이러한 서사 공간 표상의 한 귀결일 것이다.

집의 표상을 통해 구조적 모순을 응축하여 전하는 서사는 그 범위를 키운다. 빈부의 구조적 모순을 함축한 집과 땅의 표상이 식민지 유민의 구조적 궁핍상에 오버랩되면서부터이다.

"만주 동북으로 이주한 조선인의 구 할 이상이 거의 대부분 파산 농가 아니면 빚에 쪼들려 도망 온 사람들이었으니. 죽지 못해 살길을 찾아오는 이들의 비참한 정경은 이루 다 말로 할 수 없는 것이지." (10권 11쪽)

"가도 가도 망망하여 끝이 보이지 않는 지평선"으로 대유된 '이국 땅'은 보호 자질을 안고 있기는커녕 애당초 존재를 위협하는 공간이다. 이는 식민지 유민의 처절한 현실을 실로 보이는 환유적 표상이기도 하다. '정착'할 수 없는 그 곳, 그 땅에서 착취에 고통당하는 이들의 삶이 공간 표상

속에서 묘파된다.

> 대부분 갚을 수 없는 빚에 쪼들리거나, 오랜 가난, 또는 왜놈의 그악스러운 공출 등쌀에 시달리다가 더 견디지 못하고, 부득불 살던 고향을 등진 농민들이라, 가진 것이라고는 빈 주먹에 눈물과 쪽바가지뿐이어서, 지게 하나 변변한 것이 없었으니. 집단농장에 정착을 한다 해도 쟁기질을 할 소와, 파종할 씨앗이며, 우선 당장 오늘 먹을 식량까지 모든 것을 만척으로부터 비싼 이자를 물고 빌리지 않으면 안되었다.
>
> 땅도 물론 만척의 것이었다. (10권 125쪽)

"끝간 데 없이 무연한 황토 벌판에 집들은 모두 성냥갑처럼 납작한데, 누른 흙을 다져서 세운 벽과 흙 바른 지붕들이 켜켜이 누런 황토 먼지를 뒤집어쓰고 있거나 퍼런 기와를 얹은 것이, 웬일인지 음산하게 보"여서 "살아 낼 성싶지 않"(10권 126~127쪽)은 집의 속성이 무장소성인 것은 말할 나위 없다. 식민지 상황에서 '집'을 잃은 이들의 장소상실 상황이 '국토'를 잃은 민족의 처지와 절묘하게 조응하면서, 『혼불』의 공간 표상은 격동의 시대를 헤쳐 살아가야 하는 이들의 적극적 삶의 태도를 예시(豫示)하기도 한다.[35]

이러한 부정형의 무장소로 전락한 집의 형상들과 달리, 『혼불』에서 모형적 형상처럼 제시된 집의 표상은 다음과 같아서, 집은 그저 물리적 장소가 아닌, 깊이 있는 정신과 존재의 총체가 응집되어 응축된 양태이다.

> 단정하고 맑은 정신을 갊아 놓고, 밝은 눈으로 들여다보면 거기 혈이 어찌 보이지 않으랴. 이제는 바로 그 자리에 꼭 알맞은 모양의 당호를 앉혀야 하리라. 집이든 정자든.

그런다면, 그 정신의 경치가 수려 · 우미함이 어찌 빼어난 산수보다 아름답지 않겠느냐. 그런 정신은 저 자신의 아름다움으로 둘레를 두루 향기롭게 만들고, 제 몸 담은 주변 풍경까지도 귀격으로 높여 놓으니, 어느 누가 그것을 고귀하다 하지 않으리. (4권 16쪽)

경치고, 정신이고, 인생이고, 결혈의 묘처(妙處)는 오직 한 군데 아니면 많아야 두 군데에 불과할 것인즉, 이 자리를 소중하게 아끼고 잘 갊아서 제 생애를 다한 집을 세워야 하리라. 그래야만, 생애는 이 집을 바라보고, 집은 생애를 돌아보는 묘미가 있지 않겠느냐." (4권 18쪽)

집이 이처럼 이상적이고 이념적인 형상으로 전제됨으로써, 그와 같은 모형에 담긴 집의 본색이 퇴색된 무장소의 현실 속에서 각양의 공간 기획 양상이 이야기되니, 과도기에 처한 이들이 직면한 집의 부조리한 형상이 더욱 돋보이는 아이러니 효과가 유발된다. 요컨대 본성을 회복한 집을 찾을 길 없는 이들의 모습은 존재의 저변을 잃고 부유하는 실존의 자화상이자, 삶의 터전인 집과 존재의 뿌리를 내릴 국토를 상실한 일제강점기 겨레의 초상이다. 개화와 근대화 · 산업화, 그리고 도시화 도정에서 과도기마다 삶의 안정된 저변을 잃고 안주할 수 없었던 이들의 사정이 개인 차원에 걸치지 않고, 사회 전반이나 역사의 문제로 확산된 정황이 시사되는 국면이다.[36]

이렇듯 『혼불』은 근대 이행기의 과도적 혼돈 상황에서 '집'의 자질이 변모되는 양상과 그 의미망을 탁월한 필치로 묘파하는 한편, 갈등의 구심점인 반상의 대립 국면을 '가와 가문'에 관한 문화적 표상을 통해 주제화하여 공간 표상에 관한 의미심장한 서사적 결구를 맺는다. 이념 층위의 '가문' 의식이 집에 관한 표상을 통해 구현[37]되는데, 존재의 저변에 상응하는 집의 서사 공간 표상을 둘러싼 의미의 망이, 작가의 등단작인 「쓰러지는 빛」[38]에 드러난 집의 표상에서부터 직조되고 있다는 점이 눈길을 끈다. 미발표 유고인 「주소」[39] 또한 집에 관한 상념을 구심으로 한 이야기가 펼쳐지는데, 그 과정에서 공간에 대한 의식이 기술된다.[40]

「쓰러지는 빛」은 집의 의미 변화 국면에 맞물린 실존적 위기 상황을 극화한 역작이다. 이 소설은 아버지를 여읜 슬픔이 채 가시기도 전에 집을 팔고 이사할 수밖에 없는 처지에 내몰린 한 가족의 가슴 아린 현실과 회한에 찬 사연이 진한 감동의 여운을 남기며, 완성도 높은 단편 미학을 엿보인다. 산업화와 도시화의 그늘이 드리운 듯한 시대를 배경으로 펼쳐지는 그 이야기의 구심에 '집'에 관한 표상이 자리 잡은 덕에, 삶의 환경이 급격히 변화한 실상의 단면을 극화하는 데 유력한 제재를 서사화한 역작의 면모가 드러난다. 여기에 그려진 집의 형상은 실존을 안정되게 비호하는 장소의 본색을 여실히 표상한 것이어서 더욱 의미심장하고 보편적인 서사적 주제를 구현한 결과라고 평해도 좋을 것이다. 실존을 넘어선 존재의 정체성(아이덴티티)이 '집'을 통해 그려지며, 집을 상실한 슬픔이 사적인 감정이나 감각에 그치지 않고, 장소를 상실한 현대인의 초상으로 비약될 수 있는 여지가 시사된다. 특히 존재 저변의 상실감이, 아버지를 여읜 슬픔에 오버랩된 장소상실의 표상들을 통해 드러남으로써 이야기의 보편성이 드높아진 점이 인상적이다.

> 결국, 우리는 집을 팔고만 것이었다.
>
> 그보다는 잃어버리게 되었다는 편이 훨씬 더 알맞은 말일는지도 몰랐다.

'팔다'와 '잃다'를 대립적 언표로 설정한 데에는, '집'이란 경제적 거래로 환원할 수 없는 가치를 지닌 것이라는 의식이 내재해 있다. 집을 판 것은 곧 존재의 저변을 잃은 데 상응하는 상실감을 야기한다. 존재를 보호하는 보금자리라는 비유적 상념이 낯설지 않은 만큼, 집의 장소성은 수월하게 이해되는 상식 수준에 가깝다. 그런 집을 판 사건은, 단순히 부동산을 매도했다는 정도의 허망감에 그치지 않고, 존재의 요새를 잃어버렸다는 공허감이나 불안감 차원의 감각을 돌이킨다. 더욱이 그 집을 일군 아버지의 죽음에 이어, 집마저 잃게 되었으니, 그들로서는 존재의 저변을 송두리째 상실하였다는 생각에 절망할 수밖에 없었을 것이다. 아예 집 자체가 그들과 삶을 함께 하였던 존재로서 인식되는 터이기도 하니 더욱 그러하다.

아버지가 어머니와 혼인하시고, 작천(鵲川)의 친정에 어머니를 남겨 두신 채, 신행(新行) 후에 전주로 돌아 와 맨 처음 터를 잡은 곳이 바로 이 천변이었다.

삼십 년 가까이 한 자리에 놓인 채 뿌리 깊은 사무처럼 묵묵히 서 있던 이 집은, 한쪽부터 서서히 흔들리기 시작하였다.

오랜 세월동안 너무나도 서로 낯이 익어, 이제는 이미 물건과 사람이라는 구분조차도 잘 되지 않을 것 같은 이 집과의 작별을 위하여 우리는 무겁게 움직이지 않으면 안 되었다.

정주(定住)하여 안정된 삶을 영위할 수 있도록 돕는 집이 존재를 비호하는 장소의 속성을 고스란히 안고 있다는 것은 이 소설에서도 매한가지로 전제된다.[41] '처음 터를 잡은 곳'이기도 하려니와, 오랫동안 흔들림 없이 가족의 기반을 떠받치는 버팀목 같은 노릇을 하였으니 그러하다. 이미 사람처럼 친근한 대상인 만큼, '집'이 실존의 안식처인 것은 말할 나위 없이 자명하다. 친밀한 소통의 '상대'인 그 집을 떠나 이사하는 일은 곧 '작별'과도 같은 것이며, 존재의 저변을 옮기는 일에 상응한다. 그러니, 집이 흔들린다는 비유적 언표는 장소를 상실한 이들의 실존적 불안감을 표상한 것으로 이해된다. 특히 그 집이 '아버지의 집'으로 의식되는 까닭에, 집을 잃는다는 것은 두 겹 세 겹에 걸쳐 존재의 저변을 상실하는 계기로 간주된다.

그러고 보면, "아버지가 돌아가신 지 육 년"이 지났는데도 "지금도 우리와 함께 살고 계시다는 느낌이 체취처럼 스며들곤" 하는 "아버지의 서재"를 내주어야 하는 저들의 심정이 사뭇 큰 정서적 자장을 형성한다. 아버지가 부재한 가운데도 '아버지의 서재'라고 부르는 심리의 저층을 이해하기 어렵지 않은데, 집의 장소성은 아버지의 존재 속성과 어우러짐으로써 그 함의가 더해진다.

이때 집은 한정된 물리적 장소의 한계를 넘어서서 표상적 의미를 안은 공간 형상으로 기획된 양태라고 할 수 있다. 존재의 기반을 상징적으로 얻고자 하는 이들의 열망이 집이라는 물리적 대상에다가 존재 속성을 부여한 표상적 공간에 투사된 것이다. 현실적으로는 장소를 상실하였는데도, 여전히 존재의 저변을 보장할 집의 존재감을 요구하는 심리가 묘사되는 것은 수순이다. 장소를 상실한 실존은 물리적 한계를 넘어선 공간 형상을 창출하려고 도모하게 마련이다.

> 우리는 닷새 뒤에 이사를 가기로 되어 있었다.
>
> 그 닷새란⋯ 실로, 벽의 사진틀이나 달력을 떼어내릴 때 함께 떨어지는 먼지들까지도 함부로 털어내 버리고 싶지 않은 애절한 심정 때문에 마지막 며칠만은 우리끼리만 가지고 싶은 그런 시간들이었다. [⋯⋯] 하다못해 뒤뜰의 담벽에 돋아 있는 부드러운 들 이끼에서도, 우리들의 어린 시절 술래잡기의 함성이나, 남모르게 손바닥으로 얼굴을 가리고 기대서서 울던 흐느낌, 나가지 말고 숙제해라 하시는 어머니의 명령 때문에 더욱 더 높아만 보이던 담벽의 안타까움들을 금방

손으로 만지듯 느낄 수가 있었다.

존재의 숨결이 깃든, 그리고 그 숨결을 교감하는 거점이던 집을 떠나기 싫은 마음은 아쉬움을 넘어서, 존재로 의식된 집의 체취를 남은 동안이나마 묻히고 간직하고자 하는 간절함으로 승화된다. 그 집에서 보낸 '시간'을 간직하여 기억 속에 두고자 함으로써, 현재적 장소를 넘어선 공간을 기획하려는 의도를 내비친다. 장소를 상실하여 불안한 실존의 저변을 그리 재구성할 수 있을 텐데, 시간을 붙들어 물리적 장소의 변화를 용인하지 않으려는 의식이 곧 공간 기획의 전략에 맞닿는 것이다.

이때, 더 이상 안정된 장소로서 기능할 수 없는 '이사하기로 된 집의 구조'가 언급되어, 대조적인 형상이 조성됨으로써, 집에 관한 공간 의식이 보색처럼 선명히 도드라져 보인다.

우리가 이사하기로 된 집의 구조는 지극히 천박하였다.

우선 대문이 번화한 도로변으로 나있는데다가 오래 되고 낡아서 녹이 슨 철제(鐵製)였다.

그리고 마당은 거의 없다는 편이 옳았다. 그나마 손바닥만한 것을 시멘트로 빈틈없이 발라 놓았고, 방들은 오밀조밀 붙어 있어 갯수만 여럿일 뿐, 좁고 어두웠다.

그 중에 한방은 아예 전혀 채광 통풍조차도 되지 않았다.

그것도 원래는 창문이 있었는데, 아마 바로 옆에 가게를 이어내느라고 막아버린 모양이었다.

그 가게란 양품점으로, 레이스가 많이 달린 네글리제와 여자용 속옷, 스타킹 따위를 고루 인형에 입혀 세워 놓은 곳이었다.

뿐만 아니라 그 가게를 중심으로 앞뒤에 같은 양품점들이 늘어서 있고 그 옆에는 양장점, 제과소, 음식점, 식료품 잡화상들이 있었다.

여기저기서 들려오는 불규칙한 마찰음, 무엇이 부딪쳐 떨어지는 소리, 어느 악기점에선가 쿵, 쿵 울려오는 스피커 소리…… 끼익 하며 숨넘어가는 자동차 소리.

한 마디로 그 집은, 아스팔트의 바둑판, 환락과 유행과 흥정의 거리에 금방이라도 쓸려버릴 것처럼 위태해 보였다.

새로 이사하여 갈 집의 대조적 형상을 통해, 본래 살던 집의 장소성은 더욱 부각된다. 지금껏 살던 집에 비해 무장소성이 단적으로 극화된 형상으로 그려진 '이사하기로 된 집의 구조'가 극히 선명한 형상을 띤다. 더 이상 존재를 비호할 수 없는 도시풍의 경관과 건물 구조는, 비단 집을 옮기지 않더라도, 앞으로 닥쳐올 도시화의 큰 물결에 집의 장소성이 휩쓸릴 수밖에 없을 것이라는 점을 시사하고 있다고 해도 좋을 것이다.

과연 집의 확장 양태인 마을의 성원들이 이주하는 상황이 이야기된다. "새로 집을 짓는 집 귀퉁이에 쌓인 모랫더미 속에 한 손을 깊숙이 집어넣고 손등 위에 수북하게 모래를 긁어 올린 뒤 다독거리며, 두껍아, 두껍아, 마당 쓸고 집 지어라, 하고 노래라도 부르듯 소리"치며 천진난만하게 뛰놀던 "그때 그 아이들은, 하나씩 둘씩, 더러 시집도 가고, 객지로 떠나기도 하고, 이사를 가기도 하였다"는 것이다. 삶의 저층이요 저변을 이루는 집과 마을의 장소성을 생각한다면, 이제는 장소를 구성하던 인자가 사라진 채, 무장소의 상황에 노출된 존재의 상실감이 커지는 형국이 펼쳐질 개연성을 예견할 수 있다. 집 자체가 존재성의 지표인 까닭에 그러하다.

존재의 근거인 집을 상실한 상황은 다시금 "아버지의 문패"가 떼어져 버려지는 사건을 통해 극화된다.

고운 향나무에 아버지가 손수 붓으로 글씨를 쓰신 뒤, 도장 새기듯 새겨둔 문패.

우리는 지금까지도 문패를 바꾸지 않고 그냥 그대로 두었던 것이다.

아무도 그것을 바꿀 생각조차 하지 않았었다.

우리가 아침 저녁 하루에도 수십 번 드나드는 이 대문에 아버지의 이름이 정답고 그립게 우리를 내려다보며 지켜 주고 계신 것을, 단 한사람도, 단 한번도 이상하게 생각한 적이 없었다.

그리고 그것은, 우리들의 부적(符籍)이었다.

도대체 어느 누가 그 문패만큼 확실하게, 육 년 동안의 말로 다할 수 없는 외로움과 고통을, 잠 안 오는 밤의 상처 깊은 자존심을 지켜준 일이 있었던가.

또한 고달픈 아침 길과 서러운 저녁 길을 위로해 준 일이 있었던가.

그래…….

여전히 이 집의 주인은 아버지이시다.

그러나 그 따뜻하고도 신비로운 침묵으로 우리를 보호하여 주던 대문과 기둥을 우리는 한 순간에 잃어버린 것이다.

문패는 존재를 보호하는 집의 장소적 속성을 단적으로 함의한 상징체이다. 물론 그 자체는 물리적 대상으로서나 연장으로서의 의미나 가치를 매길 수 없으니 장소의 표지가 아니다. 게다가 그조차도 땅에 내동댕이쳐진 터라 더 이상 집의 보호 속성을 대변할 수 없다. 도리어 집의 장소적 비호성은 저 상황에서 짐짓 추억하거나 꿈꾸어서야 느낄 수 있는 열망의 대상일 뿐이어서 자칫 공허한 집착 대상으로 전락할 가능성이 크다.

따라서 집의 의미는 더 이상 장소적 표지를 통해 구현되지 아니하며, 이미 공간의 표상 층위로 전이되었다고 할 수 있다. 집의 비호성이 상실된 표지를, 문패라는 표상을 제거하는 사건을 통해 드러내는 위 대목은 그러한 전이 양상을 극화한 설정인 것이다. 장소성과 공간성을 절묘하게 넘나드는 그 표상을 통해, '집'의 의미를 구심으로 하는 최명희 소설의 본색 가운데 하나를 찾을 수 있다. 그것이 정신적 가치의 차원에서 '혼불'을 표상한 서사적 결정체(『혼불』)와 조우하였을 법하다.

나아가, '문패가 떨어지다'는 '아버지의 죽음'에 관해 '떨어지다'를 구심으로 표명한 언표들과 조응하여 의미심장한 주제 의식을 공간 표상으로써 그려낸다.

> 운명하신 뒤, 관(棺)이, 방 안으로 들어왔을 때, 나는….
>
> 아아, 아버지의 관은 저 벽오동을 베어서 짜드릴 것을… 하고 신음하였었다.
>
> 툭.
>
> 몇 잎 남지 않은 잎사귀가 펄럭이며 땅으로 떨어졌다.
>
> 툭.
>
> 아버지의 관 위로 무겁게 떨어지던 최초의 흙덩이 소리가 가슴에 울린다.
>
> [……]
>
> 천지에는 가을이 깊어, 산 속에 들어찬 상수리나무 떡갈나무의 물 든 잎사귀들이 비 내리듯 떨어져 내렸다.
>
> 온 산의 나무들은 죽음에 중독된 것처럼 황홀하게 요기(妖氣)를 띠며 옷을 벗고 있었지….
>
> 가볍게, 가볍게, 하염없이.
>
> 숲을 흔들던 바람.
>
> 오동나무 빈 가지를 흔들어 마지막 잎사귀를 떨어뜨리는 저 바람.
>
> "저거 값이 꽤 나갈 거야."
>
> 바로 유리창문 옆 모퉁이에서 남자와 여자가 수군거렸다.
>
> 이윽고 그들은 킬킬거렸다.

그 밤.

회색으로 음울하게 가라앉은 하늘의 저쪽에서부터 바람이 일어오고, 빈 가지를 삭막하게 뻗치고 서 있는 벽오동 나무가, 어둠 속에서 홀로

우우— 우— 우—.

하며 우는 곡(哭)소리를 나는 분명히 들었다. 그것은 빛이 쓰러지는 소리였다.

아버지의 죽음은 그 자체가 곧 '떨어짐'이다. 여기에다 오동나무 잎이 떨어지며, 관을 덮는 흙이 떨어지며, 산속 나뭇잎들이 떨어지며, 모든 것을 돈으로 환산하는 식의 인간성이 추락하며, 종내 빛이 쓰러진다. 조락의 계절에 아버지를 잃고 집을 잃고 인간에 대한 희망과 믿음을 잃은 이의 마음이 한없는 나락으로 떨어지는 정황에 절묘하게 조응된 형상들이 기술된 것이다.

여기서 '쓰러지는 빛'은 곧 장소를 상실한 채, 장소와 동일한 층위에 병렬된 아버지의 정신이, 아버지의 혼이, 혹은 아버지라는 지주(支柱)가 쓰러지는 데 비견된 터이다. 벽오동의 표상이 곧 아버지의 생명에 닿아 있다면, 이를 거래의 대상으로 삼는 이들을 극적으로 설정함으로써 장소상실의 표상에 구상적인 표지를 더한 셈이다. 곡소리와 빛이 쓰러지는 소리, 아버지가 쓰러지는 소리, 집이라는 장소적 저변을 잃어 존재가 쓰러지는 소리에 실려, 시대의 변화 탓에 쓰러지는 영혼의 빛이 자아내는 정서적 파장이 제법 크다.

공동체에 기반을 둔 전통 사회에서 계약 관계를 통해 이익 집단 형태를 띤 도시 사회로 전환된 터라면, '집'을 중심으로 한 장소의 안정감을 만끽하기란 수월찮다. 도시적 환경에서는 집 자체가 이미 장소 자질을 상실한 형국이다. 도시란 정주(定住)하여 살 곳이라기보다는, 생업을 위해 이방(異邦)에서 모여든 이들이 방편삼아 머무는 곳에 불과하다. 그나마 살 집

을 쉬이 구할 수 있는 것도 아닌지라, 도시에서 집은 더 이상 존재를 보호하는 장소로서의 기능을 발휘하지 못한다. 이렇듯 도시화 와중에 변모된 집의 속성에 대한 단서가 「쓰러지는 빛」에서 엿보였다면, 「주소(住所)」에서는 그 단면이 여실히 그려진다.

> 방(房)이라고 믿고, 사방 네 귀퉁이가 견고한 각을 깍지 끼어 나를 바깥 것들로부터 보호해주고 있는 공간이라고 믿고, 마음 놓고 잠들었던 곳. 몇 권의 책이며 쓰다가 둔 편지, 그리고 조그만 베개와 이부자리들은 별 것 아니면서도 내게는 살림살이의 전부였다. 허나 이것들이 안심하고 있는 방패가 이다지도 허술하다니.
>
> 그러나 이만한 공간조차도 호사였는가. [……]
>
> 사실 내가 들어 있는 이 방은 그나마도 이 근처에서는 제법 귀퉁이가 반듯한 편이고 부엌도 따로 있어서 지금보다 5십만 원을 더 받기에는 충분한 것이었다.

이 대목에는 방의 비호성에 대한 의식과 비호성을 상실한 방을 얻은 소회가 대를 이루며 기술되어 있다. 이 가운데 장소와 공간에 대한 상념들이 도드라진다. 방과 방패의 표상적 상관성도 이러한 공간 의식을 보조한다. '이만한 공간'이라는 상념의 속내를 드러냄으로써, 짐짓 이율배반적인 공간과 장소에 관한 의식을 내비치기도 한다. 그 의식의 연원과 의미가 궁금해지는 대목이지만, 대조적 공간 형상에 대한 의식이 저러한 상념을 추동하고 있을 터, 장소에 대한 애착과 장소상실에서 오는 공허함이 그러할 것이라는 점을 수긍하기 어렵지 않다. 존재 근거의 상실감이 체념의 태도를 낳았을 것이기 때문이다. 그런데 이러한 체념의 저변에 작용하는 관념이 없을까 또한 궁금해진다.

무엇보다도 이곳은 객지(客地)였다.

이게 언덕받이 판자촌이라 그렇지 땅값이야 금값이지. 근데 왜 혼자서 차췰하슈? 서울이 객진가?

바로 '객지'에 대한 의식에서 확장된 장소상실감과 이에 대응되는 공간 기획의 의지가 시사된다. 더욱이 이런 가운데 펼쳐지는 객지의 풍광은 장소성을 고집하거나 장소애(topophilia)에 집착할 수만은 없음이 넌지시 고지된다. 도시의 풍광이나 도시의 세태, 혹은 도시적 감각은 장소적 비호성과 거리가 한참 먼 이미지로 박진하게 그려진 터이다. 이럴 때면 과연 존재적 안정이 보장될지 의심스럽기만 한데, 불안하고 음울하며 때로 음험하고 음흉하기까지 한 도시의 이미지가 형상화된 다음이니, 이러한 도시 이미지와 서사 공간의 표상이 조응하는 맥락을 더듬어볼 여지가 있다.

언덕 비탈 아래 시장(市場)을 낀 버스 종점이 나타났다. 즐비하게 들고 나는 버스의 매운 연기와 아우성치는 시장을 에워싼 집들은 한결같이 납작한 슬레이트 기와였다.

다닥, 다닥, 다닥.

이것이 그곳에 대한 첫 인상이었다.

어디 잠깐 바람을 피할 모퉁이 같은 것도 눈에 뜨이지 않았고, 속시원하게 바라볼 만한 풍경 한 조각도 없었다.

시장 입구에서는 끊임없이 싸구려 튀김 기름 냄새와 지글지글 기름이 엉기는 튀김 닭 냄새, 그리고 오뎅 국물 끓는 느끼한 냄새에 섞여 생선의 비린내가 풍겨왔다.

그리고 거기 세월을 따라 쌓이고 쌓인 끈적이는 공기 찌꺼기.

길 거리 여기 저기에 함부로 구르며 날아다니는 털실 짜투리와 집집마다 들려오는 치. 깍. 치. 깍 요꼬 짜는 소리, 그 금속성에 섞여서 거칠게 터져 나오는 애숭이 청년들의 음담패설, 그리고 직녀(織女)들의 킬킬거리는 웃음소리.

이와 같은 형상을 띤 도시 속에서 거처가 불안하며 "흔들리는 주소"라는 비유적 공간 표상이 빚어진다. 존재의 저변을 위협받은 실존의 불안감이 이야기되는 가운데, 이를 해소할 수 있는 서사 공간은 요원한 것일까, 적이 의구심이 든다.

사람은 집을 만들고, 집은 사람을 만든다고 말한 사람은 누구였을까. 그것은 얼마나 절실한 말인가.

가을은 깊어가고 거처(居處)는 불안하다. 흔들리는 주소(住所).

사실 나는 요즘요, 어째서인지 나의 인생마저도 이렇게 전세(傳貰)사는 것처럼 여겨져요. 이 세상을 '나의 집'이라고 생각하며 마음껏 활개치고 구김 없이 뛰노는 것이 아니라요… 내가 아무리 공들이고 정들여서 쓸고 닦아도, 그리고 마당에 씨를 뿌려 물을 주며 어여쁘게 꽃나무를 길러 놓아도, 어느 하루 아침에 집주인이 나타나서 너는 이 집을 비워 주어야겠다 라고 하면 단 한 마디 변명도 하지 못하고, 무엇으로 대신도 하지 못하고, 아무것도 돌이킬 수 없이… 그대로 두고 떠나야만 할 것 같은… 억울한 슬픔이… 지금 거기 계신가요? 여보세요?

존재가 머물 곳이 불안정한 정황에서, 짐짓 불안한 인생을 '전세'살이에 빗대어 일컫는 심회의 불안감이 선명하게 기술된다. 세상을 집에 빗대어 생각하는 만큼 삶의 공간 지표를 의식하고 있음이 절로 드러나기도 한다. 집에 집착하는 작가(물론 내포작가)의 저변 의식이 어떠할지 명징한 표지를 찾기 힘들지만, 안주할 장소를 찾지 못한 채 삶의 부조리한 국면에 내몰리며 경계에 선 한 실존의 지향점이 불확정적이라는 점만은 명백하다. 집을 갈구하는 갈급한 심회에 공감을 표하는 이라면 혹 그 정황을 이해할 수 있을까마는, 이해한다고 하더라도 장소상실에서 비롯된 실존의 불안감을 상쇄할 길을 찾을 수 없기는 매한가지다. 이때, 절묘하게 조응되는 "남루한 나의 방", 그 "빈방"을 지킨다는 "위태로운 빛"의 표상에 맞닥뜨리게 된다. 존재의 근거지, 혹은 그 거점을 지키는 '빛'이 위태롭다는 것은 존재의 근저를 잃고 불안해하는 실존의 정황을 표상하는데, 이러한 표상이 '쓰러지는 빛'과 절묘하게 조응하는 것은 말할 나위 없다.[42]

존재를 보호하는 장소의 제일 표지인 집과 방의 의미가 이렇듯 도시화 와중에서 전형되어 존재의 근거지가 흔들리고 와해되는 부정적 표지로 전도된 터라면, 공간에 관해서는 무장소로 전형된 도시에 관한 논의가 본격적으로 요구된다.

3. 무장소 도시와 탈중심의 경관형상

과학의 진보에 맞물린 고도 산업화와 함께 진행된 급격한 도시화는 인류의 문명적 진보라는 이념을 통해 정당성이 부여되며 외연이 넓어진다. 또한 생산 관계와 계약 관계의 급격한 변화 양상을 추동하여 세계를 구조 차원에서 재편하는 계기로 작용하였다. 특히 근대 여명기의 주역인 계몽적 시민 계급은 도시를 거점으로 세를 확장할 수 있었다. 경제적 우위를 통해 정치력을 확보하는 한편 사회 문화 전반에까지 '거래' 망을 뻗치는 위력을 발휘하여 전통적인 공동체 사회와는 전혀 다른 이해관계로 얽히고설킨 구조를 공고히 다지기에 이르른 것이다. 도시화를 통해 형성된 새로운 시민사회는, 일정한 영역 내에 한정되어 상대적으로 안정된 기반에 세워진 전통적 공동체와 사뭇 다른 양태이다. 도리어 한정된 장소는 시민사회의 성립과 확대에 걸림돌로 의식될 수밖에 없었다. 전방위로 확산된 근대 이념의 규모와 자질에 걸맞게 드넓고 열린 공간으로서 기획되었을 도시가 한정되고 폐쇄적인 장소 대신에 새로이 '구성된' 공간의 개방적 자질을 '한없이' 지향한 것은 수순이다. 도시는 분명 근대 혁명군의 주둔지이자 거점이며 적어도 그 표상에 상응한다.

이런 정황에서 '인간'의 정체성과 삶의 '가치'의 급속한 전환이 빚어지며 숱한 인간 문제가 구조적 차원으로 비화되는 형국이 펼쳐진다. 특히 근대의 '중심'이 아닌 비서구 권역은 근대화라는 미명 아래 식민 지배를 강요받는 왜곡된 형세가 전제된 터라, 도시에 관여된 구조적 문제의 진폭과 파상을 가늠하기 쉽지 않다. 서구에서 유입된 낯선 문명과 제도에 대한 거부와 열광적 수용 태도가 이율배반적으로 공존하면서 빚어진 대립과 갈등 양상이, 정치는 물론 문화의 장 전반에 걸친 파장으로 비화되는 가운데, 일제의 강제 점령이 때를 같이한 데서 비롯되었을 난항이 가로선 터이다. 과학적 문명과 제국의 위력을 앞세워 근대 세계를 이식하려는 음모가 계획도시의 설계와 건설을 통해 실로 관철되는 도정을 간과할 수 없는데, 그 도정에서 구성된 도시의 자질이 열린 공간의 자유롭고 분방한 기획에 근사한 것이라고는 할 수 없는 것이다.[43]

기실 근대 도시는 삶의 정경뿐만 아니라 인간관계의 조건이나 가치, 신념이나 이념 차원 등 전방위에 걸친 문화적 지형도를 바꾸어놓는다. 이러한 급격한 변형 국면이 전에 없던 삶의 문제를 낳고 인간에 대한 개념의 전이 양상을 빚으면서 여러 방면의 담론적 주제로 부각되었던 것이 사실이다. 특히 근대 초창기의 인위적인 도시화와 산업화 도정에서 빚어진 혼란스런 형국과는 달리, 현대의 도시는 삶의 기반 역할을 하는 터라, 인간의 사회 · 문화적, 정치 · 경제적 조건의 기저를 이룬다고 할 수 있다. 삶의 안정된 저변을 구획한 장소에 상응하는 것은 아니지만, 그래서 관계의 망이나 삶을 추인하는 기제로 전환된 공간 차원의 장이지만, 순전히 추상화된 차원들로 환원된 공간 형상에 국한되는 것만은 아니라는 데에 유념할 여지가 생긴 셈이다. 삶의 영역의 다각적이고 다기한 국면에서 작동하는 공간 기제에 관심하는 것은 수순이며, 도시의 형상이 서사에 투영되어 빚어질 서사 공간의 양과 태를 해석하는 것이 이와 관련된 중요한 단서로 부상한다. 소설과 도시는 공히 삶과 진리에 관한 한 규모가 큰 이미지[44]이며, 도시에 관한 담론이야말로 욕망과 권력이 효력을 발휘하는 주요한 장[45]이기 때문이다.

공동체에 기반을 둔 도시 아닌 지역 사회에서는 삶의 영역이 특정한 범위 내로 국한되기에 안정되고 보호된 장소를 요한다. 성원들 사이의 유대감에 기반하여 구획된 영역을 장소애에 상응하는 정서적 공감대가 감싸 안은 형국이다. 가령 농촌 사회에서는 일정한 지역 내에서 삶의 터전을 일구고 서로 협력하여 공존하는 삶이 요구된다.[46] 공동체의 보호 속성에서 이른바 장소애(topophilia)에 수렴되는 감각과 정서의 공감대가 파생된다.[47] 이러한 데에서 공간은 그야말로 텅 빈 채 황량하게 펼쳐진 무한에 상응한 이미지에 불과하여 지향할 바가 아니다.

그런데 정서적 유대나 공동체 의식이 아닌 계약과 이해(利害)에 종속된 관계가 구성 요건인 도시는 삶의 안정을 보장하여 존재를 보호하는 장소적 영역을 용납하지 않는다. 혈연이나 지연과 무연하게 구성되는 도시의 관계망에서 공동체 사회의 장소애가 구심을 이룰 여지를 찾을 단서조차 없어 보인다. 적어도 근대적 가치가 무차별 확산되던 때의 도시에서는 인간관계의 진정성을 찾기 어려울 뿐더러 도리어 이를 해치는 속성[48]만이 번져나가는 형국이 펼쳐진다. 짐짓 도시는 추상적이고 보편적인 관계 구조로 환원된 장이다. 도시에 대한 의식은 구체적이고 감각적인 장소적 실감과 별개의 피상에 상응된 의미 관계를 통해서만 추론되는 표상에 조응될 뿐이다. 이를테면 여러 이방에서 모여 정체성이 이질적인 도시인들의 주거 지역이 애착을 불러일으킬 장소적 대상은 아니며, 도시인들에게는 특정 장소를 초월한 공간에 대한 의식만이 유효하다. 따라서 도시는 그 자체로서 공간 표상이라서 관심거리이지만, 도시화 도정에 선 실존의 초상 또한 공간에 대한 관심을 부른다. 이런 맥락에서 도시의 서사 공간 입론은 장소상실의 결과 기획된 공간 표상에 밀착된 의미를 저인(底引)하는 데 필요한 그물추로서 유효하다. 도시의 형상을 조망하는 한편 도시와 도시화에 관여된 문제의 국면을 들추어 분석하고 성찰할 수 있는 저변과 구심을, 서사 공간에 관심함으로써 마련할 수 있는 것이다.[49]

많은 경우에 도시의 서사 공간 형상은 구상으로 표현된다. 다만 인물의 지각의 여과를 거쳐 도시의 경관(landscape)이 서사적 경관형상(landskip)으로 변환되는 터라 반드시 실제 물리적 장소의 실감에 근사하게만 기술되는 것은 아니며, 모종의 의미망에 수렴되는 형상으로 기술된다. 가령, 지향점을 상실하고 방황하는 도시인의 초상을 그린 수작으로 알려진 「오발탄」(이범선 작)에서는 무질서한 도시의 풍광을 통해 전후의 혼란스러운 시대상이 그려진다. 삶의 안정된 저변을 송두리째 파괴한 전쟁 후의 상황은 '무질서하게 늘어선 판잣집들'과 '마구 버려진 뜨물과 연탄재'를 통해 투영되는데, 집에 관여된 여러 무질서한 형상에는 존재의 안정된 저변을 상실한 이들의 불안 심리가 투사되어 있다. 이러한 도시의 풍광은 곧 당시 사회의 축도와도 같은데, 존재의 근거를 마련하여 안정되게 살고자 하는 인간의 본원적 원망(願望)을 요원한 것으로 만드는 현실은, 삶의 목적지와 지향 공간을 둘 수 없는 도시의 공간 표상을 통해 개연성과 의미를 획득하는 것이다.

사회적 관계와 행위가 총체화된 형국인 사회 구조는 성원들에게 기제(mechanism)로서 작용하는 공간에 상응한다. 사회적 존재로서 개인은 그러한 기제적 공간 내에서 역할을 부여받아 삶의 영역을 구획하여 점하게 마련이다. 그런데 역할을 온전히 감당하지 못하거나 심지어 역할을 부여받지 못하여 사회와 갈등 관계에 선 채 방황하고 불안정한 상황에 직면한 이의 초상은 고스란히 현대인의 장소상실 상황을 명변하는 서사적 설정이다. 도시화 초기의 혼란스런 와중에 처한 '서울'의 공간 표상을 통해 전후의 암울한 세태를 갈파(喝破)한 서사적 전범을 「오발탄」의 서사 공간 형상에서 엿볼 수 있는 것이다.

이례적으로 급속히 전개된 산업화와 맞물려 이루어진 급격한 도시화의 와중에 도시 문제 또한 급박하게 삶의 저변을 위협하였다. 소설(novel)이 비교적 현실에 민감하게 대응하는 새로운 이야기 양식으로 부상하였던 만큼, 저 무렵 소설에서 도시 문제가 주요 주제로서 부각되었던 것이 이례는 아니다. 특히 도시가 더 이상 생경하고 이질적인 터가 아니라 삶의 장으로 자리 잡아가던 정황을 염두에 두고 보면, 도시를 조망하여 삶의 국면에 수렴시켜 의미화하는 서사 공간의 표상이 두드러진 논항으로 부각될 정황적 개연성은 커진다. 가령 도시인들의 소통 부재로 말미암은 공동체의 파탄과 소외의 문제가, 인간관계의 단절감이나 소통의 요원함을 야기하는 '장벽'으로 구획된 공간의 표상을 통해 의미의 실마리를 얻게 된다. 도시의 비정함을 냉소하고 도시인의 비극적 삶의 국면을 통렬하게 묘파하는 주제의식은 통속적이라고까지 할 만큼 자주 이야기되었는데, 무장소로 전락한 도시의 공간 형상이 소설의 배경을 이루거나 주제 층위의 구심점을 이루는 예가 많아진 것이다. 빈부의 격차로 인해 차등된 주거 환경, 특히 도시의 주변부로 내몰리며 종내는 대도시를 떠나 위성도시에서 주거를 정할 수밖에 없는 이들의 처지가 공간의 대조적 구도를 통해 형상화되곤 하는 점도 주목할 바이다. 현실 원리가 강하게 작용하는 도시를 벗어나, 억눌린 열망을 발휘하고 금지된 욕망을 채울 공간으로 이행을 도모하는 이들의 초상도 이즈음 주목할 만한 서사 공간 논항이다.

가령 이청준의 「잔인한 도시」는 인간을 은밀하게 억압하고 감시하는 원형감옥(panopticon)과 흡사한 제도적 기제가 도사린 도시의 공간 표상을 극적으로 들춘다. 교도소에 수감되어 자유를 억압당하던 이가 출소하여 던져진 도시가 자유를 보장하는 공간인 듯하지만, 자유가 상업적 거래의 대상으로 전락하는가 하면 그조차도 조작된 기만적인 자유에 불과하다는 실상을 의미심장하게 폭로한다. "새를 사고 방생을 즐기는 사람들"을 상대로 "날개 장사"를 하는 인물을 설정한 구도만으로도 비정한 세태가 시사되는데, 그 장사꾼 젊은이가 방생될 새의 날갯죽지 속깃을 잘라 멀리 날지 못하게 하였다는 사실이 폭로될 때면, 비상의 범위조차 한정하여 자유로운 공간으로 나아갈 수 없도록 경계를 치는 제도적 억압 기제의 폭력이 들춰지는 식이다. 게다가 공원 숲속을 벗어나지 못한 새에다 "전짓불"을 들이대어 꼼짝달싹 못하게 하여 이를 거두어들이는 사냥 광경을 통해, 실제 가시적인 감금의 경계 표지를 세워 사람을 가두는 "가막소"보다 더한 억압 기제가 저 도시에서 교묘하고 음흉하게 작동하고 있다는 점이 극화된다. "벽돌집"만 나가면 자유롭고 분방하게 제 삶의 활기를 펼칠 "넓은 땅"이 있는 "고향 동네"와 "시골 집"으로 내달으리라고 고대하던 한 가련한 실존이, 교도소 근처를 벗어나지 못한 채 맴돌며 기만된 방생의 행위만 무의미하게 되풀이하면서 경계에 내던져진 꼴이다. 그가 기다리는 아들의 방문은 기약조차 없는 터이고, 그가 그리는 고향이 과연 그의 여망에 부응하는 태로 남겨져 있을지도 실은 의문인 상황이어서, 저 이야기의 구도는 분명 비극적 플롯에 육박한다.

도시를 빠져 나온 신작로길이 가을날 저녁 햇살 속을 남쪽으로 하얗게 뻗어 나가고 있었다. [……] 그는 계속해서 남쪽으로 걸었다. 그리고 그의 등뒤로 멀어져 가는 도시의 하늘에서 자신의 지친 발걸음을 재촉할 구실을 구하듯 때때로 고개를 뒤로 돌아보곤 하였다.

"그래 어쨌거나 우리가 녀석을 떠나온 건 백 번 천 번 잘한 일이었을 게다. 게다가 이제부터 도시엔 겨울 추위가 몰아닥치게 되거든. 너 같은 건 절대로 그 도시의 추위를 견디지 못한다. [……]"

"…남쪽은 훨씬 북쪽하곤 다르다. 겨울에도 대숲이 푸른 곳이니까. [……]" … 그 한줄기 햇살이 꺼지지 않는 한 그의 눈앞에서 남쪽으로 뻗어 나가고 있는 좁은 신작로길이 그토록 따뜻하고 맑게 빛나고 있을 수가 없었다. 그건 차라리 사내의 가슴 속을 끝없이 비춰주는 영혼의 빛줄기와도 같았다. [……] "…탱자나무 울타리와 붉은색 벽돌 굴뚝이 높은 기와집, 게다가 텃밭이 넓고 뒤쪽 언덕에 푸른 대숲이 우거져 내린 집……그런 집이 있는 동네가 나서는 걸 말이다. 그야 언젠간 너도 알겠지만, 그게 바로 우리가 찾아가는 남쪽 동네란다. 생각처럼 그렇게 쉽게 찾기는 어려운 곳이지. 하지만…… 글쎄, 그 남쪽 동네가 얼마나 따뜻한 곳인지 네가 어떻게 알기나 할는지……."[50]

비정한 상술에 오버랩된 '잔인한 도시'의 냉엄한 현실을 뒤로 하고서 따뜻한 '영혼의 빛줄기'를 찾아 떠나는 도시 탈출의 여정이 의미심장한 공간 형상을 내비치는지는 미지수이다. 공간 형상의 대조를 통해 도시의 심상적 의미가 선명하게 부여되는 것은 옳지만, 저이가 그리는 남쪽 고향의 공간 형상이 과연 여전히 현실의 장소로서 명과 맥이 유지되어 있다고 장담할 수 없는 것이다. 그저 꿈에 불과할지도 모른다는 긴장감이 이야기의 말미에 감도는 것은, 도시의 위력이 이미 강력하게 작용하고 있는 현실에서 개전의 기미조차도 발견하기 어려울지 모른다는 위기감을 들추는 전략으로 읽힌다.

도시를 떠나서도 지향할 정처가 온전히 마련되어 있다고 할 수 없는 것이다. 기억과 의식의 저층위에 남은 무의식에 가까운 열망에서만 '남쪽 동네'의 공간 형상이 유효한 흔적으로 남았을 뿐, 안주하여 정착할 본향이 마련되어 있을지 의심스럽다. '드넓고 안락한 집이 있는 따뜻한 동네'가 낭만적이고 환상적이어서 '영혼의 빛줄기'와도 같은 형상일지언정 그가 현실 세계의 온전한 장소로서 구획되어 있지 않다는 데에 대한 서사적 반향(reflexion)일 가능성이 도리어 크다. 그렇다면 저 사내와 새는 필시 경계 공간에 처한 터이다. 환을 멸하는 현실의 텅 빈 공간을 대체할 가상의 심리 공간을 지어 거기로 이행하고자 하는 실존적 열망이 투사된 서사 공간이 저처럼 구성된 것이라고 해도 좋을 것이다.

도시에 관여된 서사 공간의 과도 표상은 도시의 현실 혹은 도시 내부의 경계와 이행의 형상들을 통해서도 서사적 구체를 얻는다. 특히 분배의 모순에서 파생되는 자본주의 사회의 정치 · 경제적 문제가 도시의 공간 분화 문제에 수렴된다. 도시 빈민과 노동 소외의 문제를 직시하되 알레고리로 이야기한, 조세희의 수작 『난장이가 쏘아올린 작은 공』은 체제의 구조적 모순과 도시 문제의 축도를 대조적 공간 구도로써 밀도 있게 형상화하여 도시의 단면을 성찰하는 주요 계기를 이룬다. 요컨대 생존의 기반으로서 삶의 안정을 비호하는 '집과 일터'의 상실 문제를 이야기하여 도시의 무장소성에 관한 단서와 심화된 문제 상황을 제시하는 것이다. 정치 · 경제적 억압은 물론 사회 · 문화적 차별에 직면한 도시 프롤레타리아트의 경계적 삶을 들추어 서사적 전형을 창출하되 이를 우의하여 이야기함으로써 사회 구조적 문제의 총체를 도시 공간의 단면에 비추어 의미심장한 서사 공간을 지어내었다고 고평할 만하다.

재개발 과정에서 "아파트 입주 능력이 없어서"(「뫼비우스의 띠」) 입주권을 팔고서도 옮겨갈 집을 구할 수 없는 현실에 내몰려 제 "집이 없어"진 처지에 내몰린 이들은 '꼽추, 앉은뱅이'나 '난쟁이'와 같이 왜소하고 나약하여 소외된 이들의 표상에 사상(寫像)된다. 그러한 도시 프롤레타리아트에게는 안정된 주거 장소가 보장되지 않는다. 안전한 '일터'도 보장되지 않는다. 가령 '기계 도시' '은강'은 기계들이 정밀한 반면 "이상한 습성 · 감시 · 비능률 · 위험 들"이 가득 찬 곳으로 기술되어 있다. '북쪽 공장지대'는 "생산량에 비례하는" 오염 물질들이 넘친다. 계절의 변화에 무감각하고 자연의 섭리 따위에 무관심할 수밖에 없도록 구성된 저 '은강'에서 노동자들은 일을 통해 자아를 완성하기는커녕 본연의 생명력을 유지하기조차 힘든 처지에 내몰린 터이다. 현실 속에서 한 차원을 빼앗긴 채 "이차원의 세계"에서 사는 공간적 부조리가 비단 일 가족의 우화(「내 그물로 오는 가시고기」)에서 불거진 문제만은 아니라는 표상적 전언이 한 수렴항이다.

급속도로 진행된 근대화 또는 산업화의 도정에서 계획적으로 재편된 도시 공간은 계급적 경계를 뚜렷하게 하는 꼴로 드러남으로써 과연 이차원의 단면으로 전형(轉形)된 결과가 빚어진다. 삶의 다양한 형을 수용하고 이념의 다단한 역학 관계를 수렴할 수 있는 삼차원의 입체가 아니라 표층에 드러난 지배적 가치의 단면만 용인되고 나머지 면은 호도될 수밖에 없는 구도는 다차원으로 구성된 공간의 본색에 근사하지 않다. 면을 꼬아 양단을 붙여 만든 '뫼비우스의 띠'처럼 면의 두 측이 구분되지 않은 채 이어진 형태라야 체적을 지닌 수용체로서의 공간 자질이 비로소 부여될 터인데, 이념적으로 구획된 도시의 실재는 그러한 공간의 본색이 퇴색된 형국으로 주어진 것이다. 이 형국의 우의적 실재(allegorical reality)를 표상함으로써 도시의 구조적 모순을 비판적으로 극화한 서사 공간이 『난장이가 쏘아 올린 작은 공』을 통해 창출된 셈이다.

특히 그 표제작인 「난장이가 쏘아 올린 작은 공」을 비롯한 연작 소설의 주요 제재인 도시 재개발 과정에서 드러난 주거 문제는 도시 문제의 정치경제적 주요 지표에 해당한다. 요컨대 '집'이 본디 장소적 안정감에 대응되는 표상이지만, 인위적 개발 과정에서 공간 구도가 왜곡된 도시에서는 개인을 비호하는 장소 표지에 온전히 수렴되지 않으며, 구조적 차원에서 정치경제적 요건을 가늠케 하는 척도에 불과하다. 따라서 이는 이데올로기적 역학 관계에서 파생되어 사회에 편재한 구조적 모순을 읽는 데 소용될, 이를테면 공간 전략의 거점 표상으로 이해되어 마땅하다. 장소가 순기능만 발휘되는 긍정적 기제로서 작동하기를 멈춘 채 인간을 억압하는 역기능만 단적인 양상으로 비화될 때에, 이에 대응하여 공간을 기획하는 적극적 모색과 함께 장소 기제의 지층을 전복함으로써 공간 구도의 지평을 재구성할 전략의 구심이 요구되는 것이다. 장소가 영역의 구획과 계층의 경계를 완고하게 하여 사회적 모순의 거점 기제로 작동하는 한, 위계와 층위의 구분에서 비롯된 긴장을 느슨하게 하여 중심과 주변의 경계를 해체할 공간 기제의 작동이 활발히 요구될 수밖에 없다.

이처럼 도시의 이원화된 공간적 대립 구도로 환원된 공간 문제는 정치경제적 층위의 이데올로기 문제로도 의미심장하게 수렴되지만, 삶의 터전을 찾아 안주하여 본연의 장소를 회복하려는 실존적 열망이나 의지와 관련하여서도 밀도 있는 의미망이 형성된다. 왜곡된 도시 공간의 구도 속에서 본연의 장소인 보금자리를 확보하려는 실존적 몸부림이 현실의 장벽에 가로막히는 상황을 이야기한 사례에 주목함직한데, 양귀자의 연작 소설 『원미동 사람들』에서 설정된 '원미동'이라는 서사 공간을 이 맥락에 수렴시켜 의미를 추론할 만하다.

서울의 위성도시로서 개발된 원미동은 온전히 시골의 모습도 도시의 모습도 아닌 도시화 도정의 과도적 공간 양태로 설정되어 있다. 서울이 거대화되는 과정에서 주변의 지역이 소위 수도권에 편입되어가던 상황이 이에 결부되는데, 그 과정에서 집을 찾아 주변으로 내몰리는 소시민들이 처한 삶의 정황을 보건대, 무장소로 전락한 집이나마 온전히 확보할 수 없다는 절망감에 휘둘리는 지경에 이른 터이다. 상대적으로, 안정된 삶의 저변인 집의 장소성이야말로 절박한 상황에서 도시인들이 희망을 떠올리게 되는 지표로 의식된다.

> 아직도 서울인가. 번잡하게 오가는 서울 시내버스를 바라보며 그는 서울의 광활함에 질려버린다.
>
> 그 넓은 서울특별시의 어디에도 붙박여 있지 못한 자신의 삶을 되씹어보고 싶지 않았다. [……] 그렇게 수도 없이 이사를 다니며 얻은 결론은 한 가지, 집이 없으면 희망도 없다는 사실이었다. 희망이란, 특히 서울에서 살고 있는 이들에게 희망이란 집과 같은 뜻이었다.
>
> 이제 그 희망을 갖기 위해 서울에서 떠나게 되었다. 그는 뭔가 기이하다는 느낌을 저버릴 수가 없었다. 넓고 넓은 서울에서 그는 여태껏 집을 갖지 못하고 살았다. 희망 없이 살았다는 말과도 다름이 없다. 그런데 이제 집을 가지게 되었다. 다른 것은 서울이 아니고 부천이라는 점이다. 그렇다면 이 경우에도 집과 희망은 동의어인가. (26쪽)[51]

위에서와 같이 과연 '집과 희망'이라는 식의 의미 함수가 성립될 수 있는데, 둘을 동궤의 의미 연관에 배열한 점을 수긍하기 과히 어렵지 않다. 중심에서 주변으로 내몰리고 주변에서조차도 더 주변으로 내몰리는 악순환에 처한 이들은 경계적 혼돈 지경을 단적으로 겪는 도시인들의 문제 상황을 대변한다. 경계에 내몰림으로써 카오스와도 같은 혼돈을 곱으로 짊어진 이들로서는 경계를 벗어나 새로운 질서로 이행하여 위기를 모면하고 삶의 안정을 도모하려 애쓸 것이다. 그렇지만 서울 주변의 도시가 수도권으로 편입되는 과정에서 대도시와 위성도시 사이의 위계가 형성되던 시절에 '집'을 찾아 서울에서 쫓겨나 주변 도시로 내몰리는 사태가 얽히고설킨 형국이 펼쳐진다. 이런 상황이 일개인의 가슴 아픈 사연에 국한되지 않은 구조적 차원의 모순을 함축하고 있는 표상이라서 문제의 진폭이 사뭇 크다.

그 문제적 경계의 표상이 요컨대 '원미동'으로 그려지는데, 이는 실제 장소를 모형으로 허구적으로 변형된 공간 양태인지라, 사실과 허구의 경계에 빚어진 공간에 상응한다. 그 형상 또한 실제 세계의 실감을 구현하면서도 모종의 의미 연관으로 구성된 표상이어서 경계적 자질이 북돋워진다. 가령 다음 대목에서처럼 그러한 자질의 단면이 엿보인다.

> 그 거리는 난삽했고 진눈깨비로 젖은 골목길은 포장이 안 돼 있어 사뭇 질척였다. 여기저기에서는 겨울임에도 불구하고 건축공사가 한창 진행중이었고 전철역에서 조금만 벗어나면 연탄재 쌓인 공터가 흩어져 있었다. 집이거나 상점이거나 간에 모두 같은 얼굴의, 그러나 전혀 오순도순하게 보이지도 않았고 때로 방심한 듯한 느슨함을 내보이며 자리잡고 있었다. 도시는 이제 막 새로 시작하는 모습이었다가도 어느 순간 적잖이 훼손되어버린 노쇠한 모습으로 겹쳐 보였다. (21쪽)

도시화의 초입에 직면한 저곳의 모습은 무질서한 카오스적 형국에 견주어진다. 건축과 토목 공사가 한창 진행되는 터라 그러하겠지만, 혼돈 뒤에 예비된 새로운 질서보다는 기존의 질서가 훼손되어 무언가 종국에 치닫고 있다는 인상적 일면이 드러나는 터라 아이러니라면 아이러니이다. 신생의 생동감과 노쇠함의 무력감이 같이 밴 저 도시의 형상이 그 아이러니의 수렴항이다. “출발과 마멸이 같이하고 있는 낯선 도시”인 그곳이 희망과 절망이 뒤섞인 공간이라서도 그러하다. 현실과 꿈, 삶의 고통이나 비애와 낭만 등이 얽히고설켜 이야기되는 그 도시의 공간 형상이 서사적 과도 공간의 새로운 표상으로서 드러난 것이라고 해도 좋을 것이다. 고도 산업화에 수반된 재화 집중이 빚은 기형적인 거대 도시 속에서 주변으로 내몰리며 소외되는 실존의 몸부림이 이와 같은 조망을 통해 그려진 서사 공간으로 드러나는 만큼, ‘원미동’은 한두 군데 실제 장소에 국한되지 않고 현대 사회의 다면적 문제의 수렴점을 성찰하게 하는 계기를 이룬다. 그 외연과 함의가 곧 현대인의 삶의 저변에 관여되는 도시 공간의 서사적 형상을 기획하는 차원에 육박한다고 해도 과언은 아닐 것이다. 그 형상의 구심은 경계와 이행의 과도 공간이다.

도시화의 이면에 관여된 공간의 경계적 표상과 관련하여서 「무진기행」을 논급해도 마땅하다. 이 소설은 도시의 역학관계 속에서 지친 영혼과 도시 탈주를 꿈꾸는 영혼의 절묘한 조우를 통해 도시인의 초상을 음울한 색감으로 채색하여 그린 듯한 형상이 주를 이룬다.

> 서울이 어느 거리에서고 나의 청각이 문득 외부로 향하면 무자비하게 쏟아져 들어오는 소음에 비틀거릴 때거나, 밤늦게 신당동 집 앞의 포장된 골목을 자동차로 올라갈 때, 나는 물이 가득찬 강물이 흐르고 잔디로 덮인 방죽이 시오리 밖의 바닷가까지 뻗어나가 있고 작은 숲이 있고, 다리가 많고 골목이 많고 흙담이 많고 높은 포플라가 에워싼 운동장을 가진 학교들이 있고 바닷가에서 주워 온 까만 자갈이 깔린 뜰을 가진 사무소들이 있고 대로 만든 와상이 밤거리에 나앉아 있는 시골을 생각했고 그것은 무진이었다.[52]

도시를 벗어나 가고픈 '시골' '무진'의 모습은 서울의 모습과 모순될 정도로 대조적이다. 물론 그곳 무진이 실제 장소는 아니며 그 자체로서 도시와 대조적 의미 연관으로 맺어진 공간적 표상이다. "서울에서의 실패로부터 도망"하거나 "새출발"을 도모하도록 기획된 공간인 것이다. 그렇다고 그곳이 온전히 시골이나 고향의 형상에 근사하기만 한 것은 아니다. 그곳 무진은 "관념 속에서 그리고 있는 어느 아늑한 장소일 뿐" "사람들이 살고 있지 않"은 비현실의 공간이며, 생활의 여러 조건과 환경이 "그럭저럭" 갖추어진 경계 형상을 띤 공간이다.

몽환 속에 표상된 듯 '안개'에 둘러싸였다는 저 공간에서 주인공의 억눌린 욕망이 역동하여 고개를 쳐든다. 열망을 온전히 실현할 수는 없다손치더라도 역할과 책임에서 자유로운 그 공간을 통해, 주인공이 영속적이지는 않아도 얼마간 해방감을 누릴 수 있는 것만은 분명하다. 자신의 한계를 벗어나 자유를 지향하는 실존적 열망은, 도시에서 채워지기는커녕 억압되기 일쑤이지만, 저 무진이라는 가상 공간을 통해 투사되고서는 이행의 계기가 마련된다. 다만 무진에서 욕망이 다 발현되거나 이를 죄 채우지는 못하는 것으로 이야기된 터라 그로서만 도시 탈주의 열망을 온전히 구현한 공간이라고 하기도 어렵다. 다만 연장(extension)의 제한이 없는 서사 공간의 기획을 통해 도시 탈주를 꿈꾸는 실존들을 향한 공간 형상이 다각의 조망을 통해 각양으로 빚어질 가능성이 열린 것만은 '서사적 사실'이다.

그런데 외연의 경계를 가늠하기 힘들 정도로 도시가 확장되어 조망의 여지조차 허락하지 않을 경우라면 어떠할까.

도시는 워낙 장소가 아니다. 특히, 공동체에 기반한 지역에 한정되지 않고 무한 확장 가능한 공간태로서 기획된 현대 도시는 무장소성이 기본 자질이다. 따라서 현대 도시는 공간의 외연과 함의가 지속적으로 확대될 가능성이 잠재해 있다는 데서 이해의 관건이 생긴다. 대상 세계가 지각 범위 내에 있어서 조망할 수 있다면, 조율 공간(gestimmter Raum)이나 체험 공간(erlebter Raum)을 기획하여 내면화된 의미망을 지을 여지가 있겠으나, 지각과 의식 작용을 통해 통어(統御)할 수 있는 차원 밖의 해체적 형상이 관건이라면 지시적 연관 관계를 통해 도시 형상을 재구성하기 힘들다. 이럴 경우에는 상징적 공간 형상을 기술할 수밖에 없다. 특히 무의식 층위에서 역동하여 의식 층위와의 경계에 구성된 공간 감각이나 공간 의식이, 제도에 억눌린 잠재의식의 단적인 표출 국면으로 드러나게 된다. 가령 이상의 「날개」에서와 같이 의식의 분열상에 비친 도시 형상의 단면을 기술한 사례를 통해 단서를 추적할 수 있다.

> 여러 번 자동차에 치일 뻔하면서 나는 그래도 경성역을 찾아갔다. 빈 자리와 마주 앉아서 이 쓰디쓴 입맛을 거두기 위하여 무엇으로나 입가심을 하고 싶었다. [……]
>
> 나는 어디로 어디로 디립다 쏘다녔는지 하나도 모른다. 다만 몇 시간 후에 내가 미쓰꼬시 옥상에 있는 것을 깨달았을 때는 거의 대낮이었다. [……]
>
> 나는 또 희락의 거리를 내려다보았다. 거기서는 피곤한 생활이 똑 금붕어 지느러미처럼 흐늑흐늑 허비적거렸다. 눈에 보이지 않는 끈적끈적한 줄에 엉켜서 헤어나지들을 못한다. 나는 피로와 공복 때문에 무너져 들어가는 몸뚱이를 끌고 그 희락의 거리 속으로 섞여 들어가지 않는 수도 없다 생각하였다. 나서서 나는 또 문득 생각하여 보았다. 이 발길이 지금 어디로 향하여 가는 것인가를 [……]
>
> 이때 뚜우하고 정오 사이렌이 울었다. 사람들은 모두 네 활개를 펴고 닭처럼 푸드덕거리는 것 같고 온갖 유리와 강철과 대리석과 지폐와 잉크가 부글부글 끓고 수선을 떨고 하는 것 같은 찰나, 그야말로 현란을 극한 정오다.
>
> 나는 불현듯이 겨드랑이 가렵다. 아하, 그것은 내 인공의 날개가 돋았던 자국

이다. 오늘은 없는 이 날개, 머릿속에서는 희망과 야심의 말소된 페이지가 딕셔내리 넘어가듯 번뜩였다.

나는 걷던 걸음을 멈추고 그리고 어디 한 번 이렇게 외쳐보고 싶었다.

날개야 다시 돋아라

날자. 날자. 날자. 한번만 더 날자꾸나.

한번만 더 날아 보잤꾸나.[53]

이 대목 이야기 전개의 구심은 삶의 지향점을 잃은 채 당면한 삶의 안정된 정주 장소를 찾지 못하였거나 이를 상실한 이가 발길 닿는 대로 도시 거리를 배회하는 행위이다. 장소를 상실한 것은 물론 짐짓 '지향할 공간'조차도 의식 층위에 떠올리지 못한 형국이 연출된 터이다. 무장소성은 물론 무공간성(spacelessness)이 배었다고 해도 좋을 저러한 서사 공간은 무의식의 저층에서 비롯한 공간 원망(願望)을 발설조차 할 수 없다는 설정을 통해 의미가 심장해진다. 장소일 수 없는 도시의 풍광과 함께 그 속에 섞인 도시인들의 모습이 현란함의 극점이라는 아이러니한 상념에 배인 서사 공간의 상징적 양상이 이로써 돋보인다. 자기 존재의 근거가 되는 장소를 발견하지 못하고 지향할 공간을 기획하지도 인식하지 못하는 이의 심리에서 파생된 종잡을 수 없는 서사의 난항이 저처럼 드러난 것이다. 이를테면 존재의 지향점을 찾지 못하였을 뿐만 아니라 인식조차 할 수 없는 저 가련한 주인공은 도시 이미지의 정점인 '백화점 옥상'에서 탈주를 꿈꾸지만, 탈주의 열망을 발설조차 할 수 없는 현실의 벽에 부딪혀 '박제' 상태 그대로 남을 뿐이다. 비상의 꿈은 무의식의 저층에 머물고 말며, 어디라도 지향할 만한 공간적 수렴항이 없다는 절망만 남을 뿐이다.

이처럼 도시가 내면화의 단적인 양상으로 치달음으로써 의식의 저층이나 무의식 층위로 잠재된다고 해서 반드시 공간의 분열상에 상응하는 무

공간성을 띠는 형국만 펼쳐지는 것은 아니다. 제도와 현실의 장벽에 부딪쳐, 존재를 비호하는 장소를 상실한 이들이 기획하는 서사 공간의 형상이 경계적 표상을 띨 때면, 도시의 공간 형상은 분열 양상보다는 새로운 재구성을 예비하는 해체적 공간 형상과 조응한다. 오늘날 도시는 존재의 안정감을 보호하는 장소로서의 기능을 상실하였을 뿐만 아니라, 일관된 의미 연관을 통해 연속된 이념이나 관념을 낳는 의미체로서의 공간성을 유지하지 못하는 해체된 공간인 까닭에 공간의 상징적 기획이 다차원의 형국으로 펼쳐짐 직하다.

이승우의 『끝없이 두 갈래로 갈라지는 길』의 서사 공간은 그 여실한 사례이다. 일종의 메타-픽션에 해당하는 이 소설은 사실과 허구 사이의 경계에서 이야기의 본색을 묻기 위해 도시의 현실 이면에 숨겨진 가상 공간의 비의(秘意)를 모티프로 취한다. 가령 사실 관계를 확인할 바 없다는 '도심의 땅굴'을 내세워 사실과 허구 어느 편에 속할지 모를 이야기의 모두(冒頭)가 기술된다.

> 사람들은 믿지 않을 테지만, 왜냐하면 나도 믿지 않았으니까, 광화문 한복판에 땅굴이 있다는 것은 사실이다. [……] 나는 그 이야기를 지난 8월 25일 밤에 김소령이라는 위인으로부터 들었다. '끝없이 두 갈래로 갈라지는 길'이라는 찻집에서였다. 그 찻집에 간 것은 세 번째였고, 남자와 이야기를 나눈 것은 처음이었다.
>
> 그날 세종문화회관에서는 제법 규모가 큰 문학상의 시상식이 열렸다. (11쪽)[54]

실제 장소인 '광화문'은 도시의 중심 지역으로서 도시 중의 도시에 상응하는 기호로 이해되므로, 도시의 현실 연관에서 가장 유력한 표지로 부각된다. 도시의 이미지가 응축되어 이 표지에 수렴된다고 해도 좋을 것이다. 그런 도심의 한복판에 '땅굴'이 있다는 얘기는 허황한 풍문에 지나지 않을 것이며 누구도 믿지 않을 것이라고 전제하면서도, 그 얘기는 사실이라고 강변하며 이야기를 시작하는 상황이니, 처음부터 사실과 허구의 경계에 걸친 아이러니 효과가 유발되는 식이다. 이를테면 주변 지형물의 실명과 실제 지형을 묘사한 바로 미루어 땅굴에 관한 얘기가 실로 여겨짐직하면서도, 짐짓 정도 이상의 실감 탓에 도리어 그 허구적 효과가 더해지는 것으로 판정된다. 매우 허구적인 공간의 설정이 실제 장소의 지표들과 대비되어 현실과 허구 사이의 원근감이 더해진 셈이다. 이러한 가운데 다음과 같은 대목들을 통해 공간 의식의 단면들이 점차 드러나 밀도가 더해진다.

> 틈나는 대로 땅굴과 취화당에 대한 자료를 찾아다녔다. 도서관에 가고 인터넷 사이트를 돌아다녔다. 그런 시도를 하는 과정에서 나는 내가 김소령의 이야기가 지어낸 것이 아니라 실화이기를 바라고 있다는 걸 분명하게 알아차렸다. 나는 길을 찾고 싶었던 것이다. 나의 공간, 우리의 자리. 그 길이 땅위에 없다면 땅속으로라도 들어가야 할 것이다. (133쪽)

도심에 있다는 땅굴이나 지하에 있다는 취화당의 실체는 현실적 지시관계나 역사적 기록에 비추어 허무맹랑한 공상의 소산에 불과하다. 음모와 날조가 얽히고설켜 빚어진 허구적 설정이 최대치에 육박한다고 여겨진다. 그렇지만 '서사적 진실'은 그러한 공상이나 판타지를 실로 바꾸어 놓는 데서 빚어진다. 실제적 연관성 없이 빚어졌기에 허황한 사건이나 현상이라도 실상이 있는 양 짓고자 하는 내적 열망에서 서사적 개연성이 추인되는 아이러니가 여기에서 예증된다. 짐짓 지어낸 이야기라도 실화이기를 바라는 열망의 부조리를 알아차리고서도 이를 애써 호도하여 실존의 부조리가 더해지는 형국이 연출된 터이다.

저 모든 열망이, 현실의 장소도 아니며 온전히 가상적으로 꾸며지어진 공간도 아닌, 사실과 허구의 임계(臨界)에 구성된 서사 공간에 수렴된다. 현실 이면에 잠복한 내적 열망이 저러한 공간을 창출하는 동인이 되었다면, 서사 공간이 다만 허구로만 치부되지 않고 삶과 함수관계를 이루어 투사된 수렴항을 구성하는 데 쓰이는 모종의 기제로서 이해되어 마땅할 것이다. 실존은 거주할 장소를 구획하여 안락한 거처를 마련하고자 도모하다가 현실적 연관 속에서 그러한 열망이 뒤틀릴 경우에 이를 투사하여 연장 없는 공간을 구성하여 장소성이 부재한 장을 대체한다.

> 김소령의 이야기를 전적으로 신뢰하자면, 공간적으로만이 아니라 시간적으로도 우리들의 길은 지하를 향해 열려 있었다. 지하는 현실의 이면으로 들어가는 길이면서 동시에 200년 전의 시간 속으로 들어가는 길이기도 했다. 현실 밖으로, 또는 안쪽으로 길을 내는 일이 나에게는 절실했다. 내가 김소령의 광화문 땅굴과 취화당에 집착하지 않을 수 없는 이유였다. (195~196쪽)

> 정말로 그곳에 방이 있었다. 50평은 족히 되어 보이는 넓은 공간이 갑자기 나타났다. 그 한복판에 침대가 놓여 있었다. 실내는 아늑하고 훈훈했다. 지하통로를 지나오는 동안 느껴졌던 축축한 기운이 더 이상 느껴지지 않았다. 벽과 천장에 방수 공사가 되어 있고, 환기도 잘 되도록 만들어진 듯했다. 은은하긴 하지만 야릇한 향기도 맡아졌다. 지상에 세워진 취화당은 헐리고 입구는 막혔지만 그러나 비운의 연인들의 사랑의 보금자리였던 방과 침대는 그대로 남아 있었다.
>
> 정말로 꿈을 꾸고 있는 것일까. 정말로 꿈을 꾸고 있는지 모른다는 생각이 들었다. (195쪽)

이야기의 전기를 이루는 구심적 모티프인 '취화당'은 실제 장소도 아니며 물리적 연장으로 구도를 가늠할 수 있는 실체도 아니다. 이는 차원의 구성을 통해서만 의미의 여지를 가늠할 수 있는 가상의 공간 표상으로 상정되었기에, 도심의 거리에서는 결코 찾을 수 없다. 제도적 연관이 얽히고설킨 현실 속에서 허황한 이야깃거리밖에 아닌 것으로 치부될지언정, '그곳'은 현실 '밖'이나 현실 '안쪽'으로 낸 '길'을 통해 찾을 수 있는 '넓은 공간'의 명징한 의미 연관을 구성하는 서사적 구성체로서 분명 '현전'한다. 이는 뒤틀린 현실적 열망을 투사한 가상의 공간이요 상징적으로 기획한 공간이면서, 도시의 부조리한 공간을 해체하여 구성된 공간으로서 의미심장하게 드러나는 것이다.

오늘날 현실 연관의 대명사 격인 '도시'는 인간의 욕망이 빚은 거대한 실체처럼 군림한다. 도시는 삶의 장소라는 긍정적 기제로서 기능하지 못한 정도에 그치지 않고, 바야흐로 인간의 삶을 억압하는 기제를 작동시켜 위력을 발휘한다. 도시인들로 하여금 욕망을 무한히 발동하게 하는가 하면 그 욕망을 억누르는 제도의 거점으로 작용하면서 부조리의 온상이 된다. 이런 상황에 대응하여 도시에서 탈주하고자 하는 실존적 열망은 억눌린 욕망의 투사인 동시에 부조리한 현실을 전복하고자 하는 의식의 기획 양태로 변용되어 드러난다. 현실에는 없지만 무한한 가상의 세계로 열려 있거나 내면 의식의 저층과 무의식의 층위에 수렴되어 꿈을 채우는 공간을 기획하는 일이 특정한 시대나 지역에 국한되어 벌어지지는 않는다. 다만, 존재를 보호하는 장소의 긍정적 자질이 요원한 도시가 거대해지고 장소 간 이동에 따르는 제약이 급속히 사라지면서 공간의 외연이 커진 오늘날에 이르러, 현실과 허구의 임계에 서사 공간을 창출하려는 원망이 더욱 빈발하는 것이 현황이다. 그만큼 도시의 현실적 억압 기제가 강화된 탓에 열망을 부풀려 발산할 틈새를 찾기 힘들어진 정황이 반증되는 셈인데, 도시의 장소적 억압 기제를 해체하고 공간을 창출하려는 판타지의 창작이 이러한 변용의 단말과 조응하는 면이 있다.

> 나는 종종 현실의 균열을 꿈꾸곤 했다. 현실의 벌어진 틈으로 겨우 들여다보이는 아주 작고 흐릿하고 불안정한 비현실의 처소. 그러나 내 꿈은 막연하고 투박했다. 적어도 김소령이 나타나 광화문 땅굴에 대한 이야기를 해줄 때까지 내 꿈은 그저 추상에 지나지 않았다. (124쪽)

> 우리는 현실에는 존재하지 않는 그 틈을 통해 여기로 들어온 걸 거예요. 김소령은 여기가 우리들을 위한 집이라고 했어요. 그러니까 이곳은 비현실이고, 어쩌면 우리는 꿈을 꾸고 있는 건지 몰라요. 모든 게 다 꿈인지 몰라요. 김소령도 취화당도 땅굴도, 심지어 우리들도. (196쪽)

'현실의 균열을 꿈꾸곤' 하는 불안한 실존에게는 균열이 생긴 현실의 지층의 틈새를 비집고 파고드는 비현실의 공간이 도리어 존재의 안정감을 북돋우는 심적 기제를 추동할 법하다. 시간의 제약과 제도의 장벽이 장악한 현실에 틈을 내고서라도 찾으려고 도모하는 현실 이면의 가상 공간은 분명 과거의 것도 미래의 것도 아닌 태로서 '시간이 멈추'고 '의식은 정지'한 밀실로 은유되는 공간 양태인 것이다. 도시를 떠나려 해도 떠나서 도달할 비도시적 혹은 반도시적 장소를 현실에서 찾을 수 없기 때문에 도시 탈주의 꿈은 짐짓 꿈에 불과하게 되었다. 도시 속 어느 곳에서도 존재를 안정되게 비호하는 장소를 확보할 수 없는 이들로서는, 도시를 벗어날 수 없는 다음에야(어쨌든 삶의 터전을 떠난다는 것은 죽음에 근사한 결단을 요할 따름이므로), 좌절된 존재의 열망을 투사한 비현실의 세계에서라야 열망의 일단을 틔울 '여지'를 유효하게 구성할 수 있는 것이다. 고도 정보 사회로 나아갈수록 도시와 비도시의 경계는 모호할 수밖에 없을 터, 장소의 해체 양상이 가속될 수밖에 없는 사회 구성 조건에 대응하여 기획될 도시 공간의 표상적 형상이 각양으로 빚어질 가능성은 더욱 커진다.

4. 디지털 노마드의 서사 공간 기획

신은 우주적 차원의 드넓은 공간을 창조하였지만, 인간은 제 삶의 영역에 걸맞은 장소를 구획하였다. 죄를 지어 낙원에서 쫓겨난 아담과 이브에게 부과된 과업은 제 삶의 터전을 스스로 일구는 일이었다. 땅을 갈고 씨뿌려 경작할 터를 얻는 일은 물론 안식할 삶의 터를 구획하여 얻는 일이 시급하였던 것이다. 산고를 겪어 아이를 낳고 양육할 보금자리를 지어야 하는 것도 마찬가지 맥락에서 주어진 고역스러운 과업이다. 신이 창조한 공간에서 시간에 구애되지 않고 영생을 누릴 수 있었던 인간은, 신의 뜻을 거슬러 장소에 내쳐진 뒤에 그 불안정한 장소적 제약 가운데에도 안정을 구가할 또 다른 차원의 장소를 마련해야 하는, 잔혹한 부조리에 내몰린 셈이다.

이로부터 이미, 장소가 인간에게 이중적인 의미 기제로 작용한 것이다. 삶의 안위를 보호하는 기능을 하는 반면, 인간의 실존적 기획을 한정하는 억압 기제로서의 본과 색이 드러난다. 이에 대응하여 인간은 장소의 제약에서 벗어나 드넓고 자유로운 공간을 얻으려 도모하는데, 공간 기획은 선악과를 먹고서 스스로 신격으로 격상하고자 탐심을 품은 인간 원형의 저층에 배어 있는 열망에 조응된다. 그러나 불행하게도 저러한 탐심에서 비롯된 원죄가 실낙원의 형벌로 이어진 터라 인간은 스스로의 열망과 당착되게도 공간을 상실한 채 장소에 내몰리는 한편, 그 장소조차도 상실하는 절체절명의 위기 상황에 처한 꼴이 되고 마니, 이제 처방이라고는 가상의 공간을 기획하는 수밖에 없다. 신이 창조한 공간으로 거슬러 회귀하지 못하는 것은 물론 안식할 장소조차 잃은 이들에게서 저 원형의 공간에 대한 꿈마저도 빼앗아버린다면 어떤 일이 벌어질까마는, 가상의 서사 공간을 통해 그러한 공간 기획의 여지를 얻을 수 있다는 가능성만으로도 불행 중 다행일 것이다. 신화를 통해 원형적 형상이 그려진 그러한 서사 공간은 판타지(fantasy) 풍의 다기한 서사체를 통해 변주되면서 문화의 저류를 형성하여 오늘날에 이르기까지, 삶의 안정된 장소를 구획하기는커녕 현실적 연관의 차원들로 구성된 공간조차 확보하기 어려운 이들의 공간 열망을 채워주는 문화적 기제로서 역을 하였다는 데 재삼 주목해 마땅하다.

최근 한국 소설에 여실히 배인 판타지 풍은 삶의 장소에 안주할 수 없어 위기에 내몰린 현대인들의 초상을 되비추는 서사 공간의 기획에 관여된다는 관점에서 진중하게 성찰할 '문화적 현상'이다. 정보시대의 미디어 환경에 둘러싸인, 이른바 디지털 노마드(유목민, nomad)들은 아날로그적 현실의 쳇바퀴에서 벗어나 자유로운 의식과 분방한 감성을 양껏 펼칠 수 있는 '드넓은 공간'을 요구한다. 첨단 정보 시대의 첨병인 그들이 판타지 세계와 신화 공간으로 회귀하고자 도모하는 정황과 엄연한 '현실'이 아이러니나 부조리는 아니다. 오늘날 디지털 문화 환경에서 저처럼 돋보이는 공간 기획의 양상이 신화적 공간의 재생에 결부된다는 것은 시간에 속박된 현실에서 억압된 실존적 열망을 분출하기 위해서 차원 다른 공간을 기획할 수밖에 없는 정황을 되비춘다. 디지털 노마드들이 디지털 장치(디바이스)와 네트워크 단말기를 활용하여 현실과 허구의 경계를 넘나들며 자신들의 분방한 정신을 투영하여 지은 가상(사이버)공간에 조응되는 서사 공간이 중요한 구심이다.

이러한 가상적 서사 공간의 기획은 첨단에 치달은 문명 충만한 세계에서 더욱 절실히 요구된다. 물질적 풍요로움과 고도 문명의 편이(便易)를 통해 조작된 장소적 안정감이 본유적인 것이 아님을 깨닫는 순간, 실존은 다른 차원의 공간으로 이행할 꿈을 꾸는 법이다. 매체와 소통 경로(channel)를 달리하여 구현되는 판타지 공간이 비단 맹랑한 공상의 소산이 아님을 의식하는 태도가 관건일 터, 디지털 노마드들의 관심이 신화와 판타지 세계를 현실 맥락 내의 문화 공간으로 변주하려고 도모하는 데 이어질 때 서사 공간의 상징적 기획이 두드러지게 된다는 수순을 이해할 필요가 있다. 이러한 서사 공간의 기획 회로는 오늘날 서사의 구심적 자질을 해석하는 거점인 '디지털+서사' 항의 핵(core)에서 작동한다.

기실 디지털 항은 차원을 점하지 않거나 차원을 넘어서 있다. 그것은 존재가 아니라 상태와 작용으로서 파악된다. 따라서 실체의 양태를 실증하는 것이 관건이 아니며, 기능과 의미를 산출하는 알고리듬(algorithm)을 읽는 것이 관건이다. 그 알고리듬은 인과적이고 시간적인 순차 공정으로 이루어질 수 없으며 숱한 이진 연산(binary operation)을 지령하는 프로그램 모듈의 호출과 병합 공정(procedure)을 거쳐 이루어지는 식의 공간 자질로 환산된다. 이는 무의미한 자모의 조합과 음절의 배열을 통해 얻은 단어와 문장 모듈을 선택하여 통합하는 '언어 공정'의 원리를 무차원의 양태로 급격히 환원하여 얻은 '프로그램 언어'의 원리에서 비롯된다. 물론 '고급'(고차원) 프로그램 언어는 자연어를 기계어로 환산하여 처리하는 공정을 내장하여, 디지털 기호를 아날로그에 근사한 기호로 대체하더라도 그 차원의 단적인 차이를 보정하는 길을 열어두지만, 그런 언어라도 자연어의 차원에 비할 바는 아니다. 물론 자연어라도 실제 세계(아날로그)의 분절을 통해 환산하는 원리로 이루어지는 까닭에, 그 자체로서 이미 디지털 기호의 자질을 안고 있다. 삼차원의 세계를 이차원이나 일차원의 기호로 바꾸는 원리에 더해 디지털 기호는 아예 지각 범위 내의 차원을 드러내지 않는 식일 뿐, 아날로그 세계를 의식하도록 돕는 기호의 원리 면에서는 디지털 자질이 공분모이다. 그렇다면, 서사의 창출 원리 또한 그런 기호 자질을 안고 있으니, 일반적인 생각과 달리, 서사를 디지털 장르로서 인정할 여지가 다분하며, '디지털+서사'에 관한 논의가 서사 공간 논항을 구심으로 펼쳐져야 온당하리라고 생각해도 좋은 것이다.

이 맥락에서 주목할 점은 '디지털 기호'의 차원이다. 기호는 본디 시간의 연속 속에서 이어지는 현실 세계의 사상(事狀)을 분절하는 방편이다. 그 분절성이 극화되어 종내 대상의 차원이 무화됨으로써 지시 관계 면에서 무의미한 기호들이 빚어질 수 있는데, 디지털 텍스트는 이러한 무차원의 기호들로 구성된다. 그런 텍스트가 컴파일(compile)되어 하나의 프로그램으로서 작동할 때에는 의미 있는 소산으로 전환된다. 지시성이 없는 기호들의 조합이라도, 가령 실사에 근사한 가상의 형상을 투사하는 식으로, 새로운 세계를 창출하는 프로그램으로 작동하는 것이다. 흔히 디지털 세계를 가상현실의 세계로 환원하여 생각하는 것을 보면, 디지털 효과는 사이버 공간의 창출에 가장 크게 기여하는 것으로 여겨진다. 실제 세계에 대응되는 아날로그 지표가 리얼리티라면, 가상 세계에 대응되는 디지털 지표는 과연 버추얼 리얼리티(virtual reality)인 것이다.

이때 디지털 텍스트의 구성은 재현 원리와 전혀 무관하지만, 버추얼 리얼리티의 단말 효과는 실감의 재현이라는 모순항이 파생된다. 반(反)재현 텍스트라고 해도 과언이 아닌 디지털 텍스트의 효과가 버추얼 리얼리티이니, 그로써 열리는 세계가 현실 세계와는 모순을 이루면서도 투사 관계에 있는 기묘한 아이러니가 생기는 것이다. 이는 디지털 매체의 주요 자질인 상호작용성과 몰입성의 모순항에 연관된 아이러니이다.

실감 세계를 경험하게 하는 것이 버추얼 리얼리티의 목적이지만 그 텍스트 자체의 구성은 디지털 기호의 프로그램에 불과한 '매트릭스'(matrix)[55] 같은 것이다. 불연속적 기호와 모듈의 병치를 통해서 구현되는 버추얼 리얼리티의 원리는, 디지털로 구현되는 새로운 리얼리티의 아이러니를 예비하였던 터이다. 기호적 재현을 통해 실상에 근사한 이미지를 창출하려던 리얼리티의 아이러니가 결국 버추얼 리얼리티의 아이러니로도 전가된 셈이다. 다만 리얼리티 원리가 대상 세계의 진지한 재현과 비판과 같은 이성적 공정을 통해 극화된다면, 버추얼 리얼리티 원리는 즐거움이나 기쁨과 같은 감성 위주인 디지털 시대의 문화 욕구[56]를 충족시키는 공정에서 구체적 소산이 산출된다는 결정적 변별점이 있다. 리얼리티가 세계와의 시간적이고 인과적인 연속성을 전제로 한 재현 원리를 통하여 구현되는 데 반해, 버추얼 리얼리티는 가상 공간에서 실감이나 실상을 체험하도록 돕는 투사 원리를 통하여 구현된다는 점도 주지의 사실이다. 현실의 시간이 정지된 상태에 준하는 가상 세계는 곧 공간 원리로 기획된 것이며, 따라서 버추얼 리얼리티는 시간 의식에 연관된 통합 작용을 통해서가 아니라 공간 의식에 준하는 표상 작용[57]을 통해서 창출된다.

말하자면 디지털 기호는 세계의 재현이 아니라 세계의 생성에 상응하는 기제에서 작용한다. 따라서 기호가 리얼리티의 담지체로서 간주되던 시대의 경우와 달리, 디지털 시대의 서사는 허구 세계의 창출을 전면화하려고 도모하는 양상을 실로 띤다. 버추얼 리얼리티에 근사한 판타지 세계에서 펼쳐지는 이야기가 형과 태를 달리하면서 빈발하는가 하면, 이야기의 담론이 진행되는 과정에서 허구가 실상처럼 전도되는 형국이 곧잘 빚어진다. 이를테면 "세계로서의 텍스트에서 게임으로서의 텍스트로"[58] 전화되는 국면이 펼쳐지는 셈이다. 이에 발맞추어 서사를 통해 지어지는 공간 양태에 더욱 주목할 수밖에 없으며 사실과 허구의 경계, 현실 세계와 가상 세계의 경계가 해체된 상황에서 구성될 서사 공간의 기획 양태에 더욱 관심할 지평이 열리는 것이다.

과연 디지털 시대의 중요한 문화적 지표인 게임[59]은 세계 질서의 지배에서 벗어난 고유의 룰(규칙, rule)에 따라 진행되는 텍스트성을 지닌다. '가족 유사성'에 근사한 그 자질은, 유사성의 네트워크와 관계에 의해 구성되는 가족이라는 게임 원리에 내재한다. 안정된 핵심적 공통 자질이 없는 게임의 속성[60]에 비추어보아, 재현의 함수나 견고한 구조 등을 상정할 수 없음은 물론이다. 특히 게이머의 참여를 통해서만 게임이 이루어질 수 있으니, 게임 세계는 참여와 진행을 통해서만 창출될 수 있으며 그 과정 '동안만' 유효하다. 따라서 게임으로서의 텍스트에 주목하는 관점은 세계의 반영이나 재현 등의 고전적 기호 개념과 다른 차원의 기호 개념을 창안할 여지를 요구한다.

느슨한 룰에 기반하여 창출되는 게임 세계는 기호의 코드가 불연속적인 허구 세계와, 은유적으로도 환유적으로도 또는 축자적으로도[61] 조응하는 세계이다. 게임으로서의 서사 텍스트라면, 서사 구조라든가 서사적 재현이라든가, 전개와 발전의 극적 구성에 관여된 서사적 시간성이라든가 하는 논항이 무색한 것으로 비쳐진다. 이러한 게임성이 곧 세계와의 시간적 연속성을 전제한 서사 개념과 대조를 이루는 서사의 공간 자질을 뒷받침한다고 할 수 있을 것이다. 이런 맥락에서 '세계로서의 텍스트'와 '게임으로서의 텍스트'의 대비적 자질[62] 가운데 공간 개념의 변모 양상에 주목함직하다.

세계의 공간이 텍스트에 의해 재현된 공간, 곧 환경이나 경관, 지형 지리와 같은 시간과 장소 개념에 근사한 것이라면, 게임 공간은 텍스트에 의해 점유된 공간, 곧 인물 형상, 페이지 상의 배열, 구성단위(유닛)들 사이의 관계에 접근하도록 돕는 네트워크 등과 같은 서사 공간 개념에 근사한 것이다.[63] 그렇다면 디지털 텍스트의 게임 속성이 세계의 장소적 자질보다 서사 공간 자질을 구심으로 파생되었음을 추정할 수 있다. 서사 공간은 세계의 장소적 요소를 재현한 실체적 형상이 아니라, 서사 세계의 장을 창출하는 원리에서 빚어진 표상이기 때문이다.

따라서 세계를 재현한 서사는 일상생활을 영위하는 데 소용되는 일반적 언어 능력과 문화 능력을 요구하지만, 게임 원리로 지어진 서사는 허구적으로 구성된 세계를 '읽을 수 있는' 전문화된 문학 능력을 요구한다.[64] 그러므로 게임 자질이 여실한 디지털 서사는 대중적이라기보다 전문적인 역량을 통해 이해될(바르트 식으로 환언하여 작가적으로 읽을, writerly text) 수 있다. 이는 몰입에만 의존하여 독자를 끌어들이는 서사가 아니라, 상호작용을 통해 독자가 적극적으로 참여하여 의미를 창출하는 서사라는, 디지털 서사의 공간 자질에 부합한 추론 결과이다. 물론 라이언(Marie-Laure Ryan)의 전망대로라면, 상호작용을 바탕으로 한 몰입이 이루어질 때, 곧 독자가 참여를 통해 서사 세계와 합일에 이를 때 버추얼 리얼리티의 자질이 온전히 구현[65]된 디지털 서사 공간이 창출될 수 있을 것이다.

선조적(linear) 구성을 취한 서사의 경우에는 수용자가 몰입함으로써만 서사 세계에 참여할 길이 열리므로 그 세계에 거리를 유지하면서 적극적인 교호작용(피드백, feedback)을 수행하기 힘들다. 거리감은 몰입을 방해하는 요소로 여겨지며, 실제 세계와 지시 관계를 전제로 한 실감의 재현 원리에 비추어보더라도 걸림돌로 여겨진다. 그에 비해 서사적 공간 형식(spatial form)을 취한 서사에 참여하기 위해서는 해체된 구성을 수렴시킬 구심을 재구성하기 위해 '텍스트를 가로지르며' 의미망을 창출하는 상호작용 기제를 작동시켜야 한다. '참여자(로서의) 독자'는 텍스트에 주어진 의미를 수동적으로 수용하는 데 그치지 않고, 구성 내에 병치되었거나 편재한 의미의 단서를 연결하여 서사 세계의 내적 질서를 구축할 길을 모색한다. 대체로 현실 세계의 기제에 대응하여 구성된 그 내적 질서가 서사 공간의 기획에 상응하는 표상으로 드러난다.

상대적으로 서사 공간은 현실적 장소와 공간을 되비추어 성찰하는 계기가 되는 반성적 공간(reflexive space)에 상응한다. 디지털 매체를 통해 구현된 세계는, 아날로그 세계의 대상이나 현상을 재현한 결과물로서 주어지는 것이 아니라, 대상 세계와 다른 코드 체계를 통해 창출된 소산으로 나타난다. 그러한 소산이 세계의 실제 국면에 대응되거나 때로 박진한 효과를 창출하는 데서 디지털 매체의 반성적 자질이 드러난다. 그러한 자질이 세계에 대한 반성적 공간으로서 기능하는 서사 공간을 통해 여실히 구현되는 것이 특이하거나 뜻밖의 현상은 아니다. 현실과 거리를 유지하는 디지털 자질을 승화한 서사 공간의 역동이 관건일 따름이다.

시간의 진행에 기반한 아날로그 세계를 분절함으로써 구성되는 디지털 세계와 서사 공간이 조우할 때, 장소의 차원을 공간의 차원으로 변이하려는 디지털 서사의 전략이 파생된다. 디지털 단위인 비트(bit)가 공간 개념이며, 버추얼 리얼리티도 공간 개념에 상응한다는 점에 비추어볼 때, 서사 공간 기획의 노마드(nomad)적 상상력[66]이 디지털 서사의 공간 자질로 승화된 양태를 예측할 수 있는 것이다. 경계와 구획을 넘나드는 서사적 자유를 체험하고자 도모하는 실존적 수행에 맞닿은 서사 공간의 기획이 버추얼 리얼리티의 창출 공정과 조응하는 것은 이와 맥을 같이한다.[67] 이러한 서사 공간의 기획에 관여된 표상들이, 디지털 문화와 조우한 소설의 양질적 전환에 직결된다. 이는 상대적으로, 디지털 매체의 표면적 형식을 단순히 차용하여 지어졌다고 해서 디지털 서사의 범주에서 논급할 수 있는 것은 아니라는 점을 재삼 의식하게 한다.

가령, '영화 같은 소설'이라고 하여 주목 대상이었던 천명관의 『고래』는 영화의 기법과 관련된 구성이나 문장 층위의 담화 양상과 관련하여서보다는, 영화적 판타지의 창출과 관련하여 관심할 때 디지털 서사 공간의 논점에서 상론할 만한 대상으로 부각된다. 짧은 문장의 구사와 디테일을 제거한 문장의 배열 등에서 비롯된 이야기의 속도감, 장면과 장면을 병치함으로써 빚어진, 병렬적 몽타주나 연상적 몽타주에 견주어봄직한 이야기 구성의 공간 형식 등은 그 자체로서도 서사 공간의 기제에 상응하지만, 그러한 기제를 통해 종내는 실감의 환영(illusion)을 제거함으로써 버추얼 리얼리티 효과를 창출하였기에 서사 공간의 기획에 견줄 만한 소산을 냈다고 평가할 수 있다. 다채로운 이야기의 인유와 변주를 통해서도, 텍스트의 경계를 가로지르고 시간의 격차를 넘나듦으로써 펼쳐지는 버추얼 리얼리티가 구현된다. 주어진 실체를 반영하여 얻어지는 것이 아니라, 허구적 서사 세계를 반영하여 재구성한 이야기가 지어진 것이다. 무성영화의 변사와 흡사한 서술 대리자(agent)를 내세우거나 독자의 반응을 직접 묻는 식으로 대화 상황을 모의하여 소통 국면 또한 가상으로 지음으로써도 서사 세계의 버추얼 리얼리티가 배가된다.

그 이야기의 편린들을 가로질러 읽으면서도 서사에 몰입할 여지가 조성되고 있어 디지털 서사의 자질이 제법 배어 있다고 할 수 있다. 물론 '몰입'은 실제 독자의 인지와 반응 양상에 관여된 것이기에 이를 추론하기 수월찮으며 독자 반응의 역동적 성향을 염두에 두고 보면 객관적으로 논증하기 불가능한 논항일지도 모른다. 일반적인 버추얼 리얼리티 단말기를 통해서는 박진감 있는 지각 요소가 몰입을 불러일으킬 여지가 크겠지만, 서사에서 박진감이나 서스펜션이 몰입을 불러일으킬지 여부는, 수용자가 처한 상황에 따라 달라질 가능성이 크기에, 단언할 수 없다.

『고래』의 경우, 사건이나 배경의 실감과는 무관하게 서술 층위의 서스펜션이 느껴진다고 할까, 단편적인 이야기 대목들이 발휘하는 흡인력이 관건이다. 의미망을 구성하자면 몰입을 방해하는 상호작용에 근사한 독법을 적용해야 하겠지만, 정작 읽는 도정에서 의미를 염두에 두지 않고서 이야기에 이끌리는 식이 되기 십상이다. 능란하게 이야기를 펼쳐 청중을 압도하는 이야기꾼을 상기시키는 서술 대리자가 구사하는 서술상황의 역동적 구성과 이야기 편린의 편집 기술(몽타주) 덕에, 소설 전체 의미망의 재구보다 이야기 읽기 자체에 몰입하게 될 여지가 빚어진 것이다.[68]

이 소설을 읽는 동안 현실 세계와 단절된 서사 공간에 참여하는 가상 체험을 하게 된다고 해도 좋을 것이다. 서사를 통해 구현할 수 있는 버추얼 리얼리티 세계, 곧 서사적 가상 공간의 기획 수준에서 매체의 경계를 가로지른 결실로서 드러난 디지털 서사의 자질, 혹은 서사의 디지털 자질을 구현한 소설의 면모를 이로써 가늠할 만하다. 그 디지털 자질이 아날로그 세계(현실 세계)의 경계를 지나 디지털 세계(가상 세계)로 이행하고자 하여 기획하는 탈존적 공간의 구성소가 된다는 점은 기억할 만하다.[69]

5. 소설 양식의 이행과 서사 공간의 재편

버추얼 리얼리티(virtual reality)는 그 구현 요건으로서 상호작용적 기제와 서사 공간의 구성을 요한다. '가상적 실재'라는 개념항은, '가상 · 허구'와 '현실 · 사실'의 경계에 대한 분석적 모순 개념을 전제로 할 때 무의미한 조합에 불과한 것으로 치부되지만, 가상이라도 실재 효과를 유발하는 기제의 작동을 통해 근사한 실감을 불러일으킬 수 있다는 원리와 구현 사례에 비추어볼 때, 사실 세계에만 머무르지 않고 허구 세계를 창출하여 그리 이행하고자 도모하는 실존적 기획의 국면들을 이해하도록 돕는 중요한 단서가 된다. 그리고 그 단서를 통해, 현실에서 이루지 못하여 저층위에 잠재된 열망을 투사하거나 사실 세계에 편재한 부조리를 들추어 반성하는 거점을 구성하는 서사 공간의 의미망이 확장된다.

특히 가상적 실재의 창출 과정에서 실감 기제의 '작동 회로'가 구심 동력이라는 데 착안해보면, 사실 세계를 되비춘 허구적 서사의 양상 자체는 물론, '담화의 허구'를 구현하는 서술 층위의 자질이 서사 공간 구성의 관건임을 의식할 수 있다. 허무맹랑하게 날조한 이야깃거리라도 이야기하기 나름으로 실제 있었던 이야기인 양 수용될 수 있음을 아는 터라면, 사실만이 사실이 아니며 허구라고 해서 허구만은 아니라는 '담화의 아이러니'와 서사의 기묘한 저력을 수긍하지 않을 수 없다. 사실과 허구의 역학을 잘 조율하고 사실 중심의 가치를 해체함으로써 구성된 서사 공간의 기획 양상에 주목하는 데는 온당한 이유가 있는 것이다. 이런 맥락에서, 이야기를 진행하는 과정에서 사실과 허구의 관계가 전도되어 몰입과 상호작용의 장력이 잘 조율된 서사적 결구가 빚어진 사례들을 적극 거론함직한데, 역사나 현실의 실체를 해체한 구심에 버추얼 리얼리티를 구현하여 서사 공간의 창출을 도모한 소설을 통해 제기된 소설 양식의 이행 국면이 주목을 끈다.

이러한 가능성은 포스트모더니즘과 디지털 시대의 접점을 전제로 논급할 때에 타당성이 더해지고 논의의 지평이 드넓어진다. 탈구조와 해체를 핵심 이념으로 삼는 포스트모더니즘 계열 서사의 구심 전략은 구성의 해체에서 진가가 발휘된다. 구성의 해체는 단일한 의미(주제)를 지향하는 완결된 구조 대신에 다양한 의미의 가능성을 낳는 역동적 구성을 창안하는 결실을 파생시킨다. 플롯으로 환원할 수 없는 구성의 역동성이 서사 공간의 자질에 수렴됨은 물론이다.[70] 이로써 '서사는 스토리와 플롯의 조합'이라는 등식이 더 이상 유지되기 힘들다. 구성의 기제인 서사 기법 또한 규범과 창의의 변증법적 역학으로 작용한다. 서사 기법은 형식적 수사를 위한 기교에 국한되지 않으며 규범적 기술 이상의 것이다. 이는 이야기의 표현과 이해의 역동적 관계에 작용하는 서사 담론의 층위에 걸쳐 있으며,

종내 '저자의 죽음'에 상응하는 독자 층위의 해석 역학으로 이관되어 서사의 공간 자질에 관여된다.

물론 포스트모던 시대는 지식과 기술 영역은 물론 문학·예술 영역까지 정보화가 고도로 진행된 사회문화를 기반으로 한다. 이를테면 문학 정보의 편재 범위가 넓으며 그 정보의 질도 만만치 않은 수준이다. 이런 상황에서 독자 대중의 수준을 전시대에 견주어 가늠해서는 곤란하다. '미학적 대중주의'로 요약되는 포스트모던 미학의 자질과 현황은 미학이 일반 독자의 취향과 이해력에 맞춰 대중화되었다는 부정적 단면을 일컬은 것이기도 하지만, 일반 독자의 문식력(文識力, literacy)과 심미안(審美眼)이 고양되면서 전대(前代)에 난해한 것으로 치부되던 '미학' 수준의 담론이 대중적 담론으로 운위되는 현상의 단면을 긍정적으로 고평한 바이기도 하다.

과연, 문학·예술의 고급 영역과 대중 영역 사이의 경계가 불분명해지는 까닭에 포스트모던 시대의 대중성은 단순히 상업성에 정합되지 않는다. 아울러 대중의 취향이나 성향 등을 쉽게 예측하기 힘든 상황도 간과할 수 없다. 정보기술의 발전에 발맞추어 확산되는 디지털 미디어가 서사의 소통 매체는 물론이고 제재나 구성의 양상을 바꾼 점도 유념해야 한다. 양방향의 상호작용을 통한 소통에 익숙한 이 시대 독자들의 적극적인 수용 태도 덕에 서사의 창출과 소통에 문화적 동력이 작용함으로써, 서사는 구조적 정태에 한정되지 않고 여러 기제의 역학으로 빚어지는 구성체의 속성이 더욱 두드러진다. 서사의 대중적 수용 양태와 관련되는 이런 국면에 조응하여, 전대의 문학 장르에 비해 형식과 내용 양면에 걸쳐 정형에 얽매이지 않고 매우 유연한 가능성을 엿보인 '소설'이 이 시대 서사의 문화적 동력을 수용할 수 있는 여지가 크다.

이러한 여지에서, 상호작용과 몰입의 융해를 통해, 시간의 흐름을 중심으로 빚어지는 실세계의 차원과 다른 차원으로 구성되는 서사 공간의 디지털 자질에 관한 다각의 논항이 파생되는 것이다. 이를테면 정보 네트워크와 미디어가 고도로 발달한 시대의 무장소성과 관련된 논항이 이 맥락과 연관된다. 포스트모던 징후와 정보 사회의 조건 속에서 해체적 공간 형상을 띠는 도시의 서사 공간에 대해서 모색할 여지도 마찬가지 맥락이다. 나아가 최근 소설의 해체적 경향이 단순히 형식 실험이나 규범 파괴와는 다른 층에 있다는 점을 논급함으로써도 그 맥락에 맞닿을 수 있을 텐데, 오늘날 사회문화적 조건에서 드러나는 경계와 이행 공간의 표상들에서 그 단서를 얻을 수 있을 것이다.

기실 이야깃거리가 새롭고 기발하여 흥미를 불러일으킨다고 해서 좋은 이야기라는 보장은 없으며, 같은 이야깃거리를 다룬다고 해서 모두가 그 가치나 미감 등의 수준에서 동일하다고 단언할 수는 없다. 이야기의 제재나 줄거리의 호불호(好不好)보다 이야기의 효과적인 방식과 소통 기제가 좋은 이야기의 관건이기 때문이다. 아리스토텔레스에서부터 쉬클로프스키와 토도로프, 주네트를 거쳐, 발, 채트먼, 리몬-케넌 등에 이르기까지 현대 서사론의 성립과 전개에 공헌한 이들이 공히 이야기의 제재와 구성 및 담론[71] 양상으로 이야기의 층위를 대별하여 입론의 전제로 삼았던 것은, 이야기가 표현되고 이해되는 소통 과정에서 양과 태가 다른 성과가 산출된다는 점을 의식한 소산이다. 이야기 장르의 대화적 속성에 주목한 바흐친(Mikhail Bakhtin)이나, 소통이 관건인 이야기의 담론에 주목하여 독자의 해석에 관여된 자질에 논의의 초점을 맞춘 리쾨르(Paul Ricoeur)의 통찰에 비추어보더라도, 서사적 소통의 역학이 서사론의 구심을 이루는 논항이라는 점을 의식할 수 있다.[72]

상대방이 없는데도 혼자서 이야기를 중얼거리는 경우가 정상적인 상황처럼 보이지 않는 것은, 이야기가 소통을 전제로 하는 현상이라는 반증이다. 그렇다고 이야기의 소통에 관여되는 기제의 작동 양상을 이해하는 일이 하지는 않다. 구체적 형상을 얻지 못한 관념 수준의 이야깃거리를 표현하는 과정에서 작동되는 표현 기제에다, 표현 매체에 따라 각양일 이야기 매재(媒材)를 구성하는 요소들의 작용 양상과 표현 기법의 다각적 구사 양상 등이 여일하지 않을 것이기 때문이다. 이야기가 단선적으로 전달되어 오롯한 이해를 불러일으킨다면 그나마 일이 복잡하지 않을 테지만, 이야기의 수용 기제는 표현 기제보다 복잡하고 다단한 양상을 띤다. 따라서 이야기의 소통은 정태적이지 않고 역동적이며, 표현과 이해의 과정이 단번에 완성되거나 하나의 선으로 진행되지 않고, 수차례의 상호작용과 다면적 의미망이 교직되는 양상이 빚어진다. 이야기는, 일반적인 생각처럼 시간적 선형에 걸맞게 진행되는 구조체가 아니라, 공간 형식(spatial form)에 걸맞게 구성되는 의미체이다.[73]

이때 부각되는 '공간 형식'은 요컨대 서술과 이해의 역학이 빚어지는 장에 상응하는 개념항이다. 그것은 고정된 형(型)에 놓고 자르고 늘려 맞추려는 논리로써는 그 본색을 가늠할 수 없는 서사의 형태를 아울러 논급하기에 적당하다. 특히 구성과 담화의 역동성을 드높이려는 모색에서 비롯된 소설을 단적인 논리로 환원하지 않고, 서술에 관여된 기제들이 다각으로 작용하여 소통의 회로를 잘 작동하게끔 구사되는지 추론하는 논리적 단서로 활용할 수 있다. 소설의 문법이나 구조적 플롯만으로 소설의 다면과 다층을 이해할 수 없다는 사실에 직면할 때 서사의 공간 형식에 대한 관심이 부각된다.[74]

이런 맥락에서 서술 층위의 역학을 물어 공간 형식에 수렴시키는 일은 구조적 틀을 벗어나 분방한 스타일로 이야기하는 최근 소설을 적극적으로 이해하여 지표를 가늠하는 데 도움이 된다. 구조 개념인 플롯이나 인물(캐릭터), 인칭(시점)의 틀을 통해서는 단번에 폄훼될 수밖에 없을 그 소설들의 본색을 묻기 위한 방편을 세움직한데, 바로 서술과 이해의 역학이 펼쳐지는 장인 공간 형식을 묻는 일이 이에 상응하는 것이다. 공간 형식이란 구조적 틀이 아니며 일정하게 고정된 형식을 일컫는 것이 아니라는 점, 단순한 형식 실험의 결과로서 주어진 것이 아니라 아날로그 세계의 실제 이야기를 기술하는 선조적 플롯으로 환원할 수 없는 임계의 이야기를 기술하는 데 주효한 이야기 구성에 상응한다는 점을 인식하는 것이 관건이다.[75] 말하자면 경계와 이행의 서사 공간을 구현하는 서술 기제로서 작동할 때 공간 형식이 가장 의미심장할 수 있다는 얘기이다.

다시 강조하거니와 서사적 소통의 구심은 서술에 관여된 요소들의 기제적 역학관계이다. 서사 세계를 기획하고 통어하는 신격(神格)에 상응하는 내포작가가 그 모습을 실로 서사 세계에 드러내는 법은 없다. 그 대리자(agent)인 서술자가 흡사 전령 역할을 하듯 서술에 참여하여 관념 층위에 있는 이야기(파불라, fabula)에 언어적 질료를 입혀 구체를 띠게 함으로써 서사체가 비로소 드러난다. 서술자는 이야기 세계의 주역들인 인물과 그 행위로 빚어지는 사건을 기술하되, 내포작가의 통어(統御)를 받아 서사 세계의 형상들과의 거리가 조율된 이야기를 펼친다. 이때 이른바 시점이나 초점화, 서술상황 등의 서사 기제가 작동하여 서사의 양태가 다채롭게 빚어진다. 특히 근대 이후 새로운 서사 양식을 표방하고서 그 위상을 공고히 한 소설(novel)의 경우, 서술에 관련된 기제의 역학이 일방으로 환원할 수 없는 양상으로 드러나기에, 이야기의 소통을 따지는 서사론의 핵심 논항이 부각되었다고 할 것이다.[76] 시점의 일관성이 유지되지 않으며, 일정한 패턴이나 구조로 환원할 수 없는 구성의 역동성이 드러나는가 하면, 양식 면에서도 타 장르의 형식을 차용하여 분방하게 변주하여 쓰는 등, 일정한 흐름으로 진행되는 이야기의 선만을 서사의 기준으로 고집할 수 없는 상황이 빚어진다. 요컨대 서사 공간 형식이 형과 용을 달리하여 양적으로나 질적으로 두드러진 성과가 나온 것인데, 최근 한국 소설의 지표 또한 그런 양상에 수렴되는 형국이다.

이 맥락에서 유난히 주목을 끄는 작가가 김종광이다. 그는 「낙서문학사」 연작을 통해 서술상황의 역동적 구성과 관련하여 공간 형식의 표지를 구현하려는 노력을 지속하고 있다. 그 일련의 소설에서 일컫는 소위 '낙서문학'이란, 일반적인 인칭 분류 기준을 적용해서는 난항에 봉착할 수밖에 없다는 점은 물론이거니와, 초점화나 서술상황에 관해서도 단선적인 구조 요소로 환원할 수 없는 역학이 작용한다는 점을 명증하는 허구적 결정(結晶)으로 기억할 만하다. 그 서막인 「낙서문학사 창시자편」[77]은, 이야기가 제재의 실감을 구현하는 시간 · 인과적 전개 양상의 여하보다는 서술과 이해의 역동적 조율을 통해 구성되는 이야기 전체의 주지는 물론 재미와 효과 등을 조망할 수 있는 공간 기제의 양태를 통해 효력을 얻는다는 점을 재삼 상기시킨다. 모두(冒頭)부터 그러하다.

낳아준 어머니 박첫예가 가로되

엄마가 모처럼 집에 기어들어 온 아빠에게 말했겠지. "첫예가 어른이 됐어요. 글쎄, 초경을 했지 뭐예요." 아빠의 눈이 초롱초롱 빛나더군. 먹잇감이 생긴 맹수처럼 말이야. 아빠가 도시 구경을 시켜주겠다는 거야. [……] 그래서 광산촌 작부가 된 거야. 열다섯 살 때였을 거야. 아마. (47쪽)

그래, 나도 그런 얘기를 언뜻 듣기는 했었지. 작부의 아들이며 광부의 아들인, 유가 성 가진 작자가 죽어서 아주 유명해졌다는 얘기. [……]

내가 그 유가 친어미 될지도 모른다고 떠벌리거나 하지는 않았어. 왜냐고? 그 걸 몰라서 물어? 당신 눈에는 내가 어떻게 보였는지 몰라도, 내가 그 정도로 뻔뻔한 년은 아니야. (48~49쪽)

절의 제목이기도 하지만, 실상 이야기를 이끄는 모두 어절로 쓰인 '낳아준 어머니 박칫예가 가로되'는 초점자(focalizer)와 화자를 명기한 표현이다. 이어지는 이야기가 '박칫예'의 지각과 발화를 통해 진행된다는 사실을 공표한 것이다. 따라서 이후 진행되는 담화는 '박칫예'의 감각과 의식, 태도에서 비롯된 것으로 전제된다. 실제로 대화 상대(수화자, narratee)를 대면하고서 넋두리하듯 이야기를 이어가는 정황이 펼쳐진다. 이를테면 이 담화 상황은 인물의 발화를 인용하여 기술하는 식이라고 할 수 있다.

그런데 인물의 발화 내에 인용된 대목에 큰따옴표가 붙어 있는 것이 문제다. 초점화된 인물의 발화 양상을 고스란히 반영하였다면 간접 인용이어야 타당하지만 직접 화법을 취한 것인데, 서술자 층위의 대리자(agent)가 간여한 결과로 보인다. 이로써, 초점화된 인물을 인터뷰한 결과를 서술자 층위의 대리자가 재구성하여 기술한 서사라는 사실이 차츰 드러난다. 대화 상황이 전제된 담화에서 대화 상대의 발화 대목이 생략된 채 서술되는 경우는 물론이거니와, 한 사람의 인터뷰 내용이 절을 달리하여 끊어졌다가 다시금 이어지는 경우가 있다. 한 이야기 대목을 그 흐름에 따라 선조적으로 읽어서는 곤란하며, 여러 대목들을 두고 종횡무진 읽어야 맥락이 잡히는 것이다. 맥락을 추슬러서 이야기 편린들을 맞추어 '공간 형식'을 재구성한 뒤라야 이야기의 전모를 알아차릴 수 있는 여지가 겨우 조성되는데, 그나마도 하나의 정점을 향해 사건이 전개되는 양상이 아니며, 모종의 실감 형상을 자아내기 위한 이야기를 꾸민 것도 아니라는 정황이 포착되어 흥미롭다.

이야기하는 이들이 이야기 내용에 관여된 인물 역할을 하는 것은 사실이지만 그들이 하는 이야기를 통해 종내 '유사풀'이라는 인물의 일대기를 기술할 '평전'의 초벌 서사가 구성되도록 돕는 제보자 역에 국한될 뿐이라는 점도 이런 맥락에서 주목을 끈다. 가령 초점자이자 화자에 상응하던 '박첫예'가 인물 층위에서는 원 이야기의 주인공을 '낳아준 어머니'에 불과하다는 사실이 이야기 전개 과정에서 드러나는데, 그녀의 역할이 이야기를 통해 재구성될 주인물인 '유사풀'에 관한 정보를 수화자에게 제공하는 데 국한되는 식이다. 그만큼 서술상황(Erzählsituationen)을 일별하기 여러모로 곤란하다. 수화자가 서술자와 역할이 겹치는 터라 서술상황은 여러 겹에 걸쳐 중층적인 양상으로 구성된 것이다. 게다가 절마다 달라지는 초점자에 따라 어휘의 수준이나 어조, 수화자에 대한 태도 등이 여일하지 않아 변화무상한 담화 양상이 돋보이게 펼쳐지면서 서술상황의 역동성이 더해진다. 이를테면 다음과 같은 대목들은 '박첫예'의 경우와 사뭇 대조된다.

> 사풀이한테서 어떤 천재적인 면모를 엿보지 못했느냐고? 천자문을 떼었다든가, 학교 다니는 애들보다 한글을 더 잘 읽고 잘 썼다든가? 고양이와 개와 참새와 이야기했다든가, 하늘과 바람과 별의 노래를 들었다든가? 절대로 그렇지 않았어. 사풀이는 나보다도 글자를 몰랐고, 고양이와 개와 참새를 무서워했지. 석탄 속을 헤매고 다니기는 했지. 우리 광산촌은 어디를 보아도 새까맸거든. 하늘과 바람과 별 같은 게 있기나 했는지. (51쪽: '유년 시절의 친구 이기운이 가로되' 절)

> 걔는 처음엔 우리 동네 애들과 잘 어울리지 못했어요. [……] 걔는 곧 우리 동네 아이들과 노는 데 익숙해졌지요. 대개 제일 못했어요. [……] 공부 빼고는 다 못했어요. [……]

> 평범한 기억뿐이라고요? 뭐, 유별난 게 없었느냐고요? 여태 말했잖아요. 공부를 가장 잘하고 놀이를 제일 못했다고. 공부를 잘한 건 유별난 게 되지 못한다고요? 왜요? 나중에 글쟁이로 이름을 날리는 자들은 어렸을 때 다들 공부를 잘했다고요? [……] 어쨌든 사풀이는 공부 잘하고 놀이에 뒤졌다는 것 빼고는, 유별난 데가 없었어요. (55쪽: '초등학교 동창 최미주가 가로되' 절)

> 녀석은 『이상 시 전집』을 읽은 뒤부터 '낙서'라는 걸 쓰기 시작했어요. 아시겠지만, 녀석은 그때부터 10년간 그 낙서라는 것에 푹 빠져 살게 되죠. 그땐 낙서가 문학이 아니었어요. 낙서가 문학이라고 하면 미친놈 소리를 들었죠. 나 역시 녀석을 미친놈 취급했죠. 그런데 세상은 참 웃겨요. 지난번 딸애 교과서를 봤더니 '유사풀은 낙서문학의 창시자이다'라고 적혀 있더군요. 얼마나 어이가 없던지. [……] 근데 난 정말 의문이오. 녀석이 정말 그렇게 이름이 날 대단한 일을 했단 말입니까? (57~59쪽: '중학교 동창 박호현이 가로되' 절)

인터뷰를 통해 채록한 결과를 재구성하여 기술한 정황이 위 대목에서 더욱 분명해진다. '유사풀'에 대한 정보가 고지되는 담화에는 초점자의 의식과 유사풀에 대한 태도가 배어 있다. 특히 수화자에 대해 하대하듯 말하는 '이기운'의 어조에서 인터뷰에 임하는 태도가 엿보인다. 인터뷰 진행자와의 위계를 고려해볼 때, 이는 앞서 '박첫예'가 하대한 경우와는 양상이 다르다. 게다가 '이기운'은 사뭇 비현실적인 조건을 전제로 내세워 '유사풀'의 능력을 인정하지 않으려는 의도를 내비침으로써, 객관적인 정보를 고스란히 전하지는 않은 것으로 보인다. 아련한 기억에 기대어 남의 얘기를 전하는 입장이라서 사실적인 정보를 온전히 전하지 못할 가능성을 염두에 두고 보면, '이기운'이라는 초점자의 지각에 포착된 '유사풀'의 면모가 그리 미덥지만은 않은 것이다.

그렇지만 다른 이들의 시각에서 얘기된 결과가 초점자를 달리하여 서술되는 구성을 통해, 자명하거나 명징하지는 않을지라도 '유사풀'에 관한 정보의 전모가 어느 정도 드러난다. 단편적인 이야기들이 어우러져, 한 인물의 일대기에 관한 서사가 형태를 갖추게 되는 셈이다. 정작 당해 인물은 등장하지 않고서도 이야기의 주인공이 되는 기묘한 아이러니가 조성된다고 해도 좋다. 요컨대 저 이야기는 '유사풀 평전'을 쓰기 위한 인터뷰를 재구성하는 과정의 초벌 자료 수준일 수도 있으며, 아예 그 자체로서 평전에 육박한 결과일 수 있다는 점이 시사된다.

초점자 자체를 발화점으로 하여 전해지는 인용 대목의 양상도 변주된다. 특히 '유사풀'의 발화가 직접 인용되는 대목까지 나오는데, 초점자의 발화와 서술자의 재구성을 통해 '여과된 서술'인 까닭에 그 실상이나 신빙성을 온전히 장담할 수는 없다. 다만 적어도 '낙서문학'이라는 화제에 대한 당사자의 생각을 엿볼 수 있는 여지가 조성되기에 차츰 주목을 끈다.

> 내가 말했습니다. "좋은 시다. 감동적이야." 그랬더니 녀석은 고개를 가로젓고는 단호히 말하더군요. "이건 시가 아니라 낙선다." 녀석이 쓴 것 중에 어떤 것은 진짜 낙서 같았지만, 어떤 것은 시 같고 수필 같고 소설 같았어요. 그런데 녀석은 뭐든지 한사코 낙서라고 우겼어요. (58~59쪽)

> 놈의 헛소리는 정도가 지나친 데가 있었어요. 특히 이상 문학에 대해서 말하는 것을 듣고 있노라면, 놈의 머릿속을 해부해보고 싶은 생각이 들었습니다. 이런 말을 한 적이 있지요. "충격이다. 낙서가 문학은커녕 문짝 대접도 받지 못한다는 사실을 알게 되었다. 낙서의 전범으로 삼았던 이상에 대해서, 이상한 사람이었다고 쓴 사람은 있어도, 낙서가였다고 언급한 사람은 하나도 없어. 충격이

야! 우리나라의 문학한다는 작자들은 옛날 놈이나 당대 놈이나 한결같이 이상의 낙서를 모독하고 있어. 이상의 지고한 낙서를 두고 시라고, 소설이라고, 수필이라고 우기고 있었어. 사악한 시로, 추잡한 소설로, 역겨운 수필로 이상의 낙서를 못 박으려 하다니." 놈은 분노하고 또 분노했죠. (61쪽)

'유사풀'의 목소리가 사뭇 명징하게 노정된 이 대목에는, 그만큼 '낙서문학'에 관한 의식이 강하게 표출되어 있다. 기성의 문학 장르를 해체하고자 상정한 듯한 그 주지가 '이상의 문학'을 전범으로 삼고 있다는 점에 비추어, 정형적인 문학 관습에 대한 해체적 징후와 전략을 예상할 수 있다. 이런 경우 초점화 국면은 직접 등장하지 않은 인물인 '유사풀'을 구심으로 조성된다고 할 수 있는데, 이를 직접 화법으로 서술한 대목에서 서술자 개입의 흔적을 감지할 수 있다. 이 경우에 '낙서문학'에 관한 강한 주제 의식이 드러나는 만큼, 내포작가의 이념적 통어 양상을 예견할 수 있는데, 그만큼 서술상황이 난맥상을 이룬다.

따라서 서사적 소통 회로에서 독자의 이해와 수용에 관여된 변항이 관건으로 부각된다. 서사가 일방향으로 단선적으로 진행되어 독자가 수월하게 이해할 수 있는 상황이 아니라 해석상 단층(斷層, gap)이 조성되고 있는 터에 독자의 능동적 해석 작업이 필연적으로 요구되며, 시간적 흐름에 기반한 단선적 이야기 구성이 해석 과정에서 재구성되면서 공간 형식이 빚어지는 것이다.[78] 시간의 흐름이나 인과적 전개와 무연하게 구성된 이야기의 편린들, 그도 사실 관계의 재구를 통해 그럴싸하게 기술된 서사가 아니라 도리어 이야기가 진행될수록 신빙성이 떨어지는 서사의 단편들을 전체적으로 재구성하고서야 '유사풀의 낙서문학 창시 이야기'의 형과 태가 드러나는 식으로 서사적 공간 형식이 구성된 것이다.

이야기의 신빙성(Verläßlichkeit, Glaubwirdlichkeit)[79]은 서사적 소통의 성

패를 좌우하는 관건이다. 특히 사실과 허구의 경계를 명징하게 두는 지시적 반영 관계를 전제하지 않고 도리어 관계를 전도시키거나 당최 둘의 실체적 지시 국면을 무색하게 하는 서사의 경우에는 신빙성을 조율하는 기제의 작동이 요구된다. 지각 대리자인 초점자의 감각이나 의식을 믿을 만한지, 서술 대리자의 서술 방식이나 서술 태도로 미루어 이야기 내용을 순연히 받아들일 수 있는지 여부에 따라서, 서사를 수용하는 독자의 이해 방향이 달라질 수밖에 없다. 가령 다음과 같이 인물의 신빙성 표지인 지각과 인식의 신빙성을 일정한 방향으로 환원할 수 없는 대목에 주목해야 한다.

> 40여 년 전의 일을 어떻게 그토록 잘 기억하냐고요? 말짱 사기죠. 엊그제 일도 긴가민가하는 기억력에 40여 년 전 일을 무슨 수로 기억합니까? 하도 여러 것들이 찾아와서 물어대니까. 하도 여러번 대답하다 보니까, 나도 모르게 만들어 내게 된 얘기죠. 나도 이젠 진짜로 그런 일이 있었던 것만 같다니까요. 참말이지 여러 것들이 찾아왔었습니다. 신문, 방송, 인터넷…… 심지어는 당신 같은 사람까지 찾아오잖아요? 뭐, 평전을 쓰신다고 했었나? (58~59쪽)

여러 초점자를 통해 고지되는 '유사풀 일대기'에 관련된 이야기는 여러모로 미심쩍은 요소를 안고 있다. '40여 년 전의 일'을 기억에 기대어 얘기하는 이들의 말을 온전히 믿을 수 있는지 의구심이 드는 것이다. 심지어 위에서처럼 화자 스스로 자기 얘기의 신빙성을 뒤엎는 말을 하는 경우조차 있다. 기억 자체를 믿을 수 없는 터라 대답의 내용에 신빙성이 있을 리는 만무하다. 어디까지가 사실이고 어디서부터 허구적 조작인지 발화자 스스로도 가늠할 수 없는 형국이 조성되었으니, 서사의 내용을 믿기 힘든 지경이다. 위에서처럼 급기야 사실과 허구가 착종되었을 법한 국면으로 치달았을지도 모른다. 해석상 단층(斷層)이 크게 형성된 형국이며 이로써 소통의 역학에서 빚어지는 공간 형식의 단면이 드러나는 것이다.

게다가 각 화자의 '유사풀'에 대한 태도도 문제이다. 실제로 위 대목의 초점자인 '박호현'은 '유사풀'과 자기 누나의 관계에 대한 부정적 이미지 탓에 그를 '개잡놈'이라고 할 정도로 적개심이 강한 터였다. 그런데 위에서 스스로 말한 것처럼, 긍정적인 평가를 조작하여 전하고 있다. 다른 이들의 증언에서 '유사풀'에 대한 평가가 갈리는 것처럼 보이지만 양상이 크게 달라 보이지 않는 것은, 적어도 자기 처지와 얽히고설킨 유사풀과의 관계를 인터뷰 상황에 맞추고 조작하여 이야기한 혐의가 적지 않다. 이미 '유사풀'은 '낙서문학'의 창시자로서 문학사는 물론이고 문화 전반에 걸쳐 큰 영향력을 끼친 이로서 '추앙'되고 있는 상황이니, 그에 대한 반감을 고스란히 드러내지는 않았을 법하다. 게다가 서술자 격인 '평전 작가'의 서술을 통해 '여과된 이야기'가 제시된 정황으로 미루어 '유사풀 일대기'라는 서사의 신빙성에 의구심을 품지 않을 수 없는 것이다.

서술 대리자인 평전 작가의 입장을 염두에 두고 볼 때, 사실과 허구가 단적으로 중첩되었을 가능성은 더욱 커진다. 앞서 시사한 바이지만, 요약적 진술과 인물 발화의 경계가 모호한 것도 그 가능성을 드높인다. 초점자의 온전한 지각인지, 아니면 서술자의 의식이나 태도를 통해 여과된 결과가 위와 같이 드러난 것인지 문제삼고 보면, 서술의 신빙성에 대한 의구심은 더욱 증폭된다. 이를테면 '신문, 방송, 인터넷'은 물론이고 '평전'처럼 사실의 보고가 주축을 이룰 매체나 장르일지라도 허구를 사실로 조작할 수 있는 가능성은 다분하니 사실과 허구의 역학에 관한 기묘한 아이러니가 조성되는 셈이다. 사실과 허구의 경계가 단적으로 해체된 데 서사 공간이 구성된 형국이다. 형식상 결말 대목인 다음이 주목을 끄는 것은 이런 이유에서이다.

> 난 당신이 그이의 평전을 쓸 때, 사기 치지 말았으면 좋겠어요. 있는 그대로 써주세요. 있는 그대로! 미화하지 말란 말예요. 이제까지 수많은 사람들이 그이에 대해 썼어요. 영화로도 만들어졌지요. 하지만 내가 보기엔 어느 것도 진실에 가깝지가 않았어요. 내가 아무리 자세히 말해주어도, 항상 다르게 표현되어 있더라구요. (100쪽)

이 얘기를 듣고 보면 과연 '유사풀'에 관한 기술 대다수의 '진실'성이 의심스러우며, 이 소설 자체가 그런 부류 가운데 하나일 수 있음을 넌지시 암시받게 된다. 아니면 이 대목을 굳이 끝부분에 둠으로써, 이는 '유사풀'의 일대기를 '미화'나 거짓 없이 '있는 그대로' '진실에 가깝'게 쓴 결과라고 강조하려는 서술 대리자의 서술 태도가 드러났다고 할 수도 있다. 더욱이 따지고 보면, 이 대목조차도 '유사풀의 유일한 혈육 유하늘을 낳은 홍예지'를 초점화하여 서술한 결과이다. 따라서 저간에 나온 '유사풀' 관련 기록이나 영화가 진실에 가깝지 않다는 것은 '홍예지의 판단'으로 한정된다. "유사풀이라는 남자와 잠깐 살았을 뿐"인 그로서 '유사풀'에 관한 정보에 정통할 것이라고 예상하기는 힘들기에 더욱, 저러한 얘기는 '홍예지'를 초점화한 담화 내에서만 타당성이 유지될 뿐이다. 그도 '사실'이 아닌 '진실'에 대한 판단이니, 사실과 허구 사이의 지시 관계를 명징하게 일컬은 것이 아니다. 결말에 이르고서도 사실과 허구의 경계를 확정할 만한 표지를 얻을 수 없는 셈이니, 서사 공간은 불확정적인 구도이다.

이런 정황에서 내포작가 층위의 대리자가 이 서술에 개입하고 있을 혐의를 두어봄직하다. 초점자의 지각 범위를 벗어난 이야기인 만큼 허구적 조작의 가능성이 크다면, 이는 내포작가가 해당 인물의 의식을 통어하고 있다고 하는 편이 더 타당할 것이다. 가까운 미래를 배경으로 펼쳐지는 이야기의 설정상 '허구' 요소가 개입될 수밖에 없기에 그 타당성이 배가된다. 사뭇 과장되었거나 심지어 허황하게 보이는 '이야기'가 명징한 징표를 드러낸다.

> 2015년에 2009년의 한반도 통일보다 더 획기적인 일이 있었죠. 문서번역시스템이 완벽해진 거였죠. 언어권역 문학이, 국가 개별적 문학이, 문서번역시스템 아래 하나의 문학으로 통합된, 유사 이래 최대 사건이 발생한 거죠. 유사풀 선생의 낙서문학은 전 세계적으로 알려지게 되었고, 전 세계적인 것이 되었고, 나는 한반도를 넘어 세계적인 평론가가 되었지요. (95쪽: '평론가 김성연이 가로되' 절)

약 10년 내에 완벽한 '문서번역시스템'이 개발될 가능성이 없지는 않다. 그렇지만 '완벽'의 정도는 가늠할 수 없는 지표이다. 기계적 번역을 넘어서 '문학적 표현'까지 온전하게 번역할 수 있을 개연성은 그만큼 선명하지 않기 때문이다. 설사 그런 시스템이 갖추어진다고 하더라도 '하나의 문학으로 통합된' 사건이 벌어질 가능성은 매우 희박하다. 그런 일이 있다면 '유사 이래 최대 사건'이겠지만 그 표현의 어감처럼 이는 맹랑한 꿈에 불과하다. 물론 '유사풀 선생의 낙서문학'이 세계적 수준으로 나아간다는 설정은, 허구적 서사 세계 내에서라도 구체적인 정황이 뒷받침되지 않았다. 초점자의 발화이니 서술상황에 비추어보면 믿을 수밖에 없으며, 소설 속에서는 자명하게 벌어진 일일 수 있지만, 독자의 입장에서는 허구 텍스트의 신빙성 여하를 판단하여 이해하게 마련이며, 다른 대목들에 비해 허구성이 강하다고 반응할 공산이 크다.

이 소설 자체를 '낙서문학'일지 모른다고 간주하던 잠정적 생각을 이즈음에서 확정할 만하다. 그 가치 평가의 수위와는 별개로, 내포작가의 태도에 관여된 주제 의식을, '세계적인 평론가'를 초점화하여 서술한 이 절에 와서 비로소 분명히 확인할 수 있는 것이다. 이는 메타 층위의 담화 양상과 관련된 다음과 같은 대목을 통해 구체적으로 드러난다.

> '시는 시화호처럼 썩었고, 소설은 폭격 맞은 산처럼 황폐해졌고, 수필은 문학이기를 포기했고, 희곡은 연극의 노예가 되었고, 평론은 출판사의 애인이 되었습니다.' 그래요, 이건 유사풀 선생의 표현이었지요. 잘 아시는구만.
>
> 20세기를 주름잡았던 그것들은 21세기에는 없어져야 할 것들이었죠. 21세기에는 21세기에 맞는 문학이 필요했던 겁니다. 나는 21세기 문학의 출발점을 유사풀 선생의 글에서 본 거예요. 20세기 말엽의 서적고에서 「유사풀 낙서집」을 천운으로 구했습니다. 정말이지, 그건 천운이었습니다. 나는 천 번을 읽고 천 번을 펑펑 울었지요. 사풀 선생은 책만 남긴 게 아니라, '낙서'라는 개념까지 남겨주었습니다. 20세기 5대 장르의 성과와 한계를 이어받고 극복하여, 21세기 문학은 낙서문학이 되어야 한다는 것을 말이에요. (94쪽)

정통 문학의 현실에 대한 '유사풀'의 언술이 초점자의 언술에 중개되어 전해지는데, 작은따옴표를 통해 인용된 점이 여느 대목에서와 차이가 있다. 이는 표면상, 초점자인 '평론가 김성연'이 평소 '유사풀 선생의 표현'을 그대로 자기 생각으로 품고 있었음을 보이는 기호적 표지로 보인다. 물론 '유사풀'의 저술 가운데 그러한 표현이 직접 있는지 여부는 실로 확인할 길이 없다. 다만 정황상 초점자와 서술자 사이에 승인된 정보에 비추어 개연성이 부여된 터이다. 그러나 이는 어디까지나 '서사적 사실'일 뿐이며, 심지어 서사 내에서조차도 사실이 아닐 공산도 있는 만큼, 이 소설을 통해 구성된 서사 공간은 사실의 경계를 넘어선 사이버 공간의 버추얼 리얼리티를 구성하는 차원들로 구현되었다고 할 수 있다.

실상을 따지고 들자면, 이러한 인터뷰 상황 자체가 가상의 것인지도 모를 일이다. 가령, 표층에서 서술 층위의 대리자 역할을 하는 '평전 작가'가 초점자라면 어떠할까. 그가 인터뷰 상황을 가정하고서 각 인물들을 내세워 가상의 인터뷰 내용을 재구성하는 듯 꾸며서 '유사풀 평전 자료'의 개연성을 드높였을 가능성을 배제할 수 없는 것이다. 그리고 '평전 작가'는 요컨대 내포작가의 대리자에 상응하는 위상에 있다는 점을 고려함직하다. 그렇다면 이 대목의 서술에서는 내포작가의 통어력이 강하게 작용함으로써 '낙서문학사'의 창시자인 '유사풀'의 위상을 드높이고 '낙서문학'의 의의를 극화하려는 이념적 태도를 명징하게 기술하였을 정황이 포착된다.

'낙서문학사 창시자편'이라는 제목에 대한 메타 층위의 서사로 보아도 좋을 만큼, 초점화 양상이나 서술상황을 역동적으로 조율하는 내포작가 층위에서 서사 전반을 조율하는 대리자에 상응하는 격(格)을 추론할 수 있다.[80] 기성의 문학적 관습을 대체할 새로운 장르의 출현을 모색하는 '낙서문학'에 관한 강렬한 주지가 그 격을 통해 드러나는 것이다. 이에 역동적으로 구성된 서술상황이 작용하고 있는데, 이 소설을 온전한 양태로 대상화하여 읽기 위해 그러한 역학을 이해해야 하는 것은 물론이다. 요컨대 공간 형식을 전제로 읽어야 하는 것이다. 공간 형식의 승화를 통해 소설 양식이 이행되는 거점을 가늠할 단서와 진지한 모색의 결실을 이 소설을 통해 전망할 수 있을 것이다.

이처럼 「낙서문학사 창시자편」은 여러모로 역동적으로 작용하는 서술상황에 대한 관심과 함께 공간 형식에 대한 관심을 불러일으킨다. 요컨대, 명시적으로 보이는 화행 표지가 실상은 초점화 양상의 난맥을 조성함으로써 서술상황의 불확정성을 유발하는 요인으로 작용하는데, 이로써 해석의 단층이 조성되어 서사 공간 형식이 구성되는 것이다.[81] 또한 서술자와 인물의 관계를 여일하게 전제하지 않을 뿐만 아니라, 그 역학이 얽히고설킨 관계망 속에서 빚어져 결국 서사의 신빙성이 난상을 이룸으로써 소통 회로의 단층(斷層)이 조장되는데, 이 또한 서사 공간 형식의 중요한 국면이다.

'낙서문학'이라는 메타 표제를 통해, 이야기의 역동성에 관한 새로운 담화를 구성한 이 소설의 가능성이 공간 형식에 기반한 디지털 서사의 공간 자질을 명징하게 보일 지평에 맞닿아 있다고 할 것이다. 나아가, 사실과 허구의 경계가 해체된 국면에서 '날조된 이야기'를 펼치되 현실적 지시 관계와 무연한 인물과 문화적 장을 창출하는 데 이른다. 가상의 서사 공간을 창출하여 기표와 기의 양면을 아우르는 차원들로 구성된 서사 공간의 형상과 역학 양 층위가 조율된 서사적 결정(結晶)이 산출되었다고 할 만하여, 그 자체로서 소설의 장르적 이행에 관여된 공간 표상을 방증한다. 이런 양상은 종내 담화의 다성성이나 서사의 디지털 속성 등 여타의 이론적 단서와 연결되기에, 그 지평이 제법 열려있는 편이다. 작가의 다른 소설에서도 '낙서 문학'이라는 서사의 공간 표상을 실로 명증하는 사례가 더 엿보이기 때문에 미더움이 더하다.

예컨대 「농민 현중삼의 진면목」은 서술상황과 담화 구성의 방식에서 드러나는 공간 형식을 보이는 그 '낙서 양식'의 한 정점을 이룬다. 그 요체는 겉보기에 인터뷰 형식을 취하여 쓴 이야기 방식에서 빚어진다. 물론 「낙서문학사 창시자편」의 전제대로 하자면, '낙서 문학'이라는 것이 실은 실체가 없어야 옳지만, 그 이야기 방식이 본색인 양 굳어진 면이 없는 까닭에 형(型)으로 환원될 것은 아니라고 판정된다. 요컨대 그리스 비극을 두고 아리스토텔레스가 추출한 뮈토스(플롯)만이 오롯한 이야기 방식은 아니라는 점을 재삼 의식하게 되며, 이야기란 주고받으며 나누는 것이라는 본색을 지면에 구현하려는 모색의 결실을 긍정할 만하다.

그래서인지 이 소설은 이야기의 제재에서 돋보이는 실감보다는 이야기가 빚어져 소통되는 정황의 실감이 돋보인다. 게다가 이야기가 진행되는 과정에서 이야기 대상의 전모가 드러나고, 맹랑해 보이던 이야기는 어느덧 사실처럼 느껴지기 시작한다. 이야기 자체에서 실감이 빚어지는 것이 아니라, 이야기를 통해 지어진 허구이던 것이 '이야기 과정에서' 실로 있던 일처럼 전이되는 기묘한 상황이 연출된다. 아무리 허무맹랑한 이야기라도 이야기를 하는 상황에서만큼은 그 이야깃거리를 사실인 양 꾸며대야 하는 법인데, 이야기하는 이의 능수와 능란함이 좋은 이야기의 관건이라는 상식에 비추어보아도, 그러한 이야기 방식에서 파생된 실감에 수긍할 만하다. 종종 다 아는 이야기인데도 재미나게 이야기하는 이가 있는가 하면, 흥미진진한 이야기를 심상한 이야기로 전락시키는 이도 있다는 사실을 염두에 두어도 좋을 것이다. 입담 좋은 이야기꾼이 진행하는 듯한 저 이야기는, 이를테면 허구를 실로 전도시키는 '담화의 허구'(fictions of discourse)를 구현하는 원리를 명변하는 사례로서 손색없다.

가령 이 소설의 서술자는 작중에서 인터뷰를 진행하는 '기자'로 분하여 작중 상황에 관여한다. 그만큼 사실을 채록하여 서술하는 양 전제되는데, 독자로 하여금 허구적 이야기를 읽고 있다는 상황을 의식하지 못하게끔 하는 책략이 돋보인다. 인터뷰 진행자가 기자라는 점도 겉으로 직접 고지되지 않고, 인터뷰에 응하는 역으로 등장하는 인물들의 담화 도중에 넌지시 알려지는 식이니, 처음 허구로만 생각하였던 독자라도 은연중 실감을 전제로 이야기에 몰입하게 될 가능성이 다분하다. 물론 그런 실감조차도 조작된 허구의 소산이다. 종내, 사실을 이야기하거나 기록하려 한들 액면대로 기술하기 어렵다는 점이나, 허구일수록 사실인 양 꾸며 지어낸 티를 내지 않으려 한다는 점을 의식하자면, 사실이나 허구 어느 쪽이든 순도 백 퍼센트로 기술할 수 없다는 사실을 재삼 떠올리게 된다. 담론이 진행되는 상황에서 사실과 허구의 역학이 어떤 양상인지를 묻는 식만이 타당하다는 점도 의식함직하다. '오십 미터 뒤에서 출발한 아킬레스가 앞에서 출발한 거북이를 이길 수 없다'는 얘기가 사실 관계를 따져보면 허풍일 뿐이지만, 이를 증명하는 제논(Zeno)의 담론[82]을 따라가노라면 그럴싸해지는 것처럼, 이 소설의 담론 양상을 따르노라면 적어도 사실과 허구의 경계를 나누어 위계를 둘 수 없음이 분명해진다. 한 줄기 스토리 라인으로 환원할 수 없는 이 소설의 이야기 양상이 공간 형식을 띠는 것은 이와 연관된다.

이야기의 주인공 격인 '현중삼'의 '진면목'이 하나의 항으로 수렴되거나 완성된 형태로 드러나지 않는 것도 이야기의 줄기를 추스를 수 없게 하는 요인이다. 인터뷰에 응한 인물들의 발화 양상이 온전히 구현되어 담화의 실감이 더해지는데, 각 인물들이 '현중삼'과의 이해관계에 따라 취하는 태도와 입장에 따라 나올 법한 얘기들이 '인터뷰'답게 고스란히 전해진다. 가령 '과수업자 김수훈'이 하는 얘기와 '그의 아내 뚜엔'의 진술이 서로 엇갈리는 양상을 통해, '현중삼'의 욕망과 인간됨에 관해서 한마디로 단언하기 어려운 정황이 드러난다. 누구라도 절대 좋고 절대 나쁜 사람은 없는, 모두가 상대적인 평가로 엇갈릴 수 있는 삶의 본색을 이야기하려는 듯하여, 둘로 나뉘어 대립의 예각이 선명한 일이 없듯이 사실과 허구의 역학도 그러하다는 생각을 알레고리로 드러내고 있다고 해도 좋다. 인간사에 관여된 일치고 순연히 객관적인 현상이 있을지 고심하게 하면서, 거개는 사람이 자기 뜻대로 구획하여 경계 짓고 판단하여 평가하면서 이해(利害)를 따져 이해(理解)할 뿐이라는 생각이 깊이 배어 있는 이야기라고 해도 좋을 것이다. 경계의 구획에 관여된 장소의 이데올로기를 해체하려는 심산에서 이야기를 지어 구성했다고 하면 과한 해석일까.

누군가의 '진면목'이란, 이 사람 저 사람의 얘기를 다 들어보고서야 드러날 텐데, 이 소설 「농민 현중삼의 진면목」은 한 사람의 진면목을 이야기하는 정황을 내세워, 오롯이 객관적이고 사실적인 자료만으로 진실을 다 쓸 수 없다는 점, 그래서 소설과 같은 이야기 양식이 의미심장한 역할을 한다는 점, 그리고 이때 이야깃거리가 관건이 아니라 이야기의 담론 양상이 관건이라는 점을 알린다. 이야기의 주인공 격인 '현중삼'을 직접 등장시키지 않고 관련 인물들의 진술을 재구성하는 식으로 이야기를 전개하여 주인공의 형상을 그리는 절묘한 서술 방식을 통해서 말이다. 사실 어떤 사람을 직접 겪어보고서 그이를 이해하는 경우보다, 주변 사람들의 진술이나 풍문에 기대어 한 사람을 이해하는 경우가 더 많다는 데 착안하고 보면, 그 서술 방식이 새롭거나 생경한 실험 차원이 아니며, 도리어 가장 익숙한 이야기 방식에 근사한 것으로 수긍된다. 그럴수록 이야기를 다 듣고서(읽고서)야 대상의 면모를 파악할 수 있는 까닭에 그 이야기의 방식은, 시간적 순차에 의해 사건이 진술되는 식이 아니라, 전체를 조망함으로써만 전모를 파악할 수 있도록 기술되는 식으로, 요컨대 공간 형식에 부합한 결과를 내는 것이다.

이처럼 김종광의 소설은 서사 담론에 관여된 여러 기제들을 조율하여 특유의 묘를 자아내는 탁월한 성취를 보인다. 노골적으로 드러내지는 않지만 이를테면 메타-픽션의 자질을 내비치기도 한다. 물론 소설 자체의 자질이나 소설 쓰기에 대한 자의식적 성찰 등을 골자로 하는 메타-픽션은 공간 형식을 활발히 채용하는데, 이를 최근 한국 소설을 이해하는 지표로 삼을 수 있다. 그로써 가상적 실재를 창출하는 서사 공간의 중요한 전략이 적중되는 면면을 살필 수 있는 거점을 확보할 수 있는 것이다. 채희윤의 『소설 쓰는 여자』(현대문학사, 2008)를 읽고서 그 생각을 더욱 굳히게 된다.

이 소설은 소설 작법에 대한 강의를 인용하듯 기술하고 이야기 내용도

거개가 소설의 본질에 대한 답을 얻으려는 듯 펼쳐지고 있어, 양식 면에서 독특한 가운데서도 으뜸이다. 소설의 본질에 대해 궁리한 결과를 고스란히, 그리고 거침없이, 그러나 매우 근사하게 설파한 결실처럼 보이는데, 소설의 기제에 관한 메타-픽션 성격에서 빚어진 공간 형식을 명증하는 자질을 통해 요즘 소설을 조망할 수 있는 훌륭한 단서를 제시한다.

삶을 관조하고 성찰하는 계기라는 소설의 본색에 대한 이해가 이 소설의 바탕이다. 그러한 이해를 거울삼아 '소설 쓰기'를 집요하게 추구하고 극한까지 창작 욕망을 밀어붙이는 인물을 통해, 이야기가 이를 수 있는 데와 넘어설 수 없는 한계 등에 대해, 때로는 진지하게 때로는 냉소적으로 묻고 답한다. 그러니 소설에 대한 자의식이 표현된 메타-픽션의 형식을 취한 것이다. 근자에 자못 '자동화된 양식'으로 느껴질 정도로 낯익은 스타일로 치부될 우려를 덜 수 있는 것은, 소설 강의를 인용한 듯 꾸민 삽화(揷話)와 이를 구심으로 중첩되고 층이 여러 겹 쌓여 빚어진 이야기 양상이 단순히 형식 실험에 머무르지 않도록 돕는 기제의 역학작용 덕분이다. 소설 쓰기에 대해 이야기하는 '메타-픽션에 대해' 이야기한다고나 할까, 이름붙일 수 있다면 '메타-메타픽션'이라고 해도 좋을 양식을 통해, 공간 형식의 겹이 여러 층을 이루고 있다. 소설 기법에 대한 강의가 도드라져 보이고, 이를 의식하면서 소설을 습작하는 과정에서 일을 벌이는 주인공이자 서술자가 들려주는 이야기의 구성이 낯설게 느껴질 수 있으며, 서술자와 인물의 역할이 중첩되거나 때로 전도되는 전개 양상 탓에 독해의 부담이 가중되는 만큼, 소설 쓰기가 일련의 단순한 작업이 아니라는 심산이 구상을 얻은 것일지도 모른다. 독자에게 이관된 해석의 여지가 큰 만큼, 공간 형식을 논급할 때 중요한 사례로 거론할 수 있으며, 관련 논항을 심화할 과제를 시사하는 텍스트라고 해도 좋은 것이다.

서술상황의 역동성 또한 두드러져, 원근법이 적용된 그림과도 같이 일관된 시점에서 서술된 이야기가 아니라, 이야기를 전개하는 과정에서 역할을 담당하는 서술자와 인물의 발화 역학이 돋보이는가 하면 때로 혼란스러울 수도 있다. 서술자로 따지자면 주인공 격인 '나'만의 진술로 이야기가 진행되었다고 해도 될 만큼 그 실체적 국면이 분명히 드러나지만, 일방적인 목소리 톤으로만 진행되지는 않는다. 특히 인용하듯 기술한 소설 강의 대목이 도드라져 보이는 등, 시점의 역학 기제가 강하게 작동하여 이야기가 서술된 형국이다. 이와 관련하여서 빚어지는 공간 형식 또한 의미심장한 결실임은 물론이다.

기실 소설 창작에 대해 강의하는 강사로 분한 이의 정체는 누구인지, 이야기 내에서조차도 실체(identity)가 있는 인물인지 의심스러워 시점의 혼란이 더욱 가중된 지경이다. 등장인물로서의 위상이라고 하기에는 그 강의 내용이 제법 체계적인 생각을 담고 있어 단순히 인용한 이야기 대목 정도나 주된 이야기 줄기를 보조하는 정도에 머무르지 않으며, 짧은 인용문처럼 쓰이면서도 실상 소설의 전면에 매우 인상적으로 부각된다. 그렇다면, 그는 서술자 층위의 대리자와 역할이 겹치거나 이와 동등한 층위의 서사적 기능을 하는 대리자로서 전제된다고 하는 편이 타당하다. 인용된 대목이 본디 하고자 하는 얘기이고, 소설 본문이 그 얘기를 예증하는 사례처럼 보이기도 한다.

과연 '소설 쓰는 여자'가 제 소설을 쓰면서 떠올리는 상념으로 볼 수 있으니, 이는 대체로 작가(내포-)의 의식이 강하게 작용하여 빚어진 관념 차원의 것일 수 있다. 주와 객, 본 이야기와 인용 대목의 경계가, 글로써 보여진 것처럼 명징하지 않다고 해석할 여지가 의외로 크다. 말하자면 이 소설의 화제가 소설을 습작하기 위해 갖은(다소 비정상적인) 경험을 하는 '여자'에 관한 것인지, 그 습작생을 표본삼아 '소설쓰기'의 본질을 진단하고 이에 발맞춘 소설 창작법을 강론하는 일에 관한 것인지 모호할 수 있는 것이다. 소설이란 무엇인가, 하는 물음에 답을 얻으려는 집요하면서도 진지한 열망과 이에 대해 모색한 결과를 이야기의 형과 태로 변주한 이 소설은 그만큼 인상적인 성취이다. 욕망의 저변에서 승화된 소설의 동력을 다각으로 활용하고 다면에 걸쳐 이야기한 것 자체로서 소설의 본색을 드러낸다. 소설 작법에 대한 단상과 삶의 통찰(현실의 문제와 역사적 상흔을 포함)은 물론 이데올로기에 대한 날선 비판 등이 어우러져 절묘한 이야기를 빚은 것도 그러하다. 무엇보다 메타-메타픽션이라 할 만한 서술의 중층을 잘 활용하여 특유의 구성을 빚은 것이 주효하였을 것이다. 이런 맥락에서라면, 서술상황이나 구성의 역동적 활용에서 빚어지는 소통의 역학이 활발히 작동하며, 이로써 서사는 시간 순차나 인과에 의하지 않은 공간 형식을 극명하게 드러내며 차원 다른 층으로 비약한다고 해도 좋을 것이다.

이처럼 서술 층위의 기제를 역동적으로 활용하여 해석의 여지를 드넓힘으로써 드러나는 공간 형식에 주목하고 보면, 최근 소설의 다양한 가능성을 읽을 수 있는 지평이 넓혀진다. 이는 소위 디지털 세대 젊은 작가의 소설에서만 드러나는 현상은 아니다. 위에 언급한 채희윤의 경우도 그러하지만, 가령 구효서의 「TV, 겹쳐」를 보면, 공간 형식이라는 지표가 치기어린 생경한 실험적 시도를 과대평가하는 데 쓰이는 것이 아님을 알 수 있다.[83]

이 소설은 사고로 기억상실증에 걸린 채, 지능이 열두 살에 머물고 만 인물을 통해 빚어낸 흥미로운 이야기를 전한다. 그 인물의 지각 수준과 발화 수준에 걸맞은 화자가 펼치는 서술 양상이 절묘하다는 점이 특히 돋보인다. 전지적이지 못한 서술자에 해당하는 인물-서술자의 일반적인 지각과 발화 수준에도 미치지 못하는 이의 지각과 발화로써 조율된 이야기의 양상이 사뭇 역동적인 서술상황에서 빚어지는 것이다. 단순히 한 가족이 겪은 슬픔을 이야기한 듯하면서도, 1970년대 이후 펼쳐진 우리 삶의 일반적인 풍광이랄까, 소위 근대화와 산업화의 그늘을 갈파한 이야기가 아련한 추억을 떠올리게 하는 것도 사실이다. 다만 그것이 직설적인 어조로 이야기되지 않은 까닭에 범상치 않은 작품으로 거듭날 수 있었을 터이다.

일견 그러한 설정과 담화 양상이 작위적이며 너무 가볍다 못해 유치하다고 생각할 여지가 없지 않으며, 코믹한 감각과 비애감이 뒤섞인 이야기를 두고 재미있다거나 감동적이라고 할 수 있을지도 가늠하기 곤란하다는 반응이 있을 수 있다. 이야기 제재도 누구든 겪었을 법한 낯익은 것으로 비쳐질 여지가 다분하다. 그렇지만, 같은 이야기라고 해서 다 같은 이야기가 아니라는 서사론의 기본 전제에 비추어보면, 오히려 낯익은 이야기인 터라 그만큼 공감대가 크게 형성될 법하고, 제법 무게감 있는 이야깃거리를 풀어가는 솜씨가 범상치 않다는 데 주목할 필요가 있다. 요컨대 인물의 지적 정도와 언어 수준에 한정하여 서술하는 이야기 방식을 통해 범상치 않은 이야기를 전할 수 있었던 면이 돋보인다고 할 수 있다. 특히 담화의 상황을 간추려 표현한 양상을 띠는 대목들이 주목을 끄는데, 이야기의 속도감과 역동감이 절묘하게 배어난다. 가령,

> 뒷집 남자는 금괴를 옮기듯 쩔쩔맸다. 테레비를 다 옮기고 나서 말했다. 예, 예, 얼마든지 보셔도 됩니다요. 안테나까지 뽑아올 순 없었다. 테레비 화면은 흔들리고 겹쳤다.

라고 한 대목처럼, 재치 있게 기술한 담화 양상이 이 소설의 주요 자질로서 구실을 이룬다. 기억을 잃고 지적 수준이 아이 수준에 머문 이의 발화 양상이, 저렇듯 의식의 편린을 드러내어 단속이 빈발할 뿐만 아니라 생각

의 깊이나 지난함의 척도인 문장이 저리 짧은 정도일 것이라고 생각하면, 그 서사의 담론적 국면이 저 정도 수준에 머무를 공산이 큰 것이다. 이야깃거리 자체도 흥미롭지만 이야기 방식 면에서 흥미로움이 배가되는데, 여기에서도 여지없이 공간 형식이 근간을 이룬 것이다.

어찌 보면 우리의 근대화 과정이란 그 자체로서 '기억상실'에 준한 것일지 모른다는 심산이 저러한 서사적 설정을 이끌었을 법하다. 게다가 '테레비'로 대표되는 미디어만 하더라도, 우리 스스로의 존재성을 잊게 하는 매체일 수 있음을 고려해도 좋은데, 매스-미디어가 우리의 지각과 인식 수준을 딱 소년기에 고착시키는지 모른다는 심산까지 더해졌을 것이다. 사정이 이러하다면 미성숙한 인물의 생각과 느낌을 거쳐 표현된 것처럼 이야기를 전개한 방식이 제법 그럴싸한 효과를 얻었다고 할 수 있다. 성숙한 의식의 여과를 거쳐 인과적인 구조에 걸맞은 이야기의 형이 빚어지는 서사의 일반형과 다른 공간 형식이 쓰인 것이 이 맥락과도 연결되는 만큼, 논의의 지평이 확장될 여지가 조성된다.

'기억상실'은 곧 서사적 인과성과 시간성이 와해된 지경을 표상한다. 의식이 일정한 방향으로 진행되지 못한 채 특정 연령대에 고착된 것 또한 그러한 표상에 겹친다. 이로써 사건의 시간(곧 스토리 시간)은 흐르지만 담화의 시간은 정지된 상태로 전제되어 서사적 시간의 층위에 균열이 생긴다. 「TV, 겹쳐」에서 다루는 이야깃거리가 산업화 도정에 역사의 뒤안길에 내몰린 이들의 서글픈 사연을 각색한 것이라면, 이를 통해 도처에서 시사된 그 시대 소외된 사람들이 겪은 삶의 애환을 응축한 표상이 창출되었다고 할 수 있다. 그 표상이 물정 모르는 아이의 지각 편린들에 투사되어 서술된 까닭에, 그만한 의식에 걸맞은 담화 양식이 인과적이고 선형적인 서사 구조의 해체를 가져온 것이다. 역사라는 거대한 시간 서사를 단편으로 응축하는 것만으로도 이미 공간 형식의 면모가 드러난 터이다.

'테레비'를 구심으로 쓰는 가족사가 일종의 코믹 문화사 같은 것으로 승화된 양상이라고 할까, 한국 현대사에서 중요한 표지로 간주되는 소위 '근대화'(실은 산업화와 도시화)의 이면을 비틀어 우스갯거리로 만들거나 그런 공식 역사에 냉소를 보내는 이 소설의 한 자질이 '비공식 역사'의 자질에 근사하게 사상(寫像)되었다고 할 수 있다. 오롯한 실체처럼 군림한 역사를 조롱하는 전략이 작동함으로써, 공식 문화의 질서를 전복하려는 민중 축제의 장과 같은 대항 공간이 구성된 셈이다. 관건은 웃음으로써 거대한 역사 이데올로기의 권위가 '땅에 떨어진다'는 점이다.[84] 예컨대 '아버지 웃음' 에피소드는 무릎을 치게 한다.

아버지는 생전 안 하는 게 있었다. 뛰는 것과 웃는 것. 뛰지 않는 건, 모든 아버지들이 그랬다. 웃지 않은 건, 아버지만 그랬다. 평생 근엄했다. 돈 한 푼 못 버는 주제에. 아버지처럼 사느니 죽는 게 낫다고 생각했다. 콩나물국에 밥을 말아 먹는데 뉴스가 나왔다. 조직폭력배를 검거했다고 했다. 폭력배의 조직 이름이 콩나물파라고 했다. 아버지가 지포라이터 켜는 것 같은 소리를 냈다. 칙. 난생처음 보는 아버지 웃음이었다. 아버지가 제일 놀랐다. 입술이 치켜 올라가고 틀니한 귀퉁이가 드러났다. 수습하려고 했지만 다시 칙. 아버지는 필사적으로 웃음을 참았다. 그러나 몇 개의 밥알이 방바닥으로 튄 뒤였다. 따라 웃었다간 집이 통째로 날아갈 것 같았다. 무서웠다. 죽을힘을 다해 참는 식구들 얼굴이 시체처럼 변했다. 그 뒤로 아버지는 테레비를 등지고 밥 먹었다.

당시라면 일반적이었을 가부장의 권위를 촌철살인 풍자한 이야깃거리가 '테레비'라는 '문화생활'의 표지와 '겹쳐' 있다는 점에서 웃음의 통쾌함이 배가된다. 가부장의 권위가, 산업화에 편승한 매체의 힘과 함께 우스갯거리로 전락하고 있는 셈이다. 물론 그 위압이 그렇게 쉽게 사그라지지는 않겠지만, 요컨대 문화사를 장악한 거대 권력의 두 표상을 한데 묶어 냉소 대상으로 삼은 것은 절묘한 설정이다. '누나'에 대한 연민을 떠올려 이야기하려다가 보니 아버지에 관한 이야기를 언급하지 않을 수 없었을 텐데, 남성성이 극단적으로 추앙되었을 군사 정권의 그늘에 대한 우화처럼 읽어도 좋을 만큼, 이 대목은 지대하고 심장한 의식을 '응축한 태'이다. 수석 합격을 하고서도 아버지의 터무니없는 편견과 고집에 눌려 중학교에 가지 못하였으나, "테레비 덕"에 세상을 알고 사회의식을 다진 누이의 신산한 삶은 그 자체로서, 1970년대를 넘어온 이들의 삶의 초상에 비견될 만한 표상일 것이다. 그런 삶을 살아온 누이의 죽음에 대한 슬픔과 "겹친" 「TV, 겹쳐」는 개인적 경험에 국한되지 않고 그 형상이 사실 너머의 실재성(reality)을 전하여 시대적 공감대를 형성하는 힘을 발휘하고 있다. 그 시대에 유소년기를 체험하고 성장하였던 이들의 기억을 되살리는 문화적 표지들, 예컨대 "어깨동무, 선데이서울, 월튼네 사람들, 국제펜팔가이드북, 영어완전정복, 고우영 수호지……" 등을 이야기하여 기묘한 향수를 자아내는 데서 나아가, '공순이 누나'의 삶으로 표상된 시대적 모순을 이야기함으로써, 개발과 독재로 점철된 우리 현대사의 그늘을 들추는 표지로서 손색없을 것들을 한데 모아 응축한 형상을 지은 것이다. 외국인 노동자들의 신산한 삶이 그 그늘을 대신하고 있는 오늘날은, 누이가 사라진 현실 속에서도 여전히 '겹치는 테레비 화면'이 우의하고 있다고 해도 좋은데, 난만(爛漫)한 시선과 재기 넘치는 담화에 포착된 세태와 세상사의 신산함이 그리 이야기되고 있는 데 주목하게 된다. 화자를 "지능이 열두살" 수준의 인물로 제한하여 서술의 역동성을 드높인 것이 주효하였을 것이다. 이런 식으로 시대적 흐름을 거스르고 아우르며 시간상 대척된 시기를 조응시켜 펼친 이야기가 곧 공간 형식의 한 모형을 시사한다.

시간변조(anachrony)는 관념 차원의 파불라를 서사로 변환하여 구현하는 데서 가장 중요한 회로이다. 서사적으로 시간을 조작할 수 있는 방법이 없다면 이야기의 시작도 끝도 가늠할 수 없는 악무한에 직면할 수밖에 없다. 실시간 서사(realtime narrative)란 원칙적으로 불가능한 가상일 뿐이니, 도도하고 거창한 시간의 축적과 흐름을 조정하여 특정 서사 시간으로 응축하여 멈추게 함으로써만 이야기가 온전한 태를 얻어 표현되고 이해되는 소통의 회로에 부쳐질 수 있는 법이다. 이때에도 서사의 공간 형식이 빚어진다. 그러한 시간변조의 정도가, 가령 현실 세계를 모사할 요량으로 지어진 소설이라면 실시간에 근사한 양태를 지향하여 덜하겠지만, 거창한 사유를 단편에 응축할 요량을 하거나 거대한 문화사적 징후들을 통해 삶의 지평을 통찰할 요량을 할 때라면 심대해질 것이다. 이런 맥락에서 최제훈의 「마녀의 스테레오타입에 대한 고찰」(『문학과 사회』 2007년 겨울호)은 재기 넘치는 단서이다.

이 소설은 세계사라는 거대 시간을 응축함으로써 역사라는 실체를 해체한 서사 공간 형식을 명증한다. 물론 그 세계사마저도 "휘뚜루마뚜루"라는 수식어에 걸맞게, 정사(正史)를 진중하게 다룬 것이 아니라, 도리어 '마녀의 수난사'라고 할 만한 것을 이야깃거리로 삼고 있어, '세계사'라는 표지를 해체한 양상으로 지어진 것이다. 마녀에 관한 이야기라고는 하지만 '고찰'이라고 하였으니, 소설보다는 논문이나 보고서처럼 보인다. 일견, 어떤 것을 깊이 들여다보고 생각해보는 것이 고찰이니, 꼭 체계적이고 과학적인 방법으로 탐구해야만 하는 것은 아닐 것이라는 요량으로 보면, 요컨대 사상(事象)의 이면을 들추어 이야기하는 소설도 충분히 고찰의 결과물이라고 할 수 있다. '세계사의 이면'을 들춰 재미나게 구성한 것이 곧 '고찰'에 상응한다는 심산이 그럴싸하다.

기실 이 소설은 기발한 착상과 발칙한 상상에 의존하여서만 지어지지 않았다. 마녀에 대한 고정관념이 생기게 된 연원을 추적하기 위해 여러 문헌을 뒤지는 등, 짐짓 '고찰'이라고 할 만한 작업을 통해 얻은 소산이다. 그 결과를 서술하는 방식이 일종의 에세이(흔히 말하는 수필 말고 시론적인 논증문) 형식을 흉내 내어 잡지에 기고하는 식으로 꾸며대기는 했지만, 단지 기발한 발상에만 주목하고 그칠 수는 없다. 사실과 허구, 기록과 해석을 뒤섞은 채 역동적으로 전개한 구성을 통해, 마녀에 대한 편견과 선입견이 형성되기까지 얽히고설킨 세계사의 이면을 들춘 데 특별히 주목해야 한다. 일견, 이 소설은 '허구의 허구'요 '허구를 능가하는 허구'라고 해도 좋을 만큼, 메타-픽션으로서 자질도 갖추고 있어, 공간 형식의 지표를 가늠하는 데 명징한 단서를 제시하는 소설로 꼽을 만한 것이다.

이 소설이, 신화에 대해 제법 방대하면서도 통찰력 있는 해석을 통해 얻은 허구적 결구라는 점도 주목을 요한다. 짐짓 세계사를 허구로써 꿰뚫는 상상력과 식견이 어우러져 서사적 장력(張力)이 발휘되는 식이다. 이야기의 원형이요 상상력의 원천이며 상징의 숲이라는 신화의 액면을 고스란히 이야깃거리로 삼는 데 그치지 않고, 그 숨겨진 뜻을 이해하고 이면을 들추어 현실의 문화 맥락에 관여시킬 수 있을 때라야 신화의 서사적 의미망이 구성된다. 신화를 가리켜 인간의 잠재된 열망과 무의식은 물론 이데올로기가 응집된 상징체라고 한다면, 이를 풀어 헤쳐 이야기함으로써 일상의 문화에서 소통되도록 변주할 필요가 있는 것이다. 그런 면에서 허구적인 캐릭터이면서도 문화적 아이콘으로 변용되어 살아남은 '마녀'를 이야깃거리로 삼은 이 소설의 구성은 유효적절하다. 여러 매체를 통해 마녀가 널리 알려져 있는 것은 물론이고, 일상적 담화나 관념으로도 익히 유통되고 있으니, '마녀'에 얽힌 이야기는 신화이면서도 문화적 담론으로서의 자질을 동시에 안고 있는 것이다. 문제는 그 외연과 함의가 여일하지 않은 점일 텐데, 어쩌면 문화적 트렌드 속에서 본색과는 한참 동떨어진 '마녀 이미지'가 상업화 되었다는 점이 문제라면 문제일 테지만, 이 소설에서 이야기한 내용이 허황한 공상의 부산물은 분명 아니다.

마녀에 대한 관념이 윤색되거나 변질되는 과정을 추적하려는 일종의 '지식 고고학'에 육박하는 글처럼 보이는 이 소설이 그런 면에서 공간 형식을 취한 것은 타당하다. 신화와 역사를 가로지르는 장대한 시간을 응축하여 서사 공간 형식으로 변주할 수 있는 여지를 실연함으로써, 틀에 구애되지 않고 인간의 정신을 자유롭게 할 수 있는 '소설'이라는 매체를 통해 구래(舊來)의 신화를 오늘에 되살릴 수 있는 여지를 명증하고 있는 셈이다. 이 또한 신화적 공간 창생에서부터 이어지는 경계와 이행의 서사 공간 자질이 여실해진 한국 소설의 한 지표로 이해해도 좋을 것이다.[85]

한편, 최제훈의 저 소설에서 인간의 광기에 대한 언명이 주지처럼 도드라져 보여 흥미를 더 자아낸다. 물론 이를 이야기의 궁극적 수렴항으로 본다면 무리이겠지만, 마녀에 관한 관념이나 환상이 실로 있으며, 그에 관한 스테레오타입이 인간의 비뚤어진 욕망에서 비화되었다는 점을 들추고자 하는 의식이 이야기에 배어 있는 것은 분명하다. 광기가 인간 내면에 잠재해 있는 것도 명백한 사실이니, "진짜 마녀, 바로 우리들이다"라고 일컬을 대목이 의미심장한 언설로 받아들여지기도 한다. 이렇듯 전혀 상관없는 듯한 항을 등식 관계에 두는 상념을 이야기함으로써, 요컨대 사상(事象)의 경계를 구획하여 의미를 부여함으로써 각각의 위계를 두어 중심을 상정하는 의식을 해체하려 든 셈이다. 상념의 인과적인 관계를 해체하고 자연스런 의식의 전개에 제동을 거는 아이러니를 통해 의미의 중심이 해체되고 담론의 양상 또한 해체 징후에 부응한다. 이 또한 공간 형식의 창출을 통한 서사 공간의 기획에 수렴된다.

공간 형식이란 관계와 배열의 시간적이고 인과적인 지표를 해체하는 데 그 본색이 있다. 시간변조의 양상이 서사의 해체적 징후와 조우할 때라면, 삶을 장악한 제도와 이성을 중심에 둔 인과적 세계관을 해체하는 서사 전략을 모색하는 태도는 고무적이다. 공간 형식이 겉으로 보기에 파괴적인 듯하지만 짐짓 의미심장한 모색일 수 있는 것은 탈중심의 세계관에서 파생된 해체 전략과 어우러질 때이다. 일정하고 일관된 이념으로 환원될 주제의 중심을 구축한다고 믿어지는 작가의 권위(author-ity)와 절대 위상을 해체함으로써 독자의 해석을 문학 현상의 구심으로 이끌고자 하는 해체 비평의 전략에 공간 형식의 자질이 수렴된다고 해도 좋을 것이다.

이런 맥락에서 이야기의 제재가, 이성과 의식에 윤색된 현실 세계의 이야기만이 아니라, 기억에 묻힌 과거나 직면하지 않은 미래는 물론이거니와 무의식 차원에서 빚어지는 억압적 기제의 실상을 들추는 이야기를 다루는 데까지 확장되는 정황을 온당히 이해할 수 있다. 그런 이야기일수록 서술의 균열 양상이 더해지는 만큼, 이야기의 구성이나 담화 국면에서 인과적인 문장 형식이나 순차적인 시퀀스의 배열 등에 기댄 서사 구조가 해체될 수밖에 없다. 공간 형식이 더욱 명징해지며 독자의 해석 알고리듬이 더욱 복잡해짐으로써 작가의 의도가 여일하게 적중되지 못하는 것은 물론 의미의 중심을 분석할 수 없는 형국이 펼쳐지게 되니 그러하다. 이처럼 서술과 이해의 역학에서 빚어지는 공간 형식이 최근 소설의 난맥상을 대변하는 것이지만, 그 난맥을 추슬러 읽을 비평의 거점을 상대적으로 명변하는 것이기도 하다.[86]

이런 맥락에서 손홍규의 「안락한 침대」(『현대문학』 2008년 3월호)가 범상치 않게 읽힌다. 요컨대 이성과 역사의 해체적 징후들, 중심 해체의 상상력과 서사적 힘이 느껴지면서, 공간 형식과 소통 역학의 명징한 지표를 제시하는 손홍규의 근작들[87]과 궤를 같이한다고 여겨진다.

"침대는 말했다. 그대, 살아 있느냐고. 침대는 입이 없으므로 침대 그 자체로 말한다"라는 모두(冒頭)부터 심상치 않은 소설이다. 침대에 관한 우화 같은 것이 아니며, 침대 그 자체를 주인공 삼은 이야기도 아니기에 이런 식으로 시작된 이야기가 주목을 끄는 것이다. 침대가 말하는 방식을 얘기하면서 "문장들은 나열되어 있지 않고 포개져 있다"고 하거나, "귀로 들을 수 없고 눈으로 볼 수 없"으나 "모르는 사람이 없다"는 역사야말로 침대가 말하고 싶어하는 것이라고 이야기를 펼쳐가는 데 주목하게 된다. 일견 처음부터 관념적인 느낌도 들고 말장난하는 것은 아닌지, 굳이 말하는 침대를 등장시키지 않고서도 이야기를 풀어갈 수 있는 것은 아닌지 의문이 들어 지나치게 작위적인 설정이라고 비판할 여지가 있을지 모른다. 그렇지만, 침대와 인간의 숙명적인 만남, 이를 통해 조망할 수 있을 인간의 내밀한 삶의 구석들이 이야기되면서 의구심은 진지한 성찰의 계기로 바뀜 직하다. 모든 이에게 침대가 인격일 수 없겠지만, 또한 매순간마다 그리 될 수는 없는 노릇이지만, 어떤 이에게는 그리고 때로는, 침대를 자신의 일부로 여기거나 혹은 인간의 진면을 묵묵히 지켜본 가상 존재로 전제할 수 있을 테니 그러하다. 이 소설은 그러한 면에 착안하여 얻은 성과이다.

인간 삶이 남다르다는 전제, 사물은 보잘것없는 대상에 불과하다는 전제, 세상사나 사태나 '대상'물들이 '나'와 동떨어진 것이라고 보는 전제 등이 인간 중심의 관점에서 빚어진 조작된 관념이라고 뒤집어볼 수 있는 여지는 분명 있다. 자신을 뉘일 수 있는, 어쩌면 사랑하는 사람보다 더 자주 그리고 더 긴밀하게 살을 부비고 숨결을 전하는 '상대'가 '침대'가 아닐까, 이러저러한 생각을 하며 뒤척이는 몸을 품어주던 상대가 침대가 아니던가 하는 심산을 하고 보면, 과연 삼라만상은 인간과 동떨어져 의미 없는 '것'으로 치부할 대상이 아니라고 깨달을 만하다.

이런 깨달음은 구조와 역사의 실체에 대한 해체와 재구성 의지를 낳으며, 해체주의적인 생각의 단서가 배어 있는 저 소설을 산출하는 원동력으로 작용하였을 것이다. 주와 객의 경계를 허물어 사상(事象)의 상호주관적인 양상이나 체화된 국면을 들추려는 생각을 읽을 수 있는 것이다. 가령, '그녀'라고 하지 않고 '그'라고 인물을 지칭하며 이야기를 진행하면서, 동성애의 기억과 아픔을 얘기하는 것을 염두에 두고 보더라도, 완고한 경계를 해체하려는 의중을 읽기 어렵지 않다. 이에 발맞추듯 구성 또한 틀에 얽매이지 않는다. 대단원을 향해 발전하는 플롯이나 파멸로 치닫는 인물, 실감을 자아내는 배경 등으로 대변되는 소설의 구조적 차원을 따르지 않고 전개된 이야기가 펼쳐진다. 곧 공간 형식이 구성된 것이다.

과연, 삶을 이야기하는 순간 그것은 구조로 환원할 수 없는 어떤 것으로 변주되게 마련이다. 그것이 소통에 부쳐진 다음이라면 일정한 틀에 맞춘 이야기가 다양한 의미를 낳을 길은 없다. 대화할 때 문법에 맞는 문장과 격을 갖춘 말만 하지 않는데, 소설과 같이 자유분방한 문예물을 두고서 문법을 추출하는 것 자체가 당찮은 일인지도 모른다. 물론 틀에 맞춘 소설이 없을 수야 없겠지만, 적어도 이 소설은 그런 틀에 맞추어서 볼 대상이 아니다. 구조적 문법에 관여된 개념으로 접근하자면, 가령, '그'의 얘기를 관찰자 입장에서 서술하고 있는 듯 보이다가도, 문득 곰곰이 읽어보면, '나'의 얘기이거나 '그'의 내밀한 속내를 꿰뚫어 알고 있는 전지적 서술자가 일방으로 전하는 이야기처럼도 보여, 시점이 혼란스러운 만큼 이야기의 맥을 잡기 수월찮다고 푸념을 늘어놓거나, 서술상의 오류가 빚어졌다고 단호하게 말하게 될지 모른다.

그렇지만 일정한 구조나 일관된 시점을 전제로 이해하지 않고, 서사적 소통의 역학을 고려하여 읽고 보면 얘기가 달라진다. 서술자는 주인물인 '그'가 겪은 일과 그 심사를 온전히 알고서 이야기를 구성하여 전하는 형국이다. 그렇지만 시점이 고정된 채 진행되지 않은 까닭에 서술의 양상이 일견 혼란스럽게 구성된 것이다. 그렇다고 시점을 일관되게 할 경우, 침대를 통해 떠올리는 기억의 함수랄까, '그'의 마음에 맺힌 정신적 외상

(trauma)과도 같은, 떠올리기 싫은 기억을 온전히 기술할 길은 막연하다. 때로 '그' 스스로 내면을 들여다보듯이 이야기하는가 하면, 때로 전지적 서술자가 그의 내면을 꿰뚫어보거나 그의 고통스런 과거를 낱낱이 들추어 이야기하며, 때로는 주위에서 "그를 지켜보는 눈길들"을 통해 그의 외양 변화와 심상치 않은 행적을 이야기한다. 무엇보다도 '침대가 말한다'는 설정을 통해 시점의 차원을 낯설게 하여 거두는 효과가 제법 있다. 침대에'게' 자신의 과거를 물어 기억을 떠올린다는 것은, 허구적 시점의 역동성을 극점까지 끌어올려, 스스로는 발설하기는커녕 떠올리기조차 싫은 트라우마를 이야기할 수 있는 계기를 이룬다고 할 것이다. 침대와 하나 된 이의 정체성이 이로써 개연성을 얻는다. 그렇다면 서술의 양상이 일정한 서사 문법이나 기법적 틀로 환원될 수 없는 역동적이고 해체적인 국면으로 치닫는 것이 더 타당한 결과를 낳은 것이다.

인간적 본성과 환경 사이에서 방황하고 정체성의 혼란을 겪은 이의 과거를 이야기하기란 쉽지 않다. 당사자 스스로도 떠올리지 못하는 일이라면, 그 누구의 말로도 그 과거를 옮길 수 없을 것이다. 묻어야 하는 과거의 이야기를 풀 수밖에 없는 역설적 상황이라면 허구적인 상황을 극화하여도 좋을 것이다. 침대는 말하지만 그 스스로가 화자 역할을 할 필요는 없으며, 침대와 하나 된 그를 매개로 하여 그의 과거를 절묘하게 이야기한 설정이 설득력 있다. "역사는 귀로 들을 수 없고 눈으로 볼 수 없다. 그러나 역사를 모르는 사람은 없다"는 모두(冒頭) 대목은, 침대에 스며들었을 법한 숱한 기억의 편린을 들추어 전하기 위한 포석인 셈이다. '안락한 침대'가 결코 안락할 수 없음은, 인간사의 온갖 부조리와 조응하는 면을 표상한 것이기도 하다. 그러한 면면을 이야기할 때, 틀에 맞추어지거나 안정된 구조로 환원될 수 있는 형식을 취하는 것은 오히려 독자들을 더 심한 이해의 난항에 빠뜨리게 할 뿐이다. 안정되게 몸을 눕히는 순간이 곧 "죽음처럼 깊은 잠에 빠져든 순간"이며 그 잠결은 "고통스런 신음"을 내뱉는 때라는 말은 일견, 이 소설의 양식이 안정된 구조로 환원되지 않는다는 사실에 대한 알레고리라고 해도 좋을 것이다. 무의식의 역동과 조응하는 이러한 서사의 양상이 공간 형식의 또 한 단면을 보인다는 점도 같은 맥락에서 우의되고 있다고 할 수 있다.

무의식의 역동은 의식의 시간적 · 인과적 상념의 방향성을 해체하는 계기이다. 그런 상황에서 빚어진 담론의 양상은 생각의 단편들이 병치되어 빚어지는 공간 형식을 띨 수밖에 없다. 의식의 정상적인 방향에 역행하는 무의식의 역동 상태를 이야깃거리로 쓰는 소설을 두고서 공간 형식의 모형이 안출된 것도 우연이 아니다. 구조적 형식으로 환원될 수 없는 역동적인 구성의 공간 형식이 의식 작용에서 빚어지는 의미의 중심을 해체하는 전략의 구심을 이루기 때문이다.

김이은의 「이건 사랑 노래가 아니야」(『작가세계』 2008년 여름호)가 이 맥락에서 인상적인 사례로 시야에 드는데, 이 소설은, 그의 전작들이 그러하듯이, 낯선 심리적 징후와 도발적인 상념들이 어우러진 양태이다. 이성적 준거를 통해 약정된 상식을 기준으로 볼 때 이를테면 심리적 부적응 상태에 직면하여 현실 이면에 내몰려 고통당하는 이가 겪은 범상치 않은 경험과 상념이 골자이다. 다만 전제가 상식적 준거와 다른 점은, 단 한 사람이라도 고통당하는 이가 있다면, 그의 삶은 그에게만이라도 절실한 현실일 터, 이를 부적응이라고 내몰아 이해하기 곤란하다고 얘기하는 것이 온당치 않은 처사라는 심산을 드러내는 이야기의 전제에 있다. 부적응한 이가 있다면 그의 내면을 들추어 그의 지각 범위와 이야기 방식에 국한된 이야기를 전개하도록 설정함으로써 그 고통을 여실히 들추어야 하며, 그로써 치유의 여지가 조성될 수 있으리라는 서사 병리학적 의식의 단서가 엿보인다. 이야기가 순조롭지 않은 구성으로 전개되어 읽기 수월찮게 서술된 정황이 그러하다. 과연 쉽게 납득할 만한 이야기만 좋은 것도 아니며, 모두가 공감할 만한 이야기만 능사는 아닐 것이라고 생각해봄직하다.

그러니 소설처럼 조금은 복잡하고 차원 높은 이야기 양식이 필요할 터, 자유분방한 양식인 까닭에 한두 가지 틀로 환원하여 규정할 수는 없지만, 어쨌든 여항(閭巷)의 이야기와 달리 본격적인 문학 장르로서 소설이 자리매김하여 오늘날 주도적 장르로서 위상이 높아진 데에는, 각양으로 결은 이야기 구성과 서술의 역학이 일조했을 것이다. 얽히고설킨 삶의 대소사의 이면을 들추어 각색으로 변주한 이야기의 내용 또한 외연과 함의의 폭과 깊이 면에서 돋보인다. 이런 맥락에서 이 소설이 취한 공간 형식에 주목해야 할 것이다. 요컨대, 조기폐경증후군에서 오는 스트레스에 시달리고 디지털 환경 속에서 압박된 자아의 모습은 어떠한지, 긴박한 현실의 흐름이 그에 걸맞은 리듬감으로 전개된 서술의 양상을 통해 우의되고 있다고 해도 좋을 만큼, 그 형과 용의 수준이 만만치 않다.

특히 현실과 상념과 꿈의 간극들에 관한 형상화와 언설들이 이야기의 밀도를 더한다. 기분 나쁜 꿈이나 몽상과 현실적 문제 사이의 불합리한 조응이라고 할까, 의식과 무의식의 경계에 처한 상처 입은 영혼의 안쓰러운 몸부림과 절규에 준하는 독백의 아이러니가 이야기의 자장을 형성한다. "사는 게 온 몸에 상처 자국을 내는 일", "시간을 소비하는 일이 가장 신나는 일", "여기가 가장 안전한 곳이라 여겼는데 일 년 여 동안 방안에 틀어 박혀 있었던 결과가 고작 조기 폐경과 골다공증이라나" 등으로 이어지는, 자조 섞인 넋두리가 그러한 체험과 무관한 이들에게도 아스라한 아픔을 전하는 것이다. 그런 상황에서 "황량한 사막의 모래 바람이 생각났다"면서 자신을 "모래산"에 빗대어 생각할 때면, 생명력이 고갈된 채 황량한 도시의 현실에 내던져진 처지에 대한 자동화된 표상에 머무른 듯하는 한계가 없지 않다. 그렇지만 자신을 더 이상 비호하지 않고 삶의 안정된 구획을 더 이상 제공하지 않는 현실의 비정함을, '장소상실'의 표지를 동원하여 비약적으로 이야기하는 데는 주목할 만하다.

가령, '가장 안전한 곳'으로서 존재를 안정되게 보호해야 할 '방 안'이 실은 환멸에 찬 현실과 담 쌓고 지내는 폐쇄적 장소에 불과하였다는 사실이 고지될 때, 장소를 상실한 실존의 허망함이 극화되는 것이다. 이때 '사막의 모래 바람'이 생각났던 터이고, "물기 없이 누워 있는 내 음부"를 알아챘으며 "성욕도 감퇴"하고 "생산을 못하는 여자가 될지 모른다는" 불안감에 "가슴속에서 모래산이 하르르, 허물어졌다"는 것이다. "모든 가능성과 욕망이 사라져버리고 난 뒤의 피곤한 몸"이 저러한 불안한 존재감에 조응되는 공간 표상이기도 하다. 이런 상황에서 '방 밖'으로 외출을 감행한들 자유감을 얻을지는 미지수이다. 외부 현실은 지난 동안 더욱 명징한 무장소의 징후들로 가득 차 있었던 것이다. 자유로운 공간에 상응하지 못하는 도시의 현실은 곧 "붉고 굵은 금지의 선"인 "금"으로 표상된 또 다른 감금의 장소였던 것이다. "공공의 안전"을 빌미로 그어진 그 금이 온전히 안전한 장소를 보장할 리도 만무하고 말이다. 그런 데에서 그는 낙상한다.

금 밖으론 계단. 한 계단 내려서기. 아얏! 버그에 걸린 영화 장면처럼 모든 게 뚝뚝 끊겨 느껴졌다. 마치 열 계단, 스무 계단을 한번에 뛰어내린 것처럼 바닥에 고꾸라져 꺾인 내 다리. 넘어져 모로 누워 있는 내 뒤통수와, 일자로 죽 그어진 금과 공무원인지 경찰인지 애매한 복장을 하고 있는 사람들과, 길바닥에, 내리쬐는 한 낮의 햇빛. 따사로운. 비틀려 기역자로 확 꺾어진 왼쪽 다리. 복사뼈 위쪽으로 쭉 비어져 나온 하얀 뼈. 하얀 뼈를 타고 흐르는 핏방울. 방울 방울. 방울져 흐르다 이내 이루는 가는 골. 피의 골. 웅성웅성. 안 됩니다. 금을 넘어가면 안 돼요. 물러나란 말예요. 절룩 절룩. 푹, 고꾸라짐.

그의 의식은 짐짓 병렬적 몽타주로 이루어진 필름 롤처럼 영사되며, 영상을 그 스스로 목도하는 식으로 서술된다. 의식의 단편들이 저처럼 언어적 몽타주의 단속을 통해 표현되는데, 이때 시간은 정상적인 흐름을 거스른 채 지연되고 정지되고 생략되는 등 변조를 거듭한다. 장면과 요약적 진술의 경계가 모호한 상황마저 펼쳐져 범상치 않은 서술의 역학이 빚어지며, 공간 형식의 단적인 양상이 펼쳐진다.

장소적 질서가 삶의 안정을 보장하기는커녕 억압의 기제로 작용할 때 실존은 그 장소를 해체한 공간을 기획하여 대응한다는 원리에 근사하게, 이 소설에서는 서술 차원에서도 공간 기제를 기획하고 있다고 할 것이다. 금을 넘어서려다가 얻은 부상을 안고 도심을 배회하는 인물의 행위와 의식은 심상한 차원의 것이 아닌데, 존재를 억압하고 가두는 금을 벗어나려는 모색을 표상하기에는 제법 그럴싸한 설정이다. “무질서”를 향유하는 듯한 상념들만 하더라도 장소적인 제약에 속박된 의식의 제약을 벗어나려는 무의식의 역동을 떠올리게 한다. 그 또한 서사 공간의 기획 양상과 조응하는 대목이니, 하나의 줄기로 온전히 이야기를 전하는 시간적 서사 형식에 대해 공간 형식의 서사를 구성한 것은 그럴싸한 대응이다.

이성에 장악된 의식의 압박에 신음하는 정신세계의 이면을 들춰 이야기하려는 의중에서, 실상과 환각의 경계가 모호한 세계를 이야기하다 보니, 의식의 편린을 고스란히 드러내는 데 상응하게 단속을 거듭하는 문장을 구사한 것이다. 문장의 자연스러운 전개에 시간의 속성이 내재해 있다면, 이를 거스르는 단속적인 문장 패턴이니 공간 자질이 드러난다고 할 수 있는 것이다. 공간 형식은 이처럼 이성 중심으로 펼쳐지는 현실 원리에 대한 서사적 해체의 구심 전략이다.

거듭 강조하거니와, 허무맹랑한 이야깃거리라도 이야기되어 전해지고 소통되는 과정에서 사실인 것처럼 여겨져 허실이 전도될 개연성이 서사의 한 속성이다. 아킬레스가 거북이를 결코 이길 수 없다는 얘기를 허풍이나 궤변이라고 치부해서는 그러한 서사적 담론의 본색을 온전히 지각할 수 없다. 허구의 개연성이란 이야깃거리에서 빚어지는 것이 아니라 이야기를 진행하는 과정과 방식에 상응하는 담론 층위에서 빚어진다는 데 재삼 주목할 일이다.[88]

근자에 다양해진 우리 소설의 모습을 두고서 부정적인 견해가 없을 수 없겠지만, 서술과 이해의 과정에서 빚어지는 역학이 다각으로 작동하여 빚어진 소설을 두고서, 고정된 형(型)으로 환원하여 폄훼하려는 논리를 펴면 곤란하다. 서술과 이해에 관여된 기제들의 역학과 소통 회로가 어떻게 구성되는지 주목하여, 서사 문법이나 구조적 플롯, 원근적 시점 등으로 환원할 수 없는 소설의 다면과 다층을 이해하도록 모색해야 할 것이다.[89]

물론 이야기의 소통에 기여하는 서술의 역학은 단순히 형식이나 기법이 기발하여 새롭고 파격적인 데서 기인하지 않는다. 재기 넘치는 상상력이라고 해서 그저 좋은 것이 아니라, 전하여 소통하는 담론의 양식이 적절히 조응했을 때라야 심장한 서사적 결실을 맺을 수 있다. 겉만 현란하게 새로 꾸민다고 해서 새로운 감흥을 줄 수 없음은 당연한 일, 새로움도 자동화되면 상투형(cliché)으로 전락할 수 있다는 데 유념해야 할 것이다. 서술과 소통의 역학이 관건인 소설을 살펴 최근 한국 소설의 지표 가운데 하나로서 '공간 형식'에 주목하려는 의중은 이런 정황과 무관하지 않다.[90]

이처럼 '경계와 이행의 서사 공간' 입론은 이야기의 제재 층위에 관한 논의는 물론, 이야기 소통의 역학에 관여된 공간 형식 논의를 통해 지평이 드넓어진다. 이는 디지털 매체의 발달에 힘입어 서사 소통의 채널이 다양화된 환경과 무관하지 않다.[91] 과거 상상이나 공상의 소산이던 가상의 서사 세계가 디지털 매체를 통해 눈앞에 실로 펼쳐지는 상황에서 과연 가상과 실상, 사실과 허구의 경계가 해체되고 상호 간에 이행할 수 있는 장이 열려 있는 터, 서사 공간의 기획이 짐짓 문화 공간의 기획에 수렴되는 형국이 또 다른 지평에서 펼쳐지고 있다고 할 것이다. 바야흐로 '서사 곧 공간'이라는 논항을 두고 논급해야 할지 모른다고 하면 오만한 과언일까.[92]

주

제1장 서사 공간의 문화적 의미망

1 세계에 편재한 창세 신화의 이야기 구조가 이러하다. 유인원에서 진화하여 인류가 탄생했다고 하더라도 마찬가지다. 기실 진화에 관한 과학적 입론이 온전한 타당성과 논리적 근거에 기대인 것만은 아니다. 결론에 이르기에는 비약과 '신화'적 추상의 여지가 많다. 최근에 유인원 가운데 돌연변이한 종이 인간종이 되었다는 가설이 제기되기도 하였는데, 이런 식의 과학적 '담론'(discourse)은 피상적 관념의 영역에 있는 과학적 '실체'(fabula)에 관한 한 가지 해석에 국한된다. 어떠한 사실도 다양한 담론을 통해서만 표현되고 증빙될 수 있을 뿐이며, 어떠한 실체도 다양한 해석과 '실증 작업'의 소산으로 구성될 뿐이다. 사실도 실체도 그리 따지고 보면 재구된 허구의 영역에 이관될 여지까지도 생긴다는 데 유념할 필요가 있다. 특히 원형에 관한 과학적 가설이나 신화적 서사는 담론 양태에 비추어볼 때 서로 상응하는 담론인 경우가 대부분이다.

2 Aleida Assmann, *Einführung in die Kulturwissenschaft*, Erich Schmidt Verlag, 2006, S. 149 참조.

3 위의 책, 같은 쪽 참조.

4 마르틴 하이데거, 이기상 외 옮김, 『강연과 논문』, 이학사, 2008, 211쪽.

5 위의 책, 212쪽.

6 아스만(Assmann), 앞의 책, 150쪽.

7 위의 책, 같은 쪽 참조.

8 위의 책, 151쪽 참조.

9 '공간과 장소'에 대한 인문(지리학)적 연구의 지평을 개시한 이푸 투안(Yi-Fu Tuan)의 입론을 염두에 두고 이 논점에 바로 접근할 수도 있으나, 그 이론적 저변을 이룬 하이데거(Martin Heidegger)의 실존적 해석학에서 다루어진 공간 논의에서 논항의 본색에 좀 더 근사한 입론을 이끌어낼 여지가 있다는 점을 염두에 두고, 관련 논지를 정리하여 기술할 필요가 있다. 하이데거가 펼친 공간에 대한 사유의 편린에서 공간의 의미망을 직조할 씨줄날줄을 얻고, 투안의 입론에서 얻을 수 있는 통찰의 여지를 바탕삼아, 공간의 인문적 의미망을 직조하는 일이 제법 의미심장할 수행일 것이다. 이를 위해서는 무엇보다 하이데거가 시사한 현존재의 공간성에 관한 생각의 편린들을 논점에 맞춰 재구성하지 않을 수 없다. 꽤 사변적인 내용일 테지만, 난해한 하이데거의 현존재론에서 공간에 관한 단상을 추려 정리하기 위해서는 불가피한 결과이다. 혹 현존재와 공간에 관한 다음의 논의가 어렵다면 건너뛰고 읽어도 좋을 것이다.

10 하이데거의 현존재 논의의 거점인 『존재와 시간』(*Sein und Zeit*)에서의 "현존재 분석은 제목

에 시사된 것처럼 시간성에서가 아니라 실은 공간성 분석에서 비롯된다"는 발레가(A. A. Vallega)의 지적은 시사적이다. (Alejandro A. Vallega, *Heidegger and the Issue of Space: Thinking on Exilic Grounds*, The Pennsylvania State University Press, 2003(Amazon Kindle Edition, 2008), L. 740~750. 앞으로 발레가의 책은 아마존(www.amazon.com)의 전자책(ebook) 형식인 킨들에디션을 참조하여 인용할 텐데, 인쇄 매체와 다른 화면 표시 방식의 특성 탓에 페이지 단위 대신 위치(location) 단위가 기준으로 제시되는 점을 고려하여, 이하 인용시 킨들 디엑스(Kindle DX) 단말기에서 표시된 위치 범위를 표기하기로 한다.)

11 Yi-Fu Tuan, *Space and Place*, University of Minnesota Press, 1977, p. 200 참조.

12 위의 책, 같은 쪽 참조.

13 위의 책, 같은 쪽 참조.

14 마르틴 하이데거, 이기상 옮김, 『존재와 시간』, 까치, 1998, 16~18쪽 참조. 『존재와 시간』은 기본적으로 이기상의 번역본(이하 '역본'이라고 약칭)을 참고하거나 거기에서 인용하되, 원문에 비추어 내가 이해하고 해석한 바에 따라 그 뜻이나 역어를 고칠 여지가 있는 경우에 고쳐 쓰고자 하는데, 경우에 따라서는 원문의 내용을 직접 번역하여 인용할 것이다. 원문은 Martin Heidegger, *Sein und Zeit*, Max Niemeyer Verlag, 1972(이하 '*SZ*'로 약칭)를 참조한다.

15 위의 책, 19쪽 참조.

16 위의 책, 22쪽.

17 위의 책, 80쪽.

18 위의 책, 28쪽 참조.

19 발레가, 앞의 책, L. 801~810(*SZ*, 53~54쪽 참조).

20 위의 책, L. 801~810.

21 위의 책, L. 830~840.

22 하이데거(*SZ*), 56쪽 참조.

23 위의 책, 같은 쪽 참조.

24 위의 책, 56~57쪽.

25 위의 책, 111쪽 참조.

26 위의 책, 같은 쪽.

27 위의 책, 같은 쪽.

28 발레가(Vallega), 앞의 책, L. 820~830 참조.

29 하이데거(역본), 23쪽.

30 위의 책, 101쪽.

31 위의 책, 같은 쪽.

32 위의 책, 같은 쪽 참조.

33 위의 책, 같은 쪽.

34 위의 책, 103쪽 참조.

35 위의 책, 104쪽.

36 위의 책, 148쪽.

37 위의 책, 같은 쪽 참조.
38 위의 책, 483쪽 참조.
39 위의 책, 484쪽(*SZ*, 368~369쪽) 참조.
40 위의 책, 같은 쪽 참조.
41 위의 책, 같은 쪽.
42 위의 책, 같은 쪽.
43 위의 책, 184쪽(*SZ*, 132쪽).
44 위의 책, 같은 쪽 참조.
45 위의 책, 같은 쪽 참조.
46 위의 책, 185쪽(*SZ*, 133쪽) 참조.
47 위의 책, 같은 쪽, 원저자 여백 주석("현존재는 오직 실존할 뿐이다. 따라서 실존[Existenz]은 '거기에'의 열려 있음 안으로 나가서—그리고 들어서—있음, 즉 탈-존[Ek-sistenz]을 말한다.") 참조.
48 *SZ*, 145쪽(번역본 201쪽) 참조.
49 위의 책, 143쪽(번역본 198쪽) 참조.
50 위의 책, 같은 쪽.
51 위의 책, 같은 쪽 참조.
52 위의 책, 같은 쪽 참조.
53 위의 책, 같은 쪽.
54 위의 책, 같은 쪽 참조.
55 위의 책, 369쪽 참조.
56 위의 책, 같은 쪽 참조.
57 위의 책, 같은 쪽.
58 위의 책, 같은 쪽 참조.
59 위의 책, 같은 쪽 참조.
60 발레가(Vallega), 앞의 책, L. 183~194.
61 위의 책, 같은 곳.
62 위의 책, L. 190~201 참조.
63 위의 책, L. 201~212 참조.
64 위의 책, 같은 곳 참조.
65 여기서 '초월(적)'은 형이상학적 초월에서 파생된 속성이 아니라 탈존에 상응하는 실존적 속성을 일컫는다.
66 Jeff Malpas, *Heidegger's Topology: Being, Place, World*, The MIT Press, 2006(The Amazon Kindle Edition, 2008), L. 4701~4711 참조. 전자책(ebook) 형식인 '킨들에디션'에서 인용하며, 이하 인용할 때에도 단말기(Kindle DX)에서 볼 때 표시된 위치(Locations)의 숫자를 표기한다.
67 마르틴 하이데거, 최상욱 옮김, 『횔덜린의 송가 〈이스터〉』, 동문선, 2005, 72쪽.
68 하이데거, 『강연과 논문』(앞의 책), 184쪽.

69 위의 책, 같은 쪽.

70 위의 책, 같은 쪽.

71 위의 책, 같은 쪽.

72 위의 책, 198쪽. '마련'(einräumen)이라는 말에 중첩되어 있는 바, 이는 공간-창출(Ein-räumen)의 의미를 안고 있다. 현존재의 실존은 주체적인 행위가 아니라 상호주관적(상호주체적) 행위인 만큼, 창출과 마련의 의미가 겹쳐 있는 셈이다.

73 위의 책, 같은 쪽("따라서 각 공간들은 자신들의 본질을 장소로부터 수용하는 것이지, '저' 공간으로부터 수용하는 것이 아니다.") 참조.

74 위의 책, 217쪽.

75 위의 책, 201쪽.

76 위의 책, 203쪽 참조.

77 가령 지리나 건축과 인간의 관여 현상에 대한 입론에 직시적인 논점이 제시됨 직하다. 과연 인문지리학(human geography)은 인간과 공간에 관한 실존적 해석학에서 직접 영향을 받아 대두되고 학술적 타당성이 입증되었다. 아래 그 요체를 정리하여 공간과 장소의 문화적 의미망을 추적하는 단서로 삼고자 한다.

78 투안(Tuan), 앞의 책, 17쪽.

79 인문지리학자들이 참고한 하이데거의 공간 입론의 난맥을 추슬러 여기 적은 의중이 오해(혹은 몰이해)에서 비롯된 부당한 개념적 전제를 수용할 수 없다는 데 모이기도 한다.

80 투안(Tuan), 앞의 책, 44~45쪽 참조.

81 위의 책, 51쪽.

82 위의 책, 52쪽 참조.

83 위의 책, 67~68쪽 참조.

84 위의 책, 70~73쪽 참조.

85 위의 책, 73쪽.

86 위의 책, 178쪽 참조.

87 위의 책, 같은 쪽 참조.

88 위의 책, 179쪽.

89 위의 책, 182쪽. 유목민들에게서 유지되는 이러한 장소 감각의 두 국면이 장소에 결부되는 논항은 아니다. 이푸 투안의 논지가 일관되게 유지되었다면, 표상이나 자질에 관한 개념항인 만큼 공간 논항에 이관시켜 이해해야 마땅하다.

90 위의 책, 182~183쪽.

91 위의 책, 183쪽 참조.

92 위의 책, 136쪽 참조.

93 위의 책, 198쪽 참조.

94 위의 책, 158쪽.

95 말패즈(Malpas), 앞의 책, L. 4729~4739 참조.

96 위의 책, L. 4750~4761.

97 위의 책, L. 4761~4770.

98 이런 맥락에서 기성 사회로의 편입을 수순으로 전제하여 안정된 결말을 향해 치닫는 성장소설(Bildungsroman)의 구조적 플롯에 부합하지 않거나 구조를 적극적으로 해체하려는 전략에서 빚어진 '반성장(Anti-Bildung) 서사'를 사뭇 다른 시각으로 이해할 수 있는 여지가 생긴다. 죽음을 삶의 종국으로 보지 않고 생명과의 모순등가적 표상으로 여기는 서사적 결구들도 마찬가지 맥락에서 관심거리다. 과도의 경계 상황에 처하여 이행하고자 도모하는 실존들의 공간 기획 열망에 부응하는 서사의 다면을 이해할 때, 일상의 위기를 모면하고자 몸부림치는 실존 일반의 열망은 물론이고, 역사적 위기 상황을 극복하려는 집단 무의식의 양태에 해당하는 신화에 근사한 서사적 결구들을 온당하게 해석할 수도 있을 것이다. 가령 전쟁 와중에서 성원들이 직면하게 될 문제 상황이나, 비극적 역사와 억압적 현실에서 빚어질 성원들의 사회적 원상(Trauma)을 치유할 계기를 서사적 투사(projection)를 통해 얻을 수 있다는 서사적 병리학(narrative pathology)의 주제와 서사 공간의 접점을 찾을 수 있을 것이다. 혼돈에서 질서로 이행하는 신화적 과정에서 파생된 경계와 이행의 서사 공간에 관여된 논항의 자장이 제법 넓다.

99 주변 문화로 취급되던 신생세대 문화의 반구조적 자질은 그 세대가 주도권을 얻으면서 주류 문화로 편입되어 구조화된다는 점을 간과할 수 없다. 이러한 주변 · 중심, 반구조 · 구조의 이행은 완고한 이분법적 형식 논리로 환원되어서는 곤란하며, 변증법적 지양(dialektische Aufheben)의 역동적 과정으로 이해되어야 한다.

100 이야기하는 방식과 전략, 매체(media)는 물론 소통의 채널에 이르기까지 이야기가 수용되어 일정한 효력을 발휘하는 회로에서 작동하는 이야기의 기제를 포괄한 술어이다.

101 Michel Foucault, Jay Miskowiec (trans.), "Of Other Spaces", *Diacritics*, Vol. 16, No. 1(Spring, 1986), Johns Hopkins UP., 1986, p. 24.

102 집은 존재를 보호하여 안정감을 주지만, 누군가 집 밖에 못 나가게 하는 상황이 펼쳐진다면 그 의미는 사뭇 달라진다. 지역의 범위가 좁고 경계가 분명한 농촌에서 성원들은 서로의 유대감을 확인하는 가운데 안정된 곳에서 보호받고 있다는 안도감을 느끼면서도, 때로 그 경계 밖의 세계에 호기심을 품고서 구역의 제약에 염증을 내기 십상이다. 장소는 보호 기제이면서도 억압기제로서 양면성을 띠는 것이다.

103 Anthony Vidler, *Warped Space*, The MIT Press, 2001, p. 3.

104 위의 책, 6쪽 참조.

105 위의 책, 9쪽.

106 위의 책, 같은 쪽.

107 위의 책, 7쪽.

108 위의 책, 9쪽 참조.

109 위의 책, 같은 쪽.

110 위의 책, 같은 쪽.

111 위의 책, 같은 쪽.

112 위의 책, 같은 쪽.

113 위의 책, 같은 쪽. 다미쉬가 제기한 '내던짐'(cast)의 의미가 중의적이다. 이는 철회를 뜻하는 동시에 새로운 국면으로 전환하여 개념을 새로 정립하여야 한다는 뜻으로 쓰였음 직하

다. 이즈음 공간 개념 자체가 경계와 이행의 정황에 처해 있다는 점은 흥미롭다.

114 Joseph Frank, "Spatial Form in Modern Literature", *Widening Gyre*, Rutgers UP, 1963.

115 시적 담화에서도 마찬가지다. 시적 자아와 화자 사이의 관계가 여일하게 진행되지 않아 담화의 진행에 작용하는 시점의 기제가 일관되게 유지되지 않는 경우에 주목하게 된다. 시적 자아 자체가 일정한 주체로서의 동일성을 확보하고 있다고 할 수 없는 경우나, 일관된 의식으로 환원할 수 없는 주제의 국면, 의식의 층위와 표현의 층위에 단층(斷層)이 생겨 담화의 양상이 해체된 형국 등, 시점의 일관성을 전제로 한 시적 공간의 원근법적 구도를 상정하기 곤란한 현상이 그러하다. 물론 이런 정황 속에서 일정한 장소적 경관을 전제로 한 배경의 묘사라는 형상화 방식도 문제시된다. 지각을 통해 변형된 공간 구도가 시적 형상을 통해 구현되는 도정에 주목할 여지가 생기는 것이다. 객관적 묘사가 아닌 지각의 여과를 거치고 다시금 형상화와 서술을 거치는 중층적 과정에서 시적 공간의 형태가 드러나는 데 주목해야 하는 것이다.

116 비들러(Vidler), 앞의 책, 8쪽.

117 위의 책, 같은 쪽.

118 이는 여러 디지털 단말기를 통해 가상적 프로그램 속에서 현실과 흡사한 체험을 하도록 하는 일련의 것을 일컫는다. 이는 '가상 실재'(virtual reality)에 관여된 현상의 일부에 해당하지, 그 자체로서 가상 실재를 전부 포괄할 수 있는 항은 아니다. 어디까지나 가상현실 프로그램이나 이를 구현하여 체험하도록 돕는 단말 도구는 실제(actual) 현실 세계를 모델로 하여 '현실과 흡사하고 박진한 체험'을 하도록 하는 기제일 뿐이다.

119 비들러(Vidler), 앞의 책, 7쪽 참조.

120 위의 책, 같은 쪽.

121 위의 책, 8쪽.

122 위의 책, 같은 쪽.

123 위의 책, 같은 쪽.

124 위의 책, 1쪽.

125 위의 책, 같은 쪽.

126 위의 책, 같은 쪽.

127 위의 책, 같은 쪽.

128 위의 책, 같은 쪽.

129 위의 책, 같은 쪽.

130 위의 책, 같은 쪽.

131 위의 책, 같은 쪽.

132 위의 책, 3쪽.

133 위의 책, 같은 쪽.

134 위의 책, 같은 쪽.

135 위의 책, 4쪽.

136 위의 책, 같은 쪽 참조.

137 Chris Fitter, *Poetry, Space, Landscape*, Cambridge UP., 1995, p. 15 참조.

138 위의 책, 같은 쪽.

139 위의 책, 23쪽 참조.

제2장 과도 공간의 원형과 변주

1 케이시는 『성서』(*Bible*)의 「창세기」 제1장에 나오는 천지창조의 신화를 두고서, 신이 무에서 유를 창조한 신화로 보지 않는다. 땅이 형체를 갖추지 못한 텅 빈 상태였을 뿐 어둠이 심연의 표면에 있었으며 성령이 물 위를 따라 움직였다고 기술된 데 주목하여 심연에 잠재된 형태의 무엇인가가 이미 존재하였음을 일컬은 것으로 이해한다. 그는 태초가 태허에 상응하는 무나 진공 상태가 아닌 '장소'의 자질을 안고 있었다는 점을 피력하려 한 것이다. Edward S. Casey, *The Fate of Place*, California UP., 1998, p. 12 참조.

2 Evangelischen Kirche in Deutschland (Hrgb.), *Die Bibel: Mit Wortkonkordanz zur Lutherübersetzung*, Deutsche Bibelgesellschaft, 1987, S. 3.

3 위의 책, 같은 쪽.

4 위의 책, 4~5쪽.

5 역사적 위기 상황에서 시간의 원점인 신화의 세계로 영원 회귀하고자 하는 인간적 열망에서 신화의 본색을 찾은 엘리아데의 생각을 떠올리면 좋다. Mircea Eliade, *Cosmos and History: The Myth of the Eternal Return*, Harper & Row, 1959.

6 오비디우스, 이윤기 옮김, 『변신 이야기 1』, 민음사, 1998, 15~16쪽.

7 위의 책, 16쪽.

8 『성서』의 창세 신화가 그리스 · 로마 신화의 영향으로 각색되었다는 견해가 우세한 만큼, 굳이 선후 관계를 따지자면 이와 같이 말하는 데 어패가 있지만, 공시적 텍스트로서 두고 둘의 '자질'을 대비하여 생각의 단서를 얻어 논의를 펼칠 요량으로 하는 말이다. 기실 신화와 같은 원형 서사에서 원조(original)를 따지는 것은 난센스이다.

9 위앤커, 전인초 · 김선자 옮김, 『중국신화전설 1』, 민음사, 1999, 31쪽.

10 이규보, 한국고전번역원 옮김, 「동명왕편」, 『동국이상국집』 제3권, 한국고전번역원 원문 검색 웹사이트에서 인용(http://www.itkc.or.kr/index.jsp?bizName=MK). 이하 인용의 출처도 같음.

11 "복희씨는 희생 제도를~우 임금이 다스렸다." 부분.

12 이 대목을 말하여, 맏아들이 아닌 둘째 이후 아들을 가리켜 '서자'라고 한다는데, 그런 서자든 본처의 자식이 아닌 서자든, 그의 지위가 자질 면에서는 크게 달라지지 않는다. 어느 경우든 '결핍' 요소를 안고 있는 것이다.

13 흔히 '홍익인간'(弘益人間)을 따로 떼어 읽고서 하나의 이념적 체계를 기술한 용어처럼 이해하는데, 이는 세계를 창조한 신격이나 세상을 다스리는 이들이 흔히 내세울 수 있는 일반적 이념일 개연성에 초점을 맞춰 이해하는 편이 더 타당할지 모른다. 저 유대 민족의 창조 신화에서도, 그리스의 코스모스 신화에서도, 동아시아의 반고 신화에서도, 인간을 널리 이롭게 하기 위한 세계 창조의 이념은 근간을 이룬다.

14 실낙원(paradise lost) 모티프와 조응하는 신화적 모티프로서, 신의 창조 능력을 이어받아 찬연한 문명을 창조하며 타락 일로에 접어든 인간의 과도 공간에 관한 서사의 원형에 해당한다고 할 만하다. 신화에서 세속적 서사로 이행하는 과정에서 특히 고소설 상당수에서 이 모티프에 바탕을 둔 과도 공간의 표상들이 주제로 부각된다. 이에 대해 뒤에 상론할 것이다.

15 오세정은 단군 설화를 전하는 '전승본'에 본질적인 변형의 여지는 없다고 논급하는데, 그다지 이론의 여지가 없어 보인다. 기록자의 세계관이나 시대적 이념의 영향으로 서술 태도의 차이가 있는 것은 사실이지만, 이야기의 피상적인 양상을 재구성하여 차원을 달리하지는 않은 것으로 이해된다. 오세정, 「한국 신화의 제의적 서사규약과 소통원리 연구」, 서강대학교 박사학위논문, 2003, 111~114쪽 참조.

16 실제 바리데기 신화가 무가 형태로 구연되는 오구굿의 연행 과정을 통해 그러한 변주의 실상을 볼 수 있다.

17 Thomas J. Csordas, *The Sacred Self*, California UP., 1994, p. 7 참조.

18 Victor Turner, *Dramas, Fields, and Metaphors*, Cornell UP., 1974, p. 248 참조.

19 위의 책, 232~235, 262~265쪽 참조. Victor Turner, *The Ritual Process, Structure and Anti-Structure*, Aldine, 1977, p. 96.

20 위의 책(1974), 262~266쪽 참조.

21 Mikhail Bakhtin, Helene Iswolsky(trans.), *Rabelais and His World*, Indiana UP., 1984, p. 10.

22 위의 책, 19쪽.

23 위의 책, 같은 쪽 참조.

24 위의 책, 21쪽 참조.

25 Mircea Eliade, Willard R. Trask(trans.), *Cosmos and History*, Harper & Low Pub., 1959, p. 79 참조.

26 위의 책, 112쪽 참조.

27 언어는 언어 능력(linguistic competence)에만 대응되는 구조적 실체가 아니라 언어 수행(linguistic performance)에 대응되는 구체적 수행을 통해 표현과 이해를 수반하는 의사소통의 다면적이고 다층적인 국면이 확인되는 구성적 현상이다. 그 현상의 해석을 위해서는 자명하게 주어진 고정적인 언어 자료(data)가 아닌 실제 소통 상황에서 발생하는 화행의 역동적 상황(dynamic situations)에서 빚어지는 수행의 양태가 관건이다. 기술 서사체라 하더라도 판소리체 소설과 같이 역동적 소통의 장을 전제로 펼쳐지는 서술 상황에서 펼쳐지는 이야기라면 그 구조적 플롯에 국한해서만 이야기 소통의 본색을 온전히 판단할 수 없다. 그가 서사 공간 논항에 부쳐진 터라면, 종내 서술과 이해 과정을 통찰하는 데 소용되는 서사역학 공간(Erzählraum)에 관해 논급할 필요가 있으니 더욱 그러하다. (서사 공간의 두 층위인 서사형상 공간과 서사역학 공간에 관한 전반적인 논의는 저자의 『서사 공간과 소설의 역학』[전남대학교 출판부, 2009]의 제1부 참조.)

28 서사 공간의 대화적 자질에 관한 주제에서 가령 '서사적 치유'에 관한 논의가 파생된다. 개인의 원상(trauma)은 물론 역사적 · 사회적 차원의 원상이 빚은 과도적 위기에 대응하는 서사적 치유의 의미망 또한, 시간적 의식 기제에 대한 공간적 · 무의식 기제의 문화적 역동에 주

목하는 서사 주제이다. 현실의 위기와 장소적 억압에 대응하여 구가하는 공간 기획이 무의식의 역동적 기제를 통해 발현되곤 한다는 데 논항의 거점이 있다. 무의식의 역동이 빚은 현실적 공간의 와해 양상에 대해 치유를 모색하는 서사 공간의 기획은 문화 공간과 서사 공간의 함수를 논급할 때 구심이 되는 또 하나의 주제일 것이다. 이를 위해서는 언로를 트는 담화 공간의 구성에 대한 이해, 넋두리를 통해 한을 푸는 문화적 혜안에 대한 통찰이 요구된다. 그 과정에서 기획되는 서사 공간의 의미망에 주목할 여지가 생긴다. 가령, 한국전쟁의 상흔을 치유하는 서사병리학의 단서를 이청준이나 임철우 소설의 의의를 밝힐 때에 적용할 수 있다. 오월(5 · 18 광주민중항쟁)의 원상을 치유하려 모색하는 소설에 대해서도 마찬가지 적용이 가능하다. 임철우 소설의 이중적 단면과 그 자장에 대한 이해를 통해 서사적 치유의 극적인 단상을 엿볼 수 있을 것이다. 원상의 치유를 돕는, 무의식의 역동을 진정시키는, 맺힌 마음을 푸는 장을 마련하는 서사의 공간 자질이 그것이다. 서사는 그 자체로서 치유의 문화 공간에 상응하는 자질을 안고 있다는 점도 이 주제의 본질적인 지위를 점치게 한다. 가령 『문화적 치유의 서사 공간』을 구상해봄직하다.

29 판소리체 소설 이후 근대 · 현대 소설에서 이와 같은 서사 공간의 대화적 자질을 전면적으로 구현한 사례를 본격적으로 논급하기 쉽지는 않은데, 이는 근대 소설 이후 구조화되는 서사의 구성 양상에 견주어볼 때 어쩌면 당연한 일인지도 모른다. 다만, 최근 소설의 해체적 구성에 발맞추어 서사의 과도 공간적 양상에 견주어 논급할 만한 결실들이 여러 방면에서 맺어지고 있다는 점이 흥미롭다. 최근 소설에 대해서는 뒤에 포스트모던 서사의 공간 양상에 대해 논급하는 장에서 함께 논의할 것인지라, 여기에서는 연행 문화의 맥에 닿은 극적 서사체를 대상으로 논급하고자 하는데, 마침 이준익 감독의 연출 작품들에서 여일하게 그러한 사례를 엿볼 수 있기에 본격 논의하고자 한다.

30 계백 장군이 전장에 임하는 의연한 결의를 북돋우고 병사들의 사기를 돋우기 위해 제 가족을 칼로 베었으며, 가족들이 죽음을 의연히 받아들였다는 감동적인 이야기를 희화한 장면으로, 이에 대해서는 뒤에 상론할 것이다.

31 그 사건이 '신라의 삼국 통일'이라는 사건으로 이어질 때라야 역사로 자리 잡을 맥락이 갖추어지니 그러하다.

32 '욕싸움' 시퀀스를 통해 잘 드러나지만, 이 영화는 욕설과 같은 비속어를 담화의 전면에 부각시킴으로써도, 전복적 표상으로 그려진 서사 공간을 창출한다.

33 성현경, 『한국 소설의 구조와 실상』, 영남대학교 출판부, 1989, 8~11쪽 참조.

34 실제(actual) 세계는 임시적인 세계이며 눈에 보이지 않지만 '실로 존재'(real)하는 참된 세계가 있을 것이라는 세계관을 염두에 두고 이해해야 한다. 실재는 실제가 아니다.

35 이 판본에 드러난 과도 공간의 표상에 대한 논의는, 적강 모티프를 중심으로 '성년식 소설로서의 「심청전」'의 구조와 자질을 분석한 성현경의 혜안에 힘입은 바 크다. 성현경, 『한국 옛 소설론』, 새문사, 1995, 271~294쪽 참조.

36 김동욱 편, 『영인 고소설 판각본 전집』 제2책, 연세대학교 인문과학연구소, 1973~1975, 110쪽(일부 오식을 교정한 뒤 인용자 현대어역). 성현경, 앞의 책, 15쪽 참조.

37 정병욱 · 이승욱 교주, 『구운몽』, 민중서관, 1972, 14~24쪽, 성현경, 위의 책, 12쪽에서 재인용 후 인용자 현대어역.

38 김동욱 편, 앞의 책, 1쪽(인용자 현대어역). 성현경, 위의 책, 14쪽 참조.

39 김동욱 편, 위의 책 제4책, 469, 465쪽(인용자 현대어역). 성현경 위의 책, 같은 쪽 참조.

40 본에 따라 율도국이 평화로운 나라로 그려진 경우도 있고, 왕의 전횡에 백성이 도탄에 빠진 것으로 그려진 경우도 있다.

41 본에 따라서는 형이 흔쾌히 넘기는 경우도 있고, 길동이 무력을 앞세워 형을 협박하여 제사권을 가져오는 경우가 있다.

42 적강 모티프를 구현한 서사의 공간 형상과 구도는, 인간이 현실적 · 역사적 위기 상황에서 곧잘 신화적 원형 공간의 판타지를 상기하여 고통을 일시적이나마 상쇄하고자 하는 예지를 발동한다는 점을 또한 명변한다. 이런 맥락에서 적강 소설을 고소설에 드러난 과도 공간 표상의 구심으로 두고, 이에서 파생되는 다른 과도 공간 표상을 수렴할 수 있을 것이다. 가령, 전쟁과 같은 위기와 공포 상황이 지속되고 집단적인 원상(寃傷)이 빚어지는 상황에서라면 이를테면 '집단 무의식'이 투사된 신화적 공간을 지어 현실에서 도피하고자 하는 원망이 실로 구현될 여지가 조성된다는 데 주목하게 된다. 적강 화소를 구현한 서사 못지않게, 외침과 전쟁의 와중에서 백성을 구하는 영웅들의 서사가 한국 고전 서사의 상당한 영역을 이루고 있다는 점을 상기하게 되는 것이다.

43 이들 용어 자체가 짐짓 편향된 이념을 호도한 말이다.

44 이광수, 『무정』, 동아출판사, 1995, 313쪽.

45 위의 책, 379~380쪽.

46 이청준은 산업화와 도시화 와중에서 와해되어가는 전통 문화의 가치를 고양하는 데 관심을 쏟는데, 「매잡이」나 「석화촌」, 「비화밀교」, 「이어도」, 「남도사람」 등, 중단편 소설의 미학을 빼어나게 구현한 수작을 통해, 신화와 의례에서 드러난 과도 공간의 상징성을 변주하는 데 힘을 쏟은 것으로 여겨진다.

47 임철우, 「볼록거울」, 『달빛밟기』, 문학과지성사, 1987.

48 허나 이는 현실적으로 실현되어 기성의 구조로 환원될 여지를 안고 있어 그 자체로서 역동적인 전이의 국면에 부쳐진 터라서 더욱 과도 공간의 자질이 배어 있다고 할 수 있으며 서사 공간을 통해 구현될 수 있는 여지가 드넓어진다.

49 김승희가 "한국 최초의 여자인 웅녀는 동물이 사람이 된 변신담 속의 주인공으로서 신화 속에서부터 하나의 주체로서 등장하지 못하고 타자로서 등장하고 있다"고 지적한 것은 주목할 만하다. "웅녀 이야기는 개인적으로 한 미성숙한 자연 소녀가 성숙한 성년의 제도권적 여인이 되기까지의 제의의 이야기"라고 전제한 가운데, 그 설화가 "한 사회의 구성원들이 맹목적으로 믿고 있는 사회적 신화"라고 롤랑 바르트 식으로 논급한 것 또한 의미심장한 해석의 결과이다. 곰과 호랑이를 자연적 실체로 보지 않고 사람의 의식 속에 깃든 양면적 속성을 상징한 것으로 간주하여, "용맹과 투쟁의 가치"보다 "인과 순박의 가치"가 여성의 본성이라는 이데올로기를 형상한 웅녀 설화의 이면을 논급한 것은 설득력 있다. 곰이 통과의례적 시공을 거쳐 웅녀로 변신하고 단군을 출산하여 어머니로 성장하는 과정은 자기완성이나 정체성 확립 차원이 아니라 "자기 상실"에 상응하는데, 이를 '여성 성장 신화'의 요체로 삼을 만하다. 김승희, 「웅녀 '신화' 다시읽기」, 김경수 편, 『페미니즘 문학비평』, 프레스21, 2000, 17~26쪽 참조.

50 신화는 신과 영웅의 행적을 다룬 옛이야기라는 외연에만 국한되지 않는다. 그것은 인간의 열망과 무의식을 총체적으로 표현한 이야기 형태로서, 낭만적이고 이상적인 세계상을 극화한다. 그런데 이는 종종 성원들에게 당연한 믿음을 불러일으키며 이데올로기로 작용함으로써 효력이 발휘된다는 데 담론적 본질이 내재한다. 롤랑 바르트가 다양한 사회 현상의 표지를 통해 현대의 신화를 구성(혹은 해석)한 것은 신화의 함의에 주목한 결과일 것이다(롤랑 바르트, 이화여자대학교 기호학연구소 역, 『현대의 신화』, 동문선, 1997, 264, 286쪽 참조). 성서의 비신화화를 통해 성서 해석의 단서를 얻으려고 했던 불트만의 책략에도 신화의 의미에 대한 통찰이 배어 있다고 할 수 있다.

51 '성장소설'이라는 말은 딜타이(Wilhelm Dilthey)가 창안한 말로서, 루소의 영향 하에 발전된 고전적 낭만주의 시대에 독일 소설의 유력한 형식이었다. 괴테의 『빌힐름 마이스터』(*Wilhelm Meister*)가 그 원형으로 꼽히며, 인생에서 희망찬 여명기로 들어서는 젊은 날의 초상을 형상화한 것이 그 주된 모티프이다. 그 시기에는 동질의 영혼들을 찾아 헤매고, 그러다 보면 친구나 연인을 만나게 되는가 하면, 현실 세계에 맞서 싸워나가면서, 숱한 체험을 쌓게 되며, 세계 속에서 자신의 과업을 스스로 발견하게 되기도 한다. 삶의 불협화와 갈등은 성숙과 조화의 종착역으로 가기 위해 개인이 반드시 거쳐 가야 하는 여로이다. 그 종착역에 이르기까지 '인격체'(Persölichkeit)로 가는 길이 매우 낙관적으로 그려지게 된다. 그런 인격체 혹은 자아 완성이라는 성장의 목표(Bildungsziel)는 사실 매우 이상적인 것인데, 여기에서 자아(Ich)는 신과 세계가 고도로 조화를 이루고 있어서, 현실 세계의 긴장들이 해소된 것으로 전제된다. Werner Kohlschmidt u. Wolfgang Mohr (hrsg.), *Reallexikon der Deutschen Literaturgeschichte*, Walter de Gruyter & Co., 1958, S. 175~178 참조.

52 이런 맥락에서 여성 성장소설의 부정적 함의에 대해서 본질적으로 재고할 필요가 있는데, 가령 수잔 프레이먼(Susan Fraiman)이 종래의 '성장소설' 개념을 정태적이라고 비판하며, 페미니즘적 독법(feminist reading)에 입각하여 역동적인 개념으로 재구성하려고 한 데 주목할 만하다. 그는 개인의 주체성이 사회적 관계 속에서 형성되는 것이라는 전제 아래, 성장소설에 대한 주도적 패러다임에 대응하여 낡은 구조를 조롱하고 이에 문제를 제기하는 대항-서사(counter-narratives)를 추론한다. 가령 조지 엘리엇(Georgy Eliot)의 『플로스강의 물방앗간』(*The Mill on the Floss*)은 여자 주인공 마기와 남자 주인공 탐이 죽음으로써 끝나는데, 이는 남성 성장의 지표를 거부하는 것뿐만 아니라, 여성이 기성 사회의 질서에 편입되기를 거부하려는 의지를 형상한 것으로 꼽을 수 있다는 것이다. 성장 주체의 중심이 해체된 이런 서사체를 통해, 가부장적 질서를 전제로 할 때 소설 유형의 중핵을 이루는 성장소설 장르종을 해체함으로써 페미니즘 소설 논의의 타당성이 더해질 것임을 시사한다. Susan Fraiman, *Unbecoming Women: British Women Writers and the Novel of Development*, Columbia UP., 1994 참조.

53 널리 알려져 있듯이, 아놀드 반 겐넵(Anorld van Gennep)은 통과의례(입사식)의 구조에 주목하여, '분리-전이-통합' 구조를 도출한다(A. 반겐넵, 전경수 역, 『통과의례』, 을유문화사, 1985). 이때 신입자가 기존 사회의 일원으로 재통합되는 데에서 구조적 완결성이 유지된다. '성장'이라는 주제는 이와 직결된다고 할 수 있으며, 신과 영웅의 모험담에 준하는 신화 또한 이러한 주제를 구현하는 데 유력하다.

54 과거를 회고하여 이야기하는 서술 양상은 원형에 회귀하고자 하는 '집단 무의식'의 발현이라는 신화의 생성 원리와 조응하는 면이 있다.
55 박혜경, 「사인화(私人化)된 세계 속에서 여성의 자기 정체성 찾기」, 김경수 편, 앞의 책, 47쪽.
56 위의 글, 같은 쪽.
57 박혜경이 해석 대상으로 삼은 텍스트에서 인용한 "왜 여성의 성장소설은 없는가"라는 물음은, 성장의 의미와 성장소설의 본질에 대한 궁리와 성찰을 바탕으로 답을 구했어야 마땅하다.
58 특히, 신경숙이나 공지영의 소설을 문제삼을 만하다.
59 따라서 이들 작가의 작품은 '여성 성장'이라는 논점으로 논급할 바가 아니다. 오히려 가부장적 성장의 이면이나 부조리한 측면과 관련하여 논급할 대상이다.
60 주거 공간 및 가족 혹은 가정에 관여된 젠더 공간의 의미망, 거기 내밀하게 잠재된 계급적 · 문화적 국면에 대한 추론이 관건이다. 가정소설 계열의 고소설이나, 신소설이나 일제강점기 근대 초기 소설에 드러나는 젠더 공간의 양상에 대해 논급할 여지는 사회문화적 의미망을 추적하는 데서 열린다. 내방(內房)의 문화 공간 자질과 공간 서사론의 여지도 있으며, 종내는 삶의 장을 확장하는 공간 기획의 전략에 비추어볼 때 젠더 공간의 서사 공간적 함수관계와 전략적 모색을 추론하는 것도 중요한 과제이다. 문화 공간의 양상에 비추고 서사 공간의 담론적 전략에 대한 논의 맥락에 맞추어 젠더 공간에 대해 확대 · 재론할 여지를 남겨둔다.

제3장 경계와 이행의 공간 전략

1 '모던'을 굳이 번역하지 않고 쓰는 것은, 그 용례가 '근대'에 관여된 심층의 의미나 이념에 관여되기보다는, 문명과 문화의 서구화 도정에 형성된 고상함과 현학에 결부된 이미지에 실린 점을 살리기 위해서이다. 기실 계몽적 이성에 관여된 근대의 자질에 대해 깊이 있게 의식하지 못하였던 과도기적 상황에 비추어 '근대'라고 번역하여 쓸 만큼 의미심장하지는 않다.
2 간도와 만주 등 독립운동과 맞물린 이산(diaspora)으로 빚어진 공간 구도의 새 국면들도 관심거리이다. 일제강점기 리얼리즘 계열 소설에 드러난 사회주의적 이상향에 상응하는 공간 형상들에 대한 논급이 유효할 듯하다. 농촌이나 공장 등 변모된 과도적 공간 형상에 주목하여, 저항과 참여의 공간에 대한 논의를 완성할 수 있을 것으로 기대된다. 나아가, 1960년대 이후 독재와 반공 이데올로기의 폭압에 항거하는 의식을 구현한 소설에 나타난 공간 기획의 국면들에 주목할 여지가 다분하다. 모순된 현실에 대한, 왜곡된 이데올로기적 억압에 대한, 실로 자행된 폭력에 대한 저항의 담론에서 구성된 서사 공간의 기획 양상들에 주목하자는 얘기이다. 다만, 이에 대한 구체적 논의의 일부는 과제로 남긴다.
3 Yi-Fu Tuan, *Space and Place*, Minnesota UP., 1977, pp. 3~7 참조.
4 에드워드 소자, 이무용 외 옮김, 『공간과 비판사회이론』, 시각과언어, 1997, 41쪽.
5 위의 책, 같은 쪽.
6 김종욱, 『한국 소설의 시간과 공간』, 태학사, 2000, 13쪽.

7 Michel Foucault, Jay Miskowiec (trans.), "Of Other Spaces", *Diacritics*, Vol. 16, No. 1(Spring, 1986), Johns Hopkins UP., 1986, p. 24.

8 위의 글, 23쪽.

9 위의 글, 27쪽.

10 위의 글, 같은 쪽.

11 위의 글, 같은 쪽 참조.

12 위의 글, 25쪽.

13 장소 표지의 대표 항목으로는 '집의 비호성, 땅의 생산성, 농촌 공동체의 유대감, 고향과 고국의 안정감' 등을 꼽을 수 있다. 이에 대해 공동체에서 이익 사회로, 농촌에서 도시로, 고향/고국에서 타향/이국으로, 소극적 자급자족적 경작에서 대량 생산과 수탈적 경작으로, 또한 경작에서 개발로 이행하여 빚어지는 공간 문제가 제기된다. 그런 문제에 대응하여 공간 전략에 대해 논급하는 것이 중요한 논점으로 떠오르며, 문화적 차원의 이해가 요구되는데, 그 전모에 대한 상론은 과제로 남긴다.

14 에드워드 렐프, 김덕현 외 옮김, 『장소와 장소상실』, 논형, 2005, 97쪽 참조.

15 이광수, 『무정 외』, 동아출판사, 1995.

16 푸코에 따르면 이종공간들은 시간 속 편린들(이종시간들)에 연결되기 일쑤이다. 이종공간은 전통적 시간과 온전히 단절될 때라야 최대치로 기능하기 시작한다. 근대화 과정에서, 집은 전통적 시간 속에서 축적된 이념적 원리와 사뭇 다른 의미체로서 기능할 터이므로 이종공간으로서 새로운 표상을 획득한다고 할 수 있다(푸코, 앞의 글, 26쪽).

17 이광수, 「육장기」, 앞의 책.

18 이태준, 「복덕방」, 『해방 전후 외』, 동아출판사, 1996.

19 강대기, 『현대도시론』, 민음사, 1987, 190~191쪽 참조.

20 최서해, 「탈출기」, 『탈출기, 낙동강, 질소비료공장, 군중 정류 外』, 두산동아, 1997.

21 이런 양상은 사회주의적 리얼리즘 경향의 소설에서 공통적으로 엿보이는 양상이라고 하겠는데, 조명희의 「농촌 사람들」, 「낙동강」 등, 이북명의 「질소비료공장」이나 「출근정지」, 「암모니아 탱크」 등, 송영의 「늘어가는 무리」, 「석공조합대표」, 「군중정류」 등에 드러난 공간 형상이 그런 실재성의 면모를 띠고 있다. 모순된 현실 세계의 면모가 전제되어 있고, 이에 저항하는 의식이 표출되어 있는데, 거기 표면적이든 잠재적이든 현실의 모순을 깨친 이상적 세계상이 시사되어 있다. 따라서 어느 경우든 공간 형상은 실감보다는 실재성을 드러내는 데 적합한 구도에서 그려질 것이다. 비판적 리얼리즘 경향의 소설에서 현실의 체험을 핍진하게 그리며 그 모순을 극화하는 데 서사의 초점을 맞춘 데 비해, 사회주의 리얼리즘 경향의 소설에서는 현실의 문제를 이념적 각성으로써 파악하고 해결하려는 의식을 극화하는 데 주력한다는 맥락에 부응한 공간 형상일 것이다. 실제성에 바탕을 둔 실재성과 피상적 형상을 띤 실재성은 분명 다른 것이다.

22 김남천, 「경영」, 「맥(麥)」, 『대하』, 동아출판사, 1996.

23 김백영, 「1920년대 '대경성 계획'을 둘러싼 식민권력의 균열과 갈등」, 공제욱 · 정근식 편, 『식민지의 일상, 지배와 균열』, 문화과학사, 2006, 262쪽.

24 위의 글, 281쪽.

25 위의 글, 284쪽.

26 위의 글, 295쪽.

27 리얼리즘 경향의 소설에서 구성된 서사 공간에서 이데올로기 비판의 여지가 엿보이는 것은 다행한 일이다. 그렇지만 식민지 근대화 담론의 관건들은 의외로 복잡하고 다단한 양상으로 얽히고설킨 논항을 빚어놓았다. 이에 대한 대응 혹은 저항의 양상이 리얼리즘과 모더니즘의 분화를 촉발하였을 가능성을 추정할 수 있다. 비판 담론으로서 서사 공간을 전망하는 양상과 퇴행 담론으로서 단순한 공간 형식에 머무르는 서사의 양상이 모두 이종공간으로서 서사 공간의 개연성을 드높이는 것은 사실이다.

28 '생활' 혹은 '일상'이라는 논항에 비추어볼 경우, 일제강점기 장소와 공간에 관한 논점을 폭넓게 다룰 여지는 더욱 커진다. 1920년대의 총독부 주관 생활개선운동의 양상이, 주택의 표준화, 지붕 개량의 필요성, 풍수적 주택 입지 선정의 비과학성 등 의식주의 개량을 주장하는 데 수렴되는데 그 저변에 대한 서사 공간의 대응은 어떠한지 살핌직하다. 주택에서의 채광과 환기, 부엌의 동선, 변소의 개량, 실내 요강의 폐지 등에 관한 것도 마찬가지 맥락이다. 농촌에 대한 왜곡 논리를 전제로 한 합리화 담론에 대한 검토도 서사 공간 논점으로 수렴시킬 수 있을 것이다. 대체로 훈육과 제도적 규제 차원의 것으로 표출된 근대화 담론 양상의 현황과 문제점 등을 검토하노라면, 소설에서 드러나는 장소와 공간의 근대성 표지에 관한 논의의 단서를 더욱 얻을 수 있을 것인데, 그 함수관계의 낱낱을 추론하기에는 현재로서 여러 난항이 있다. 이를 방증할 소설의 사례가 충분할지부터가 관건이다. 정근식, 「식민지 일상생활 연구의 의의와 과제」, 공제욱 · 정근식 편, 앞의 책, 22, 24, 27, 28쪽 참조.

29 사상 전향을 둘러싼 논란과 연관된 소설이라 그 행간에 작용하는 이념적 강박성이 미묘한 문맥을 형성하고 있어, 문면 그대로 이해하기는 곤란한 면이 있다. 그 주지에 수렴되는지 여부를 떠나서, 근대화에 대한 상념이 직서된 대목에 주목하고자 한다.

30 이야기의 맥락에 비추면서 각 인물들의 사상적 성향에 견주어 이야기 전체의 주제 의식과 연관지어 하는 얘기는 아니며, 생각의 편린만 인용하여 해석하였을 뿐이다.

31 식민지 근대성의 공간 표상으로는 이외에도 '항구'나 '역' 등이 더 있지만, 이들은 본디부터 '장소'로서의 자질이 없이 인위적으로 빚어진 근대적 공간의 표상에 상응할 뿐이므로, 이 논점의 대상이 아니다.

32 푸코, 앞의 글, 23쪽.

33 위의 글, 27쪽 참조.

34 최명희, 『혼불』, 한길사, 1996.

35 더 펼쳐질 이야기의 범위나 규모가 상당한 만큼, 그러한 공간 표상의 확산 양태와 귀결 양상이 어떠할지 궁금하지만, 작가의 작고와 더불어 『혼불』의 맥이 끊긴 터에 더는 살필 수 없으니 안타까울 따름이다.

36 사람에게 장소감의 거점인 집과 땅이 기능이나 의미가 바뀌어 무장소성의 표지가 되는가 하면, 공동체에 기반을 둔 농촌에서 계약과 이익 관계로 이루어지는 도시로 삶의 터전이 바뀌면서 더욱 이종공간이 부각된다. 고향과 조국에서 삶의 근거지를 잃고 만주와 간도 등지로 이주하고 개간하여 얻은 터전 또한 무장소의 이종공간으로 이해된다. 식민지 근대화의 도정에 장소에서 공간으로 이행하되 왜곡된 양태로 변모되는 공간의 의미 함수는 도시화와 산업

화가 고도로 진행되던 1960~1970년대 이후의 소설에서도 양태를 바꾸어 현저히 구현되며, 텅 빈 공간을 채워 삶의 의미체로 되돌리고자 하는 열망이 더해진 오늘날에도 서사 공간의 창출을 기획하는 양태로 곧잘 드러난다.

37 이재선, 「가족사소설과 집의 공간시학」, 『한국문학의 원근법』, 민음사, 1996, 102~103쪽 참조.

38 '1980년 신춘 중앙문예' 당선작.

39 1982년에 씌어진 미발표작으로, 단편집 출간이 추진되고 있다. 현재 '최명희 문학관'(전주시 소재, 인터넷 홈페이지 http://www.jjhee.com/)을 통해 해당 작품을 구해볼 수 있다.

40 물론 집에 대한 의식의 저변을 한두 가지 의미의 표층으로 섣불리 환원할 수 없으며, 층위나 범주가 다른 작품을 한데 묶어 연속된 관념을 읽어내는 과정에서 범하기 쉬운 우를 염려하지 않을 수 없지만, 『혼불』의 한 주지(主旨)에 접근하는 일을 용이하게 하는 두 단편 소설을 거론하는 것은 어느 정도 타당한 선택일 것이다. 기실 『혼불』 한 작품만으로도 한국 소설사에 큰 획을 그은 작가 최명희는 그 작품을 쓰는 동안 다른 작품을 쓰는 일로 주의를 흐트러뜨리지 않은 것으로 유명하다. 그만큼 최명희의 단편소설은 본격적으로 논급할 만큼 그 수가 충분하지 않다. 등단 이전에 대학 교지 등에 발표하였거나 쓴 소설이 몇 편 있거니와, 등단작인 「쓰러지는 빛」이 있으며, 등단 이후 작품이 몇 편 있는 정도이다. 등단 이전의 작품은 수준급 습작 정도이며, 등단 이후의 단편소설이라고 해도 일정하게 묶어 논급할 만큼 편수가 많거나 밀도가 높지는 않다. 『혼불』에서 정점을 이룬 작가 특유의 문필력이 여지없이 발휘되나, 단편소설의 여러 자질에 묻혀 빛이 바랜 면이 없지 않다. 단편소설이란 구조적 완결성과 서사의 밀도를 통해 응축된 사상(事象)을 극적으로 이야기하는 데 유력한 양식인 점을 고려할 때, 『혼불』과 여일한 층위에서 논급할 수 없다. 그런 가운데 여기에서 거론하고자 하는 두 작품은 어느 정도 단편소설로서 완성된 면모를 갖춘 것으로 판단되며 특히 집의 공간 표상을 구심으로 파생되는 최명희 식 서사 공간의 구도와 양태를 가늠하는 데 중요한 단서가 되는 것으로 사료된다. 『혼불』의 배경 시공과 달리 산업화와 도시화 와중에서 현대인이 직면한 무장소의 이종공간 문제에 대한 해법의 단서라서도 주목을 요한다.

41 이재선, 「집의 시간성과 공간성」, 김열규 외, 『가와 가문』, 서강대학교 인문과학연구소, 1988, 73~74쪽 참조.

42 「이웃집 여자」에서 단편적으로 드러나는 집의 의미도 눈에 띈다. 도시화 와중에 전통적 주거를 대체한 아파트는 장소의 진정성이 표백되었거나 횟빛으로 퇴색된 도시적 주거 환경의 그늘과 함께, 인정적 친밀감을 잃은 도시인의 피폐한 정신세계를 표상하여 보인다. 다만 이도 단편소설의 한계 내에 국한되기에 본격적인 형상들을 읽기에는 못 미치는 바 있다. 어쨌든 등단작에서부터 『혼불』에 이르기까지, 이행기에 빚어진 무장소의 혼돈상을 묘파하고 그러한 혼돈의 경계를 지나 새로운 질서로 이행하고자 하는 이들의 탈존적 기획을 통해 서사적 과도 공간의 다채롭고 밀도 있는 형상을 볼 수 있는 것은 분명 행운이다. 특히 『혼불』이 문화지(ethnography)에 육박하는 다층의 삶을 기술한 결실이라는 사실을 염두에 두고 보면, 문화 공간을 구성하는 차원들에 사상될 서사 공간의 다차원을 엿볼 수 있어 이 책의 주제가 닿을 지평이 드넓어진다.

43 이 절과 다음 두 절의 논의 일부(대체로 예증 부분)는 『서사 공간과 소설의 역학』의 「도시의

서사 공간 형상」과 「서사 공간의 상징적 기획」 절의 내용 일부를 이 글의 논지와 구성에 맞추어 재구성하고 수정 · 보완하여 썼다. 전작과 이번 저작의 논항이 겹치는 경우가 있을 수밖에 없는데, 장차 논의의 외연을 넓히고 심도를 더하여 두 저작을 종합하여야 '서사 공간'에 관한 연구를 일단락 지을 수 있을 듯하다. 현재로서는 기존 논의를 취하여 논거와 생각을 덧붙이고 재구성하는 과정 중에 한계가 노정될 수밖에 없다. (장일구, 『서사 공간과 소설의 역학』, 전남대학교 출판부, 2009 참조)

44 Stephen David Ross, "Discourse, Polis, Finiteness, Perfection", M. A. Caws(ed.), *City Images*, Gordon and Breach, 1991, p. 25 참조.

45 위의 책, 같은 쪽.

46 렐프, 앞의 책, 86쪽 참조.

47 위의 책, 93쪽.

48 위의 책, 178~182쪽 참조.

49 도시의 서사 공간은 도시화가 가속되던 산업시대에 더욱 명징한 징표가 드러나는데, 1960년대에서 1980년대에 이르는 시기의 소설에서 도시 공간의 서사적 형상의 결실이 제법 풍성하게 맺어져 있다. 대체로 급속한 산업화에 맞물린 도시화 와중에 빚어지는 실존적 문제와 이에서 파생된 사회 구조의 부조리 현상에 대한 서사적 통찰이 주효하다. 생활 영역이 구획되어 삶의 안정이 보호되던 전대의 공동체 사회와 달리 도시는 안정된 삶의 장소로서가 아니라 도리어 무장소성이 지배하는 공간으로서 이해된다. 그러한 공간 표지를 모티프로 한 소설에서 현대의 특유한 서사 공간의 형상이 그려지는 것이다.

50 이청준, 「잔인한 도시」, 『소문의 벽: 이청준 문학전집 7』, 열림원, 1998, 293~296쪽.

51 양귀자, 「멀고 아름다운 동네」, 『원미동 사람들』, 살림, 2004.

52 김승옥, 「무진기행」, 최원식 외 편, 『김승옥 이제하 외: 20세기 한국소설 19』, 창비, 2005, 243쪽.

53 이상, 「날개」, 김윤식 엮음, 『이상문학전집 2』, 문학사상사, 1998, 342~344쪽.

54 이승우, 『끝없이 두 갈래로 갈라지는 길』, 창해, 2005.

55 워쇼스키 형제가 연출한 영화 「매트릭스」에서 비롯된 비유적 술어로서, 현실 세계와 프로그램 세계의 전도된 관계를 연상시키는 버추얼 리얼리티의 아이러니를 표상한다.

56 유승호, 『디지털 시대의 영상과 문화』, 미술문화, 2006, 16쪽 참조.

57 위의 책, 19쪽 참조. 유승호는 디지털 문화와 공간 의식의 상관성을 전제로 스토리텔링(story-telling)의 양상을 대비하여 논급하는 데로 나아간다. 그런데 시간의 스토리텔링을 필연성 위주로, 공간의 스토리텔링을 우연성 위주로 변별하여 대응시킨 것은 재고의 여지가 크다. 이는 서사의 구성에 관한 앞선 입론을 고려하지 않은 까닭에 비롯된 문제를 안고 있기 때문이다. 그가 기대인 구성 논의가 포스터(E. M. Foster) 식의 이원론에 국한되는 한, 그러한 문제의 소지는 지속되며 또 다른 문제를 파생시킬 것이다. 디지털 서사의 자질 가운데 크게 부각되는 구성에 관해 논급할 때, 낡은 개념항이며 극적 구성에 국한된 '플롯'을 준거로 삼는 것은 난센스이다.

58 Marie-Laure Ryan, *Narrative as Virtual Reality*, Johns Hopkins UP., 2001, p. 175.

59 위의 책, 176쪽. 이때 '게임'이 비디오 게임이나 머그 게임 등을 특칭하는 것이 아님에 유의해

야 한다.

60 위의 책, 177쪽.

61 위의 책, 179쪽 참조.

62 위의 책, 192쪽 참조.

63 위의 책, 192, 195쪽 참조.

64 위의 책, 192, 195쪽 참조.

65 위의 책, 355쪽 참조.

66 라이언(2001), 앞의 책, 123쪽 참조.

67 여기서 버추얼 리얼리티(VR)의 당착이 빚어지는지도 모른다. VR이 리얼리티(R)를 전제하여 실현하려는 욕망을 역동시킨 결과로 제시되는 경우가 현재로선 다반사이다. 가상과 실상의 경계를 허물고자 하는 전략에서 출발하지만, 종내 그 경계를 공고히 할 뿐만 아니라, 스스로 R을 본뜨거나 R에 근사한 효과를 발휘함으로써 기능하려는 당착이 빚어진 것은 아닌지 의구심이 빚어질 여지가 크다. VR과 디지털 자질에 대해 인문학적 성찰을 도모해야 한다는 관심이 이 맥락에서도 촉발된다.

68 영화 장면을 전제한 비유를 짓거나 카메라 기법을 흉내 내듯 객관적 시점을 조작하는 정도로 영화와 소설의 관계를 맺으려는 시도와는 수준이 다르다.

69 버추얼 리얼리티를 통해 구현된 서사 공간은 사실과 허구 사이의 경계를 해체하고 현실 연관이나 물리적 연장은 물론 실제 공간의 구성 차원 등과 달리 새로운 다차원들로 구성된 가상 공간(네트워크, 디지털, 사이버 공간)을 모본으로 근사하게 안출될 수 있다. 상호작용성과 몰입성이라는 일견 모순된 자질의 양단을 조율하여 실감과 구성 감각의 경계를 넘나드는 서사의 사례를 집중 논의함으로써 '디지털+서사'의 주요 국면을 폭넓고 깊이 있게 정리할 수 있는 여지를 열 수 있을 것이다. 이에 관해서는 추후 과제로 남기고 여기에서는 서사 공간과 관련된 단서만을 제시하는 데 그친다.

70 물론 해체(deconstruction)는 단순한 파괴(destruction)가 아니므로, 기교의 과잉에서 빚어진 형식 실험으로 치달은 아방가르드적 모더니즘 서사의 양상과는 자질이나 실상이 다르다.

71 '담론' 혹은 '담화'는 'discourse'의 역어로 쓰인다. 두 역어를 개념에 따라 달리 써야 한다는 견해가 없지 않으나, 디스코스 자체가 일상적으로 오가는 말의 쓰임새를 염두에 두고 술어에 채용된 맥락을 인식할 필요가 있다. 담화나 담론이나 다 그러한 역동적 소통 상황에서 오가는 말을 가리키는 용례로 쓰이는 만큼, 굳이 달리 쓸 이유는 없다. 문맥에 따라 두 역어를 혼용해서 쓸 것이다.

72 장일구, 앞의 책, 282쪽.

73 위의 책, 282~283쪽.

74 위의 책, 283쪽.

75 위의 책, 같은 쪽.

76 위의 책, 283~284쪽.

77 김종광, 「낙서문학사 창시자편」, 『낙서문학사』, 문학과지성사, 2006.

78 슈탄첼이 이런 정황을 서사의 '불확정성'(Unbestimmtheit)이라고 설명하면서, 서술상황 논의가 서사 공간의 역학적 구성에 관한 논의로 이어진다고 할 수 있는데, '공간 형식'이 논항

적 접점에 해당한다. Franz K. Stanzel, *Theorie des Erzählens*, 3., durchgesehene Auflage, Vandenhoeck und Ruprecht, 1985, S. 166 참조.

79 슈탄첼의 용례대로 좁혀 말하자면, 인칭 차원에서 '서술자의 신빙성'이 문제시되는데, 이는 곧 서사 자체의 신빙성 차원으로 비약하기 일쑤이다. 내포작가와 서술자, 인물 사이의 여일하지 않은 역학관계가 이야기를 과연 믿을 만한지 고민하게 만들어, 이해의 단층 요인으로 작용할 공산이 큰 것이다. 결과적으로 이는 시점이 서사 공간 형식의 변수로 작용하게 하는 주요 동인이다.

80 이런 맥락에서 패트릭 오닐의 주장처럼 '내포작가의 초점화' 국면을 상정할 만하다. Patrick O'neill, *Fictions of Discourse: Reading Narrative Theory*, Toronto UP., 1994, p. 97 참조.

81 주지하다시피, '공간 형식'은 단순히 표현 형식 문제가 아니라, 소통 회로에서 빚어지는 이해의 단층으로 말미암아 독자의 해석 여지가 조성되는 서사 양상을 논급하면서 고안된 술어이다. 독자의 지각 국면이 공간 형식 논항의 중요한 구심을 이룬다. Jefferey R. Smitten, "Introduction", Jefferey R. Smitten and Ann Daghistany(ed.), *Spatial Form in Narrative*, Cornell UP., 1981, p. 21 참조.

82 유명한 '제논의 역설'을 거론하여 '담화의 허구'를 우의적으로 논급한 오닐의 혜안은 인상적이다. 오닐(O'neill), 앞의 책, 6쪽 참조.

83 물론 '공간 형식'으로써 논급할 수 있는 근현대 서사가 양질 면에서 지대하고 심장하다. 아울러, '공간 형식'이 아니라, 단순히 치기어린 파격을 일삼은 경우까지 고평하는 것은 문제가 있음을 마찬가지 맥락에서 논급할 수 있을 것이다. 메타 비평 차원에서 논급해야 할 이 논점에 대해서는 다른 기회에 상론하기로 한다.

84 민중 축제의 장에서는 현실적 질서 속에서 억눌린 이들이 서로 어우러지는 장이 형성된다. 그 장에서는 기성의 질서가 전도되기 십상이며, 열망을 분출하는 사이에 의식의 강박에서 벗어나 자유분방한 감각과 의식이 경계 없이 어우러지는 세계의 지평이 열린다. 상층의 것을 아래로 끌어내려 같은 층위에서 병존하거나 어우러지는 계기를 마련하는 것이 축제의 공간 자질이다. 바흐친이 말하기로는, 강등이란 천상의 것을 땅에 끌어내려 파묻고 갈아엎은 동시에 소멸시킴으로써, 새롭고 더 나은 탄생을 도모하는 것이라고 한다. 이런 재생의 장이 곧 축제의 공간 자질이다. Mikhail Bakhtin, Helene Iswolsky(trans.), *Rabelais and His World*, Indiana UP., 1984, p. 21 참조.

85 최근 들어 비슷한 양상으로 씌어진 소설이 제법 눈에 띄는데, 그 가치가 여일하다고 할 수는 없다. 그 가운데 김나정이나 민경현 등의 작품에 주목할 만하다.

86 장일구, 앞의 책, 284~285쪽.

87 그의 소설집 『봉섭이 가라사대』(창비, 2008)에 실린 소설들 가운데 몇 편은 치밀한 분석을 통해 그 서술의 역학을 밝힐 여지가 다분하며, 몇 편은 서사의 해체적 전략과 관련하여 논급할 만하다.

88 장일구, 앞의 책, 285쪽.

89 위의 책, 285~286쪽.

90 위의 책, 286쪽. 최근 소설 가운데 이와 관련하여 논급할 여지가 많아서, 이 논항에 포괄될

논의 여지는 넉넉한 편이다. 『끝없이 두 갈래로 갈라지는 길』이나 『욕조가 놓인 방』 등 이승우의 소설을 비롯하여, 『나, 황진이』가 돋보이는 김탁환의 몇몇 장편소설, 영화와 관련하여 거론되곤 하는 김경욱의 소설을 관련 사례로 거론할 수 있다. 일반적인 소설의 구성 양상이나 문체를 따르지 않고 분방한 이야기 파편들을 나열한 듯 보여 최근 소설을 둘러싼 논란의 핵에 있는 박민규의 소설 또한 공간 형식을 고려하여 보면, 그 의의가 심장하다. 상처 입은 내면 심리나 분열된 자의식을 밀도 있게 그릴 수 있는 역량을 엿보이는 안성호의 소설도 관심 있게 지켜볼 만하다. 이러한 소설을 논급한 결과를 더하여 '한국 소설의 공간 형식'에 관해 일반화할 여지가 생긴다.

91 이 논점에 관해서는 관련 소설의 양질을 고려하여 시론 차원의 문제제기 수준에 그치거나, 서사 매체의 범위를 확장하여 영화나 네트워크 서사(단순한 인터넷소설을 일컫는 것이 아님)의 해석을 구심으로 논의의 여지를 열거나 할 수 있다. 그러한 논의의 한 결실을 맺기 위해 『디지털+서사』의 집필을 계획하고 있다.

92 여러 논의의 여지를 남긴 채, '서사 공간'을 구심으로 파생된 여러 길의 목에 선 채 이 저술을 일단락 짓는 마음이 편치 않다. 무지에 대한 무지를 갈파하던 소크라테스의 다이몬에 귀 기울였어야 마땅했을까?

찾아보기

ㄹ

ㅁ

ㅂ

ㅇ

ㅈ

ㅊ

ㅋ